电子信息技术与自动化控制

王结虎　苗雅男　李思华◎著

经济日报出版社

北　京

图书在版编目（ＣＩＰ）数据

电子信息技术与自动化控制 / 王结虎，苗雅男，李
思华著. -- 北京 : 经济日报出版社，2025.3
ISBN 978-7-5196-1474-4

Ⅰ. ①电… Ⅱ. ①王… ②苗… ③李… Ⅲ. ①电子信
息－研究②自动控制－研究 Ⅳ. ①G203②TP273

中国国家版本馆CIP数据核字(2024)第 071624 号

电子信息技术与自动化控制
DIANZI XINXI JISHU YU ZIDONGHUA KONGZHI

王结虎　苗雅男　李思华　著

出版发行 *经济日报*出版社
地　　址：北京市西城区白纸坊东街2号院6号楼
邮　　编：100054
经　　销：全国各地新华书店
印　　刷：廊坊市博林印务有限公司
开　　本：710mm×1000mm　1/16
印　　张：12.5
字　　数：210千字
版　　次：2025年3月第1版
印　　次：2025年3月第1次
定　　价：68.00元

前　言

　　电子信息技术是科技发展的重要方向之一，它为各个领域的发展带来了新机遇和新挑战。在自动化控制领域，电子信息技术得到了广泛的推广和应用。电气自动化控制技术是工业现代化的重要标志和现代先进科学的核心技术，是使产品的操作、控制和监视能够在无人（或少人）直接参与的情况下，按预定的计划或程序自动进行的技术。把人从繁重的体力劳动、部分脑力劳动以及恶劣、危险的工作环境中解放出来，增强人类认识世界和改造世界的能力。

　　随着电气自动化技术的不断发展，电气设备和系统控制过程中对专业化的要求也越来越高，电气自动化行业的相关从业人员必须通过更加专业化、系统化的学习和研究，来适应科技与社会的进步，要以更高的标准要求自己，为整个电气自动化技术的发展做出应有的贡献。

　　本书是有关电子信息技术与自动化控制方向的书籍，从数字技术与信号信息处理技术原理入手，针对电力系统自动化及其控制原理、电气自动化控制及其创新技术、电气自动化技术与工业控制网络技术进行了分析研究，并对电气自动化控制技术的应用做了介绍。

王结虎　苗雅男　李思华

2024 年 7 月

目　录

第一章 电子信息技术

第一节 电子信息技术概述

严格来说，电子信息类学科已不只是一门学科、几种专业，而是覆盖了电子、信息、通信、电视、测量、遥感、广播、控制、计算机等领域的多个学科的集合，同时也与新材料、新能源、核技术、航空航天等相关学科有着密切联系。早期的电子信息类学科着重于电真空、半导体、通信、广播、电磁场、电磁波、信息传输、电子测量等领域，随着理论研究的深入、技术实现的飞跃及相关产业的茁壮成长，电子技术与信息技术已逐渐融为一体。其重心越来越转向以电子为载体的信息技术领域，其内容与分支正急剧膨胀，目前已很难界定电子信息类学科的边界，也少有人能精确预测未来其定义、范围及可能派生出的新学科。

电子信息工程专业隶属于信息与通信工程一级学科，它是信息技术领域中的主干专业，主要研究信息的获取、信息的传输、信息的处理与信息的应用等方面的理论、技术和工程实现等问题。通信工程专业则侧重于通信系统方面的理论、技术与工程问题的学习与研究。电子信息工程与通信工程这两个专业在多个层面都有交叉交融的性质。与其他学科相比，电子信息类学科的特点有如下几个方面。

第一，学科的边界难以界定，其所涵盖的范围宽广，学科分支多，学科之间的渗透性强、相互交叉频繁。

第二，学科发展迅速，变化巨大，并且能不断分出新的学科。

第三，与生产、生活实践结合密切，是典型的工程类学科，具有很强的科学实践与创新的特点。

一、信息网络技术

第一，基于现有信息网络的演进与机制的完善。主要包含基于测量和管理的网络行为建模及方法，可扩展的动态光联网体系结构及关键技术，超大容量光波网络及与之相关的交换和路由技术，超高速光传输理论与方法，复杂电磁环境中的通信理论。

第二，全新信息网络体系及关键技术。主要包括支持普通服务的认识互联网络体系及关键技术，智能服务基础理论与方法，移动互联网体系及关键技术，能源效率优先的通信理论及网络体系，移动网络信息理论及泛在应用，无线光通信关键技术。

二、测试技术

测试技术在电子信息、工农业、交通、军事等诸多领域都有广泛的应用，占据重要的地位。与国外相比，我国的测试技术水平尚存在较大差距，在建立新型测试技术研究平台和健全测试标准等方面还需要开展大量的研究工作。

经典测试的信号处理技术是以傅里叶变换为核心展开的，利用时域与频域的对应关系，实现对被测信号的滤波、噪声抑制、特征提取等处理过程，特别适用于处理线性时不变信号。

现代测试的信号处理技术涉及神经网络、小波变换、模式识别、进化计算、模糊理论、人工智能等诸多学科内容，突破了经典测试理念与方法，能很好地处理非线性和时变信号，可以获得传统方法无法达到的效果。

测试信号的处理方法与算法研究主要包括：现代数字信号处理技术、基于生物演化和进化的方法、智能推理与数据挖掘技术、基于模型的数据处理和信息融合技术。

随着世界科学技术水平的飞速发展，新一代自动测试系统正逐步推出，其关键技术有：自动测试系统的体系结构、面向信号的软件开发（实现测试程序可移植、测试系统互操作）和测试信号标准化、测试系统与智能诊断系统的结构、复杂系统综合健康管理、先进测试软件的开发技术、并行测试技术、LXI 总线标准、合成仪器技术等多个侧面。其中，LXI 总线可使仪器总线与计算机总线趋于融合，代表了仪器总线技术的发展方向。合成仪器技术是测试测量技术革命性进步，新一代自动测试系统将大量采用合成仪器。另外，合成仪器技术进一步推进了虚拟仪器技术的发展。

近年来，软测量技术、射频识别技术、光电测试及视觉测量等有了长足的发展。软测量技术也称软传感器技术，它是根据某种最优准则选择一组既与被测过程变量有密切联系又容易测量的变量，再通过数学计算和估计方法实现对被测过程变量的测量，这一测量方法在过程控制与优化中得到了广泛应用。射频识别（RFID）技术是一种使能技术，亦属于一种新兴的测试技术，其基本原则是利用射频信号的空间耦合或传输，实现对物体的自动识别。

未来的测试技术应特别关注以下几个层面：一是自动测试技术与自动测试系统方面的研究与开发，在国内进一步开展通用自动测试平台技术及相关国际标准实现技术的研究；二是在复杂工程系统的智能检测、诊断与预测方面的研究；三是自动化装置设计及新技术在工程方面的应用，如以嵌入式系统为载体，解决研究成果在工程应用中的某些关键技术。

三、新型显示技术

显示技术在电视、计算机、医疗、航空、军事、测量等各个领域中均有广泛应用，占据重要的地位。

传统的显示器件大多是阴极射线显像管（CRT）、发光二极管（LED）及液晶显示器（LCD）。平板显示是继汽车和大规模集成电路产业之后迅速崛起的第三个在全球具有影响力的新兴产业，已成为信息社会的基础产业和信息技术的核心技术之一。新型显示器件主要有大屏液晶显示器、等离子体显示板（PDP）、有机发光二极管（OLED）、无机厚膜电致发光显示器（TDEL）、场发射显示器（FED）和电子纸（Electronic Paper）等多种。

平板显示技术在未来几年内的重大前沿技术主要集中在节能降耗和保护环境两大主题上，其主要方面如下：

1. 场序 LED 背光源技术。这是液晶电视技术升级的第一步。

2. 薄膜场效应晶体管（TFT）。这是液晶显示技术发展的必然归属，也是液晶显示在未来平板显示技术竞争中的核心所在。

3. 长寿命材料有机发光二极管（OLED）和高分子发光二极管（PLED）的研究。这是关系到有机电致发光二极管能否进入主流平板显示的关键。

4. 大屏幕电视 TDEL 技术。我国十分支持这一技术的研究与开发，以建设具有中国特色的平板电视产业。

5. 激光电视用半导体大功率激光器的研发。这种电视具有优异的彩色画面和任意屏幕尺寸的优势。

6. 实时立体显示技术的研发。实时立体显示技术具有广泛的应用前景，它也是未来虚拟现实显示的基础。

7. LED 投影光源的研发。它在教学和商务活动中具有独特的优势。投影光源的固体化是主要发展方向。

8. 自然光阀技术的研发。寻找自然光阀是 TFT 平板显示的重大课题。

9. 激光扫描曝光技术，它在平板显示制造业中占有独特的核心地位。

四、射频识别技术

所谓射频识别技术是一种利用射频（高频）无线电通信，实现非接触式的自动识别技术，其基本原理是利用射频信号经空间的电感或电磁耦合或雷达式（电磁的反向散射耦合）的传输特性，实现对目标的自动识别。射频识别（RFID）技术在邮政、民航、交通票务、防伪身份证识别等领域均有广泛应用，常用的刷卡系统就是一例。这一系统是由主控计算机、读写器、天线及电子标签等几大部件组成的。

其中，电子标签又称射频标签、应答器、数据载体，常为无源器件，其能量是由读写器通过天线传送耦合过来的。在射频识别系统中，电子标签常常有许多个。

读写器又称读出装置或扫描器、通信器，它与电子标签之间是通过电感耦合（变压器模型的高频磁场耦合）或反向散射耦合（雷达原理模型的电磁场耦合反射）携带回目标信息。电感耦合方式一般适合中低频和高频段近距离射频识别系统，工作频率有 125kHz、225kHz、13.56MHz 等，识别距离小于 1m，典型值为 10~30cm；电磁反向散射耦合方式一般适用于超高频及微波段射频识别系统，工作频率 433MHz、868/915MHz、2.45GHz、5.8GHz 等，识别距离大于 1m，典型值为 3~15m。

读写器天线与电子标签天线：这两种天线各有不同特点，读写器天线的任务是既要发射信息，又要辐射能量（供电子标签使用），同时还要接收由电子标签发来的信息，此天线所形成的电磁场范围就是读写器的读写区域，任一读写器至少有一根天线，视不同情况也可能有多根天线，读写器天线的设计、选择应满足以下条件：

第一，功率匹配能产生最大能量输出，故天线线圈中的电流应尽可能大，以产生最大的磁通量。

第二，频带宽度满足要求，以保证所需已调信号的发射与接收。

目前，在特高频无线电波（UHF）与微波的 RFID 系统中，读写器的天线广泛使用平面型天线，其中包括全向平板天线、水平平板天线和垂直平板天线等多种形式。

电子标签天线是读写器与标签之间传输数据信息的部件，同时还有接收读写器天线辐射能量的功能。标签天线应具有如下特点：

第一，体积小，重量轻，以便嵌入到原本甚小甚薄的标签内部。

第二，有全向或半球覆盖的方向性，以利于接读写器天线辐射的信息与能量，并能为电子标签提供最强的信息和最多的能量。

第三，天线的极化能与读写器的询问信号相匹配，且与标签所处的方向无关。

第四，具有鲁棒性（抗变换性）。

第五，价格便宜，易于推广。

上述分析表明，选择读写器天线与电子标签天线时，应考虑到天线的类型、天线的阻抗、天线的高频性能等诸多因素。

在 RFID 技术的发展、应用中最关键的问题是防碰撞问题（即防干扰问题）。其中包含有标签与标签之间的碰撞、标签与读写器之间的碰撞、读写器与读写器之间的碰撞三个方面，其中多标签间的碰撞更为普遍。

在未来几年内，我国的 RFID 产业发展应以共性核心技术的研发为重点，着重突破 RFID 的芯片设计与制造技术，天线设计与制造设计、读写器的开发与生产技术，应用软件、中间件与系统集成技术，初步建立起基于 RFID 技术的公共服务平台，拓展 RFID 技术在食品、药物、特种商品等领域中的应用，建立实时、动态、可追溯的管理体系，建立我国的物品编码体系和物联网，促进各种行业间的信息交换和资源共享，制定符合我国国情的 RFID 标准和标准体系。

五、嵌入式系统

嵌入式系统是将计算机芯片直接嵌入至应用设备中的一个系统，是信息技术的终端产品之一，是融合集成电路设计、计算机软硬件、通信、多媒体和机电一体化等多学科的一门技术。嵌入式系统已广泛应用于网络、通信、交通、电视、军事、医疗、智能家电等各个领域。

嵌入式技术是本专业学习、研究的一个重点内容，也是社会需求的一项重点技术。

嵌入式系统由嵌入式硬件（嵌入式处理器等集成芯片）、嵌入式操作系统（如 Linux、Windows XP Embedded 等）、嵌入式中间件、应用平台（共性应用平台套件及面向应用的嵌入式软件等）等多个层面组成。

从结构特征上区分，嵌入式系统可分如下三类：

第一类，IP 级的片上系统（SOC）。根据应用需求，将相应的 IP 集成在一块芯片中。

第二类，板级的板上系统（SOB）。选用相应的处理器，再按需配置必要的存储芯片（如 ROM、RAM、Flash 等），组成所需的嵌入式系统，并将相应的软件固定在 ROM 中，这种板上系统十分常见，应用广泛，常用的单片机系统即为此例。

第三类，模块级的嵌入式系统（SOM）。将以嵌入式处理器（如 ARM、MIPS 等）为核心构成的计算机系统嵌入到应用设备中，再配置相应的嵌入式实时多任务操作系统而形成，它在工业控制、仪器仪表、消费电子、汽车电子、网络通信、监控设备等领域得到广泛应用。

嵌入式系统中需要研究开发的项目甚多，列入国家重大科技专项的就有"实时嵌入式操作系统及开发环境""汽车电子控制器嵌入式软件平台研发及产业化""面向新型网络应用模式的网络化操作系统""智能手机嵌入式软件平台研究及产业化""数字电视嵌入式软件平台研究产业化"等多项课题。另外，在装备制造业、信息服务行业中均有许多急需研发的项目。

六、传感器技术

传感器是信息化的源头，是将各种物理量转化为电信号或相关信息的必要装置。传感器技术是测试、计量、医疗、机械、自动化、数据采集等领域的关键技术，它在一定程度上体现了一个国家的综合科技水平。

传感器技术是研究传感器机理、材料、设计、工艺、性能和应用等的一门综合技术，同时是一门交叉和边缘学科，涉及材料科学、电子技术、计算机技术、微电子技术、纳米技术等多个领域。新一代传感器的主要特点表现为：高精度、数字化、智能化、微型化、集成化和网络化。其中，微电机系统（MEMS）就是一例，它是在微电子技术的基础上发展起来的一项重要成果，其尺寸与作用距离可以达到光的波长量级。目前，各种不同类型高性能 MEMS 传感器正在逐步取代传统的大体积传感器，在工业控制、通信、计算机、机器人、环境保护与监测、汽车运输、生物医学、航空航天等领域中占据关键位置，得到广泛应用。

传感器的智能化和网络化是传感技术发展的重要方向之一，智能化传感器常带有微型处理器，能够执行信息处理和信息存储，也能进行"逻辑思考"和"结论判断"。目前，用于传感器网络的协议主要有 IEEE802.11、IEEE802.15.4（即 ZigBee），其中低速率、低功耗、近距离的传感器网络首推 ZigBee 协议，采用 ZigBee 协议和 MEMS 技术相结合的"智能微尘"传感器常被用于军事目的，另外，在物流、仓储、医疗、汽车等行业中也正被应用。

在未来十多年，我国传感器产业发展的战略目标是以工业控制、汽车、通信、环保等为重点服务领域，以传感器、弹性元件、专用集成电路为重点对象，发展具有自主知识产权的原创性技术和产品，以 MEMS 工艺为基础，以集成化、智能化、网络化为依据，加强制造工艺和新型传感器的开发，使主导产品达到或接近国外同类产品的水平，尽可能缩小二者的差距。

对于电子技术（电子信息）学科而言，传感器向数字化、智能化、网络化方向发展有许多重要课题。其中，分布式控制系统的传感器网络化技术、网络化智能传感器的接口标准化技术、无线传感器网络技术、微电机系统技术、光纤传感器技术、激光技术、复合传感器技术、多学科交叉的融合技术等都是需要我们去努力学习和关注的。在这一领域，人才的缺乏也是影响其发展的一个重要因素。

七、新一代空管系统

空管系统是空中交通管理系统的简称。它涵盖航空导航、航空通信、航空监视、航空气象、航空情报，以及空域管理、流量管理、管制服务、气象服务、情报服务等多项基础设置与技术平台。

广义而言，空中交通管理应是整体智能交通管理的一部分，除了空管以外，在当今的科学研究与规划中，已将空管问题的研究进一步延伸和拓展到陆地（特别是城市交通管理）、水上交通的智能管理，以解决有关国计民生的重大课题。

新一代空管系统是星基系统与现代陆基系统的高度集成，它的发展与建设涉及航天、航空、通信、电子、计算机、控制等多个学科的交叉，是高新技术发展的重要策源地，属于技术密集型产业。另外，它还具有信息高度共享及跨区域、跨国界的高协同、高时效的特点。

新一代空管系统是由通信（C）、导航（N）、监视（S）和空中交通管理（ATM）四大部分组成，其中，通信、导航和监视三系统是基础设施，空中交通管理是管理体制、配套设施及应用软件的组合。新一代空管系统是以空间卫星为基本特征的，即以"星基"为基础。导航是系统的核心，含陆基导航、空基导航、星基导航等；通信是系统工作的必要条件，卫星通信是实现 CNS/ATM 的基础；监视是系统安全的保障，含雷达系统监视、自动相关监视、广播式自动相关监视、多点定位监视、飞机间的相互监视等。

航空电子是指飞行器上的电子设备和相关电子技术，涵盖通信、导航、各类综合显示系统，飞行管理系统及各种特殊需求的电子设备与技术。如今，它正向系统综合化、信息全球化、飞行智能化、运行协同化的全时代迈进。新一代航空电子系统可以及早地发现故障并及时报警，以保障飞行器在恶劣环境下安全飞行。

我国空域规划与设计的理论研究及技术手段还较落后，目前，国家已在这方面设立了重大研究课题，集中优势力量促其发展。

近年来，物流信息系统发展也十分迅速，全国数十所高校已新设这个专业并开始招生。这个系统的关键之处是如何对各种信息（温度、湿度、气体、流量等）进行采集、处理、分析、传输等，其主要技术、主要设备也是电子信息技术与电子设备。

第二节　电子信息技术中的信号、电路、系统

一、什么是信号

人们所熟悉的声音、图像、文字、符号、温度、压力、转速、光强等的变化就是某种信息，这些信息经过传感器（转换器）变换成电压或电流等即成为相应的电信号。在电子技术中的信号若无特别指定，则均为电信号。电信号的函数可以为电压、电流，也可以为电荷、磁通、频率、相角等。

例如，人的声音经过送话器（俗称话筒或麦克风），即转换成音频电信号；又如，一幅美丽的图画经过摄像机镜头中的电荷耦合器件（CCD）、光电转换器件（也称图像传感器），即转换成模拟视频信号输出，而彩色显像管或显示器（电光转换器件）则能将红（R）、绿（G）、蓝（B）三基色信号在屏幕上显示出艳丽的光像，还原出由摄像机录制的原始画面。

简而言之，人们将一切不变的或变化着的电压或电流统称为信号（电信号）。送话器送来的电压波形是信号，接收机天线接收下来的是信号，由信号发生器输出的也是信号，干扰、噪声、电磁波、宇宙射线同样是信号。

信号是十分复杂的，也是异常重要的。任何一种电路或任何一种电子设备都是为处理信号而设计的，有什么样的信号就有什么样的电路，信号变化，电路也要跟着变化。例如表示人们声音的音频信号，它是低频模拟信号（20Hz～20kHz），处理它的电路通常是低频模拟放大器（电压放大器和高效功率放大器）；又如电视台发出的信号属高频已调信号（几十兆赫至近千兆赫），故接收机中就得有高频放大器、变频器、中频放大器、解调器等各种处理电路；再如计算机处理的都是数字信号，因而就设计了大量由门电路、触发器等为基础的数字集成电路。

所以，在分析电子线路、讨论电子设备时，首先要弄清的就是它要处理的是什么样的信号，以及信号在电路中的流通与变换，再结合所学的各种电路知识及系统组成，就可以走通电路、掌握系统，设计维护即能自如。

总之，信号分析是设计电路、理解系统、调整测试、排除故障的一把金钥匙。深入掌握信号的特征和内涵是学好电子信息技术概论及各类电学课程的关键所在。

二、信号的种类

信号的种类有很多，分类的方法也很多。即便是同一种信号，在不同场合也有不同的名称。在电子技术与通信系统中，经常使用的信号名称有基带信号、调制信号、低频信号、高频信号、模拟信号、数字信号、周期信号、非周期信号、音频信号、视频信号、确定信号、随机信号等。但从本质而言，各种信号只分为两个大类，即确定信号与随机信号。

（一）确定信号和随机信号

确定信号也称规则信号。对于指定的时刻均有确定的函数值与其相对应的信号，即称为确定信号。例如周期性正弦波、锯齿波、方波等均属于确定信号，其电压或电流均可以用确定的时间函数来表述。

确定信号可用数学中的傅里叶分析法分析。

随机信号也称为不规则信号。在指定的时刻没有确定的函数值与其相对应的信号，即称为随机信号。例如常见的干扰、噪声等均属于随机信号，通信、广播系统中被传输的信号，一般情况下都是不确定的随机信号。这些系统中所传送的信息（如数码、音乐、图像、文字等）通常是不可预测、不能确定的。

随机信号的分析是很复杂的，它只能采用统计和概率的方法来讨论。

对于通信、广播系统而言，为了便于分析，在说明系统的工作过程和电路的工作原理与特性时，主要还是借用（采用）确定信号进行研究。

（二）基带信号和频带信号（调制信号）

经过各类传感器（转换器）变换出来的电信号即称为基带信号。基带信号能很好反映出原信息变化的特性（某种物理性能的变化），如送话器输出的声音信号（音频信号）、摄像头输出的图像信号（视频信号）、温度传感器输出的反映温度高低的电信号、压力（力敏）传感器输出的反映压力大小的电信号等都属于基带信号。也可以认为基带信号是未经调制，未经频谱变换，能直接反映信息变化状态的一种信号。

直接将基带信号由一地传向另一地的系统称为基带信号传输系统。如有线广播、有线电话传输系统、闭路电视监控系统等均属于此类。基带信号通常是宽频带信号，其上限频率（最高频率）与下限频率（最低频率）之比往往远大于1，例如语音信号，其上限频率可达 15~20kHz，下限频率仅几十赫兹；又如现行的电视图像信号（模拟视频信号），其上限频率达 6MHz，下限频率的理想值接近 0。

人们常见和常用的通信、广播系统不是基带信号传输系统，它们是利用调制技术将基带信号的频谱搬移到（调制到）信道所规定的频率范围内，然后再进行传输的系统。

（三）模拟信号与数字信号

这两种信号是学生上课经常要分析与处理的，也是电路与系统中所要处理的两类最基本的信号。其相应的课程为模拟电路和数字电路（也统称为电子技术基础），这两门专业基础课就是以这两种信号为处理对象的主干课程。

所谓模拟信号，是一种时间的连续函数。对于任一个时间值，都有一个确定的函数值与其相对应，即对于时间和幅值都是连续的信号就是模拟信号。在实际应用中，模拟信号与连续信号两个名词往往不予区分。在电子系统中，很多信号都是模拟信号，如音频信号、视频信号、交流供电信号、温度变化信号、压力变化信号等都属于模拟信号范畴。

所谓数字信号，是一种不连续的时间函数，即对时间轴而言，其函数值是不连续的。通常它只有高、低两个电平的变化，分别代表信号的有无、开关的通断。如开关信号、电键通断信号、A/D 变换器的输出信号、计算机内所处理的信号等都属于数字信号。另外，在数字通信或数字电视系统中，还存在幅度为 4，8，16，32，…，2^N 个离散值的多电平数字信号，如 16ASK、32QAM、64PSK 等就是这类信号。

三 、信号的表示方法

信号常用两种方法表示：一是时域表示法，这是一个以横轴为时间变化的函数，可借助于示波器观察这类信号的波形；二是频域表示法，这是一个以横轴为频率变化的函数，可借助于频谱分析仪来分析其频率成分。这两种表示法各有特点，应用在不同场合。对于信号的频域表述，读者也不陌生，如常说的声音信号，其频率范围为 20Hz~20kHz，男低音的声音中，低频成分丰富且幅度高，而女高音则相反，这样的描述其实就是信号频域表示法的概念。

信号的这两种表示方法其实质是一致的，它们之间也密切相关，下面举例说明。例如一个正弦信号，它的数学表达式是

$$f(t) = A_\mathrm{m} \sin\omega_0 t$$

信号的时域表述与频域表述是有直接关系的，它们之间的转换可借助于傅里叶正、反变换来实现。用傅里叶正变换可将信号由时域表达式转换成频域表达式，即

$$F_n = \frac{1}{T} \int_{-\frac{T}{2}}^{\frac{T}{2}} f(t) \, \mathrm{e}^{-jn\Omega} \mathrm{d}t$$

同样，用傅里叶反变换可将信号由频域表达式转换成时域表达式，即

$$f(t) = \sum_{n=-\infty}^{\infty} F_n \mathrm{e}^{-jn\Omega} \mathrm{d}t = \frac{1}{2\pi} \int_{-\infty}^{\infty} F(\omega) \, \mathrm{e}^{j\omega t} \mathrm{d}\omega$$

对于周期性信号可用傅里叶变换将其展开成傅里叶级数。级数的表达式有多种，如三角形式、指数形式等。其三角形式的表述如下：

$$f(t) = a_0 + \sum_{n=1}^{\infty} (a_{nm}\cos n\Omega t + b_{nm}\sin n\Omega t)$$

$$= a_0 + \sum_{n=1}^{\infty} A_{nm}\cos(n\Omega t + \varphi_n)$$

$$= \sum_{n=-\infty}^{\infty} F_{nm}e^{jn\Omega}$$

四、信号与系统

信号是消息的表现形式与信息的载体，信息（消息）是信号的具体内容。在电子信息技术领域中，人们所研究的是电信号，它们通常表现的形式是电流、电压。

在电子设备中，电子元器件、电子电路等都是物件，都是有形的东西，而这些电路、元器件所处理的所流通的则是无形的不可触及的电信号。信号是电子设备的神经，也是电子系统的脉络。有什么样的信号，就得有什么样的电路，电路是为处理信号而设计的。

电信号的种类繁多，分类的方法也多。

（一）电路与信号

电路是为处理信号而服务的，这是不争的事实。信号不同，所需的电路也就不同：模拟信号主要以线性电路和非线性电路来处理，放大器、频率变换电路（调制、解调、变频等）是其重点；数字信号则需要以门电路为基础单元的组合逻辑电路（加法器、编码器、译码器等）和时序逻辑电路（触发器、计数器、寄存器、存储器等）等来处理与变换的。如果要用数字电路来处理模拟信号，然后再恢复成模拟信号，则需要作模—数（A/D）及数—模（D/A）电路的转换。

（二）系统与信号

在通信、广播系统中，信号决定了体制，决定了收发电子设备电路的选取与设计。以现今的广播电视为例，它仍然是模拟信号体系，电视发射台所发出的是模拟电视信号，故电视接收机的高频放大电路、混频电路、本机振荡电路、中频放大电路、自动增益控制电路（AGC）等均为高中频模拟电路。目前，即便是号称数字式的电视机，也只是在视频检波后将视频信号以 A/D 转换后用数字电路进行处理，然后再以 D/A 转换，恢复出模拟视频信号，送显示部件显示出图像，故它不能称为数字电视机，充其量只能称为局部数字化的电视机。而只有从图像信号的采集、处理、转换、传输、显示等全部过程均以数字信号为对象，以数字电路为载体的体系和设备，才是真正意义上的数字电视。目前全国各地的有线电视台均在播数字电视节目。为了能在传统的电视机上收看这些节目，需借助于电视机顶盒对数字电视信号进行处理，使其转换成模拟电视信号再送至电视机接收。

在通信工程、电子信息工程、生物电子工程等专业的课程设置中，将"信号与系统"等作为必修的主干课程，同时它也是许多院校相关专业硕士生入学考试的一门重点课程。

系统是由多种功能电路与设备组成的。系统有大小之分，简单复杂之分。小到只有放大功能的扩音机（系统），大到一个家庭影院，简单到一个电视伴音接收机（系统），复杂到整个广播电视系统。在一个较大较复杂的系统中，信号可能要作多种变换和处理，然后才能送至终端设备为用户服务。弄清并掌握系统中信号的流通与变换，是设计、调测、维护、检修电子设备的关键所在。

五 、电路与系统

电路是组成电系统的基本单元，或者说系统就是由电路和电子设备组成的，它们一个是局部，相当于树木，另一个是整体，相当于森林。

电路也称电网络或网络，当研究一般性的抽象规律时，多用网络一词，而讨论一些指定的具体问题时，常称为电路或电子电路。电路是由电阻、电容、电感（不常用）、半导体器件、集成电路等元器件，并由导线、接插件等连接而成的一个能实现某种功能的单元。不同的电子电路及其他相关部件（传感器、显示器、键盘等）按设计要求而组成的有机整体即为系统。广义而言，系统是若干相互依赖的物件（电路、部件等）组合而成的具有特定功能的有机整体。

电子电路常分为数字电路、模拟电路、高频电路（也称通信电路）、控制电路等多种类型，这些电路是组成电子设备的主体，是学习电子技术不可缺少的内容。

在电子学领域中，系统的类型甚多，如常见的数据采集系统、通信系统、广播系统、控制系统、计算机系统、指挥系统、监控系统、有线电视系统、汽车电子系统、卫星定位系统、生产自动化系统、电子导航系统等。上述系统又包含多种电子设备，每种电子设备又由多种电子电路和相关部件所组成。

在电子信息、通信工程、电子测量、生物电子工程等专业中，通信系统、广播电视系统、信息处理系统、计算机系统、电子测量系统、数据采集处理（传输）系统是要重点讨论的，这些系统同样包含多种电子设备，多种类型的电子电路。比如通信系统是由发射设备（发射机）、接收设备（接收机）、控制设备（一般为微处理机）、传输媒介等几大部分组成，而发射机又是由振荡电路、倍频电路、功率放大电路、调制电路、控制电路、音频放大电路、匹配网络及天线等功能电路组成，接收机则由天线、输入回路、高频放大电路、混频电路、本振电路、中放电路、解调电路、低频放大电路、自动增益控制电路、自动频率调整电路（AFC）、控制电路、显示电路等组成。又如数据采集系统是由传感器、信号调理电路、A/D 转换电路、微机控制电路、存储电路、显示电路、D/A 转换电路、输入输出接口及键盘等电路组成。

广义而言，系统的概念不仅限于电子学领域，它所涉及的范围十分广泛，包括各种物理系统和非物理系统，人工系统及自然系统。电子技术领域所涉及的系统均为物理系统和人工系统。

随着科学技术的发展，人工系统（如通信系统、计算机网络、数据采集与处理系统、广播电视系统等）之规模日益庞大，内部组成也愈来愈复杂，人们致力于研究将系统理论用于系统工程设计，使较复杂的系统最佳地满足预定要求。以此为背景，出现了一门新兴的边缘技术科学——系统工程学。

在系统或网络理论研究中，包括系统分析与系统综合（或网络分析与网络综合）两个方面。在给定系统的条件下，研究系统对于输入激励信号所产生的输出响应，就是系统分析问题。而系统综合则是按某种设计需求先提出对于给定激励的响应，而后再根据此要求设计（综合）系统。分析与综合二者密切相关，但又有各自的体系和研究方法，一般而言，系统分析更重要，它是学习综合的基础。

六 、调制与解调

在通信、广播、遥控、遥测等许多系统中，调制与解调是必不可少的两大部件，即便是最简单的收、发系统也均如此，下面对此问题作一简单讨论。

（一）为什么要调制与解调

在通信系统中能否将要传送的信息，如声音、图像、文字、数码等的电信号（称基带信号）经放大后直接用天线以电磁波的形式向空间辐射呢？答案是否定的。其主要原因有两点：

一个原因是天线的有效发射与接收。基带信号的频率范围太宽且最下限频率过低，故其波长太长。如我国电视图像信号，其频率范围为 $0\sim6MHz$，对应的波长为无穷大至 50m。根据天线理论，可以证明，天线能有效辐射或有效接收电磁波的条件，是天线的尺寸应与被辐射信号的波长相比拟（约为波长的几分之一）。因此，对于上述波长的声音信号或图像信号，是很难由天线作有效的辐射或接收的。为此，只能将这些要传送的基带信号频率提到足够高，使它的波长变到足够短，以便于天线的制作。

另一个原因是为了实现信号的多路传输。因为各种信息的电信号（如人的声音信号），它们的频谱有相当一部分是重叠的，甚至是完全重叠的，即使能将它们辐射到空间去，则各信号的电磁波必定混叠在一起，相互干扰，接收者将无法选取所需的信号。因此，无线电通信（包括有线传输中的某些通信与广播）均设法将要传送的基带信号调制到（装载到）一个频率较高或很高的高频信号上，由高频电磁波将基带信号"携带"到空间去，就像用火车运送货物差不多；而且，人们还可以选用不同频率的高频电磁波，以避免它们之间的相互干扰，使接收者很容易选出所需之信号。例如中波广播电台的载频（即高频）有的为 640kHz，有的为 828kHz，有的为 1180kHz；又如电视广播，第二频道的图像载频为 57.75MHz，第二频道的伴音载频为 64.25MHz，二者相差 6.5MHz 等。

发送端（电台）既然要将所需传送的基带信号（音频、视频、数码等）搬移到一个频率较高的载频上去，接收机就应该将所需信号从载频上解调出来（检出、恢复出），这一调一解是通信、广播系统中不可缺少的两大过程。

（二）怎样实现调制

如何利用高频信号"携带"所需发送的信号呢？或者说，如何将这些信号的频率升高到某一值，而又保持信号本身的性质呢？由傅里叶变换中的频谱搬移特性可知，任何信号如果乘上一个高频信号，则可将这一信号的频谱不失真地搬移到该高频信号的频率两侧。这一频谱搬移的理论就是幅度调制的基础。

"携带"就是调制的概念，其中的高频信号（电压或电流）通常为正弦或余弦信号，它的瞬时表达式为

$$u(t) = U_m \cos(\omega_0 t + \varphi_0)$$

式中，U_m 为振幅，ω_0 为角频率，φ_0 为初相角，它们是正弦信号的三大参量。

如果用要传送的基带信号去控制上述三个参量之一，使其按照基带信号的变化规律而变化，就实现了调制。通常称基带信号为调制信号，称高频信号为载频信号或载波。

（三）调制方式分类

根据调制信号控制高频信号三个参量的不同，调制可分三大类。

第一类为振幅调制（AM），简称为调幅。它是用调制信号去控制高频载波的振幅，使其随调制信号的变化而变化。振幅调制又可细分为普通振幅调制、抑制载频的平衡调幅制、单边带调幅制及残留边带调幅制等多种。中短波广播采用的是普通调幅制，电视图像信号采用的是残留边带调幅制。普通调幅也称标准调幅，抑制载频的平衡调幅也称双边带调幅或平衡调幅。

第二类为频率调制（FM），简称为调频。它是用调制信号去控制高频载波信号的角频率 ω_0（即频率 f_0），使其随调制信号的变化而变化。调频广播、电视伴音均采用调频制。

第三类为相位调制（PM），简称为调相。它是用调制信号去控制高频载波信号的相位，使其随调制信号的变化而变化。

如果调制信号为 0、1 组成的数码，也可用它们对高频载波信号的幅度、频率、相位进行调制，分别称为幅度键控（ASK）、频率键控（FSK）、相位键控（PSK），这类调制统称为脉冲调制或数码调制。

调制后的信号是已调高频信号，称为已调波或已调信号。不同的调制信号或不同的调制方式所得的已调信号其性质也各不相同。

第二章　数字技术与信号信息处理技术原理

第一节　数字技术

一、数字技术的起源与优势

（一）数字技术的起源

人们从自然界获得的消息有多种表达形式：语言、文字、图片和视频等，在处理这些消息时，人们首先要把它们转换成系统中的信号。

1. 信号的分类

常用的信号可以分为以下几种。

（1）连续时间信号。信号的幅值可以是连续的，也可以是离散的。

（2）模拟信号。连续时间信号的一种特例，如果时间是连续的，幅值也是连续的。

（3）离散时间信号。如果时间是离散的，那么幅值是连续的，或称为序列。

（4）数字信号。如果时间是离散的，那么幅值是量化的。

2. 系统的分类

处理信号的物理设备称为系统。常用的系统可以分为以下几类。

（1）模拟系统。如果系统处理的是模拟信号，输入与输出都是连续时间、连续幅值信号。

（2）连续时间系统。如果系统处理的是连续时间信号，输入与输出都是连续时间信号。

（3）离散时间系统。如果系统处理的是离散时间信号，输入与输出都是离散时间信号。

（4）数字系统。如果系统处理的是数字信号，输入与输出都是数字信号。

3. 模拟信号的误差积累

有人做过一个简单的游戏：第一个人跟第二个人说一句话，第二个人再传给第三个人，以此类推，传到最后一个人时，原来的那句话常常会发生很多改变。主要原因如下：

（1）语言是模拟信号，在每一次传输过程中都有可能发生误差，引起所传输话语的部分改变。

（2）模拟信号有误差积累效应，在每一次传输过程中误差不断积累，直至最后，整句话可能发生了很多改变。

这就是模拟信号的误差积累。

4. 综合业务数字网

对于模拟信号来说，不同的信号形式，比如语音、文字、图像、视频，需要不同的处理系统。

如果把各种模拟信号统统转换成数字信号，就可以使用同一个系统来处理了，这就是综合业务数字网的初衷。

现今，数字技术得到了普遍使用，我们已经进入数字时代。

（二）数字技术的主要优势

1. 数字信号处理的优势

数字技术有很多优势，下面我们主要从数字信号处理、数字通信系统两个方面介绍数字技术的优势。

（1）灵活性高。数字信号处理系统的性能取决于系统参数，这些参数存储在存储器中，很容易被改变。通过改变系统参数，可以很容易地改变系统性能，甚至可以通过系统参数的改变，把系统变成另外一种完全不同的系统。

（2）利用率高。数字系统可以采用时分复用技术（TDM），即使用一套数字系统分时处理几路信号，可以大大提高系统的利用率。

（3）精度高。模拟系统的精度由元器件决定，模拟元器件的精度很难达到 10^{-3} 以上，而数字系统只要采用 14 位字长就可以达到 10^{-4} 的精度。如果使用超大规模集成的数字信号处理器（DSP）芯片，运算位数就可以提高到 16、32 或 64 位。因此，在高精度系统中，有时只能采用数字系统。

（4）可靠性高。数字系统的特性是不易随使用条件变化而变化的。由于使用的是超大规模集成的 DSP 芯片，设备简单，提高了系统的稳定性和可靠性。

（5）易于大规模集成。由于数字部件具有高度的规范性，对电路参数要求不严，因此便于大规模集成、大规模生产。由于采用了大规模集成电路，数字系统具有体积小、重量轻、成本低、可靠性强的特点，这也是 DSP 芯片发展迅速的原因之一。

（6）性能指标高。由于数字系统可以方便地对数字信号进行存储和运算，系统可以获得高性能指标。例如，对信号进行频谱分析，模拟频谱仪在频率低端只能分析到 10Hz 以上的频率，而且难以实现高分辨率。但在数字系统中，模拟频谱已经可以实现 10^3 Hz 的频谱分析。

由于数字信号处理的突出优势，它在通信、雷达、遥感、电视、语音处理、地震预报和生物医学等许多领域得到了广泛的应用。

2. 数字通信系统的优势

与模拟通信系统相比，数字通信系统有以下主要优势。

（1）频谱利用率高，有利于提高系统容量。数字通信系统采用高效的信源编码技术、高频谱效率的数字调制解调技术、先进的信号处理技术、多址方式以及高效动态资源分配技术等，可以在不增加系统带宽的条件下增多系统同时通信的用户数。

（2）能提供多种业务服务，提高通信系统的通用性。数字系统传输的是1、0 形式的数字信号。语音、图像、音乐或数据等数字信息在传输和交换设备中的表现形式都是相同的，信号的处理和控制方法也是相似的，因而用同一设备来传送任何类型的数字信息都是可能的。

利用单一通信网络来提供综合业务服务正是未来通信系统的发展方向。

（3）抗噪声、抗干扰和抗多径衰落的能力强。数字通信系统可以采用纠错编码、交织编码、自适应均衡、分集接收和扩频技术等，控制任何干扰和不良环境产生的损害，使传输差错率低于规定的阈值，提高通信系统的可靠性。

（4）能实现更有效、灵活的网络管理和控制。数字系统可以设置专门的控制信道用来传输信令信息，也可以把控制指令插入业务信道的比特流中，进行控制信息的传输，因而便于实现多种可靠的控制功能。

（5）便于实现通信的安全保密。数字通信系统可以采用加密编码，把容易理解的传输信息改变成难以理解的数字信号，有利于提高传输信号的安全性。

二、模数变换

多输入多输出技术是为了提高移动通信系统的抗干扰、抗衰落能力而出现的一种新技术，它已经成为移动通信领域的一个研究热点。

（一）模数变换的概念

因为上述数字技术的优势，所以通信技术的发展方向是数字通信系统，比如数字电视、数字手机等。

自然界的许多信息都是模拟量，比如电话、电视等，其信源输出的都是模拟信号。若要利用数字通信系统传输模拟信号，一般需三个步骤。

1. 把模拟信号数字化，即模数（A/D）变换。

2. 进行数字方式传输。

3. 把数字信号还原为模拟信号，即数模（D/Λ）变换。

由于电话业务在通信中占有最大的业务量，下面我们就以语音编码为例，介绍模拟信号数字化的有关概念。

（二）模拟信号数字化方法的分类

模拟信号数字化的方法大致可分为两类。

1. 波形编码

波形编码是直接把时域波形变换为数字代码序列，比特率通常在 $16 \sim 64 kb/s$，接收端重建（恢复）信号的质量好。

2. 参量编码

参量编码是利用信号处理技术提取语音信号的特征参量，再变换成数字代码，其比特率在 $16kb/s$ 以下，但接收端重建信号的质量不够好。

首先对模拟信息源发出的模拟信号进行抽样，使其成为一系列离散的抽样值，然后将这些抽样值进行量化并编码，变换成数字信号。这时信号便可用数字通信方式传输。在接收端，将接收到的数字信号进行译码和低通滤波，恢复原模拟信号。

（三）抽样

1. 抽样的概念

抽样就是把在时间上连续的模拟信号变成一系列时间上离散的抽样值的过程。这是模数变换的第一步。

为了重建原模拟信号，抽样需要满足抽样定理。

2. 抽样定理

抽样定理的大意是：如果对一个频带有限的、时间连续的模拟信号抽样，当抽样速率达到一定数值时，那么根据它的抽样值就能重建原信号。

也就是说，若要传输模拟信号，不一定要传输模拟信号本身，只需传输按抽样定理得到的抽样值。

因此，抽样定理是模拟信号数字化的理论依据。

3. 抽样的分类

（1）根据抽样信号的通带类型，可以分为低通抽样和带通抽样。低通抽样对应低通信号，带通抽样对应带通信号。

（2）根据用来抽样的脉冲序列的间隔不同，可以分为均匀抽样和非均匀抽样。均匀抽样对应等间隔脉冲序列，非均匀抽样对应不等间隔脉冲序列。

（3）根据抽样的脉冲序列的类型不同，又可分为理想抽样和实际抽样。理想抽样对应冲击序列，实际抽样对应非冲击序列。

（四）脉冲调制

脉冲调制就是以时间上离散的脉冲串作为载波，用模拟基带信号 m（t）去控制脉冲串的某个参数，使其按 m（t）的规律变化的调制方式。

1. 脉冲调制的分类

通常按基带信号改变脉冲参量（幅度、宽度和相位）的不同把脉冲调制分为以下三种：

（1）脉冲振幅调制（PAM）。脉冲振幅调制是脉冲载波的幅度随基带信号变化的一种调制方式。

（2）脉冲宽度调制（PDM）。脉冲宽度调制是脉冲载波的宽度随基带信号变化的一种调制方式。

（3）脉冲相位调制（PPM）。脉冲相位调制是脉冲载波的相位随基带信号变化的一种调制方式。

2. 脉冲编码调制

脉冲编码调制（PCM）简称脉码调制，它是一种用一组二进制数字代码来代替连续信号的抽样值，从而实现通信的方式。

由于这种通信方式抗干扰能力强，它在光纤通信、数字微波通信和卫星通信中均获得了极为广泛的应用。

首先，在发送端进行波形编码（主要包括抽样、量化和编码三个过程），把模拟信号变换为二进制码组。

编码后的 PCM 码组的数字传输方式可以是直接的基带传输，也可以是对微波、光波等载波调制后的调制传输。

在接收端，二进制码组经译码后还原为量化后的样值脉冲序列，然后经低通滤波器滤除高频分量便可得到重建信号。

3. 抽样信号的量化与编码

（1）量化。利用预先规定的有限个电平来表示模拟信号抽样值的过程称为量化。

在信号传输之前，需要把取值无限的抽样值划分成有限的 M 个离散电平，此电平被称为量化电平。

（2）编码。把量化后的信号电平值变换成二进制码组的过程称为编码，其逆过程称为解码或译码。

模拟信息源输出的模拟信号 m（t）经抽样和量化后得到的输出脉冲序列是一个 M 进制（一般常用 128 或 256）的多电平数字信号，如果直接传输的话，抗噪声性能很差，因此还要经过编码器转换成二进制数字信号（PCM 信号）后，再经数字信道传输。

在接收端，二进制码组先经过译码器还原为 M 进制的量化信号，再经低通滤波器恢复原模拟基带信号。

三、数字通信编码方式

数字通信系统的主要性能指标为：有效性；可靠性；安全性。为了提高系统性能，可以采取以下编码方法：

（1）信源编码，用以提高系统的有效性。

（2）信道编码，用以提高系统的可靠性。

（3）加密编码，用以提高系统的安全性。

（一）信源编码

1. 概述

信源编码是对信源输出的消息进行适当的处理，把信息换成信号，信源编码的主要目标是压缩每个信源符号的平均位数或信源的码率，利用某种变换使得信号的传输效率提高。

信源编码也就是压缩编码。

2. 信源编码的分类

根据信源的种类，信源编码可分为经典编码方法和现代编码方法两大类。

经典编码方法又可分为无失真信源编码和限失真信源编码。

常用编码方法有霍夫曼编码、算术编码和游程编码等，其压缩效率都以信源的信息熵为上界。另外，预测编码、变换编码、混合编码和矢量量化编码等方法也大都受信源的信息熵的约束。

决定信源编码性能的主要因素是信源的信息熵。

简单来说，信源的信息熵是指对该信源进行无损压缩时，信源编码器输出码率最小值。

无论采用何种方法进行无损数据压缩，每个符号输出码流的平均长度总是不小于信息熵。

3. 信源编码作用及应用

信源编码的作用如下：

（1）符号变换。使信源的输出符号与信道的输入符号相匹配。

（2）冗余度压缩。使编码之后的新信源概率分布均匀化，信息含量效率等于或接近100%。

在各类通信系统和电子信息系统中使用的信源编码方案必须具有一定的性质，满足特定的码字结构要求。

GSM 系统首先是把语音分成 20ms 的音段，这 20ms 的音段通过语音编码器被数字化和语音编码，产生 260 个比特流，并被分成以下几个重要位：

（1）50 个最重要位。

（2）132 个重要位。

（3）78 个不重要位。

目前 CDMA 系统的话音编码主要有以下两种：

（1）码激励线性预测编码（CELP）8kb/s 和 13kb/s。8kb/s 的话音编码达到 GSM 系统的 13kb/s 的话音水平甚至更好。

13kb/s 的话音编码已达到有线长途话音水平。

（2）CELP 采用与脉冲激励线性预测编码相同的原理，只是将脉冲位置和幅度用一个矢量码表代替。

4. 数据压缩

（1）数据压缩的概念。随着多媒体技术的出现和发展，计算机应用不再局限于数值计算、文字处理的范畴，而是面临数值、文字、图形、图像、视频和音频等多种媒体元素，并且要将它们数字化、存储、传输，其数据量很大。近年来，虽然宽带传输介质和大容量存储媒体有了较快发展，但仍比不上媒体信息容量的增长。因此，需要对数据进行压缩，通过数据压缩技术来降低数据量，减轻对存储、传输介质的要求。

（2）数据压缩的可能性。音频信号和视频图像的数字化数据可以进行数据压缩编码是基于以下事实。

①各种媒体信息是有冗余的，例如，同一幅图像中规则物体或规则背景是相似的，其灰度值无须逐点描述，也就是存在空间冗余。同样，视频的前后两帧图像之间相似度可能很高，可以利用适当的技术重构图像或场景，而无须完整传送每帧图像，也就是存在时间冗余。当然，多媒体数据中还存在其他种类的冗余。数据压缩实际就是去除冗余的过程。

②人的听觉和视觉感知机理决定了我们可以在眼睛和耳朵觉察不出来的情况下适当删减某些数据。例如，人的视觉对于图像边缘的急剧变化不敏感，对图像的亮度信息敏感，对颜色的分辨率较弱等。因此，如果图像经压缩或量化发生的变化（或称为引入了噪声）不能被视觉所捕捉，则认为图像质量是完好的或是够好的，即图像压缩并恢复后仍有满意的主观图像质量。再如，人耳对不同频率

的声音敏感性不同，不能觉察所有频率的变化，因此有些频率的声音压缩或量化发生的变化（或称为引入了噪声）不能被人耳所感知。

（3）衡量数据压缩好坏的标准。一个好的数据压缩方法对多媒体信息的存储和传输至关重要。影响压缩性能的主要指标如下。

①压缩比。压缩前后的文件大小和数据量进行比较，作为衡量压缩比的指标。如 JPEG 压缩标准的压缩比可达 50∶1。人们普遍希望压缩的倍数越高越好、压缩的速度越快越好，同时人们又希望确保数据压缩的精度，即压缩完成以后，解压缩的数据和原来的数据最好没有什么差别，没有什么数据损失。然而，追求压缩比和追求精度往往是矛盾的，因此就需要在这两者之间权衡取舍。

②图像质量。虽然我们希望获得较大的压缩比，但压缩比过高，还原后的图像质量就可能降低。图像质量的评估法常采用客观评估和主观评估两种方法。

客观评估则是通过一种具体的算法来统计多媒体数据压缩结果的损失，如计算峰值信噪比等。

主观评估基于人的视觉感知，因为观察者作为最终视觉信宿，他们能对恢复图像的质量作出直观的判断。方法之一是进行主观测试，让观察者通过观测一系列恢复图像，并与原图像进行比较，再根据损伤的可见程度进行评级，以判断哪种压缩方法的失真少。

③压缩与解压缩的速度。压缩和解压缩的速度是压缩系统的两项单独的性能度量。在有些应用中，压缩和解压缩都需要实时进行，这称为对称压缩，如电视会议的图像传输；在有些应用中，压缩可以用非实时压缩，而只要解压缩是实时的，这种压缩称为非对称压缩，如多媒体 CD-ROM 的节目制作。从目前开发的压缩技术来看，一般压缩的计算量比解压缩要大。

④执行的硬件与软件。采用什么样的硬件与软件去执行压缩/解压缩，与采用压缩方案和算法的复杂程度有着密切的关系。设计精巧的简单算法可以在简单的硬件上执行，且执行速度很快，而设计复杂的算法需要在功能强大的硬件和软件的支持下才能运行。但仅靠算法来提高压缩/解压缩的速度还是有限的，在大多数情况下，不得不依靠硬件本身提供的功能去完成，例如采用专用多媒体处理芯片。

（4）数据压缩方法的分类。数据压缩根据解压缩后能否完整恢复压缩前的数据而分为无损压缩和有损压缩两类。

①无损压缩。解压缩后得到的数据与原始数据严格相同，即压缩是没有任何损失或无失真的。该算法是依据香农信息论的理论，通过适当的方法去除信号间的统计冗余来达到压缩的目的。例如，一幅图像中每种灰度值出现次数不等，可以对各灰度值进行编码，出现次数多的用较短的长度，出现次数少的用较长的长度，这样处理后图像文件的数据量即可减小。

无损压缩的压缩比较小，一般在 2∶1 至 5∶1 之间，算法简单。这类方法广泛应用于文本数据、程序。代表性的算法包括游程编码、Huffman 编码、算术编码、LZ 编码。

②有损压缩。解压缩后得到的数据与原始数据有一定的误差，即压缩是有损或有失真的。算法利用人类视觉和听觉器官对图像或声音中的某些频率成分不敏感的特性，允许在压缩过程中损失一定的信息。虽然不能完全恢复原始数据，但所损失的部分是不容易被人耳或人眼觉察到的。

有损压缩的压缩比较大，通常可压缩到原文件的几分之一、几十分之一甚至几百分之一。有损压缩通常用于音频、图像和视频等数据的压缩，代表性的算法有 PCM、变换编码、子带编码和小波编码等。

现行的很多多媒体压缩标准，如前面提到的 JPEG、MPEG 系列、H. 26X 等都采用了有损压缩和无损压缩相结合的混合编码方式，以求最大限度地去除冗余，获得较高的压缩比和图像质量。

（5）常用多媒体信号压缩编码标准。为了加速压缩软件和硬件的开发，使不同厂家的设备、不同系统、不同应用环境之间能够互相传递和共享多媒体资源，国际电报电话委员会（CITT）的研究小组提出了几种国际标准，其中被推荐并广泛使用的有 JPEG、MPEG 和 H. 261。

①静止图像压缩标准。静止图像压缩标准即"多灰度静止图像的数字压缩编码"，它是一个适用于彩色和单色多灰度或连续色调静止数字图像的压缩标准。它包括无损压缩和有损压缩两部分。有损压缩的压缩比可达到 20∶1 至 40∶1。

②运动图像压缩标准。运动图像压缩标准包括 MPEG 视频、MPEG 音频和视频音频同步三部分。MPEG 推出一系列标准，以适应不同的目标和应用，如目前已提出的 MPEG‐1、MPEG‐2、MPEG‐4、MPEG‐7 和 MPEG‐21 标准。以 MPEG‐1 为例，其视频是面向位速率约为 1.5Mb/s 全屏幕运动图像的数据压缩；音频是面向每通道位速率为 64kb/s、128kb/s、192kb/s 的数字音频信号的压缩；

视频音频同步则要解决数字视频和数字音频等多样压缩数据流的复合和同步的问题。采用 MPEG-1 标准的平均压缩比为 50：1。

从常用多媒体信号压缩编码标准颁布的那一刻起，MPEG-1 取得一连串的成功，如 VCD 和 MP3 的大量使用。

③视听、通信编码标准 H.261。H.261 标准即 P×64kb/s 视频编码标准，其中 P 为 64kb/s 的取值范围，是 1~30 的可变参数，它最初是针对在 ISDN（综合业务数字网）上实现电信会议应用，特别是面对面的可视电话和视频会议而设计的。实际的编码算法类似于 MPEG 算法，但不能与后者兼容。H.261 在实时编码时比 MPEG 所占用的 CPU 运算量少得多，此算法为了优化带宽占用量，引进了在图像质量与运动幅度之间的平衡折中机制，也就是说，剧烈运动的图像比相对静止的图像质量要差。

H.26X 也是一系列的标准，随着市场需求的增加和要求的提高，国际电信联盟（ITU）相继提出了 H.261、H.262、H.263 和 H.264 等一系列标准。

（二）信道编码

1. 概述

信道编码是提高数据传输可靠性、减少差错的有效方法。

信道编码，通过加入校验位，即增加冗余实现纠错和检错能力。其追求的目标是如何加入最少的冗余位而获得最好的纠错能力。

信道编码也称为纠错编码或者差错控制编码。

2. 信道编码的分类

信道编码有多种分类方法。

（1）根据功能不同，差错控制码可以分为两类：检错码、纠错码。

检错码只检测信息传输是否出现错误，本身没有纠错的能力，如循环冗余校验码、奇偶校验码等。

纠错码则可以纠正误码。

（2）根据对信息序列处理方法的不同，纠错码可以分为：分组码、卷积码。

分组码是将信息序列划分为 k 位一组，然后对各个信息组分别进行编码，形成对应的一个码字。

卷积码也是首先将信息序列划分为组，并且当前码组的编译码不仅与当前信息组有关，还与前面若干码组的编译码有关，然后就利用码组的相关性进行译码。

（3）根据码元与原始信息之间的关系，纠错码可以分为：线性码、非线性码。

线性码的所有码元都是原始信息元的线性组合。非线性码的码元不是信息元的线性组合。

（4）根据适用差错的类型，纠错码可以分为：纠随机错误码、纠突发错误码。

纠随机错误码主要适用随机错误信道，纠正其中可能产生的随机错误。纠突发错误码主要用于纠正信息传输过程中的突发错误。

3. 常用信道编码

（1）差错性质编码。基本原理举例说明如下。

设有一种由3位二进制数字构成的码组，它共有8种不同的可能组合。若将其全部用来表示天气，则可以表示8种不同天气。例如：

"000"（晴）　　"001"（云）　　"010"（阴）　　"011"（雨）

"100"（雪）　　"101"（霜）　　"110"（雾）　　"111"（雹）

其中任一码组在传输中若发生一个或多个错码，则将变成另一个信息码组。这时，接收端将无法发现错误。

若在上述8种码组中只准许使用4种来传送天气，例如：

"000" ＝晴　　"011" ＝云　　"101" ＝阴　　"110" ＝雨

这时，虽然只能传送4种不同的天气，但是接收端却有可能发现码组中的一个错码。

例如，若"000"（晴）中错了一位，则接收码组将变成"100"或"010"或"001"，这3种码组都是不准使用的，称为禁用码组。接收端在收到禁用码组时，就认为发现了错码。当发生3个错码时，"000"变成了"111"，它也是禁用码组，故这种编码也能检测3个错码。

但是这种码不能发现一个码组中的两个错码，因为发生两个错码后产生的是许用码组。

上面这种编码只能检测错码，不能纠正错码。例如，当接收码组为禁用码组"100"时，接收端将无法判断是哪一位码发生了错误，因为晴、阴、雨三者错了一位都可以变成"100"。

要能够纠正错误，还要增加多余度。例如，若规定许用码组只有两个："000"（晴）、"111"（雨），其他都是禁用码组，则能够检测两个以下错码，或能够纠正一个错码。例如，当收到禁用码组"100"时，若当作仅有一个错码，则可以判断此错码发生在"1"位，从而纠正为"000"（晴）。因为"111"（雨）发生任何一位错码时都不会变成"100"这种形式。

但是，这时若假定错码数不超过两个，则存在两种可能性："000"错一位和"111"错两位都可能变成"100"，因而只能检测出存在错码而无法纠正错码。

（2）奇偶监督码。这种编码如下：

	信息位	监督位
晴	00	0
云	01	1
阴	10	1
雨	11	0

偶数监督码，一位监督位，码组中 1 的数目为偶数，可检测奇数个错码。

4. 恒比码

这种编码方法如下（码组中 1 或 0 数目相同）：

1：01011　　6：10101

2：11001　　7：11100

3：10110　　8：01110

4：11010　　9：10011

5：00111　　10：01101

5. 正反码

正反码的编码方法如下：

监督码元与信息码元相同或相反。

（1）编码。

①信息位中 1 奇数，监督位相同：

11001：1100111001。

②信息位中 1 偶数，监督位相反：

10001：1000101110。

（2）解码。信息位与监督位先按模 2 相加，得到合成码组。然后，由此合成码组产生一个校验码组。

①若信息位有奇数个"1"，合成码组为校验码组。

②若信息位有偶数个"1"，合成码组取反。

由校验码组中"1"的数目进行判决。

全 0：无错码。

一个 0：信息码错 1 位，对应校验码中 0 的位置。

一个 1：监督码错 1 位，对应校验码中 1 的位置。

其他：错码大于 1。

设：发送 1100111001。

A. 接收 1100111001。

合成码组：$11001+11001=00000$。

信息位"1"奇数，校验码组 00000：无错码。

B. 接收 1000111001。

合成码组：$10001+11001=01000$。

信息位"1"偶数，校验码组 10111。

一个 0：信息位错 1 位，应为 1100111001。

C. 接收 1100101001。

合成码组：$11001+01001=10000$。

信息位"1"奇数，校验码组 10000。

一个 1：监督位错码，应为 1100111001。

D. 接收 1001111001。

合成码组：$10011+11001=01010$。

信息位"1"奇数，校验码组 01010，错码大于 1 个。

6. 分组码

分组码就是对每个 k 位长的信息组，按照一定规则增加 $r=n-k$ 位校验码元，构成长度为 n 的序列（c_{n-1}，c_{n-2}，…，C_1，C_0），该序列称为码字。

如果采用二进制码，则信息组共有 2k 种组合，经过编码后相应码字只有 2k 种，这 2k 个码字集合被称为（n，k）分组码。

分组码就是确定某种规则，从 2n 个 n 重中筛选出 2k 个不同的码字。

不同的编码规则可以产生不同的码。被选中的 2k 个 n 重被称为许用码组，其余的 2n—2k 个码字为禁用码组。

禁用码组是编码不可能产生的码组，接收端一旦接收到这类码组，就可以判断传输中发生了错误。

（n，k）分组码的码率为 R＝k/n。码率是衡量分组码编码有效性的基本参数。在纠错能力相同的情况下，码率越大效率越高，增大码率有利于提高信息传输的效率。

（三）加密编码

1. 概述

加密编码是为了保证信息的安全性。在信息传输或处理过程中，除了指定的接收者外，还有非指定的或非授权的用户，他们企图通过各种技术手段窃取机密信息。

为了保证被传送信息的安全和隐私，必须对信源的输出进行加密或隐藏，同时还要求信息传递过程中保证信息不被伪造和篡改。

通信系统中的传输媒质有电缆、明线、光纤和无线电波等的传播空间，信号通过这些媒质时是很不安全的。非指定用户或敌人还会通过各种方法（如搭线、电磁波接收和声音接收等）对所传输的信号进行侦听（称为被动攻击）。更有甚者，有些非法入侵者主动对系统进行骚扰，采用删除、更改、增添、重放和伪造等手段，向系统注入信号或破坏被传的信号，以达到欺骗别人、利于自己的目的。

人们希望把重要信息通过某种变换形式转换成秘密的信息。转换方法可以分为两大类：

（1）隐写术。隐蔽信息载体——信号的存在，古代常用。

（2）编码术。将载荷信息的信号进行各种变换，使它们不为非授权者所理解。

密码编码学是信息安全技术的核心，主要任务是寻求产生安全性高的有效密码算法和协议，以满足对信息进行加密或认证的要求。

密码分析学的主要任务是破译密码或伪造认证信息，实现窃取机密信息或进行诈骗破坏活动。

当今，信息的安全和保密问题更加突出和重要。为了保证所传输信息的安全，通常采用以下方法：

（1）认证业务。提供某种方法来证实某一声明是正确的，如口令。

（2）访问控制。控制非授权的访问，如防火墙。

（3）保密业务。对未授权者保护信息，如数据加密。

（4）数据完整性业务。对安全威胁所采取的一类防护措施。

（5）不可否认业务。提供无可辩驳的证据来证明曾经发生过的交换，如采用数字签名技术。

在一个网络中，信息发送方和接收方之间常见的不安全因素包括以下几方面：

（1）伪造。接收方伪造一份来自另一发送方的文件。

（2）篡改。接收方篡改接收到的文件或其中的数据。

（3）冒充。网络中任一用户冒充另一用户作为接收方或发送方。

（4）否认。发送/接收方不承认曾发送/接收过某一文件。

为保证信息安全，我们应设计一个手迹签名的代替方案。该方案应满足以下三个条件：

（1）接收者可以确认发送者的身份；

（2）发送者以后不能否认文件是他发的；

（3）接收者自己不能伪造该文件。

第一个条件是必需的，比如当一位顾客通过计算机发订货单，向一家银行订购一吨黄金，银行计算机需要证实发出订购要求的计算机是否属于付款的公司。

第二个条件用于保护银行不受欺骗。假设银行为该顾客买入了一吨黄金，但金价随后暴跌，狡猾的顾客可能会控告这家银行，声称自己从未发出过任何订购黄金的订单。

第三个条件用在下述情况下保护顾客，如金价暴涨，银行伪造一个文件，说顾客只需要买一公斤黄金而不是一吨黄金。

数字签名技术就是利用数据加密技术、数据变换技术，根据某种协议产生一个反映被签署文件的特征以及签署人的特征的数字化签名，以保证文件的真实性和有效性。数字签名技术具有以下几点优势：

（1）数字签名可以通过计算机网络使地理位置不同的用户实现签名。

（2）数字签名既可有手写签名那样的可见性，又可将签名存储于计算机系统之中。

（3）数字签名与整个文件的每一组成部分都有关，从而保证了其不变性，而手写签名的文件则可以改换某一页内容。

（4）数字签名可以对一份文件的一部分进行签署，这是手写签名所不能做到的；手写签名一般要经过专家的鉴定才能确认，而在一个具有良好数字签名方案的网络内，接收方可以立即识别接收的文件中签名的真伪。

2. 加密编码原理

为了保证信息安全传输可以采用加密编码的方法。

在利用现代通信工具的条件下，隐写术受到很大限制，但编码术却以计算机为工具取得了很大的发展。

在加密编码中：

（1）真实数据称为明文（M）。

（2）对真实数据施加变化的过程称为加密（EK）。

（3）加密后输出的数据称为密文（C）。

（4）从密文恢复出明文的过程称为解密（DK）。

完成加密和解密的算法称为密码体制。

变换过程中使用的参数叫密钥K。

加密时使用的密钥与解密时使用的密钥分为以下两种：

（1）加密密钥与解密密钥相同（单密钥）。

（2）加密密钥与解密密钥不同（双密钥）。

如果求解一个问题需要一定量的计算，但环境所能提供的实际资源却无法实现它，则称这种问题是计算上不可能的。

如果一个密码体制的破译是计算上不可能的，则称该密码体制是计算上安全的。

即使截获了一段密文C，甚至知道了与它对应的明文M，破译者要从中系统地求出解密变换仍然是计算上不可能的。

破译者要由截获的密文C系统地求出明文M是计算上不可能的。

保密性只要求对变换DK（解密密钥）加以保密，只要不影响DK的保密，变换EK就可以公之于众。

对称（单密钥）体制：加密密钥和解密密钥相同或者很容易相互推导出。

假定加密方法是众所周知的，这就意味着变换 EK 和 DK 很容易互相推导。因此，如果对 EK 和 DK 都保密，则保密性和真实性就都有了保障。

非对称（双密钥）密码体制：加密密钥和解密密钥中至少有一个在计算上不可能被另一个导出。因此，在变换 EK 或 DK 中有一个可公开而不影响另一个的保密性。

我们可以通过保护两个不同的变换分别获得保密性和真实性。保护 DK 获得保密性，保护 EK 获得真实性。公开密钥体制即是这种。接收者通过保密自己的解密密钥来保障他接收信息的保密性，但不能保证真实性，因为任何知道他的加密密钥的人都可以将虚假消息发给他；发送者通过保密自己的解密密钥来保障他发送信息的真实性，但任何知道他的加密密钥的人都可以破译消息，保密性不能保证，一般用于数字签名。

3. 常用密码

常用密码根据加密明文数据时的加密单位的不同，分为分组密码和序列密码两大类：

（1）分组密码。设 M 为密码消息，将 M 分成等长的连续区组 M_1，M_2，M_3，…，M_n，分组的长度一般是几个字符，并且用同一密钥 K 为各区组加密。

（2）序列密码。若将 M 分成连续的字符或位 m_1，m_2，…，m_n，并用密钥序列 $K = K_1 K_2 \cdots$ 的第 i 个元素给 m 加密。

实际中，常用的是分组密码。

密码学把信源看成是符号（文字、语言等）的集合，并且按一定的概率产生离散符号序列。多余度用来衡量破译某一种密码体制的难易程度，多余度越小，破译的难度就越大。对明文先压缩其多余度，然后再加密，可提高密文的保密度。

在截获密文后，明文在很大程度上仍然无法确定。即无论截获了多长的密文都得不到任何有关明文的信息，那么就说这种密码体制是绝对安全的。

所有实际密码体制的密文总是会暴露某些有关明文的信息。被截获的密文越长，明文的不确定性就越小，最后会变为 0。这时就有了足够的信息唯一地确定明文，于是这种密码体制也就在理论上可破译了。

理论上可破译并不能说明这些密码体制不安全，因为把明文计算出来的时空需求也许会超过实际上可供使用的资源，在计算上是安全的。

（1）换位密码。对数据中的字符或更小的单位重新组织，但并不改变它们本身。

（2）替代密码。改变数据中的字符，但不改变它们之间的相对位置。

DES 密码就是在上述换位和替代密码的基础上发展而来的。将输入明文序列分成区组，每组 64 位，64 位的密钥源循环移位产生 16 个子密钥，DES 的安全性完全依赖于所用的密钥。

（3）IDEA（International Data Encryption Algorithm，国际数据加密算法）。I-DEA 输入和输出字长为 64 位，密钥长 128 位，8 轮迭代体制，最后经过一个输出变换给出密文，它可用于各种标准工作模式。IDEA 由两部分组成：一个是对输入 64 位明文组的 8 轮迭代产生 64 位密文输出；另一个是由输入的 128 位会话密钥产生 8 轮迭代所需的 52 个子密钥，共 $52×16$ 位。

如果要进行通信，必须在这之前把密钥通过非常可靠的方式分配给所有接收者，这在某些场合是很难做到的。

第二节　信号与信息处理技术原理

信号与信息处理技术是集信息采集、处理、加工、传播等多学科为一体的现代科学技术，是信息科学的重要组成部分，是当今世界科技发展的重点，也是国家科技发展战略的重点。信号与信息处理学科是一个交叉学科，与通信、控制、计算机等学科紧密关联。信号与信息处理的研究与发展离不开通信、计算机、自动控制等多个领域的发展，同样，信号与信息处理的应用更离不开微电子技术的支撑，也正因为微电子技术的迅猛发展，才使得信号与信息处理的应用从理论成为现实。目前，信号与信息处理技术已广泛应用于信息科学的各个领域，如文本、语音、图形/图像、通信、仪器仪表、医疗电子、消费电子、军事与航空航天尖端科技、工业控制与自动化等。

一、信息处理技术

(一) 信息处理技术发展史

人类很早就开始了信息的记录、存储和传输。在古代，信息存储的手段非常有限，有些部落通过口耳相授传递部落的信息，有些部落通过结绳记事存储信息。文字的创造、造纸术和印刷术的发明是信息处理的第一次巨大飞跃；电报、电话、电视及其他通信技术的发明和应用是信息传递手段的历史性变革，也是信息处理的第二次巨大飞跃；计算机的出现和普遍使用则是信息处理的第三次巨大飞跃。长期以来，人们一直在追求改善和提高信息处理技术的过程，大致可划分为三个时期。

1. 手工处理时期

手工处理时期是用人工方式来收集信息，用书写记录来存储信息，用经验和简单手工运算来处理信息，用携带存储介质来传递信息。信息人员从事简单而烦琐的重复性工作，信息不能及时有效地输送给使用者，许多十分重要的信息来不及处理，甚至贻误战机。

2. 机械信息处理时期

随着科学技术的发展以及人们对改善信息处理手段的追求，逐步出现了机械式和电动式的处理工具，如算盘、出纳机、手摇计算机等，在一定程度上减轻了计算者的负担。后来又出现了一些较复杂的电动机械装置，可以把数据在卡片上穿孔并进行成批处理和自动打印。同时，由于电报、电话的广泛应用，极大地改善了信息的传输手段，这次信息传递手段的革命，结束了人们单纯依靠烽火和驿站传递信息的历史，大大加快了信息传递的速度。虽然机械式处理比手工处理提高了效率，但并没有本质的进步。

3. 计算机处理时期

随着计算机系统在处理能力、存储能力、打印能力和通信能力等方面的提高，特别是计算机软件技术的发展，使用计算机越来越方便，加上微电子技术的突破，使微型计算机日益商品化，从而为计算机在管理上的应用创造了极好的物质条件。信息处理时期经历了单项处理、综合处理两个阶段，现在已发展到系统处理的阶段。这样一来，不仅各种事务的处理达到了自动化，大量人员从烦琐的事务性劳动中解放出来，提高了效率，节省了行政费用，而且由于计算机的高速运算能力，极大地提高了信息的价值，能够及时为管理活动中的预测和决策提供可靠的依据。与此同时，电子计算机和现代通信技术的有效结合，使得信息的处理速度、传递速度得到了惊人的提高，人类处理信息、利用信息的能力达到了空前的高度。今天，人类已经进入了所谓的信息社会。

（二）现代信息技术

到了近代，随着社会经济的发展，不同地域的人与人之间交往活动增加，促进了信息技术的飞速发展。信息是人类的一种宝贵资源，大量、有效地利用信息是社会发展水平的重要标志之一。社会的进步将不断地发展，我们要用更有效的手段来传递信息和处理信息，从而促使人类文明社会更快地向前发展。

二、数字信号及其处理

（一）数字信号的特点

1. 抗干扰能力强、无噪声积累。

在模拟通信中，为了提高信噪比，需要在信号传输过程中及时对衰减的传输信号进行放大，信号在传输过程中不可避免地叠加上的噪声也被同时放大。随着传输距离的增加，噪声累积越来越多，从而导致传输质量严重恶化。

对于数字通信，由于数字信号的幅值为有限个离散值（通常取 0 和 1 两个幅值），在传输过程中虽然也受到噪声的干扰，但当信噪比恶化到一定程度时，在适当的距离采用判决再生的方法，再生成没有噪声干扰的、和原发送端一样的数字信号，即可实现长距离、高质量的传输。

2. 便于加密处理。

信息传输的安全性和保密性越来越重要，数字信号的加密处理比模拟信号容易得多。以语音信号为例，经过数字变换后的信号可用简单的数字逻辑运算进行加密、解密处理。

3. 便于存储、处理和交换。

数字信号的形式和计算机所用信号一致，都是二进制代码，因此便于与计算机联网，也便于用计算机对数字信号进行存储、处理和交换，可使通信网的管理维护实现自动化、智能化。

4. 设备便于集成化、微型化。

数字通信采用时分多路复用，不需要体积较大的滤波器。设备中大部分电路是数字电路，可用大规模或超大规模集成电路实现，因此体积小、功耗低。

（二）模拟信号的数字化

当今社会已进入迅猛发展的信息化时代，对信息进行处理的核心设备是计算机，计算机只能识别由二进制 0、1 组成的数字信号，而现实生活中的信号大多是模拟信号，比如电压、电流、声音、图像等，这些信号只有转换成数字信号才能输入计算机进行处理。因而信息化的前提是实现模拟信号的数字化。把模拟信号转换为数字信号通常需要采样、量化和编码三个过程。

1. 采样

所谓采样就是每隔一定的时间间隔，抽取信号的一个瞬时幅度值，这就是在时间上将模拟信号离散化。模拟信号不仅在幅度取值上是连续的，而且在时间上也是连续的。要使模拟信号数字化，首先要对时间进行离散化处理，即在时间上用有限个采样点代替无限个连续的坐标位置，这一过程叫采样。采样后所得到的在时间上离散的样值称为采样序列。

2. 量化

采样把模拟信号变成了在时间上离散的采样序列，但每个样值的幅度仍然是一个连续的模拟量，因此还必须对其进行离散化处理，将其转换为有限个离散幅度值，最终才能用有限个量化电平来表示其幅值，这种对采样值进行离散化的过程叫作量化，其实质就是实现连续信号幅度离散化处理。

3. 编码

采样、量化后的信号变成了一串幅度分级的脉冲信号，这串脉冲的包络代表了模拟信号，它本身还不是数字信号，而是一种十进制信号，需要把它转换成数字编码脉冲，这一过程称为编码。最简单的编码方式是二进制编码。

（三）数字信号处理系统

在实际生活中，我们遇到的信号大部分是模拟信号，如声音、图像等，为了利用数字系统来处理模拟信号，必须先将模拟信号转换成数字信号，在数字系统中进行处理后再转换成模拟信号。

抗混叠滤波器：它的作用是滤除模拟信号中的高频杂波。为解决由高频杂波带来的频率混叠问题，在对模拟信号进行离散化前，需采用低通滤波器滤除高于1/2 采样频率的频率成分。

A-D 转换器：即模—数转换器，将模拟信号变成数字信号，便于数字设备和计算机处理。

D-A 转换器：即数—模转换器，将数字信号转换为相应的模拟信号。

平滑滤波器：作用是滤除 D-A 转换电路中产生的毛刺，使信号的波形变得更加平滑。

三 、文本信息处理

互联网技术的发展与成熟，使得人们可获得的信息越来越多。面对海量信息，人们已不能简单地依靠人工来处理，需要辅助工具来帮助人们更好地发现、过滤和管理这些信息资源。如何在浩若烟海而又纷繁芜杂的文本信息中掌握最有效的信息始终是信息处理的一大目标。基于人工智能技术的文本分类，系统能依据文本的语义将大量的文本自动分门别类，从而更好地帮助人们把握文本信息。近年来，文本分类技术已经逐渐与搜索引擎、信息推送、信息过滤等信息处理技术相结合，有效地提高了信息服务的质量。

文本分类是基于文本内容将待定文本划分到一个或多个预先定义的类中的方法，它作为处理和组织大量文本数据的关键技术，可在较大程度上解决信息的杂乱问题，对于信息的高效管理和有效利用都具有极其现实的意义，文本分类问题已成为数据挖掘领域中一个重要的研究方向。目前，文本分类方面的文献也非常丰富，常见于信息检索、机器学习、知识挖掘与发现、模式识别、人工智能、计算机科学与应用等各种国际会议及相关的期刊。

（一） 文本分类的整体特征

文本自动分类是先分析待定文本的特征，并与已知类别中文本所具有的共同特征进行比较，然后将待定文本划归为特征最接近的一类并赋予相应的分类号。

文本分类一般包括文本预处理、文本分类算法、分类结果的评价与反馈等过程。

1. 文本预处理

任何原始数据在计算机中都必须采用特定的数学模型来表示，目前存在众多的文本表示模型，如布尔模型、向量空间模型、聚类模型、基于知识的模型和概率模型等。其中向量空间模型具有较强的可计算性和可操作性，已得到了广泛的应用。

向量空间模型的最大优势在于知识表示方法上。在该模型中，文本的内容被形式化为多维空间中的一个点，并以向量的形式来描述，文本分类、聚类等处理均可以方便地转化为对向量的处理、计算。也正是因为把文本以向量的形式定义到实数域中，才使得模式识别和数据挖掘等领域中的各种成熟的计算方法得以采用，大大提高了自然语言文本的可计算性和可操作性。因此，近年来，向量空间模型被广泛应用在文本挖掘的各个领域。

对于基于向量空间模型的文本预处理，主要由四个步骤来完成：中文分词、去除停用词、文本特征提取和文本表示。

（1）中文分词：中文分词是对中文文本进行分析的第一个步骤，是文本分析的基础。现在的中文分词技术主要有以下几种：基于字符串匹配的分词技术、基于理解的分词技术、基于统计的分词技术和基于多层隐马尔可夫模型的分词技术等。

（2）去除停用词：所谓停用词是指汉语中常用到的"的""了""我们""怎样"等，这些词在文本中分布较广，出现频率较高，且大部分为虚词、助词、连词等，这些词对分类的效果影响不大。文本经中文分词之后，得到大量词语，而其中包含了一些频度高但不含语义的词语，比如助词，这时可以利用停用词表将其过滤，以便于文本分类的后续操作。

（3）文本特征提取：文本经过中文分词、去除停用词后得到的词语量特别大，由此构造的文本表示维数也非常大，并且不同的词语对文本分类的贡献也是不同的。因此，有必要进行特征项选择以及计算特征项的权重。

（4）文本表示：文本表示主要采用向量空间模型。向量空间模型的基本思想是以向量来表示文本：（W_1，W_2，W_3，…，W_i），其中 W_i 为第 i 个特征项的权重，特征项一般可以选择字、词或词组。根据实验结果，普遍认为选取词作为特征项要优于字和词组。因此，要将文本表示为向量空间中的一个向量，就首先要将文本分词，由这些词作为向量的维数来表示文本。最初的向量表示完全是0、1的形式，即如果文本中出现了该词，那么文本向量的该维数为1，否则为0。这种方法无法体现这个词在文本中的作用程度，所以逐渐被更精确的词频代替。词频分为绝对词频和相对词频，绝对词频即使用词在文本中出现的频率表示文本，相对词频为归一化的词频，其计算方法主要运用关键词出现的次数（词频）—逆向文件频率（Term Frequency—Inverse Document Frequency，TF-IDF）公式。

2. 文本分类算法

训练算法和分类算法是分类系统的核心部分，目前存在多种基于向量空间模型的训练算法和分类算法，主要有最近 K 邻居算法、贝叶斯算法、最大平器均熵算法、类中心向量最近距离算法、支持向量机算法和神经网络算法等。

简单向量距离分类算法的核心是利用文本与本类中心向量间的相似度判断类的归属，而贝叶斯算法的基本思路是计算文本属于类别的概率。

K 邻居算法的基本思路是在给定新文本后，考虑在训练文本集中与该新文本距离最近（最相似）的 K 篇文本，根据 K 篇文本所属的类别判定新文本所属的类别。

支持向量机和神经网络算法在文本分类系统中应用得较为广泛。支持向量机的基本思想是使用简单的线性分类器划分样本空间，对于在当前特征空间中线性不可分的模式，则使用一个核函数把样本映射到一个高维空间中，使得样本能够线性可分。神经网络算法采用感知算法进行分类。在这种模型中，分类知识被隐式地存储在连接的权值上，使用迭代算法来确定权值向量。当网络输出判别正确时，权值向量保持不变，否则要进行增加或降低的调整，因此也称为奖惩法。

经过文本分类预处理后，训练文本合理向量化，奠定了分类模型的基础。向量化的训练文本与文本分类算法共同构造了分类模型。在实际的文本分类过程中，主要依靠分类模型完成文本分类。

3. 分类结果的评价与反馈

文本分类系统的任务是在给定的分类体系下，根据文本的内容自动地确定文本关联的类别。从数学角度来看，文本分类是一个映射的过程，它将未标明类别的文本（待分类文本）映射到已有的类别中。文本分类的映射规则是系统先根据已经掌握的每类若干样本的数据信息，总结出分类的规律性，从而建立的判别公式和判别规则，然后在遇到新文本时，根据总结出的判别规则，确定文本相关的类别。

因为文本分类从根本上说是一个映射过程，所以评估文本分类系统的标准是映射的准确程度和映射的速度。映射的速度取决于映射规则的复杂程度，而评估映射准确程度的参照物是通过专家思考判断后对文本进行分类的结果（这里假设人工分类完全正确并且排除个人思维差异的因素），与人工分类结果越相近，分类的准确程度就越高。

（二）文本信息处理的应用领域

人类历史上以语言文字形式记载和流传的知识占总量的80%以上，这些语言被称为自然语言，如汉语、英语、日语等。自然语言处理是指利用计算机为工具对人类特有的书面和口头形式的自然语言的信息进行各种类处理和加工的技术，是人工智能研究的重要内容之一。主要应用在以下几个研究领域：

1. 机器翻译：实现一种语言到另一种语言的自动翻译，常用于文献翻译、网页翻译和辅助浏览等。

2. 自动文摘：将原文档的主要内容或某方面的信息自动提取出来，并形成原文档的摘要或缩写，主要应用在电子图书管理、情报获取等方面。

3. 信息检索：也称情报检索，即利用计算机系统从大量文档中找到符合用户需要的相关信息。

4. 文档分类：也叫文本自动分类，即利用计算机系统对大量的文档按照一定的分类标准（如根据主题或内容划分等）实现自动归类，主要应用在图书管理、内容管理和信息监控等领域。

5. 信息过滤：利用计算机系统自动识别和过滤那些满足特定条件的文档信息，主要应用于网络有害信息过滤、信息安全等。

6. 问答系统：通过计算机系统对人提出的问题，利用自动推理等手段，在有关知识资源中自动求解答案并做出相应的回答。问答技术有时与语音技术和多模态输入/输出技术，以及人机交互技术等相结合，构成人机对话系统。主要应用在人机对话系统、信息检索等领域。

（三）中文信息处理的研究

中文信息处理可分为字处理平台、词处理平台和句处理平台三个层次。字处理平台技术是中文信息处理的基础，经过近 20 年的研究，字处理平台技术已经达到了一个比较成熟的阶段。词处理平台技术是中文信息处理的中间环节，它是连接字平台和句平台的关键纽带，因此也是关键环节。句处理平台技术是中文信息处理的高级阶段，它的研究主要包括机器翻译、汉语的人机对话等，这方面的研究虽然已取得了一定的成果，但是目前还处于初级阶段。

字处理平台的研究与开发，包括汉字编码输入、汉字识别（手写体联机识别与印刷体脱机识别）、汉字系统及文书处理软件等。

词处理平台上最典型、最令人瞩目的是面向互联网的、文本不受限的中文检索技术，包括通用搜索引擎、文本自动过滤（如对网上不健康内容或对国家安全有危害内容的过滤）、文本自动分类（在数字图书馆中得到广泛应用）以及个性化服务软件等。目前影响比较大的中文通用搜索引擎有雅虎、搜狐、新浪网等，但这些网站只采用了基于字的全文检索技术，或者仅做了简单的分词处理，性能还有待提高。国内研究机构做得比较好的是北京大学的天网，它用了中文分词和词性自动标注技术，但不足之处在于覆盖能力有限。

词处理平台上另一个重要应用是语音识别。单纯依赖语音信号处理手段来大幅度提高识别的准确率，已经很难再大有作为，必须借助文本的后处理技术。

句处理平台上的重要应用主要有两方面：一是机器翻译，虽然目前机器翻译的质量还远远不能令人满意，但挂靠在互联网上，就找到了合适的舞台，无论对中国人了解世界（英译汉），还是外国人了解中国（汉译英），都大有裨益，潜在的市场十分可观。句处理平台上另一方面的重要应用是汉语文语转换，即按照汉语的韵律规则，把文本文件转换成语音输出。汉语文语转换系统可用来构成盲人阅读机，让计算机为盲人服务；可用来构成文语校对系统，为报纸杂志的校对人员服务；还可广泛用于机场或车站的固定信息发布等。清华大学和中国科学技术大学都研发出了实用的汉语文语转换系统，达到了国际领先水平。

总体来说，字处理平台的研究已快成明日黄花，句处理平台上的研究还很薄弱，离实用还有一段距离，而词处理平台上的研究难度较句处理平台容易，且经过多年的努力，成果也比较扎实，随着互联网的发展，已经到了厚积薄发的时候。

四、语音信号处理

语音是语言的声学表现形式，是最符合人类自然习惯的一种人际信息传播方式，通过语音传递信息是人类最重要、最有效、最常用和最方便的交换信息的形式。语言是人类特有的功能，声音是人类常用的工具，是相互传递信息的最主要手段，它具有最大的信息容量和最高的智能水平。因此，用现代的手段研究语音处理技术，使人们能更有效地产生、传输、存储、获取和应用语音信息，对于促进社会发展具有十分重要的意义。

（一）语音信号处理的基础知识

1. 语音信号的特性

构成人类语音的是声音，这是一种特殊的声音，是由人讲话所发出的。语音是由一连串的音组成，具有被称为声学特征的物理性质。语音中的各个音的排列由一些规则所控制，对这些规则及其含义的研究属于语言学的范畴，而对语音中音的分类和研究则称为语音学。

语音是人的发音器官发出来的一种声波，它和其他各种声音一样，具有声音的物理属性，由音质、音调、音强及音量和声音的长短四种要素组成。

（1）音质（音色）：它是一种声音区别于其他声音的基本特征。

（2）音调：声音的高低。音调取决于声波的频率，频率快则音调高，频率慢则音调低。

（3）音强及音量：也称响度，它是由声波振动幅度决定的。

（4）声音的长短：也称音长，它取决于发音持续时间的长短。

从一方面看，语音信号最主要的特性是随时间而变化的，是一个非平稳的随机过程；但是，从另一方面看，虽然语音信号具有时变特性，但在一个短时间范围内基本保持不变。这是因为人的肌肉运动有一个惯性，从一个状态到另一个状态的转变是不可能瞬间完成的，而是存在一个时间过程，在没有完成状态转变时，可近似地认为它保持不变。只要时间足够短，这个假设是成立的。在一个较短的时间内语音信号的特征基本保持不变，这是语音信号处理的一个重要出发点，因而我们可以采用平稳过程的分析处理方法来处理语音。

2. 语音信号分析的主要方式

根据所分析的参数不同，语音信号分析又可分为时域、频域、倒频域等方法。时域分析具有简单、运算量小、物理意义明确等优点；但更为有效的分析多是围绕频域进行的，因为语音中最重要的感知特性反映在其功率谱中，而相位变化只起很小的作用。傅里叶分析在信号处理中具有十分重要的作用，它是分析线性系统和平稳信号稳态特性的强有力手段，在许多工程和科学领域得到了广泛的应用。这种以复指数函数为基函数的正交变换，理论上很完善，计算上很方便，概念上也易于理解。傅里叶分析能使信号的某些特性变得很明显，而在原始信号中这些特性可能没有表现出来或表现得不明显。

然而，语音波是一个非平稳过程，因此适用于周期、瞬变或平稳随机信号的标准傅里叶变换，不能用来直接表示语音信号。前面已提到，我们可以采用平稳过程的分析处理方法来处理语音。对语音处理来说，短时分析的方法是有效的解决途径。短时分析方法应用于傅里叶分析就是短时傅里叶变换，即有限长度的傅里叶变换，相应的频谱称为"短时谱"。语音信号的短时谱分析是以傅里叶变换为核心的，其特征是频谱包络与频谱微细结构以乘积的方式混合在一起，另外也可用快速傅里叶变换进行高速处理。

3. 语音信号处理系统的一般结构

语音信号处理系统首先需要信号的采集，然后才能进行语音信号的处理和分析。

根据采集信号的不同，语言信号可分为模拟信号和数字信号，其处理系统也可分为模拟处理系统和数字处理系统。如果加上模—数转换和数—模转换芯片，模拟处理系统可处理数字信号，数字处理系统也可处理模拟信号。由于数字信号处理和模拟信号处理相比具有许多不可比拟的优越性，大多数情况下都采用数字处理系统，其优越性具体表现在以下四个方面：

（1）数字技术能够完成许多很复杂的信号处理工作。

（2）通过语音进行交换的信息本质上具有离散的性质，因为语音可看作是音素的组合，这就特别适合于数字处理。

（3）数字系统具有高可靠性、廉价、快速等优点，很容易完成实时处理任务。

（4）数字语音适于在强干扰信道中传输，也易于进行加密传输。因此，数字语音信号处理是语音信息处理的主要方法。

（二）　语音信号处理的关键技术

语音信号处理是一门研究用数字信号处理技术和用语音学知识对语音信号进

行处理的新兴学科，同时又是综合性的多学科领域和涉及面很广的交叉学科，是目前发展最为迅速的信息科学研究领域的核心技术之一，下面重点介绍语音信号数字处理应用技术领域中的语音编码、语音合成、语音识别与语音理解技术。

1. 语音编码技术（Speech Coding Technology）

在语音信号数字处理过程中，语音编码技术是至关重要的，直接影响到语音存储、语音合成、语音识别与理解。语音编码是模拟语音信号实现数字化的基本手段。语音信号是一种时变的准周期信号，而经过编码描述以后，语音信号可以作为数字数据来传输、存储或处理，因而具有一般数字信号的优点。语音编码主要有三种方式：波形编码、信源编码（又称声码器）和混合编码，这三种方式都涉及语音的压缩编码技术，通常把编码速率低于64kbit/s的语音编码方式称为语音压缩编码技术。如何在尽量减少失真的情况下降低语音编码的位数已成为语音压缩编码技术的主要内容，换言之，在相同编码比特率下，如何取得更高质量的恢复语音是较高质量语音编码系统的要求。

2. 语音合成技术（Speech Synthesis Technology）

语音合成技术就是所谓的"会说话的机器"。它可分为三类：波形编码合成、参数式合成和规则合成。波形编码合成以语句、短语、词或音节为合成单元，合成单元的语音信号被录取后直接进行数字编码，经数据压缩组成一个合成语音库。重放时根据待输出的信息，在语音库中取出相应的合成单元的波形数据，将它们连接在一起，经解码还原成语音。参数式合成以音节或音素为合成单元。

3. 语音识别技术（Speech Recognition Technology）

语音识别又称语音自动识别（Automatic Speech Recognition，ASR），它先基于模式匹配的思想，从语音流中抽取声学特征，然后在特征空间完成模式的比较匹配，寻找最接近的词（字）作为识别结果。几十年来，语音识别技术经历了从特定人（Speaker Dependent，SD）中小词汇量的孤立词语和连接词语的语音识别到非特定人（Speaker Independent，SI）大词汇量的自然口语识别的发展历程。尽管如此，语音识别技术要走出实验室、全面融入人们的日常生活还需一些时间。当使用环境与训练环境有差异时，如存在背景噪声、信道传输噪声或说话人语速和发音不标准等情况时，识别系统的性能往往会显著下降，无法满足实用的要求。环境噪声、方言和口音、口语识别已经成为语音识别中三个主要的难题。

一个典型语音识别系统，由预处理、特征提取、训练和模式匹配几部分构成。

（1）预处理：预处理部分包括语音信号的采样、抗混叠滤波、语音增强、去除声门激励和口唇辐射的影响以及噪声影响等，预处理最重要的步骤是端点检测和语音增强。

（2）特征提取：作用是从语音信号波形中提取一组或几组能够描述语音信号特征的参数，如平均能量、过零数、共振峰、倒谱和线性预测系数等，以便训练和识别。参数的选择直接关系着语音识别系统识别率的高低。

（3）训练：训练是建立模式库的必备过程，词表中每个词对应一个参考模式，先由这个词重复发音多遍，再由特征提取或某种训练得到。

（4）模式匹配：模式匹配是整个系统的核心，其作用是按照一定的准则求取待测语言参数和语言信息与模式库中相应模板之间的失真测度，最匹配的就是识别结果。

让机器听懂人类的语言，是人类长期以来梦寐以求的事情。伴随计算机技术的发展，语音识别已成为信息产业领域的标志性技术，在人机交互应用中逐渐进入我们的日常生活，并迅速发展成为"改变未来人类生活方式"的关键技术之一。语音识别技术以语音信号为研究对象，是语音信号处理的一个重要研究方向，其终极目标是实现人与机器进行自然语言通信。

4. 语音理解技术（Language Understanding Technology）

语音理解又称自然语音理解（Natural Language Understanding，NLU），其目的是实现人机智能化信息交换，构成通畅的人机语音通信。目前，语音理解技术开始使用计算机，丢掉了键盘和鼠标，人们对语音理解的研究重点正拓展到特定应用领域的自然语音理解上。一些基于口语识别、语音合成和机器翻译的专用性系统开始出现，如信息发布系统、语音应答系统、会议同声传译系统和多语种口语互译系统等，正受到越来越多的关注。这些系统可以按照人类的自然语音指令完成有关的任务，提供必要的信息服务，实现交互式语音反馈。

（三）语音信号处理技术的发展趋势

语音信号处理技术是计算机智能接口与人机交互的重要手段之一。从目前和整个信息社会发展趋势看，语音技术有很多的应用。语音技术包括语音识别、说话人的鉴别和确认、语种的鉴别和确认、关键词检测和确认、语音合成、语音编码等，其中最具有挑战性和应用前景的是语音识别技术。

1. 语音识别技术的发展趋势

首先，说话人识别技术近年来已经在安全加密、银行信息电话查询服务等方面得到了很好的应用，在公安机关破案和法庭取证方面也发挥了重要的作用。其次，语音识别技术在一些领域中正成为一个关键的具有竞争力的技术。例如，在声控应用中，计算机可以识别输入的语音内容，并根据内容来执行相应的动作，这包括了声控电话转换、声控语音拨号系统、声控智能玩具、信息网络查询、家庭服务、宾馆服务、旅行社服务系统、医疗服务、股票服务和工业控制等。在电话与通信系统中，智能语音接口正在把电话机从一个单纯的服务工具变成一个服务的"提供者"和生活"伙伴"。使用电话与通信网络，人们可以通过语音命令方便地从远端的数据库系统中查询与提取有关的信息。随着计算机的小型化，键盘已经成为移动平台的一个很大的障碍，如果手机只有一块手表那么大，再用键盘进行拨号操作已经是不可能的，而借助语音命令就可以方便灵活地控制计算机的各种操作。再者，语音信号处理还可用于自动口语分析，如声控打字机等。

随着计算机和大规模集成电路技术的发展，这些复杂的语音识别系统已经完全可以制成专用芯片，进行大批量生产。大量的语音识别产品已经进入市场和服务领域。一些用户交互机、电话机、手机已经包含了语音识别拨号功能，还有语音记事本、语音智能玩具等产品也包含了语音识别与语音合成功能。人们可以通过电话网络，用语音识别口语对话系统查询机票、旅游、银行等相关信息，并且取得很好的效果。

2. 语音合成技术的发展趋势

就语音合成而言，它已经在许多方面取得了实际的应用并发挥了很大的社会作用，例如公交汽车上的自动报站、各种场合的自动报时、自动报警、手机查询服务和各种文本校对中的语音提示等。在电信声讯服务的智能电话查询系统中，采用语音合成技术可以弥补以往通过电话进行静态查询的不足，满足海量数据和动态查询的需求，如股票、售后服务、车站查询等信息；也可用于基于微型机的办公、教学、娱乐等智能多媒体软件，例如语言学习、教学软件、语音玩具、语音书籍等；也可与语音识别技术和机器翻译技术相结合，实现语音翻译等。

3. 语音编码技术的发展趋势

对于语音编码而言，语音压缩编码作为语音信号处理的一个分支，从目前的研究状况来看，它的未来发展主要表现在如下几个方面。

（1）研究简化算法。在现有编码算法中，处理效果较好的很多，但都是以算法复杂、速度低、性能降低为代价。在不降低现有算法性能的前提下，尽量简化算法、提高运算速度、增强算法的实用性，将是未来一段时间的研究课题。

（2）成熟算法的硬件实现将是研究重点。随着大规模集成电路工艺的飞速发展，人们已经可以在单一硅片上方便地设计出含有几百万个晶体管的电路，信息处理速度可达到几千万次/秒的乘、加操作，这是未来通信发展迫切需要的。

（3）随着计算机技术的发展和硬件环境的不断改善，语音压缩技术将不单单运用现有的几种技术，还将不断开拓和运用新理论及新手段，如将神经网络引入语音压缩的矢量量化中，将子波交换理论应用到语音特征参数的提取（如基音提取等）中。由于神经网络理论和子波交换理论比较新，它们的前景还难以预料，但就其在语音压缩编码方面的应用而言，将有很大的潜力。

（4）语音性能评价手段将是研究的主要内容之一。随着各种算法的不断出现和完善，性能评价方法的研究日益显得落后。研究性能评价方法远比研究出一两种算法更为重要，所以，许多研究者致力于语音性能评价方法的研究。目前这方面的研究成果还没有大的突破，特别是4kbit/s以下语音编码质量的客观评价还有待人们不断的努力。

（5）研究语音的感知特性是未来很长一段时间内的基础研究工作之一。为了建立较理想的语音模型且不损失语音中的信息，在研究中必须考虑人的听觉特性，诸如人耳的升沉、失真和掩蔽现象等。

总之，语音压缩编码的研究，在性能上将朝着高性能、低复杂度、实用化的方向发展，而理论上将朝着多元化、高层次化的方向发展。

第三章 电力系统自动化及其控制原理

第一节 电子信息技术在电力自动化系统中的应用

随着科技和时代的不断进步,生产力的发展也推动着电力自动化系统不断进步,使得电力自动化系统在社会建设领域中扮演着重要角色。由于生活水平的发展,传统电力系统已经无法满足如今大众的生产生活需要,为了解决这一矛盾,一些电力企业将电子信息技术和电力自动化系统有机地结合起来,使得电力系统实现了自动化发展,这一技术的进步大大提升了电力系统输送电的稳定性,提高了广大人民群众生产生活质量。

一、基本概念

(一)电力系统及电力自动化系统

电力系统由发电、输电、变电以及配电在内的许多重要环节组成,在这些重要环节中,涉及许多电力电子设备,其中,就有一次设备与二次设备之分。一次设备主要有发电机、变压器以及电线,而二次设备则有发电站和变电站。电力自动化系统与电力系统有显著差别,电力自动化系统是电力系统以及电子信息技术相结合的产物,目的是以自动化为媒介,确保电力系统的各个环节能有效自主进行,减少人为干涉,使得电力系统具有更强的稳定性和安全性。其中,电力自动化系统的组成部分包括软件和硬件,能够实现远距离输送电、遥控监测以及变电站人工智能化。

(二)电子信息硬件设备

电子信息硬件设备主要是为了完成信息的采集与调度,因此电子信息硬件设备也属于自动化设备。电子信息硬件设备已经实现了高度智能化,能够共享不同设备间的数据,实现对设备的精准调控,在此基础上,电子信息硬件设备也能够将收集到的继电器以及开关等信息输送至指定的监管系统中进行数据分析，并以此作为指令调节的根据，在电力自动化系统中具有良好的通用性。

二、电子信息技术的作用及电力系统自动化控制要求

（一）电子信息技术的作用

科技水平的不断进步和发展，也带动了电子信息技术水平的提高，电子信息技术与电力自动化系统结合能显著提高生产效率，减少人力资源和财务资源的投入，并且有效提高电力自动化系统的工作效率。

（二）电力系统自动化控制的要求分析

为了实现电力系统自动化控制，需要满足智能管理控制所提出的要求，这就需要相关技术人员加强研究工作，尽可能减少人力物力的大量投入，并且整体提高电力系统的自动化控制效率。智能化的系统管理需要技术人员落实数据收集以及图表监测的工作，一旦数据出现错误，就要及时检查错误来源，并快速解决问题。

在电力自动化系统中，对用电安全稳定有极高的要求。近年来，我国工业化得到了飞速发展，对电能的需要也呈现出快速增长趋势，面对电能日益短缺的情况，如何实现高效输送电就成为当前急需解决的问题。在实际输送电过程中，一旦出现干扰因素，就会打乱自动化系统的操作。为此，相关部门仍需要坚持排查电力系统在运行过程中出现的故障，提高电力系统的自主性和高效性。

（三）电子信息技术在电力自动化系统中的应用优势

电子信息技术在电力系统中的应用是建立在信号获取基础上，再使用计算机对捕获的信息进行分析和计算，进而控制完成自动化操作的过程。基于电子信息技术的这一工作原理，通过网络技术的协助，使得计算机对信号的接收能跨越距离的限制，也能通过计算机直接对操作系统下达指令，这样一来就使得电力系统的远程控制得到了实现。正由于在不受外界干扰情况下信号的传播速度与光速不相上下，故而电子信息系统的应用能够大大提升电力自动化系统对于供配电的执行效率和反应速度。由于在电力系统的供配电过程中，需要应用到许多大型电网

设备，这就对电力系统人员的专业技术能力提出了更高的要求，不仅需要掌握电气自动化的相关技能，同时还要对通信设备以及电工电子技术有所了解，因而尽管电力系统的操作过程十分复杂，但是随着电子信息技术的应用，大大减轻了供配电操作系统中的复杂步骤，统一调度还能减轻操作的失误率，如此种种都是电子信息技术在电力自动化系统中的应用优势。

三、电子信息技术在电力自动化系统中的应用

（一）系统自动化

电力系统的发展速度十分迅猛，已经能够满足人们绝大部分的用电需求，然而如果想在未来进一步提升电力自动化系统的执行效率，就需要在自动化控制方面加大研究力度。相信在未来，随着科技水平的不断完善，电子信息技术也会随之不断更新，使得电子信息技术与电力自动化系统结合得更加紧密，能够开发出更多的辅助操作，减轻人力在电力自动化系统中的参与度，使之实现大规模的自动化控制，让电力自动化系统得到可持续性发展。

（二）高效自动化

为了实现电力自动化系统的高效自动化，需要进一步提升电子新技术的技术水平和电力系统的应用强度，满足不同电力系统对于自动化程度的需求。在技术方面，需要降低各类设备的操作难度，方便技术人员快速入门，不过度依赖于烦琐的操作，尤其是在系统出现故障的时候，需要快捷的操作迅速将故障修复，才能最大限度降低因故障带来的不必要损失，提高输送电效率。电力自动化系统的高效自动化不仅依赖于电子信息技术的参与，还需要数控设备的加入，才能大大提升电力系统自动化的精确度，更准确地将电力输送至用户端。

（三）电网调度自动化

电网调度自动化是电力系统自动化需要实现的目的之一。一直以来，电力分配都是电力系统所面对的一大难题，由于在电网的铺设过程中，时常会由于覆盖面不全以及地理地势因素的影响，一些边远地区的供配电能力相较于一、二线城市较弱，导致部分地区停电断电问题时常发生。为了解决这些问题，可以通过发

电厂和变电站建设进行电能均衡分配，但大量供电设施的建设也是一项构成组件复杂的工程。

这就需要完善电网调度自动化体系，通过终端操作，减少人为干涉，减少输送电过程中的突发状况，进而从根本上解决电能分布不均匀的状况。随着计算机网络技术的飞速发展，终端配电室还可以通过大数据分析，判断各地区的用电高峰期，为电网调度自动化提供参考。再通过电子信号的接收，对输送电过程进行实时监测，就能实现大面积的平稳供电。通过监测，即便发生了输送过程中的突发状况，终端工作人员也能够第一时间确定故障发生地点，从而调度相关抢修人员前往故障地点进行维修，维护电网稳定、高效地运行。

（四）变电站自动化

变电站在电力自动化系统中扮演着重要的角色。所谓变电站，就是一个为了实现电压电流转换而设立的场所。变电站有四种类别，分别是一类变电站、二类变电站、三类变电站和四类变电站。不同变电站有不同的变压范围，适用于不同地区的用电调配过程。例如高压变电站一般建设于发电厂内，通过升高电压来提升电力的传输效率，低压变电站则一般设立在一级一级的传输过程中，通过降压使得电压达到安全用电的标准。

（五）在电能计量中的应用

传统电力系统在工作中时常会出现效率低下的问题，很大一部分是由于电能计量方面出现问题。众所周知，传统模式下的电能计量工作都是由电力系统相关工作人员人工测量的，容易出现误差。而电子信息技术在电力自动化系统中普及之后，电能计量工作由人工计量转变成了自动计量，大大降低了出现误差的可能性，从而实现了精准计量。

四、电子信息技术在电力自动化系统中的发展趋势

随着各领域技术的不断成熟和发展，现代电力自动化系统也引入了其他新技术，如互联网技术、微设备控制技术、通信工程技术和大数据分析技术等，正因为这些新兴技术的引入，才使得电力自动化系统能够跟随时代脚步不断进步，向智能化方向不断发展。依照目前的形势来看，电力自动化系统已经逐渐

脱离传统发展模式，正在逐步从高等级电压往低等级电压发展，特别是在工作设备方面，正由单设备向多设备发展。同时，由于人工智能和电子信息技术越来越普及，电力自动化系统也正在向多元化、信息化、智能化等领域不断扩展，在此发展趋势下，电力自动化系统将在计算机技术、通信工程技术以及电力电子技术等多学科领域的背景下逐渐地融为一体。在此基础上，不仅能够强化电力自动化系统的功能，也能够有效提高系统的信息储备量，以便接纳和输出更大容量的信息流。

电气自动化领域的研究热点逐步向电子信息设备以及自动化设备兼容方向发展，如若能够有效提高电子信息设备以及电力自动化系统设备的兼容性，就能够有效保障供电系统和发电系统的平稳运行，也能够减少因设备不兼容而造成的电力系统故障，不致影响广大人民生产生活的用电需要。此外，正因为电力自动化系统对图像分析技术以及图像处理技术的需要，使得有关图像处理的技术能够应用于电力自动化系统中，例如新兴的红外成像技术。电力系统通过引入新兴科技，使得电力自动化系统对于图像的处理更加智能化、多样化和便携化，这一优势也有效促进了电力自动化系统的多元化发展。

电子信息技术在电力自动化系统中的应用取得了不小的成就，但是也遇到了一些亟待解决的问题，包括电子信息技术与电气设备的不兼容以及新技术如何快速引入操作系统的问题。这也为未来电子技术在电力系统的发展指明了一条正确的道路。

综合以上内容可以得知，在如今的科技发展水平下，电力自动化系统离不开电子信息技术的支持，正是由于电子信息技术在电力自动化系统中的大量应用，才使得配电网、变电站、电网调度等自动化技术得以成熟。因此，电力企业应当采取积极的措施，促进电子信息系统在电力自动化系统中的应用，为电力系统的可持续发展奠定基础。

第二节　电力系统及其自动化

一、电力系统

（一）概述

电力系统是由发电厂、送变电线路、供配电所和用电等环节组成的电能生产与消费系统。它的功能是将自然界的一次能源通过发电动力装置转化成电能，再经输电、变电和配电将电能供应到各用户。为实现这一功能，电力系统在各个环节和不同层次还具有相应的信息与控制系统，对电能的生产过程进行测量、调节、控制、保护、通信和调度，以保证用户获得安全、优质的电能。

由于电源点与负荷中心多数处于不同地区，也无法大量储存，故其生产、输送、分配和消费都在同一时间内完成，并在同一地域内有机地组成一个整体，电能生产必须时刻保持与消费平衡。因此，电能的集中开发与分散使用，以及电能的连续供应与负荷的随机变化，就制约了电力系统的结构和运行。据此，电力系统要实现其功能，就需在各个环节和不同层次设置相应的信息与控制系统，以便对电能的生产和输运过程进行测量、调节、控制、保护、通信和调度，确保用户获得安全、经济、优质的电能。

建立结构合理的大型电力系统不仅便于电能生产与消费的集中管理、统一调度和分配，减少总装机容量，节省动力设施投资，且有利于地区能源资源的合理开发利用，更大限度地满足地区国民经济日益增长的用电需要。

（二）电力系统运行的特点和基本要求

1. 电力系统运行的特点

（1）电能的生产和使用同时完成。

（2）正常输电过程和故障过程都非常迅速。电力系统的各种暂态过程非常短促，当电力系统受到扰动后，由一种状态过渡到另一运行状态的时间非常短。由于电力系统存在大量电感、电容元件（包括导体和设备的等值电感和电容），当运行状态发生变化或发生故障时会产生过渡过程。电能是以光速传输的，过渡过程将按该速度迅速波及系统的其他部分。因此设备正常运行的调整和切换操作，以及故障的切除，必须采取自动装置迅速而准确地完成。

（3）具有较强的地区性特点。

（4）电能与国民经济各个部分之间的关系都很密切。

电能是国民经济各部门的主要动力。随着科技的进步和人民生活水平的逐步提高，生活电器的种类不断增多，生活用电量日益增加。电能的供应不足或突发故障都将给国民经济各部门造成巨大损失，给人民生活带来极大的不便。

（5）电能不能大量储存。即电能的生产、输送、分配及消费几乎是同时进行的，在任一时刻，发电机发出的电能等于负荷消费的电能（在发电机容量允许范围内），虽然蓄电池和电容器等储能元件能够储存少量电能，但对于整个电力系统的能量来说是微不足道的。可以说电能的生产、输送、分配及使用是同时完成的，即发电厂在任何时刻生产的电能恰好等于该时刻用户消耗的电能和输送、分配过程损耗的能量之和。任何一个环节出现故障，都将影响整个电力系统的正常工作。

2. 电力系统运行的基本要求

电力系统的运行对电能质量（电压和频率）的要求十分严格，偏离规定值过多时，将导致产生废品，损坏设备，甚至出现从局部范围到大面积停电。

由于以上特点，电力系统的运行必须安全可靠。对电力系统运行的基本要求可以简单地概括为"安全、可靠、优质、经济"。

（1）保证供电的安全可靠性。保证供电的安全可靠性是对电力系统运行的基本要求。为此，电力系统的各个部门应加强现代化管理，提高设备的运行和维护质量。应当指出，目前要绝对防止事故发生是不可能的，而各种用户对供电可靠性的要求也不一样。因此，应根据电力用户的重要性不同，区别对待，以便在事故情况下把给国民经济造成的损失降到最低。通常可将电力用户分为三类：

①一类用户。指由于中断供电会造成人身伤亡或在政治、经济上给国家造成重大损失的用户。一类用户要求有很高的供电可靠性。对一类用户通常应设置两路以上相互独立的电源供电，其中每一路电源的容量均应保证在此电源单独供电的情况下就能满足用户的用电要求。确保当任一路电源发生故障或检修时，都不会中断对用户的供电。

②二类用户。指由于中断供电会在政治、经济上造成较大损失的用户。对二类用户应设专用供电线路，条件许可时也可采用双回路供电，并在电力供应出现不足时优先保证其电力供应。

③三类用户。一般指短时停电不会造成严重后果的用户，如小城镇、小加工厂及农村用电等。当系统发生事故，出现供电不足的情况时，应当首先切除三类用户的用电负荷，以保证一、二类用户的用电。

（2）保证电能的良好质量。电能是一种商品，它的质量指标主要有电压、频率和波形。随着经济的发展和人们生活水平的提高，对电能质量的要求越来越高。当系统的频率、电压和波形不符合电气设备的额定值要求时，往往会影响设备的正常工作，危及设备和人身安全，影响用户的产品质量等。因此要求系统所提供电能的频率、电压及波形必须符合其额定值的规定。其中，波形质量用波形总畸变率来表示，正弦波的畸变率是指各次谐波有效值平方和的方根值占基波有效值的百分比。

我国规定电力系统的额定频率为 50Hz，大容量系统允许频率偏差±0.2Hz，中小容量系统允许频率偏差±0.5Hz。35kV 及以上的线路额定电压允许偏差±5%；10kV 线路额定电压允许偏差±7%，电压波形总畸变率不大于 4%；380V/220V 线路额定电压允许偏差±7%，电压波形总畸变率不大于 5%。

对于电压和频率质量的保证，我国电力行业早有要求，并将其作为考核电力系统运行质量的重要内容之一。在当前条件下，为保证电能质量，需要增加系统电源的有功功率、无功功率，合理调配用电、节约用电，提高系统的自动化水平。保证波形质量，就是指限制系统中电流、电压的谐波，关键在于限制各种环流装置、电热炉等非线性负荷向系统注入的谐波电流，或改进换流装置的设计、装设滤波器、限制不符合要求的非线性负荷等的接入等。

①电压。系统电压过高或过低，对用电设备运行的技术和经济指标都有很大影响，甚至会损坏设备。一般规定电压的允许变化范围为额定电压的±5%。

②频率。频率的高低影响电动机的出力，会影响造纸、纺织等行业的产品质量，影响电子钟和一些电子类自动装置的准确性，使某些设备因低频振动而损坏。我国规定频率的允许变化范围为 50±（0.2~0.5）Hz。

③波形。电力系统供给的电压或电流一般都是较为标准的正弦波，但是在电能的传输过程中会发生畸变。引起谐波产生的原因很多，如带铁芯设备的饱和、

系统的不对称运行、在系统中接入了电子设备和整流设备等。不标准的正弦波必含高次谐波，高次谐波的含量应该十分小。

（3）保证电力系统运行的稳定性。当电力系统的稳定性较差，或对事故处理不当时，局部事故的干扰有可能导致整个系统的全面瓦解（即大部分发电机和系统解列），而且需要长时间才能恢复，严重时会造成大面积、长时间停电。因此稳定问题是影响大型电力系统运行可靠性的一个重要因素。

（4）保证运行人员和电气设备工作的安全。保证运行人员和电气设备工作的安全是电力系统运行的基本原则。这一方面要求在设计时，合理选择设备，使之在一定过电压和短路电流的作用下不致损坏；另一方面还应按规程要求及时地安排对电气设备进行预防性试验，及早发现隐患，及时进行维修。在运行和操作中要严格遵守有关的规章制度。

（5）保证电力系统运行的经济性。电能的生产规模很大，消耗的一次能源在国民经济一次能源总消耗比重约为 1/3，而且电能在变换、输送、分配时的损耗绝对值也相当大。因此，降低每生产一度电所消耗的能源和降低变换、输送、分配时的损耗，具有重要意义。煤耗率和线损率是考核电力系统运行经济性的重要指标，所谓煤耗率，是指煤生产 $1kW \cdot h$ 电能所消耗的标准煤重，以 $g/kW \cdot h$ 为单位，而标准煤则是含热量为 $29.31MJ/kg$ 的煤。所谓线损率或网损率，是指电力网络中损耗的电能与向电力网络供应电能的百分比。

为保证系统运行的经济性，应开展系统经济运行工作，使各发电厂所承担的负荷合理分配，在保证安全、优质供电的前提下，将单一电力系统联合组成电力系统，可以提高供电可靠性，减少备用容量，可更合理地调配用电，降低联合系统的最大负荷，提高发电设备利用率，减少系统中发电设备的总容量，可更合理地利用系统中各种类型的发电厂，从而提高运行的经济性。同时，由于个别负荷在系统电能成本的降低不仅会使各用电部门的成本降低，更重要的是节省了能量资源，因此会带来巨大的经济效益和长远的社会效益。为了实现电力系统的经济运行，除了进行合理的规划设计外，还须对整个系统实施最佳经济调度，实现火电厂、水电厂及核电厂负荷的合理分配，同时还要提高整个系统的管理技术水平。

（6）满足节能环保的要求。在地球生态环境日益恶化的今天，要求电力系统的运行满足节能与环保的要求，如实行水火电联合经济运行，最大限度地节省燃煤和天然气等一次能源，将火力发电释放到大气中的二氧化硫、二氧化氮等有害气体控制在最低水平，大力发展风力发电、太阳能发电等可再生能源发电，实现可持续发展。

（7）电力系统的额定电压。

①额定电压即铭牌上所标的电压。

定义：能使受电器（电机、变压器、用电设备）正常工作的电压。

②我国额定电压等级。

为了使电力工业和电力制造业的生产标准化、统一化、系列化，世界上许多国家和组织都制定了有关额定电压的标准。

我国电力网额定电压等级如下（KV）：0.22、0.38、3、6、35、60、110、220、330、500、750、1000。

因为在输电线路输送负荷电流时必然要产生电压损失，为了保证电网末端的用电设备工作在正常电压下，国家规定了各种电气设备的额定电压。

A. 电力网及用电设备的额定电压。用电设备容许的电压偏移一般为5%，沿线电压降落一般为10%，因而要求线路始端电压为额定值的1.05倍，并使末端电压不低于额定值的0.95倍。可取线路始末两端电压的平均值 Uav 作为电力网的额定电压。

B. 发电机额定电压。发电机通常接于线路始端，因此发电机的额定电压为线路额定电压的1.05倍，$U_{GN}=U_N$（1+5%）。

例如，线路电压为10KV，则发电机电压为10.5KV。

C. 变压器额定电压。变压器具有发电机和负荷的双重地位，它的一次侧是接受电能的，相当于用电设备；二次侧是送出电能的，相当于发电机。

变压器一次侧额定电压：

a. 变压器一次侧额定电压等同于用电设备额定电压；

b. 对于直接和发电机相联的变压器，其一次侧额定电压等于发电机的额定电压，即 $U_{1N}=U_{GN}=U_N$（1+5%）。

变压器二次侧额定电压：

a. 当距用电设备较近时，取比线路额定电压高5%。

b. 当距用电设备较远时，变压器二次额定电压取比线路额定电压高10%。

因变压器二次侧额定电压规定为空载时的电压，高出的10%电压其中有5%

用来补偿正常负载时变压器内部阻抗和线路阻抗所造成的损失。

(三) 电力系统的构成

电力系统的主体结构有电源、电力网络和负荷中心。电源指各类发电厂、站,它将一次能源转换成电能。电力网络由电源的升压变电所、输电线路、负荷中心变电所、配电线路等构成。它的功能是将电源发出的电能升压到一定等级后输送到负荷中心变电所,再降压至一定等级后,经配电线路与用户相联。电力系统中网络节点千百个交织密布,有功潮流、无功潮流、高次谐波、负序电流等以光速在全系统范围传播。它既能输送大量电能,创造巨大财富,也能在瞬间造成重大的灾难性事故。为保证系统安全、稳定、经济地运行,必须在不同层次上依不同要求配置各类自动控制装置与通信系统,组成信息与控制子系统。它成为实现电力系统信息传递的神经网络,使电力系统具有可观测性与可控性,从而保证电能生产与消费过程的正常进行以及事故状态下的紧急处理。

根据电力系统中装机容量与用电负荷的大小,以及电源点与负荷中心的相对位置,电力系统常采用不同电压等级输电(如高压输电或超高压输电),以求得最佳的技术经济效益。根据电流的特征,电力系统的输电方式可分为交流输电和直流输电。交流输电应用最广。直流输电是将交流发电机发出的电能经过整流后采用直流电传输。

由于自然资源分布与经济发展水平等条件限制,电源点与负荷中心多处于不同地区。由于电能目前还无法大量储存,输电过程本质上又是以光速进行,电能生产必须时刻保持与消费平衡。因此,电能的集中开发与分散使用,以及电能的连续供应与负荷的随机变化,就成为制约电力系统结构和运行的根本特点。

系统的运行指组成系统的所有环节都处于执行其功能的状态。系统运行中,由于电力负荷的随机变化以及外界的各种干扰(如雷击等)会影响电力系统的稳定,导致系统电压与频率的波动,从而影响系统电能的质量,严重时会造成电压崩溃或频率崩溃。系统运行分为正常运行状态与异常运行状态。其中,正常状态又分为安全状态和警戒状态;异常状态又分为紧急状态和恢复状态。电力系统运行包括所有这些状态及其相互间的转移。各种运行状态之间的转移需通过不同控制手段来实现。

电力系统在保证电能质量、实现安全可靠供电的前提下,还应实现经济运行，即努力调整负荷曲线，提高设备利用率，合理利用各种动力资源，降低燃料消耗、厂用电和电力网络的损耗，以取得最佳经济效益。

在输送电能的过程中，为了满足不同用户对供电经济性和可靠性的要求，也为了满足远距离输电的需要，常需要采用多种电压等级输送电能。将发电厂中的发电机、升压和降压变电所、输电线路及电力用户组成的电气上相互连接的整体，称为电力系统。它包括发电、输电、配电和用电的全过程。由于电力系统的设备大都是三相的，它们的参数也是对称的，一般将三相电力系统用单线图表示。电力系统中用于电能输送和分配的部分，即不同电压等级的升压和降压变电所、不同电压等级的输电线路，称为电力网。发电厂的动力部分，即火电厂的锅炉和汽轮机、水电厂的水轮机、核电厂的反应堆和汽轮机等，与电力系统组成的整体称为动力系统。

变电所分为枢纽变电所、中间变电所、地区变电所和终端变电所。枢纽变电所一般都处于电力系统各部分的中枢位置，容量很大，地位重要，连接电力系统高压和中压的几个部分，汇集多个电源，电压等级为330kV及以上。中间变电所处于发电厂和负荷的中间，此处可以转送或抽出部分负荷，高压侧电压220～330kV。地区变电所是一个地区和城市的主要变电所，负责给地区用户供电，高压侧电压110～220kV。终端变电所一般都是降压变电所，高压侧电压为35～110kV，只供应局部地区的负荷，不承担转送负荷功率的任务。

电力网按电压等级和供电范围可分为地方电力网、区域电力网和高压输电网。35kV及以下、输电距离几十公里以内、多给地方负荷供电的，称为地方电力网，又称为配电网，它的主要任务是向终端用户配送满足一定电能质量要求和供电可靠性要求的电能。电压为110～220kV，多给区域性变电所负荷供电的，称为区域电力网。330kV及以上的远距离输电线路组成的电力网称为高压输电网。区域电力网和高压输电网统称为输电网，它的主要任务是将大量的电能从发电厂远距离传输到负荷中心，并保证系统安全、稳定和经济地运行。

（四）电力系统运行操作注意事项

电力系统的设备一般分为运行、热备用、冷备用、检修四种状态。这些设备运行状态的改变，现场运行人员需在系统调度值班员的统一指挥下，按照系统调度值班员发布的调度指令通过操作变更电网设备状态的行为而完成。运行操作是指变更电力系统设备状态的行为。

系统的运行是指系统的所有组成环节都处于执行其功能的状态。电力系统的基本要求是保证安全可靠地向用户供应质量合格、价格便宜的电能。所谓质量合格，就是指电压、频率、正弦波形这3个主要参量都必须处于规定的范围内。电力系统的规划、设计和工程实施虽为实现上述要求提供了必要的物质条件，但最终的实现则决定于电力系统的运行。实践表明，具有良好物质条件的电力系统也会因运行失误造成严重的后果。

电力系统的运行常用运行状态来描述，主要分为正常状态和异常状态。正常状态又分为安全状态和警戒状态，异常状态又分为紧急状态和恢复状态。电力系统运行包括所有这些状态及其相互间的转移。

各种运行状态之间的转移，需通过控制手段来实现，如预防性控制、校正控制和稳定控制、紧急控制、恢复控制等。这些统称为安全控制。电力系统在保证电能质量、安全可靠供电的前提下，还应实现经济运行，即努力调整负荷曲线，提高设备利用率，合理利用各种动力资源，降低煤耗、厂用电和网络损耗，以取得最佳经济效益。

安全状态指电力系统的频率、各点的电压、各元件的负荷均处于规定的允许值范围，并且，当系统由于负荷变动或出现故障而引起扰动时，仍不致脱离正常运行状态。由于电能的发、输、用在任何瞬间都必须保证平衡，而用电负荷又是随时变化的，因此，安全状态实际上是一种动态平衡，必须通过正常的调整控制（包括频率和电压，即有功和无功调整）才能得以保持。

警戒状态指系统整体仍处于安全规定的范围，但个别元件或局部网络的运行参数已临近安全范围的阈值。一旦发生扰动，就会使系统脱离正常状态而进入紧急状态。处于警戒状态时，应采取预防控制措施使之返回安全状态。

1. 电力系统运行操作的原则

（1）要按规程规定的调度指挥关系，在调度值班员的指挥下进行。

（2）值班调度员操作前要充分考虑电网接线的正确性，并应特别注意对重要用户供电的可靠性的影响。

（3）值班调度员操作前要对电网的有功和无功加以平衡，保证操作后系统的稳定性，并考虑备用容量的分布。

（4）值班调度员操作时注意系统变更后引起潮流、电压的变化，并及时通知有关现场。

（5）继电保护及自动装置应配合协调。

（6）由于检修、扩建有可能造成相位或相位紊乱的，送电前要注意进行核相。环状网络变压器的操作，可能引起电磁环网中接线角度发生变化时，应及时通知有关单位。

（7）带电作业要按检修申请制度提前向所属调度提出申请，批准后方可作业，严禁约时强送。

（8）系统操作后，事故处理措施应重新考虑。事先做好事故预想，并与有关现场联系好。系统变更后的解列点必要时应重新考虑。

2. 电网操作命令分类

（1）单项操作令：指调度员只对一个单位发布一项操作令，由下级调度或现场运行人员完成后汇报。

（2）综合操作令：指一个操作任务只涉及一个单位的操作，调度员只发给操作任务，由现场运行人员自行操作，在得到调度员允许之后即可开始执行，完毕后再向调度员汇报，例如倒母线、变压器停送电等。

（3）逐项操作令：指调度员逐项下达操作令，受令单位按指令的顺序逐项执行。这一般涉及两个及两个以上单位的操作，调度员必须事先按操作原则编写好操作票，操作时由调度员逐项下达操作指令，现场按指令逐项操作完后汇报调度。例如线路的停送电等。

3. 电力系统运行操作制度

（1）操作前应对要改变运行状态的检修单做到"五查"：查内容；查时间；查单位；查停电范围；查检修运行方式（如接线、保护、潮流分布等）。检修虽经运行方有关人员审核、批准，但为了保证操作的正确性，调度员应把好操作前的最后一关。

（2）操作方面：对于逐项操作命令票，调度员在操作前要写好操作票，填写时要做到"四对照"：对照现场；对照检修单；对照实际电网运行方式；对照范本操作票。操作票填写要严密而明确，文字清晰，术语标准化、规范化。不得修改、倒项、添项。设备必须用双重名称（名称和编号），严禁无票下令或是下达命令后再填写操作票。

调度员在填写操作票前要考虑以下问题：

对电网的接线方式、有功出力、无功出力、潮流分布、电压、电网稳定、通信及调度自动化等方面的影响。

①对调度管辖范围以外设备和供电质量有较大影响时，应预先通知有关单位。

②继电保护、自动装置是否配合，是否需要改变？

③变压器中性点接地方式是否符合规定？

④线路停送电操作要注意线路上是否"T"接负荷？

⑤并列操作要注意防止非同期。

（3）对于一个完整的操作，要由一个调度员统一指挥，操作过程中必须严格贯彻执行复诵、录音记录和监护制度。调度员指挥操作时，除采用专用的调度术语外，还应严格执行复诵制度，即调度员发布执行操作的指令或现场运行人员汇报执行操作的结果时，双方均应重复一遍，严格执行复诵制度可以及时纠正由于听错而造成的误操作。调度员在操作时应彼此通报单位、姓名，逐项记录，发令时间及操作完成时间。在指挥操作过程中必须录音。录音的目的在于记录操作过程的真实对话情况，提高工作的严肃性，而且还可以在录音中检查调度员的工作质量和纪律性。当发现问题时，便于正确判断、吸取教训。

操作过程中有另一名有监护权的调度员负责监护。当下达命令不正确或混乱时，监护人应及时提出纠正。操作完成后，监护人还应审查操作票，避免有遗漏或不妥的地方。按操作票执行的操作必须逐项进行，不允许跳项、漏项、并项、添项操作，操作过程中不准不按票而凭经验或记忆进行操作。遇有临时变更，应经值班长同意，修改操作票后方可继续进行操作。

操作时应利用调度自动化系统，检查开关位置及潮流变化、电压的变化，检查操作的正确性，并及时变更调度模拟盘，以符合实际情况。

（4）对操作中的保护与自动化装置，不应只考虑时间短而忽视配合问题，凡因运行方式变更，需要变更的保护及自动化装置，都要及时变更。

（5）系统操作后，应重新考虑事故处理措施，事先做好事故预想。

（6）电网的一切倒闸操作。

（五）电力系统的基本状态

1. 电力系统的定义

电力系统是电能生产、变换、输送、分配和使用的各种电力设备按照一定的技术与经济要求有机组成的一个联合系统。

2. 电力系统的一次设备

一般将电能直接通过的设备称为电力系统的一次设备，如发电机、变压器、断路器、母线、输电线路、补偿电容器、电动机及其他用电设备等。

3. 电力系统的二次设备

对电力系统的一次设备的运行状态进行监视、测量、控制和保护的设备称为电力系统的二次设备，电能的生产量应每时每刻都与电能的消费量保持平衡，并满足质量的要求。

4. 电力系统发展现状

由于一年内夏、冬季的负荷较春、秋季的大，一星期内工作日的负荷较休息日的大，一天内的负荷也有高峰和低谷之分，电力系统中的某些设备，随时都有因绝缘材料的老化、制造中的缺陷、自然灾害等原因出现故障而退出运行。为满足时刻变化的负荷用电需求和电力设备安全运行的要求，致使电力系统的运行状态随时都在变化。

（六）电力系统研究开发与规划设计

1. 电力系统的研究开发

电力系统的发展是研究开发与生产实践相互推动、密切结合的过程，是电工理论、电工技术以及有关科学技术和材料、工艺、制造等共同进步的集中反映。电力系统的研究与开发，还在不同程度上直接或间接地对于信息、控制和系统理论以及计算技术起了推动作用。反过来，这些科学技术的进步又推动着电力系统现代化水平的日益提高。

在电力系统的主体结构方面，燃料、动力、发电、输变电、负荷等各个环节的研究开发，大大提高了电力系统的整体功能。高电压技术的进步，各种超高压输变电设备的研制成功，电晕放电与长间隙放电特性的研究等，为实现超高压输电奠定了基础。新型超高压、大容量断路器以及气体绝缘全封闭式组合电器，其额定切断电流已达 100 千安，全开断时间由早期的数十个工频周波缩短到 1~2 个周波，大大提高了对电网的控制能力，并且降低了过电压水平。依靠电力电子技术的进步实现了超高压直流输电。由电力电子器件组成的各种动力负荷，为节约用电提供了新的技术装备。

超导电技术的成就展示了电力系统的新前景。30 万千瓦超导发电机已经投入试运行，并且还将继续研制容量为百万千瓦级的超导发电机。超导材料性能的改进使超导输电成为可能。利用超导线圈可研制超导储能装置。动力蓄电池和燃料电池等新型电源设备均已有千瓦级的产品处于试运行阶段，并正逐步进入工业应用，这些研究课题有可能实现电能储存和建立分散、独立的电源，从而引起电力系统的重大变革。

在各工业部门中，电力系统是规模大、层次复杂、实时性要求严格的实体系统。无论是系统规划和基本建设，还是系统运行和经营管理，都为系统工程、信息与控制的理论和技术的应用开拓了广阔的天地，并促进了这些理论、技术的发展。针对电力系统的特点，20 世纪 60 年代以来在电力系统运行的安全分析与管理中，在电力系统规划和设计中，都广泛引入了系统工程方法，包括可靠性分析及各种优化方法。电子技术、计算机技术和信息技术的进步，使电力系统监控与调度自动化发展到一个新的阶段，并在理论上和技术上继续提出新的研究课题。

2. 电力系统的规划设计

电能是二次能源。电力系统的发展既要考虑一次能源的资源条件，又要考虑电能需求的状况和有关的物质技术装备等条件，以及与之相关的经济条件和指标。在社会总能源的消耗中，电能所占比例始终呈增长趋势。信息化社会的发展更增加了对电能的依赖程度。

制定电力系统规划首先必须依据国民经济发展的趋势（或计划），做好电力负荷预测及一次能源开发布局，然后再综合考虑可靠性与经济性的要求，分别作出电源发展规划、电力网络规划和配电规划。

在电力系统规划中，需综合考虑可靠性与经济性，以取得合理的投资平衡。对电源设备，可靠性指标主要是考虑设备受迫停运率、水电站枯水情况下电力不足、概率和电能不足期望值；对输、变电设备，可靠性指标主要是平均停电频率、停电规模和平均停电持续时间。大容量机组的单位容量造价较低，电网互联可减少总的备用容量。这些都是提高电力系统经济性需首先考虑的问题。

电力系统是一个庞大而复杂的大系统，它的规划问题还需要在时间上展开，从多种可行方案中进行优选。这是一个多约束条件的具有整数变量的非线性问题，远非人工计算所能及。

大型电力系统是现代社会物质生产部门中空间跨度最大、时间协调要求严格、层次分工非常复杂的实体系统。它不仅耗资大、费时长，而且对国民经济的影响极大。所以制定电力系统规划必须注意其科学性、预见性。要根据历史数据和规划期间的电力负荷增长趋势做好电力负荷预测。在此基础上按照能源布局制定好电源规划、电网规划、网络互联规划、配电规划等。电力系统的规划问题需要在时间上展开，从多种可行方案中进行优选。这是一个多约束条件的具有整数变量的非线性问题，需利用系统工程的方法和先进的计算技术。

智能电力系统关键技术可划分以下三个层次。

第一个层次：系统一次新技术和智能发电、用电基础技术，包括可再生能源发电技术、特高压技术、智能输配电设备、大容量储能、电动汽车和智能用电技术与产品等。

第二个层次：系统二次新技术，包括先进的传感、测量、通信技术，保护和自动化技术等。

第三个层次：电力系统调度、控制与管理技术，包括先进的信息采集处理技术、先进的系统控制技术、适应电力市场和双向互动的新型系统运行与管理技术等。

智能电力系统发展的最高形式是具有多指标、自趋优运行的能力，也是智能电力系统的远景目标。

多指标就是指表征智能电力系统安全、清洁、经济、高效、兼容、自愈、互动等特征的指标体现。

自趋优是指在合理规划与建设的基础上，依托完善统一的基础设施和先进的传感、信息、控制等技术，通过全面的自我监测和信息共享，实现自我状态的准确认知，并通过智能分析形成决策和综合调控，使得电力系统状态自动自主趋向多指标最优。

电源规划也是电力系统规划的重要环节。主要是根据各种发电方式的特性和资源条件，决定增加何种形式的电站（水电、火电、核电等），以及发电机组的容量与台数。以承担基荷为主的电站，因其利用率较高，宜选用适合长期运行的高效率机组，如核电机组和大容量、高参数火电机组等，以降低燃料费用。以承担峰荷为主的电站，因其年利用率低，宜选用启动时间短、能适应负荷变化而投资较低的机组，如燃汽轮机组等。至于水电机组，在丰水期应尽量满发，承担系统基荷；在枯水期因水量有限而带峰荷。

由于水电机组的造价仅占水电站总投资的一小部分，近年来多倾向于在水电站中适当增加超过保证出力的装机容量（即加大装机容量的逾量），以避免弃水或减少弃水。对有条件的水电站，世界各国均致力于发展抽水蓄能机组，即系统低谷负荷时，利用火电厂的多余电能进行抽水蓄能；当系统高峰负荷时，再利用抽蓄的水能发电。尽管抽水—蓄能—发电的总效率仅为 2/3，但从总体考虑，安装抽水蓄能机组比建造调峰机更经济，尤其对调峰容量不足的系统更是如此。电网规划在已确定的电源点和负荷点的前提下，合理选择输电电压等级，确定网络结构及输电线路的输送容量，然后对系统的稳定性、可靠性和无功平衡等进行校核。

（七）电力系统供电质量的提高

电能是国民经济和人民生活极为重要的能源，它作为电力部门向用户提供的由发电、供电、用电三方面共同保证质量的特殊商品，其质量的好坏越来越受到关注。电能质量的技术治理与控制是改善电能质量的有效方法，也是优质供用电的必要条件，但电能质量具有动态性、相关性、传播性、复杂性等特点，对电能质量的控制和提高并不是一件轻而易举的事。

1. 电能质量控制分析概述

（1）电能质量的衡量指标。围绕电能质量的含义，电能质量的衡量指标通常包括如下两个方面：

①电压质量，指实际电压与理想电压的偏差，反映供电企业向用户供应的电能是否合格。这里的偏差应是广义的，包含幅值、波形和相位等。这个定义包括大多数电能质量问题，但不包括频率造成的电能质量问题，也不包括用电设备对电网电能质量的影响和污染。

②电流质量，反映了与电压质量有密切关系的电流的变化，电力用户除对交流电源有恒定频率、正弦波形的要求外，还要求电流波形与电压同相位以保证高

功率因数运行。这个定义有助于电网电能质量的改善，并降低线损，但不能概括大多数因电压原因造成的质量问题。

其他的指标还有供电质量、用电质量等，这些指标共同反映了电力系统生产传输电能的质量，并可以依据这些指标对电能进行管理。

（2）电能质量的影响因素。

①电力负荷构成的变化。目前，电力系统中存在大量非线性负荷：大规模电力电子应用装置（节能装置、变频设备等），大功率的电力拖动设备、直流输出装置、电化工业设备（化工、冶金企业的整流）、电气化铁路、炼钢电弧炉（交、直流）、轧机、提升机、电石机、感应加热炉及其他非线性负荷。

②大量谐波注入电网。含有非线性、冲击性负荷的新型电力设备在实现功率控制和处理的同时，都不可避免地产生非正弦波形电流，向电网注入谐波电流，使公共连接点（PCC）的电压波形严重畸变，负荷波动性和冲击性导致出现电压波动、瞬时脉冲等各种电能质量干扰。

③电力设备及装置的自动保护和正常运行。大型电力设备的启动和停运、自动开关的跳闸及重合等对电能质量的影响，使额定电压暂时降低、产生电压波动与闪变，对电能质量也会产生影响。

2. 提高电能质量的方法探讨

（1）中枢调压。电力系统电压调整的主要目的是采取各种调压手段和方法，在各种不同运行方式下，使用户的电压偏差符合国家标准。但由于电力系统结构复杂、负荷众多，对每个用电设备的电压都进行监视和调整，既不可能也无必要。

电力系统电压的监视和调整可以通过对中枢点电压的监视和调整来实现。所谓中枢点是指电力系统可以反映系统电压水平的主要发电厂和变电站的母线，很多负荷都由这些母线供电。若控制了这些中枢点的电压偏差，也就控制了系统中大部分负荷的电压偏差。

除了对中枢点进行调压，还可以进行发电机调压、调压器调压等，实现对电力系统电压的稳定，从而提高电能质量。

（2）谐波的抑制。解决电能谐波的污染和干扰，从技术上实现对谐波的抑制，从工程现场的实际来看，已经有很多行之有效的解决方法，概括起来主要可以采取下面的两种方法：

①增加换流装置的相数。换流装置是供电系统主要谐波源之一。理论分析表明，换流装置在其交流侧与直流侧产生的特征谐波次数分别为 pk+1 和 pk（p 为整流相数或脉动数，k 为正整数），当脉动数由 6 增加到 12 时，其特征谐波次数为可以有效清除幅值较大的低频项，从而大大地降低谐波电流的有效值。

②无源滤波法和有源滤波法。为了减少谐波对供电系统的影响，实现对电气设备的保护，最根本的方法是从谐波的产生源头抓起，设法在谐波源附近防止谐波电流的产生，从而有效降低谐波电压。

防止谐波电流危害的方法，一种是被动的防御，即在已经产生谐波电流的情况下，采用传统的无源滤波的方法，由一组无源元件：电容、电抗器和电阻组成的调谐滤波装置，减轻谐波对电气设备的危害；另一种是主动的预防谐波电流的产生，即有源滤波法，其基本原理是利用关断电力电子器件产生与负荷电流中谐波电流分量大小相等、相位相反的电流来消除谐波。

（八）电力系统的防雷和保护装置

1. 电力系统的防雷

供电部门的防雷工作是极其艰巨的，设备一旦损坏就有可能造成整个电力系统瘫痪，产生无法挽回的损失。因此，在变电站设计的过程中，要重视变电站设备的安全稳定，确保供电的可靠性。国内电网架空线路以及变电站的主要防雷措施：高压防雷电力装置通过裸导线架空线路的方式进行电力传输，而架空线路一般设置在离地面 6~18m 的空间范围内，这时雷电入侵波产生的雷电过电压会促使线路或者设备绝缘击穿，进而遭到破坏。利用高压防雷技术，通过给线路或者设备人为地制造绝缘薄弱点即间隙装置，间隙的击穿电压比线路或者设备的雷电冲击绝缘水平低，在正常运行电压下间隙处于隔离绝缘状态，当雷电发生时强大的过电压使间隙击穿，从而产生接地保护，起到保护线路或设备绝缘的作用。

（1）间隙保护技术。间隙保护就是变压器中性点间隙接地保护装置。线路大体的两极由角形棒组成，一极固定在绝缘件上连接带电导线，另一极直接接地，间隙击穿后电弧在角形棒间上升拉长，当电弧电流变小时可以自行熄弧，间隙保护技术的优点是结构简单，运行维护量小，而缺点则是当电弧电流大到几十安以上时就没法自行熄弧，保护特性一般，而且间隙动作会产生截波，对变压器本身的绝缘也不利。

（2）避雷器保护技术。避雷器是一种雷电流的泄放通道，也是一种等电位连接体，在线路上并联对地安装，正常运行下处于高阻抗状态。当雷电发生时，避雷器将雷电电流迅速泄入大地，同时使大地、设备、线路处在等电位上，从而保护设备免遭强电势差的损害。避雷器技术当然也存在很多缺点，由于避雷器的选用受安装地点的限制，其当受到雷击或者雷击感应的能量相当大时，靠单一的避雷器件很难将雷电流全部导入大地而自身不会损坏。另外，间隙保护和避雷器技术都是靠间隙击穿接地放电降压来起到保护的作用，这两种防雷技术往往会造成接地故障或者相间短路故障，所以不能达到科学合理的保护目的。

2. 电力系统的保护装置

电力系统微机保护装置是由高集成度、总线不出芯片单片机、高精度电流电压互感器、高绝缘强度出口中间继电器、高可靠开关电源模块等部件组成。微机保护装置主要作为 110kV 及以下电压等级的发电厂、变电站、配电站等，也可作为部分 70~220V 电压等级中系统的电压电流的保护及测控。

电力系统微机保护装置的数字核心一般由 CPU、存储器、定时器/计数器、Watchdog 等组成。目前数字核心的主流为嵌入式微控制器（MCU），即通常所说的单片机；输入输出通道包括模拟量输入通道［模拟量输入变换回路（将 CT、PT 所测量的量转换成更低的适合内部 A/D 转换的电压量，±2.5V、±5V 或 ±10V）、低通滤波器及采样、A/D 转换］和数字量输入输出通道（人机接口和各种告警信号、跳闸信号及电度脉冲等）。

二、电力系统的安全性及防护措施

（一）电力系统的安全性问题

1. 现代电力系统的安全性问题

电力系统的安全性是指系统在发生故障情况下，系统能保持稳定运行和正常供电的风险程度。传统的电力系统安全性主要是在发生故障的情况下，研究电力系统本身的动态特性，包括系统的功角稳定性、电压稳定性、频率稳定性、系统解列、热过载等。这类研究一般是针对单一故障的，而大面积停电事故则通常是连锁事件的复杂序列。

随着现代通信技术和信息技术的发展，为了保障大电网的安全和经济运行，各种信息系统，如调度自动化（SCADA/EMS）、配电网自动化系统（DA）和变电站综合自动化系统（SA），电力市场技术支持系统等在电力系统领域里得到了广泛应用。

作为电力系统动态安全评估的一种新的框架，"脆弱性"一词经常出现在环境、生态、计算机网络等领域的有关文献中，用来描述相关系统及其组成要素易于受到影响和破坏，并缺乏抗拒干扰、恢复初始状态（自身结构和功能）的能力。它们在不同的学科中有不同的含义。对于电力系统脆弱性，可定义为：电力系统因人为干预、信息、计算机（软、硬件）、通信、电力系统元件和保护控制系统等因素，而潜伏着大面积停电的灾难性事故的危险状态。系统脆弱性与系统安全性的水平和在系统参数变化时系统安全性水平的变化趋势这两类信息密切相关。在这个概念中，人们对它们设定一个可被接受的基准值，当系统安全现状被评估后，系统安全性水平和它的变化趋势也就被确定下来。系统是否脆弱取决于它们是否高于或低于设定的基准值。

2. 电力系统安全性问题的影响因素

影响电力系统安全性的因素很多，对于组成现代电力系统的基础设施而言，可分为内部因素和外部因素。

（1）内部因素主要有以下几种。

①电力系统主要元件故障：发电机、变压器、输电线故障；

②控制和保护系统故障：保护继电器的隐性故障、断路器误动作、控制故障或误操作等；

③计算机软、硬件系统故障；

④信息、通信系统故障：与EMS系统失去通信、不能进行自动控制和保护、信息系统的故障（造成信息的缺损或者得到的信息不可靠）或拥塞、外部侵入信息/通信系统（如黑客的入侵）；

⑤电力市场竞争环境的因素：电力市场中各参与者间的竞争与不协调、在更换旧的控制和保护系统或发电装置上缺少主动性；

⑥电力系统不稳定：静态/暂态/电压/振荡/频率不稳定等。

（2）外部因素有以下两种。

①自然灾害和气候因素：地震、冰雹、雷雨、风暴、洪水、热浪、森林火灾等；

②人为因素：操作人员误操作，控制和保护系统设置错误、蓄意破坏（包括战争或恐怖活动）等。

（二）电力系统安全性的防治措施

1. 加强电网建设，降低事故概率

电力工业是需要长期和超前投资的工业，大的发电厂建设要 5～10 年，寿命约为 30 年。所以，要求厂（发电厂）网（电网）协调、统一规划、超前建设、合理结构，以保证电力系统的安全运行。特别要加强电网建设（加强远距离输电网、受端电网和二次系统）以提高电网安全可靠性，降低事故概率，减少停电损失。

2. 加强电力系统监控和管理

电力系统的互联使得在广阔的地域内进行资源的优化配置，互通有无，相互支援成为可能。但是，在紧密相连的互联电力系统中，一个局部故障能迅速向全系统传播，会导致大面积停电。所以，在事故处理上，要求反应迅速、高效统一。

为了改善电网的运行环境，减少外力和自然界对电力系统设备的破坏，要做好日常的维护工作，例如，及时修剪输电走廊的树枝。

3. 加强与电力系统安全紧密相关的基础研究

由不同容量发电机、不同电压等级和长度的输配电线路以及不同容量和特性负荷组成的电力系统是一个典型的复杂大系统，呈现高维、非线性、时变、信息的不完全性、广域（大范围跨越时空）互联性和微分代数的复杂特性。这个大系统的时空运行历来是一个非常困难的学术和工程问题。目前急需建立新的理论和方法体系（建模、分析、模拟、仿真、预测和控制方法），有效地解决复杂电力系统所面临的关键问题，比如跨区域电力系统长期动态行为分析与仿真，系统连锁故障防御与控制等等课题，以保证电力系统安全、可靠的管理和运行。

要及早研究和开发广域的、智能的、自适应的电力系统的保护和控制系统，它集成了电力系统、广域保护和控制以及通信基础设施（包括 GPS 技术），能提供实时的关键和广泛信息，预见可能出现的问题，迅速地评价系统的薄弱环节，及时完成基于系统分析的自愈合和自适应重构动作等的防御措施，将形成全国复杂联合电力系统的强大反事故能力，以避免发生灾难性的事故，保障电力系统的安全稳定运行。

4. 研究自然灾害和人为破坏（包括战争和恐怖活动）对电力系统安全运行的影响

在现代化社会中，由于社会活动和人民生活与电力供应密切相关，电力工业与灾害防御系统、通信系统、军事命令和控制系统、公共卫生系统等一样，应列入有严重后果的国家基础设施，这些系统的安全和可靠运行是国家经济、安全和生活质量的根本保障。所以，作为国家的主要（或关键）基础设施之一，要研究自然灾害和人为破坏（包括战争）对电力系统安全运行的影响，科学地区分各种预警和紧急状态，建立相应的反应灵敏、高效统一的应对策略和应急措施。

（三）若干与电力系统安全性紧密相关的基础研究方向

1. 开展广域电力系统的建模和综合能源及通信系统体系结构（IECSA）的研究

多年来，大规模电力系统动态行为分析一直受到广泛关注。但随着电网的互联、多馈入交直流混合输电方式的出现、大功率电力电子设备的应用，电力系统中出现的诸如超低频振荡等各种动态行为和特征严重影响大电网的安全运行，迫切需要进一步搞清机理，提出控制方法和措施。电力负荷模型的建立是这一研究领域中的关键问题，包括电力负荷模型的复杂性和不确定性的辨识理论和方法，电力负荷模型的宏观结构识别等。

随着信息技术的发展，电力系统与信息系统、通信系统已经融合成集成的混杂系统。传统的对电力系统的研究方法已经难以处理这样的复杂系统，需要在建模、分析、仿真、预测和控制等方面建立新的理论和方法体系，有效地解决复杂电力系统所面临的关键问题，以保证电力系统的安全运行。必须同时考虑和研究电力系统、信息系统、计算机系统、通信系统的交互和综合，在建模上要考虑多个网络的平行、多个物理过程的平行，以及多类元件的平行。要充分应用实时的量测信息，发展分布式的实时计算。

长期以来，电力系统安全性评估的研究主要集中于电力系统本身建模和故障的计算，没有考虑与之密切相关的信息系统和通信系统模型。这是因为信息系统和通信系统的模型尚未建立，对信息系统与电力系统之间的交互影响更是缺乏系统深入的研究，这迫切需要应用复杂交互系统与分布式人工智能的相关理论来应对电力系统的不断扩展所带来的复杂性，发展新的电力系统安全性评估理论。

多智能体系统（multi-agent systems）可望为以上问题的解决提供新的途径。对于电力系统，它主要是将网络中各个成员视为一个能独立完成某些任务的分布自治的智能体，然后通过多个智能体的交互与协作，达成各成员作用的相互协调，实现系统的整体控制目标。最典型的电力系统分级办法就是将系统分为发电、输电、配电和用电等系统。在电力市场环境下的多智能体结构，可以是独立发电者、输电服务提供者、辅助服务提供者等。表面上看起来这种分级方法是传统分级控制技术的引申和扩展，但其间有明显的差别，如控制策略的优先权限和最终目标的界定。对于通信系统与信息系统，也有专门的建模方法和工具。如通信系统对应于 communication agent，信息系统对应于 Information agent。这种分级方法为多智能体分层结构中准确模拟各个层次间相互作用奠定了基础。多智能体系统所具有的资源共享、易于扩张、可靠性强、灵活性强、实时性好的特点非常适用于解决大规模电力系统这类复杂系统的建模、控制和分析评估任务，有望为实现广域电力系统实时分析、全局协调控制提供新的途径。

2. 开展广域电力系统的信息理论与应用研究

广域电力系统的信息分布广、数量多，需要有一个先进和可靠的分层、分区的信息系统，使及时和正确地传送广域信息能得到保证，并对信息进行有效的处理，以实现对全系统的实时监控。为此，要有一个实时平行的故障诊断系统，在海量的实时信息（包括测量信息，设备"健康"状态等）中及时诊断和预测未来可能出现的或潜在的故障。

随着国家电力数据网的建设，调度自动化（SCADA/EMS）的发展和普及，各种信息管理系统（如生产管理系统、营销管理系统）、地理信息系统（GIS）、电力市场技术支持系统以及电网运行的其他信息系统等在电力系统领域的应用，都表明信息技术已越来越融入到电力系统中。然而，目前电力系统在信息处理技术上还比较落后，主要表现在信息的加工还处于低层的数字信号处理阶段，信息的采集重复性较大，未能实现信息的优化，造成硬件建设的复杂与控制回路的复杂；信息的应用过于简单。作为复杂大系统的信息处理技术，应该具有多信息量、多层次、多综合等优点和特点，能适应与应用到运行方式变化大、系统结构复杂的电力系统中来。改变目前电力系统信息处理模式将是电力系统领域研究的新课题。

电力信息系统是一个问题域十分复杂、庞大或不可预测的系统，唯一的解决方法是开发大量有特殊功能的模块化成分（智能体），专门用于解决问题的某个特定方面。在出现相互关联的问题时，系统中的各智能体相互协调，可以正确处理这种相关性。应用智能体对信息融合算法的改进，增加系统的反馈算法，改变了原有的简单的单向从低层到高层的环境信息和知识传输，使高层同样可以向低层传输规划和管理信息。这个信息融合系统就具有完整的观测、融合、决策和协调功能。因此，基于多智能体系统的分布式信息处理技术是这一领域颇有应用前景的研究方向。

同时，信息技术的负面影响也波及电力系统。黑客的入侵使电力系统的安全增加了新的内涵，其影响也需进一步的研究。

3. 开展广域电力系统安全防治系统的研究

为了防治广域复杂电力系统中可能出现的大面积停电事故，要开发广域的、智能的、自适应的并与电力系统的分层和全局协调的保护和控制系统。它集成了由电力系统、广域保护和控制以及通信基础设施，能提供实时的关键和广泛信息，预见可能出现的问题，迅速地评价系统的薄弱环节，及时完成基于系统分析的自愈和自适应重构动作等的防治措施，以避免发生灾难性事故。它与传统所用的方法和技术的不同之处在于，后者只基于局部量测信号的局部控制动作，只关心个别设备的状态；而前者则基于广域信息的安全性评估，在故障发生后将故障局部化，使故障不致发展为大面积停电。继电保护应从传统的元件保护扩展到系统保护，同时要研究继电保护装置隐性失效对连锁故障的影响。紧急控制系统应实现在线决策，提高控制的速度和有效性。

实现广域电力系统安全防治系统，必须基于广域测量系统（WAMS），实现对电网的实时监视、实时仿真和实时控制。广域电力系统安全防治系统的主要目标是：

（1）事故的超前发现或预测系统事故。根据系统的状态，过负荷或输电线路弧垂等情况，采用先进的算法进行预测。对电力设备"健康"状态进行实时监控和根据电力设备的状态进行检修管理，以避免因设备老化或故障（失效）而引起的系统事故。要在线监视输电线路的热极限。若干大停电事故的起因都是静态潮流问题，动态问题随后加剧了系统崩溃。

（2）对系统故障的快速反应。如故障的早期隔离、过负荷元件的超前解除过负荷状态，以及其他避免事故扩大的措施。

（3）尽快使系统得以恢复，也就是尽可能快地使失去供电的负荷恢复供电，并使系统回到正常运行状态。重视事故恢复计划的准备，尽可能在电网和电源建设阶段就考虑事故恢复问题，如完备的"黑启动"方案。恰当的事故恢复计划可以减少事故停电损失。发展分散电源也为事故后的快速恢复创造条件。

第三节　自动控制原理与应用

一、概述

（一）控制理论的发展

自动控制是指应用自动化仪器仪表或自动控制装置代替人自动地对仪器设备或工业生产过程进行控制，使之达到预期的状态或性能指标。

1. 经典控制理论

自动控制理论是与人类社会发展密切联系的一门学科，是自动控制科学的核心。特点是以传递函数为数学工具，采用频域方法，主要研究单输入单输出线性定常控制系统的分析与设计。但它存在着一定的局限性，即对多输入多输出系统不宜用经典控制理论解决，特别是对非线性时变系统更是无能为力。

2. 现代控制理论

现代控制理论本质上是一种时域法，其研究内容非常广泛，主要包括三个基本内容：多变量线性系统理论、最优控制理论以及最优估计与系统辨识理论。现代控制理论从理论上解决了系统的可控性、可观测性、稳定性，以及许多复杂系统的控制问题。

3. 智能控制理论

随着现代科学技术的迅速发展，生产系统的规模越来越大，形成了复杂的大系统，导致控制对象、控制器以及控制任务和目的的日益复杂化，从而使现代控制理论的成果很少在实际中得到应用。经典控制理论、现代控制理论在应用中遇到了不少难题，影响了它们的实际应用，其主要原因有以下三点：

（1）精确的数学模型难以获得。此类控制系统的设计和分析都是建立在精确的数学模型的基础上的，而实际系统由于存在不确定性、不完全性、模糊性、时变性、非线性等因素，一般很难获得精确的数学模型。

（2）假设过于苛刻。研究这些系统时，人们必须提出一些比较苛刻的假设，而这些假设在应用中往往与实际不符。

（3）控制系统过于复杂。为了提高控制性能，整个控制系统变得极为复杂，这不仅增加了设备投资，也降低了系统的可靠性。

第三代控制理论即智能控制理论就是在这样的背景下提出来的，它是人工智能和自动控制交叉的产物，是当今自动控制科学的出路之一。

（二）自动控制理论的发展

自动控制系统是在无人直接参与下，可使生产过程或其他过程按期望规律或预定程序进行的控制系统。自动控制系统是实现自动化的主要手段。

中国的工业自动化市场主体主要由软硬件制造商、系统集成商、产品分销商等组成。在软硬件产品领域，中高端市场几乎全部由国外著名品牌产品垄断，并将仍维持此种局面；在系统集成领域，跨国公司占据制造业的高端，具有深厚行业背景的公司在相关行业系统集成业务中占据主动，具有丰富应用经验的系统集成公司充满竞争力。

在工业自动化市场，供应和需求之间存在错位。客户需要的是完整的能满足自身制造工艺的电气控制系统，而供应商提供的是各种标准化器件产品。行业不同，电气控制的差异非常大，甚至同一行业客户因各自工艺的不同导致需求也有很大差异。这种供需之间的矛盾为工业自动化行业创造了发展空间。

中国拥有世界最大的工业自动控制系统装置市场，传统工业技术改造、工厂自动化、企业信息化需要大量的工业自动化系统，市场前景广阔。工业控制自动化技术正在向智能化、网络化和集成化方向发展。

由于计算机技术的发展，使微计算机控制技术在制冷空调自动控制中的应用越来越普遍。计算机控制过程可归纳为实时数据采集、实时决策和实时控制三个步骤。这三个步骤不断地重复进行就会使整个系统按照给定的规律进行控制、调节。同时，也对被控参数及设备运行状态、故障等进行监测、超限报警和保护，记录历史数据等。

应该说，计算机控制在控制功能如精度、实时性、可靠性等方面是模拟控制所无法比拟的。更为重要的是，由于计算机的引入而带来的管理功能（如报警管理、历史记录等）的增强更是模拟控制器根本无法实现的。因此，在制冷空调自动控制的应用上，尤其在大中型空调系统的自动控制中，计算机控制已经占有主导地位。其可具体分为直接数字控制和集散型系统控制。

所谓直接数字控制是以微处理器为基础、不借助模拟仪表而将系统中的传感器或变送器的测量信号直接输入到微型计算机中，经微机按预先编制的程序计算处理后直接驱动执行器的控制方式，简称 DDC（Direct Digital Control），这种计算机称为直接数字控制器，简称 DDC 控制器。DDC 控制器中的 CPU 运行速度很快，并且其配置的输入输出端口（I/O）一般较多。因此，它可以同时控制多个回路，相当于多个模拟控制器。DDC 控制器具有体积小、连线少、功能齐全、安全可靠、性能价格比较高等特点。

集散型系统控制与过去传统的计算机控制方法相比，它的控制功能尽可能分散，管理功能尽可能集中。它是由中央站、分站、现场传感器与执行器三个基本层次组成。中央站和分站之间，各分站之间通过数据通信通道连接起来。分站就是上述以微处理器为核心的 DDC 控制器。它分散于整个系统各个被控设备的现场，并与现场的传感器及执行器等直接连接，实现对现场设备的检测与控制。中央站实现集中监控和管理功能，如集中监视、集中启停控制、集中参数修改、报警及记录处理等。可以看出，集散型控制系统的集中管理功能由中央站完成，而控制与调节功能由分站即 DDC 控制器完成。

二、自动控制系统

（一）自动控制系统的组成

自动控制系统是在无人直接参与下可使生产过程或其他过程按期望规律或预定程序进行的控制系统。自动控制系统是实现自动化的主要手段。按控制原理的不同，自动控制系统分为开环控制系统和闭环控制系统。在开环控制系统中，系统输出只受输入的控制，控制精度和抑制干扰的特性都比较差。开环控制系统中，基于按时序进行逻辑控制的称为顺序控制系统，主要由顺序控制装置、检测元件、执行机构和被控工业对象所组成。主要应用于机械、化工、物料装卸运输等过程的控制以及机械手和生产自动线。闭环控制系统是建立在反馈原理基础之上的，利用输出量同期望值的偏差对系统进行控制，可获得比较好的控制性能。闭环控制系统又称反馈控制系统。

为了达到自动控制的目的，由相互制约的各个部分，按一定的要求组成具有一定功能的整体称为自动控制系统。它是由被控对象、传感器（及变送器）、控制器和执行器等组成。

在自动控制系统中，被控对象的输出量即被控量是要求严格加以控制的物理量，它可以要求保持为某一恒定值，例如温度、压力或飞行轨迹等；而控制装置则是对被控对象施加控制作用的相关机构的总体，它可以采用不同的原理和方式对被控对象进行控制，但最基本的一种是基于反馈控制原理的反馈控制系统。

在反馈控制系统中，控制装置对被控装置施加的控制作用，是取自被控量的反馈信息，用来不断修正被控量和控制量之间的偏差从而实现对被控量进行控制的任务，这就是反馈控制的原理。

自动分拣系统一般由自动控制和计算机管理系统、自动识别装置、分类机构、主输送装置、前处理设备及分拣道口组成。

1. 自动控制和计算机管理系统

自动控制和计算机管理系统是整个自动分拣系统的控制指挥中心，分拣系统各部件的一切动作均由控制系统决定，其作用是识别、接收和处理分拣信号，根据分拣信号指示分类机构按一定的规则（如品种、地点等）对物料进行自动分类，从而决定物料的流向。

分拣信号来源可通过条形码扫描、色码扫描、键盘输入、质量检测、语音识别、高度检测及形状识别等方式获取，经信息处理后，转换成相应的拣货单、入库单或电子拣货信号，自动分拣作业。

自动控制系统的主要功能如下：

（1）接收分拣目的地地址，可由操作人员经键盘或按钮输入，或自动接收；

（2）控制进给台，使物料按分拣机的要求迅速准确地进入分拣机；

（3）控制分拣机的分拣动作，使物料在预定的分拣口迅速准确地分离出来；

（4）完成分拣系统各种信号的检测监控和安全保护。

计算机管理系统主要对分拣系统中的各种设备运行情况数据进行记录、检测和统计，用于分拣作业的管理及分拣作业和设备的综合评价与分析。

2. 自动识别装置

物料能够实现自动分拣的基础是系统能够对物料进行自动识别。在物流配送中心，广泛采用的自动识别系统是条形码系统和无线射频系统。条码自动识别系统的光电扫描器安装在分拣机的不同位置，当物料在扫描器可见范围时，自动读取物料包装上的条码信息，经过译码软件即可翻译成条码所表示的物料信息，同时感知物料在分拣机上的位置信息，这些信息自动传输到后台计算机管理系统。

3. 分类机构

分类机构是指将自动识别后的物料引入到分拣机主输送线，然后通过分类机构把物料分流到指定的位置。分类机构是分拣系统的核心设备。分类的依据主要有：

（1）物料的形状、质量、特性等；

（2）用户、订单和目的地。

当计算机管理系统接收到自动识别系统传来的物料信息以后，经过系统分析处理，给物料产生一个目的位置，于是控制系统向分类机构发出控制指令，分类机构接受并执行控制系统发来的分拣指令并在恰当的时刻产生分拣动作，使物料进入相应的分拣道口。由于不同行业、不同部门对分拣系统的尺寸、质量、外形等要求都有很大的差别，对分拣方式、分拣速度、分拣口的数量等的要求也不尽相同，因此分类机构的种类很多，可根据实际情况，采用不同的前处理设备和分拣道口。

4. 主输送装置

主输送装置的作用是将物料输送到相应的分拣道口，以便进行后续作业，主要由各类输送机构成，又称主输送线。

5. 前处理设备

前处理设备是指分拣系统向主输送装置输送分拣物料的进给台及其他辅助性的运输机和作业台等。进给台的功能有两个：一是操作人员利用输入装置将各个分拣物料的目的地址送入分拣系统，作为该物料的分拣作业指令；二是控制分拣物料进入主输送装置的时间和速度，保证分类机构能准确地进行分拣。

6. 分拣道口

分拣道口也称分流输送线，是将物料脱离主输送线使之进入相应集货区的通道，一般由钢带、传送带、滚筒等组成滑道，使物料从输送装置滑向缓冲工作台，然后进行入库上架作业或配货作业。

上述 6 个主要部分在控制系统的统一控制下，分别完成不同的功能，各机构间协同作业，构成一个有机系统，完成物料的自动分拣过程。

（二）自动控制系统的分类

1. 恒值控制系统

恒值控制系统指给定值不变，要求系统输出量以一定的精度接近给定希望值的系统。如生产过程中的温度、压力、流量、液位高度、电动机转速等自动控制系统属于恒值系统。

2. 随动控制系统

随动控制系统的给定值按未知时间函数变化，要求输出跟随给定值的变化。如跟随卫星的雷达天线系统。

3. 程序控制系统

程序控制系统的给定值按一定时间函数变化。如程控机床。

（三）自动控制系统的结构

为完成控制系统的分析和设计，首先必须对控制对象、控制系统结构有明确的了解。一般来说，可将控制系统分为两种基本形式：开环控制系统和闭环（反馈）控制系统。

1. 开环控制系统

开环控制系统是一种最简单的控制方式，在控制器和控制对象间只有正向控制作用，系统的输出量不会对控制器产生任何影响。在该系统中，对于每一个输入量，就有一个与之对应的工作状态和输出量，系统的精度仅取决于元器件的精度和特性调整的精度。这类系统结构简单，成本低，容易控制，但是控制精度低，因为如果在控制器或控制对象上存在干扰，或者由于控制器元器件老化，控制对象结构或参数发生变化，均会导致系统输出的不稳定，使输出值偏离预期值。正因如此，开环控制系统一般适用于干扰不强或可预测，控制精度要求不高的场合。

2. 闭环控制系统

如果在控制器和被控对象之间，不仅存在正向作用，而且存在反向的作用，即系统的输出量对控制量具有直接的影响，那么这类控制称为闭环控制。将检测出来的输出量送回到系统的输入端，并与输入信号比较，称为反馈。因此，闭环控制又称为反馈控制。

在一个实际的控制系统中，具有正反馈形式的系统一般是不能改进系统性能的，而且容易使系统的性能变坏，因此不被采用。而有负反馈形式的系统，它通过自动修正偏离量，使系统趋向于给定值，并抑制系统回路中存在的内扰和外扰的影响，最终达到自动控制的目的。通常，反馈控制就是指负反馈控制。与开环系统比较，闭环控制系统的最大特点是检测偏差，纠正偏差。从系统结构上看，闭环系统具有反向通道，即反馈。从功能上看，由于增加了反馈通道，系统的控制精度得到了提高，若采用开环控制，要达到同样的精度，则需高精度的控制器，从而大大增加了成本；由于存在系统的反馈，可以较好地抑制系统各环节中可能存在的扰动和由于器件的老化而引起的结构和参数的不稳定性；反馈环节的存在，同时可较好地改善系统的动态性能。当然，如果引入不适当的反馈，如正反馈，或者参数选择不恰当，不仅达不到改善系统性能的目的，甚至会导致一个稳定的系统变为不稳定的系统。

（四）自动控制的应用

自动控制系统已被广泛应用于人类社会的各个领域。

在工业方面，对于冶金、化工、机械制造等生产过程中遇到的各种物理量，包括温度、流量、压力、厚度、张力、速度、位置、频率、相位等，都有相应的控制系统。在此基础上通过采用数字计算机建立起控制性能更好和自动化程度更高的数字控制系统，以及具有控制与管理双重功能的过程控制系统。在农业方面的应用包括水位自动控制系统、农业机械的自动操作系统等。

在军事技术方面，自动控制的应用实例有各种类型的伺服系统、火力控制系统、制导与控制系统等。在航天、航空和航海方面，除了各种形式的控制系统外，应用领域还包括导航系统、遥控系统和各种仿真器。

此外，在办公室自动化、图书管理、交通管理乃至日常家务方面，自动控制技术也都有着实际的应用。随着控制理论和控制技术的发展，自动控制系统的应用领域还在不断扩大，几乎涉及生物、医学、生态、经济、社会等所有领域。

三、自动化控制系统中的抗干扰措施

抗干扰措施的基本原则是：抑制干扰源，切断干扰传播路径，提高敏感器件的抗干扰性。

（一）抑制干扰源

抑制干扰源就是尽可能地减小干扰源的 du/dt、di/dt。这是抗干扰设计中最优先考虑和最重要的原则，常常会起到事半功倍的效果。减小干扰源的 du/dt 主要是通过在干扰源两端并联电容来实现。减小干扰源的 di/dt 则是在干扰源回路串联电感或电阻以及增加续流二极管来实现。

抑制干扰源的常用措施如下：

1. 继电器线圈增加续流二极管，消除断开线圈时产生的反电动势干扰。仅加续流二极管会使继电器的断开时间滞后，增加稳压二极管后继电器在单位时间内可动作更多的次数。

2. 在继电器接点两端并接火花抑制电路（一般是 RC 串联电路，电阻一般选几 K 到几十 K，电容选 0.01μF），减小电火花影响。

3. 给电机加滤波电路，注意电容、电感引线要尽量短。

4. 电路板上每个 IC 要并接一个 0.01~0.1μF 高频电容，以减小 IC 对电源的影响。注意高频电容的布线，连线应靠近电源端并尽量粗短，否则，等于增大了电容的等效串联电阻，会影响滤波效果。

5. 布线时避免 90°折线，减少高频噪声发射。

6. 可控硅两端并接 RC 抑制电路，减小可控硅产生的噪声（这个噪声严重时可能会把可控硅击穿）。

（二）切断干扰传播路径

1. 充分考虑电源对单片机的影响。电源做得好，整个电路的抗干扰就解决了一大半。许多单片机对电源噪声很敏感，要给单片机电源加滤波电路或稳压器,以减小电源噪声对单片机的干扰。比如,可以利用磁珠和电容组成 π 形滤波电路,当然条件要求不高时也可用 100Ω 电阻代替磁珠。

2. 如果单片机的 I/O 口用来控制电机等噪声器件,在 I/O 口与噪声源之间应加隔离(增加 π 形滤波电路)。

3. 注意晶振布线。晶振与单片机引脚尽量靠近,用地线把时钟区隔离起来,晶振外壳接地并固定。此措施可解决许多疑难问题。

4. 电路板合理分区,如强、弱信号,数字、模拟信号。尽可能把干扰源(如电机、继电器)与敏感元件(如单片机)远离。

5. 用地线把数字区与模拟区隔离,数字地与模拟地要分离,最后在一点接于电源地。A/D、D/A 芯片布线也以此为原则,厂家分配 A/D、D/A 芯片引脚排列时已考虑此要求。

6. 单片机和大功率器件的地线要单独接地,以减小相互干扰。大功率器件尽可能放在电路板边缘。

7. 在单片机 I/O 口,电源线、电路板连接线等关键地方使用抗干扰元件如磁珠、磁环、电源滤波器,屏蔽罩,可显著提高电路的抗干扰性能。

(三) 提高敏感器件的抗干扰性

提高敏感器件的抗干扰性是指从敏感器件方面考虑尽量减少对干扰噪声的拾取,以及从不正常状态尽快恢复的方法。提高敏感器件抗干扰性的常用措施如下:

1. 布线时尽量减少回路环的面积,以降低感应噪声。

2. 布线时,电源线和地线要尽量粗。除减小压降外,更重要的是降低耦合噪声。

3. 对于单片机闲置的 I/O 口,不要悬空,要接地或接电源。其他 IC 的闲置端在不改变系统逻辑的情况下接地或接电源。

4. 对单片机使用电源监控及看门狗电路,如 IMP809、IMP706、IMP813、X25043、X25045 等,可大幅度提高整个电路的抗干扰性能。

5. 在速度能满足要求的前提下,尽量降低单片机的晶振和选用低速数字电路。

6. IC 器件尽量直接焊在电路板上,少用 IC 座。

四、工业以太网在自动控制中的应用

（一）现场总线应用中的问题

1. 标准问题

现场总线控制系统在实际应用中还存在一些问题有待解决，其中最突出的问题就是缺少统一的标准。

无论是最终用户还是工程集成商（也包括制造商），都在寻求高性能、低成本的解决方案。8 种类型的现场总线采用不同的通信协议，要实现这些总线的相互兼容和互操作几乎是不可能的。每种现场总线都有自己最合适的应用领域，如何在实际中根据应用对象，将不同层次的现场总线组合使用，使系统的各部分都选择最合适的现场总线，对用户来说仍然是比较棘手的问题。

2. 系统的集成问题

在实际应用中，一个大的系统很可能采用多种现场总线，特别是国内那些高速成长的终端用户，在企业的不同发展阶段和国际范围的跨国制造装备采购几乎不可能统一技术前沿的现场总线。如何把企业的工业控制网络与管理层的数据网络进行无缝集成，从而使整个企业实现管控一体化，显得十分关键。现场总线系统在设计网络布局时，不仅要考虑各现场节点的距离，还要考虑现场节点之间的功能关系、信息在网络上的流动情况等。由于智能化现场仪表的功能很强，因此许多仪表会有同样的功能块，组态时要仔细考虑功能块的选择，使网络上的信息流动最小化。同时通信参数的组态也很重要，要在系统的实时性与网络效率之间做好平衡。

3. 存在技术瓶颈

现场总线在应用中还存在一些技术瓶颈问题，主要表现在以下几个方面。

（1）当总线电缆断开时，整个系统有可能瘫痪。用户希望这时系统的效能可以降低，但不能崩溃，这一点目前许多现场总线不能保证。

（2）本安防爆理论的制约。现有的防爆规定限制总线的长度和总线上负载的数量。这就是限制了现场总线节省电缆优点的发挥。

（3）系统组态参数过分复杂。现场总线的组态参数很多，不容易掌握，但组态参数设定得好坏，对系统性能影响很大。

因此，采用一种统一的现场总线标准对于现场总线技术的发展具有特别重要的意义。为了加快新一代控制系统的发展与应用，各大厂商纷纷寻找其他途径以求解决扩展性和兼容性的问题，业内人士把目光转移到在商用局域网中大获成功的具有结构简单、成本低廉、易于安装、传输速度高、功耗低、软硬件资源丰富、兼容性好、灵活性高、易于与 Internet 集成、支持几乎所有流行的网络协议的以太网技术。

（二）　以太网与 TCP/IP

按照 ISO 的 OSI 七层结构，以太网标准只定义了数据链路层和物理层，作为一个完整的通信系统。以太网在成为数据链路和物理层的协议之后，就与 TCP/IP 紧密地捆绑在一起了。由于后来国际互联网采用了以太网和 TCP/IP 协议，人们甚至把如超文本链接 HTTP 等 TCP/IP 协议组放在一起，称为以太网技术。TCP/IP 的简单实用已为广大用户所接受，不仅在办公自动化领域内，而且在各个企业的管理网络、监控层网络也都广泛使用以太网技术，并开始向现场设备层网络延伸。如今，TCP/IP 协议成为最流行的网际互联协议，并由单纯的 TCP/IP 协议发展成为一系列以 IP 为基础的 TCP/IP 协议簇。

在 TCP 协议中，网络层的核心协议是 IP（Internet Protocol），同时还提供 ARP（Address Resolution Protocol）、RARP（Reverse Address Resolution Protocol）、ICMP（Internet Control Messages Protocol）等协议。该层的主要功能包括处理来自传输层的分组发送请求（即组装 IP 数据报并发往网络接口）、处理输入数据报、转发数据报或从数据报中抽取分组、处理差错与控制报文（包括处理路由、流量控制、拥塞控制等）。传输层的功能是提供应用程序间（端到端）的通信服务，它提供用户数据报协议 UDP（User Datagram Protocol）和传输控制协议 TCP（Transfer Control Protocol）两个协议。UDP 负责提供高效率的服务，用于传送少量的报文，几乎不提供可靠性措施，使用 UDP 的应用程序需自己完成可靠性操作。TCP 负责提供高可靠的数据传送服务，主要用于传送大量报文，并保证数据传输的可靠性。

以太网支持的传输介质为粗同轴电缆、细同轴电缆、双绞线、光纤等，其最大优点是简单，经济实用，易为人们所掌握，所以深受广大用户欢迎。与现场总线相比，以太网具有以下几个方面的优点。

1. 兼容性好，有广泛的技术支持

基于 TCP/IP 的以太网是一种标准的开放式网络，适用于解决控制系统中不同厂商设备的兼容和互操作的问题，不同厂商的设备很容易互联，能实现办公自动化网络与工业控制网络的信息无缝集成。以太网是目前应用最为广泛的计算机网络技术，受到广泛的技术支持。几乎所有的编程语言都支持以太网的应用开发，如 VB、Java、VC 等。采用以太网作为现场总线，可以保证多种开发工具、开发环境供选择。工业控制网络采用以太网，就可以避免其发展游离于计算机网络技术的发展主流之外，从而使工业控制网络与信息网络技术互相促进，共同发展，并保证技术上的可持续发展。

2. 易于与 Internet 连接

以太网支持几乎所有流行的网络协议，能够在任何地方通过 Internet 对企业进行监控，能便捷地访问远程系统，共享/访问多数据库。

3. 成本低廉

采用以太网能降低成本，包括技术人员的培训费用、维护费用及初期投资。由于以太网的应用最为广泛，因此受到硬件开发与生产厂商的广泛支持，具有丰富的软硬件资源，有多种硬件产品供用户选择，硬件价格也相对低廉。目前以太网网卡的价格只有现场总线的十几分之一，并且随着集成电路技术的发展，其价格还会进一步下降。人们对以太网的设计、应用等方面有很多的经验，对其技术也十分熟悉。大量的软件资源和设计经验可以显著降低系统的开发和培训费用，在技术升级方面无需单独的研究投入，从而可以显著降低系统的整体成本，并大大加快系统的开发和推广速度。

4. 可持续发展潜力大

由于以太网的广泛应用，使它的发展一直受到广泛的重视和吸引大量的技术投入。并且，在瞬息万变的信息时代，企业的生存与发展将很大程度上依赖于一个快速而有效的通信管理网络，信息技术与通信技术的发展将更加迅速，也更加成熟，保证了以太网技术的持续发展。

5. 通信速率高

目前以太网的通信速率为 10M 或 100M，1000M、10G 的快速以太网也开始应用，以太网技术也逐渐成熟，其速率比目前的现场总线快得多，以太网可以满足对带宽的更高要求。

（三）以太网应用于控制时存在的问题

传统的以太网是一种商用网络，要应用到工业控制中还存在以下问题。

1. 存在实时性差，不确定性的问题

传统的以太网采用了 CSMA/CD 的介质访问控制机制，各个节点采用 BEB（Binary Exponential Back-off）算法处理冲突，具有排队延迟不确定的缺陷，每个网络节点要通过竞争来取得信息包的发送权。通信时节点监听信道，只有发现信道空闲时，才能发送信息；如果信道忙碌则需要等待。信息开始发送后，还需要检查是否发生碰撞，信息如发生碰撞，需退出重发，因此无法保证确定的排队延迟和通信响应确定性，不能满足工业过程控制在实时性上的要求，甚至在通信繁忙时，还存在信息丢失的危险，从而限制了它在工业控制中的应用。

2. 工业可靠性问题

以太网是以办公自动化为目标设计的，并没有考虑工业现场环境的适应性需要，如超高或超低的工作温度，大电机或其他大功率设备产生的影响信道传输特性的强电磁噪声等。以太网如在车间底层应用，必须解决可靠性的问题。

3. 以太网不提供电源，必须有额外的供电电缆

工业现场控制网络不仅能传输通信信息，而且要能够为现场设备传输工作供给电源。这主要是从线缆铺设和维护方便考虑，同时总线供电还能减少线缆，降低布线成本。

4. 安全性问题

以太网由于使用了 TCP/IP 协议，因此可能会受到包括病毒、黑客的非法入侵与非法操作等网络安全威胁。没有授权的用户可能进入网络的控制层或管理层，造成安全漏洞。对此，一般可采用用户密码、数据加密、防火墙等多种安全机制加强网络的安全管理，但针对工业自动化控制网络安全问题的解决方案还需要认真研究。

5. 现存的控制网络与新建以太控制网络的集成问题

上述这些问题中，实时性、确定性及可靠性问题是长期阻碍以太网进入工业

控制领域的主要障碍。为了解决这一问题，人们提出了工业以太网的解决办法。

（四）工业以太网

一般来讲，工业以太网是专门为工业应用环境设计的标准以太网。工业以太网在技术上与商用以太网兼容，工业以太网和标准以太网的异同可以与工业控制计算机和商用计算机的异同相比。以太网要满足工业现场的需要，需达到以下几个方面的要求。

1. 适应性

包括机械特性（耐振动、耐冲击）、环境特性（工作温度要求为$-40 \sim +85℃$，并耐腐蚀、防尘、防水）、电磁环境适应性或电磁兼容性 EMC 应符合 EN50081-2、EN50082-2 标准。

2. 可靠性

由于工业控制现场环境恶劣，对工业以太网产品的可靠性也提出了更高的要求。

3. 本质安全与安全防爆技术

对应用于存在易燃、易爆与有毒等气体的工业现场的智能装备以及通信设备，都必须采取一定的防爆措施来保证工业现场的安全生产。现场设备的防爆技术包括隔爆型（如增安、气密、浇封等）和本质安全型两类。与隔爆型技术相比，本质安全技术采取抑制点火源能量作为防爆手段，可以带来以下技术和经济上的优点：结构简单、体积小、重量轻、造价低；可在带电情况下进行维护和更换；安全可靠性高；适用范围广。实现本质安全的关键技术为低功耗技术和本安防爆技术。由于目前以太网收发器本身的功耗都比较大，一般都在六七十毫安（5V 工作电源），因此低功耗的现场设备（如工业现场以太网交换机、传输媒体以及基于以太网的变送器和执行机构等）设计难以实现。因此，在目前的技术条件下，对以太网系统采用隔爆防爆的措施比较可行。另外，对于没有严格的本安要求的非危险场合，则可以不考虑复杂的防爆措施。

4. 安装方便

适应工业环境的安装要求，如采用 DIN 导轨安装。

（五）提高以太网实用性的方法

随着相关技术的发展，以太网的发展也取得了本质的飞跃，再借助于相关技术，可以从总体上提高以太网应用于工业控制中的实用性。

1. 采用交换技术

传统以太网采用共享式集线器，其结构和功能仅仅是一种多端口物理层中继器，连接到共享式集线器上的所有站点共享一个带宽，遵循 CSMA/CD 协议进行发送和接收数据。而交换式集线器可以认为是一个受控的多端口开关矩阵，各个端口之间的信息流是隔离的，在源端和交换设备的目标端之间提供了一个直接快速的点到点连接。不同端口可以形成多个数据通道，端口之间的数据输入和输出不再受 CSMA/CD 的约束。随着现代交换机技术的发展，交换机端口内部之间的传输速率比整个设备层以太网端口间的传输速率之和还要大，因而减少以太网的冲突率，并为冲突数据提供缓存。

当然，交换机的工作方式必须是存储转发方式，这样在系统中只有点对点的连接，不会出现碰撞。多个交换把整个以太网分解成许多独立的区域，以太网的数据冲突只在各自的冲突域里存在，不同域之间没有冲突，可以大大提高网络上每个站点的带宽，从而提高交换式以太网的网络性能和确定性。

交换式以太网没有更改原有的以太网协议，可直接使用普通的以太网卡，大大降低了组网的成本，并从根本上解决了以太网通信传输延迟存在不确定性的问题。研究表明，通信负荷在 10% 以下时，以太网因碰撞而引起的传输延迟几乎可以忽略不计。在工业控制网络中，传输的信息多为周期性测量和控制数据，报文小，信息量少，传输的信息长度较小。这些信息包括生产装置运行参数的测量值、控制量、开关与阀门的工作位置、报警状态、设备的资源与维护信息、系统组态、参数修改、零点与量程调校信息等。其长度一般都比较小，通常仅为几个到几十个字节，对网络传输的吞吐量要求不高。研究表明，在拥有 6000 个 I/O 的典型工业控制系统中，通信负荷为 10M 以太网的 5% 左右，即使有操作员信息传输（如设定值的改变，用户应用程序的下载等），10M 以太网的负荷也完全可以保持在 10% 以下。

2. 采用高速以太网

随着网络技术的迅速发展，先后产生了高速以太网（100M）和千兆以太网产品和国际标准，目前，10G 以太网产品也已经面世。通过提高通信速度，结合交换技术，可以大大提高通信网络的整体性能。

3. 采用全双工通信模式

交换式以太网中一个端口是一个冲突域，在半双工情况下仍不能同时发送和接收数据。如果采用全双工模式，同一条数据链路中两个站点可以在发送数据的同时接收数据，解决了这种情况下半双工存在的需要等待的问题，理论上可以使传输速率提高一倍。全双工通信技术可以使设备端口间两对双绞线（或两根光纤）同时接收和发送报文帧，从而也不再受到 CSMA/CD 的约束，这样，任一节点发送报文帧时不会再发生碰撞，冲突域也就不复存在。对于紧急事务信息，则可以根据 IEEE 802.3 p&q，应用报文优先级技术，使优先级高的报文先进入排队系统先接受服务。通过这种优先级排序，使工业现场中的紧急事务信息能够及时成功地传送到中央控制系统，以便得到及时处理。

4. 采用虚拟局域网技术

虚拟局域网（VLAN）的出现打破了传统网络的许多固有观念，使网络结构更灵活、方便。实际上，VLAN 就是一个广播域，不受地理位置的限制，可以根据部门职能、对象组和应用等因素将不同地理位置的网络用户划分为一个逻辑网段。局域网交换机的每一个端口只能标记一个 VLAN，同一个 VLAN 中的所有站点拥有一个广播域，不同 VLAN 之间广播信息是相互隔离的，这样就避免了广播风暴的产生。工业过程控制中控制层单元在数据传输实时性和安全性方面都要与普通单元区分开来，使用虚拟局域网在工业以太网的开放平台上做逻辑分割，将不同的功能层、不同的部门区分开，从而达到提高网络的整体安全性和简化网络管理的目的。通常虚拟局域网的划分方式有静态端口分配、动态虚拟网和多虚拟网端口配置三种。静态端口分配指的是网络管理人员利用网管软件或设备交换机的端口，使其直接从属某个虚拟网，这些端口将保持这样的从属性，除非网管人员重新设置；动态虚拟网指的是支持动态虚拟网的端口可以借助智能管理软件自动确定它们的从属；多虚拟网端口配置支持一个用户或一个端口同时访问多个虚拟网，这样可以将一台控制层计算机配置成多个部门可以同时访问，也可以同时访问多个虚拟网的资源。

5. 引入质量服务（QoS）

IPQoS 是指 IP 的服务质量，亦即 IP 数据流通过网络时的性能，它的目的是向用户提供端到端的服务质量保证。QoS 有一套度量指标，包括业务可用性、延迟、可变延迟、吞吐量和丢包率等。QoS 网络可以区分实时—非实时数据，在工业以太网中采用 QoS 技术，可以识别来自控制层的拥有较高优先级的数据，并对它们优先处理，在响应延迟、传输延迟、吞吐量、可靠性、传输失败率、优先级等方面，使工业以太网满足工业自动化实时控制要求。另外，QoS 网络还可以制止对网络的非法使用，譬如非法访问控制层现场控制单元和监控单元的终端等。

此外，还出现了受大公司支持的工业以太网应用标准及相关协议的改进。将工业以太网引入底层网络，不仅使现场层、控制层和管理层在垂直层面上方便集成，更能降低不同厂家设备在水平层面上的集成成本。以太网向底层网络的延伸是必然的，因此著名厂商纷纷支持工业以太网并制定了不同的工业应用标准。FF 制定的高速以太网协议 HSE 提供了发布方/定购方、对象等模型，主要用于工程控制领域，受到 Foxboro、Honeywell 等一些大公司的支持。由 Schneider 公司发布的 Modbus/TCP 协议将 Modbus 协议捆绑在 TCP 协议上，易于实施，能够实现互联。

为了提高实时性，以太网协议也作了一些改进。一种完全基于软件的协议 RETHER（Real Time Ethernet）可以在不改变以太网现有硬件的情况下确保实时性，它采用一种混合操作模式，能减少对网络中非实时数据传输性能的影响。非竞争的容许控制机制和有效的令牌传递方案能防止由于节点故障而引起的令牌丢失。遵守 RETHER 协议的网络以 CSMA 和 RETHER 两种模式运行。在实时对话期间，网络将透明地转换到 RETHER 模式，实时对话结束后又重新回到 CSMA 模式。还有一种以太网协议叫 RTCC（Real Time Communication Control），为分布式实时应用提供了良好的基础。RTCC 是加在 Ethernet 之上的一层协议，能提供高速、可靠、实时的通信。它不需要改变现有的硬件设备，采用命令/响应多路传输和总线表两种新颖的机制来分配信道。所有节点在 RTCC 协议中被分为总线控制器（BC）和远程终端（RT）两类，BC 只有一个，其余都是 RT。信息发送的发起和管理都由 BC 承担，访问仲裁过程和传输控制过程都是由 BC 来实现的，通过两个过程的集成与同步，不仅节点的发送时间是确定的，而且节点使用总线的时间也可控。在 10Mbps 以太网上的实验表明，RTCC 有令人满意的确定性。第三种改进实时性的方法是流量平衡，即在 UDP 或 TCP/IP 与 Ethernet MAC 之间加一个流量平衡器。作为它们之间的接口，它被安装在每一个网络节点上。在本地节点，它给予实时数据包以优先权来消除实时信息与非实时信息的竞争，同时平衡非实时信息，以减少与其他节点实时信息之间的冲突。为了保证非实时信息的吞吐量，流量平衡器还能根据网络的负载情况调整数据流产生率。这种方法不需要对现有的标准 Ethernet MAC 协议和 TCP 或 UDP/IP 作任何改动。

因此，针对以太网排队延迟的不确定性，通过采用适当的流量控制、交换技术、全双工通信技术、信息优先级等来提高实时性，并改进容错技术、系统设计技术以及冗余结构，以太网完全能用于工业控制网络。

随着网络和信息技术的日趋成熟，在工业通信和自动化系统中采用以太网和 TCP/IP 协议作为最主要的通信接口和手段，向网络化、标准化、开放性方向发展将是各种控制系统技术发展的主要潮流。以太网作为目前应用最广泛、成长最快的局域网技术，在工业自动化和过程控制领域得到了超乎寻常的发展。同时，基于 IP 的全程一体化寻址，为工业生产提供的标准、共享、高速的信息化通道解决方案，也必将对控制系统产生深远的影响。

第四章　电气自动化控制及其创新技术

第一节　电气自动化控制技术概述

一、电气自动化控制技术系统简析

（一）电气自动化控制技术系统的含义

电气自动化控制系统指的是不需要人为参与的一种自动控制系统，可以通过监测、控制、保护等仪器设备实现对电气设施的全方位控制。电气自动化控制系统主要包括供电系统、信号系统、自动与手动寻路系统、保护系统、制动系统等。供电系统为各类机械设备提供动力来源；信号系统主要采集、传输、处理各类信号，为各项控制操作提供依据；自动和手动寻路系统可以借助组合开关实现自动和手动的切换；保护系统通过熔断器、稳压器保护相关线路和设备；制动系统可以在发生故障或操作失误时进行制动操作，以减小损失。

（二）电气自动化控制技术系统的分类

电气自动化控制系统可以从多个角度进行分类。从系统结构角度，电气自动化控制系统可以分为闭环控制系统、开环控制系统和复合控制系统；从系统任务角度，电气自动化控制系统具体分为随动系统、调节系统和程序控制系统；从系统模型角度，电气自动化控制系统主要包括线性控制系统和非线性控制系统两种类型，还可以分为时变和非时变控制系统；从系统信号角度，电气自动化控制系统可以分为离散系统和连续系统。

（三）电气自动化控制技术系统工作的原则

电气自动化控制系统的工作过程中，不是连接单一设备，而是多个设备相互连接同时运行，并对整个运行过程进行系统性调控，同时，需要应用生产功能较完整的设备进行生产活动控制，并设置相关的控制程序，对设备的运行数据进行显示和分析，从而全面掌握系统的运行状态。电气自动化控制系统需要遵循的工作原则主要包括以下几点：

（1）具备较强抗干扰能力。由于是多种设备相互连接同时运行，不同设备之间会产生干扰，电气自动化控制系统要通过智能分析使设备提高排除异己参数的抗干扰能力。

（2）遵循一定的输入和输出原则。结合工程实际应用的特点及工作设备型号，技术人员需调整好相关的输入与输出设置，并根据输入数据对输出数据进行转化，通过工作自检避免出现响应缓慢问题，并对设定的程序进行漏洞修补，从而实现定时、定量的输入和输出。

（四）电气自动化控制技术系统的应用价值

随着科技的进步和工业的发展，电气自动化生产水平也得以提高，因此，加强系统的自动化控制尤其重要。电气自动化控制系统可以实现过程的自动化操控及机械设备的自动控制，从而降低人工操作难度，进一步提高工作效率，其应用价值主要体现在以下几点。

1. 自动控制

电气自动化控制系统的一个主要应用功能就是自动控制，例如，在工业生产中的应用，只需要输入相关的控制参数就可以实现对生产机械设备的自动控制，以缓解劳动压力。电气自动化控制系统可以实现运行线路电源的自动切断，可以根据生产和制造需要设置运行时间，实现开关的自动控制，避免人工操作出现的各种失误，极大地提高生产效率和质量。

2. 保护作用

工业生产的实际操作中，会受到各种复杂因素的影响，例如生产环境复杂、设备多样化、供电线路连接不规范等，极易造成设备和电路故障。传统的人工监测和检修难以全面掌控设备的运行状态，导致各种安全隐患问题。通过应用电气自动化控制系统，在设备出现运行故障或线路不稳定时，可以通过保护系统实现安全切断，终止运行程序，避免安全事故和经济损失，保障电气设备的安全运行。

3. 监控功能

监控功能是电气自动化控制系统应用价值的重要体现，在计算机控制技术和信息技术的支持下，技术人员可以通过应用报警系统和信号系统，对系统的运行电压、电流、功率进行限定设置，但超出规定参数时，可以通过报警装置和信号指示对整个系统进行实时监控。此外，电气自动化控制系统还可以实现远程监控，将各系统的控制计算机进行有效链接，通过识别电磁波信号，在远程电子显示器中监控相关设备的运行状态，从而实现数据的实时监测和控制。

4. 测量功能

传统的数据测量主要通过工作人员的感官进行判断，例如眼睛看、耳朵听，从而了解各项工作的相关数据。电气自动化控制系统具有对自身电气设备电压、电流等参数进行测量的功能，在应用过程中，可以对线路和设备的各种参数进行自动测量，还可以对各项测量数据进行记录和统计，为后期的各项工作提供可靠的数据参考，方便工作人员的管理。

二、电气自动化控制技术系统的特点

（一）电气自动化控制技术系统的优点

电气自动化控制技术可以完成许多人无法完成的工作。比如一些工作是需要在特殊环境下完成的，辐射、红外线、冷冻室等这些环境都是十分恶劣的，长期在恶劣的环境下工作会对人体健康产生影响，但许多环节又是需要完成的，这时候机器自动化的应用就显得尤为重要，所以工业电气自动化的应用可以给企业带来许多方便，它可以提高工作效率，减少人为因素造成的损失。

一个完整的变电站综合自动化系统除了在各个控制保护单元中存有紧急手动操作跳闸以及合闸的措施之外，别的单元所有的报警、测量、监视以及控制功能等都可以由计算机监控系统来进行。变电站不需要另外设置一些远动设备，计算机监控系统可以使得遥控、遥测、遥调以及遥信等功能与无人值班的需要得到满足。从电气自动化控制系统的设计角度而言，电气自动化控制系统具有如下优点。

1. 集中式设计

电气自动化控制系统引用集中式立柜与模块化结构，使得各控制保护功能可以集中于专门的控制与采集保护柜中，全部的报警、测量、保护以及控制等信号都在保护柜中予以处理，将其处理为数据信号之后再通过光纤总线输送到主控室中的监控计算机中。

2. 分布式设计

电气自动化控制系统主要应用分布式开放结构以及模块化方式，使得所有的控制保护功能都分布于开关柜中或者尽可能接近于控制保护柜之上的控制保护单元，全部报警、测量、保护以及控制等信号都在本地单元中予以处理，将其处理为数据信号之后再通过光纤的总线输送到主控室的监控计算机中，各个就地单元之间互相独立。

3. 简单可靠

因为在电气自动化控制系统中用多功能继电器来代替传统的继电器，能够使二次接线得以有效简化。分布式设计主要是在主控室和开关柜间进行接线，而集中式设计的接线也局限在主控室和开关柜间，因为这两种方式都在开关柜中进行接线，施工较为简单，别的接线能够在开关柜与采集保护柜中完成，操作较为简单而可靠。

4. 具有可扩展性

电气自动化控制系统的设计可以对电力用户未来对电力要求的提高、变电站规模以及变电站功能扩充等进行考虑，具有较强的可扩展性。

5. 兼容性较好

电气自动化控制系统主要是由标准化的软件以及硬件所构成，而且配备标准的就地I/O接口与穿行通信接口，电力用户能够根据自己的具体需求予以灵活配置，而且系统中的各种软件也非常容易与当前计算机的快速发展相适应。

电气自动化控制技术的快速发展与它自身的特点也是密切相关的，例如每个自动化控制系统都有其特定的控制系统数据信息，通过软件程序连接每一个应用设备，对于不同设备有不同的地址代码，一个操作指令对应一个设备，当发出操作指令时，操作指令会即刻到达所对应设备的地址，这种指令的传达快速且准确，既保证了即时性，又保证了精确性。与工人人工操作相比，这种操作模式对于发生操作错误的概率会更低，自动化控制技术的应用保证了生产操作快速高效的完成。除此之外，相对于热机设备来说，电气自动化控制技术的控制对象少、信息量小，操作频率相对较低，且快速、高效、准确。同时，为了保护电气自动化控制系统，使得其更稳定、数据更精确，系统中连带的电气设备均有较高的自动保护装置，这种装置对于一般的干扰均可降低或消除，且反应能力迅速，电气自动化系统的大多设备有连锁保护装置，这一系列的措施可以满足有效控制的要求。

（二）电气自动化控制技术系统的功能

电气自动化控制技术系统具有非常多的功能，基于电气控制技术的特点，电气自动化控制技术系统要实现对发电机—变压器组等电气系统断路器的有效控制，电气自动化控制技术系统必须具有以下基本功能：发电机—变压器组出口隔离开关及断路器的有效控制和操作；发电机—变压器组、励磁变压器、高变保护控制；发电机励磁系统励磁操作、灭磁操作、增减磁操作、稳定器投退、控制方式切换；开关自动、手动同期并网；高压电源监测和操作及切换装置的监视、启动、投退等；低压电源监视和操作及自动装置控制；高压变压器控制及操作；发电机组控制及操作；LPS、直流系统监视；等等。

电气自动化控制系统中的控制回路主要是确保主回路线路运行的安全性与稳定性。控制回路设备的功能主要包括：

1. 自动控制功能

就电气自动化控制系统而言，在设备出现问题的时候，需要通过开关及时切断电路从而有效避免安全事故的发生，因此，具备自动控制功能的电气操作设备是电气自动化控制系统的必要设备。

2. 监视功能

在电气自动化控制系统中，自变量电势是最重要的，其通过肉眼是无法看到的。机器设备断电与否，一般从外表是不能分辨出来的，这就必须借助传感器中的各项功能，对各项视听信号予以监控，从而实时监控整个系统的各种变化。

3. 保护功能

在运行过程中，电气设备经常会发生一些难以预料的故障，功率、电压以及电流等会超出线路及设备所许可的工作限度与范围，因此，这就要求具备一套可以对这些故障信号进行监测并且对线路与设备予以自动处理的保护设备，而电气自动化控制系统中的控制回路设备就具备这一功能。

4. 测量功能

视听信号只可以对系统中各设备的工作状态予以定性的表示，而电气设备的具体工作状况还需要通过专业设备对线路的各参数进行测量才能够得出。

三、电气自动化控制技术系统的设计

（一）电气自动化控制系统的作用

在企业进行工业生产时，利用电气自动化控制技术可以对生产工艺实现自动化控制。新时期的电气自动化控制技术，使用的是分布式控制系统，能在工业生产过程中，有效地进行集中控制。而且电气自动化控制技术还可以进行自我保护，当控制系统出现问题时，系统会自动进行检测，然后分析系统出现故障的原因，确定故障位置，并立刻中断电源，使故障设备无法继续工作。这样可以有效避免因为个别设备出现问题，而影响产品质量的情况出现，从而降低企业因为个别故障设备而造成的成本损失。所以，企业利用电气自动化控制技术来进行生产时，可以提高整个生产工艺的安全性，从某种程度上降低企业的成本。而且，现在大部分企业中应用的电气自动化控制系统都可以实现远程监控，企业可以通过电气自动化控制技术，来远程监控生产工艺中不同设备的运行状况。假如某个环节出现故障，控制中心就会以声光的形式发出警告，通过电气自动化控制的远程监控功能，减少个别故障设备所造成的损失，并且当故障出现时，可以尽快被相关工作人员察觉，从而避免损失的扩大。

现在，在企业中应用的电气自动化控制系统还可以在工作过程中分析生产过程中涉及设备工作情况，将设备的实际数据与预设数据比较，当某些设备出现异常时，电气自动化控制系统可以对设备进行调节，因此企业采用电气自动化控制技术能提高生产线的稳定性。

（二）电气自动化控制技术系统的设计理念

目前，电气自动化控制系统有三种监控方式，分别是现场总线监控、远程监控与集中监控。这三种方案依次可实现远程监测、集中监测与针对总线的监测。

集中监控的设计尤为简单，要求防护较低的交流措施，只用一个触发器进行集中处理，可以方便维护程序，但是对于处理器来说较大的工作量会降低其处理速度，如果全部的电气设备都要进行监控就会降低主机的效率，投资也因电缆数量的增多而有所增加。还有一些系统会受到长电缆的干扰，如果生硬地连接断路器也会无法正确地连接到辅助点，给相应人员的查找带来很大的困难，一些无法控制的失误也会产生。远程监控方式同样有利有弊，电气设备较大的通信量会降低各地通信的速度。它的优点也有很多，比如灵活的工作组态、节约费用和材料，并且相对来说可靠性更高。但是总体来说，远程监控这一方式没有很好地体现出来电气自动化控制技术的特点，经过一系列的试验和实地考察，现场总线监控结合了其余两种设计方式的优点，并且对其存在的缺点进行有效改良，成为最有保障的一种设计方式，电气自动化控制系统的设计理念也随之形成。设计理念在设计过程中的体现主要有以下几个方面：

（1）电气自动化控制技术实行集中检测时，可以实现一个处理器对整个控制的处理，简单灵活的方式极大地方便了运行和维护。

（2）电气自动化控制技术远程监测时，可以稳定地采集和传输信号，及时反馈现场情况，依据具体情况来修正控制信号。

（3）电气自动化控制技术在监测总线时，集中实现控制功能，从而实现高效的监控。从电气自动化控制技术的整体框架来说，在许多实际应用中都体现出电气自动化控制技术系统设计理念，也获得了许多的成绩，所以进行电气自动化控制技术设计时，可以依据自身情况选择合理的设计方案。

（三）电气自动化控制技术系统的设计流程

在机电一体化产品中，电气自动化控制系统具有非常重要的作用，其就相当于人类的大脑，用来对信息进行处理与控制。所以，在进行电气自动化控制系统的设计时一定要遵循相应的流程。依照控制的相关要求将电气自动化控制系统的设计方案确定下来，然后将控制算法确定下来，并且选择适当的微型计算机，制定出电气自动化控制系统的总体设计内容，最后开展软件与硬件的设计。在设计时一定要从实际出发，综合考虑集中监测方式、现场总路线监控方式以及远程监控方式，唯有如此，才能将与相关要求相符的控制系统建立起来。

（四）电气自动化控制技术系统的设计方法

在当前电气自动化控制系统中应用的主要设计思想有三种，分别是集中监控方式、远程监控方式以及现场总线监控方式，这三种设计思想各有其特点，其具体选用应该根据具体条件而定。

使用集中监控的自动化控制系统时，中央处理器会分析生产过程中所产生的数据并进行处理，可以很好地控制具体的生产设备。同时，集中监控控制系统设计起来比较简单，维护性较强。不过，因为集中监控的设计方式会将生产设备的所有数据都汇总到中央处理器，中央处理器需要处理分析很多数据，因此电气自动化控制系统运行效率较低，出现错误的概率也相对较高。采用远程监控设计方式设计而成的电气自动化控制系统，相对灵活，成本有所降低，还能给企业带来很好的管理效果。远程监控电气自动化控制系统在工作过程中，需要传输大量信息，现场总线长期处于高负荷状态，因此应用范围比较小。以现场总线监控为基础设计出的监控系统应用了以太网与现场总线技术，既有很强的可维护性，也更加灵活，应用范围更广。现场总线监控电气自动化控制系统的出现，极大地促进了我国电气自动化控制系统智能化的发展。工业生产企业往往会根据实际需要，在这三种监控设计方式之中选取一种。

1. 现场总线监控

随着经济社会的发展、科学技术的进步，智能化电气设备有了较快的发展，计算机网络技术已经普遍应用在变电站综合自动化系统中，也积累了丰富的运行经验。这些都为网络控制系统应用于电力企业电气系统奠定了良好的基础。现场总线以及以太网等计算机网络技术已经在变电站综合自动化系统中得以较为广泛的应用，而且已经积累了较为丰富的运行经验，同时智能化电气设备也取得了一定的发展，这些都给在发电厂电气系统中网络控制系统的应用奠定了重要的基础。在电气自动化控制系统中，现场总线监控方式的应用可以使得系统设计的针对性更强，由于不同的间隔，其所具备的功能也有所不同，因此能够依照间距的具体情况来展开具体的设计。现场总线监控方式不但具备远程监控方式所具备的一切优点，同时还能够大大减少模拟量变送器、I/O卡件、端子柜以及隔离设备等，智能设备就地安装并且通过通信线和监控系统实现连接，能够省下许多的控制电缆，大大减小了安装维护的工作量以及投入资金，进而使得所需成本得以有效降低。除此之外，各装置的功能较为独立，装置间仅仅经由网络来予以连接，网络的组态较为灵活，这就使得整个系统具有较高的可靠性，每个装置的故障都只会对其相应的元件造成影响，而不会使系统发生瘫痪。所以，在未来的发电厂计算机监控系统中，现场总线监控方式必然会得到较为广泛的应用。

2. 远程监控

最早研发的自动化系统主要是远程控制装置，主要采用模拟电路，由电话继电器、电子管等分立元件组成。这一阶段的自动控制系统不涉及软件。主要由硬件来完成数据收集和判断，无法完成自动控制和远程调解。它们对提高变电站的自动化水平，保证系统安全运行，发挥了一定的作用，但是由于这些装置相互之间独立运行，没有故障诊断能力，在运行中若自身出现故障，不能提供告警信息，有的甚至会影响电网安全。远程监控方式具有节约大量电缆、节省安装费用、节约材料、可靠性高、组态灵活等优点。由于各种现场总线（如 Lonworks 总线、CAN 总线等）的通信速度不是很高，而电厂电气部分通信量相对又较大，这种方式只适应于小系统监控，而不适应于全厂的电气自动化系统的构建。

3. 集中监控

集中监控方式主要在于运行维护便捷，系统设计容易，控制站的防护要求不高。但基于此方法的特点是将系统各个功能集中到一个处理器进行处理，处理任务繁重致使处理速度受到影响。此外，电气设备全部进入监控，会随着监控对象的大量增加导致主机冗余的下降，电缆增加，成本加大，长距离电缆引入的干扰也会影响到系统的可靠性。同时，隔离刀闸的操作闭锁和断路器的连锁采用硬接线，通常因隔离刀闸的辅助接点经常不到位，造成设备无法操作，这种接线的二次接线复杂，查线不方便，增加了维护量，并存在因为查线或传动过程中由于接线复杂造成误操作的可能。

电气自动化控制系统的设计思想一定要将各环节中的优势予以较好的把握，并且使其充分地发挥出来，与此同时，在电气自动化控制系统的设计过程中一定要坚持与实际的生产要求相符，切实确保电气行业的健康可持续发展。在电气自动化控制系统的不断探索中，需要相关工作人员认识当前存在的不足，并且通过不断学习新技术、新方法等，不断提高自己，从而不断推动我国电气自动化控制系统的发展。

四 、电气自动化控制设备可靠性测试与分析

（一） 加强电气自动化控制设备可靠性研究的重要意义

伴随着电气自动化的提高，控制设备的可靠性问题变得非常突出。电气自动化程度是一个国家电子行业发展水平的重要标志，同时自动化技术又是经济运行必不可少的技术手段。电气自动化具有提高工作的可靠性、提高运行的经济性、保证电能质量、提高劳动生产率、改善劳动条件等作用。

电气自动化控制设备的可靠性对企业的生产有着直接的影响。所以在实际使用过程中，作为专业技术人员，必须切实加强对其可靠性的研究，结合影响因素，采取针对性的措施，不断强化其可靠性。

1. 可靠性可以增加市场份额

随着国家经济的高速发展，人们对于产品的要求越来越高，用户不仅要求产品性能好，更重要的是要求产品的可靠性水平高。随着电气自动化控制设备自动化程度、复杂度越来越高，可靠性技术已成为企业在竞争中获取市场份额的有力工具。

2. 可靠性可以提高产品质量

产品质量就是使产品能够实现其价值、满足明示要求的技术和特点。只有可靠性高，发生故障的次数才会少，维修费用随之减少，相应的安全性也随之提高。因此，产品的可靠性是非常重要的，是产品质量的核心，是每个生产厂家倾其一生追求的目标。

3. 可靠性有助于降低企业生产成本

企业经济效益的高低源自自身成本控制的情况，而在企业生产中，如果电气自动化控制设备的可靠性不足，势必带来维修成本的提升，因而只有加强维护和保管，促进其可靠性的提升，才能更好地实现生产和降低成本的目标。

（二） 影响电气自动化控制设备可靠性的因素

1. 内在因素

内在因素主要是指电气自动化控制设备本身的元件质量较为低下，难以在恶

劣的环境下高效运行，同时也难以抗击电磁波的干扰。这主要是因为生产企业在生产过程中偷工减料，为了降低成本而降低其生产工艺质量，导致电气自动化控制设备元件自身的可靠性和质量下降，加上很多电气自动化控制设备需要在恶劣环境下运行这就会导致可靠性降低，而电磁波干扰又难以避免，所以会影响其正常的运行。

2. 外在因素

外在因素主要是指人为因素，在电气自动化控制设备使用和管理工作中，工作人员没有认真履行自身的职责，导致电气自动化控制设备长期处于高负荷的运行状态，设备出现故障后难以得到及时修复，加上部分操作人员在实际操作中难以按照规范进行操作，导致其性能难以高效地发挥。

（三）可靠性测试的主要方法

国家电控配电设备质量监督检验中心提供了对电气自动化控制设备进行可靠性测试的方法，在实践中比较常用的主要有以下三种：

1. 实验室测试法

此种测试方法是通过可靠性模拟进行测试，利用符合规定的可控工作条件及环境对设备运行现场使用条件进行模拟，以最接近设备运行现场所遇到的环境应力对设备进行检测，统计时间及失效总数等相关数据，从而得出被检测设备可靠性指标。这是一种模拟可靠性试验。这种实验方法易于控制所得数据，并且得到的数据质量较高，实验结果可以再现、分析。但是受实验条件的限制很难与真实情况相对应，同时费用很高，且这种实验一般都需要较多的试品，所以还要考虑到被试产品的生产批量与成本因素。因此这种实验方法比较适用于生产大批量的产品。

2. 现场测试法

这种方法是通过对设备在使用现场进行的可靠性测试记录各种可靠性数据，然后根据数理统计方法得出设备可靠性指标。该方法的优点是实验需要的设备比较少，工作环境真实，其测试所得到的数据能够真实反映产品在实际使用情况下的可靠性、维护性等参数，且需要的直接费用少，受试设备可以正常工作使用。不利之处是不能在受控的条件下进行试验、外界影响因素繁杂，有很多不可控因素，实验条件的再现性比实验室的再现性差。

电气自动化控制设备可靠性现场测试法具体又包含三种类型：

（1）可靠性在线测试，即在被测试设备正常运行过程当中进行测试；

（2）停机测试，即在被测试设备停止运行时进行测试；

（3）脱机测试，需要从设备运行现场将待检测部件取出，安装到专业检测设备当中进行可靠性测试。

单纯从测试技术方面分析，后两种测试方法相对简单，但如果系统较为复杂，一般只有设备保持运行状态时才可以定位出现故障的准确位置，故只能选择在线测试。在实践中，进行现场测试时具体选择哪种类型的测试，要看故障的具体情况以及是否可以实现立即停机。

电气自动化控制设备可靠性现场测试法与实验室测试法相比较，不同之处主要体现在以下两点：第一，现场测试法安装及连接待测试设备的难度较大，主要原因在于，线路板已经被封闭在机箱当中，这就导致测试信号难以引进，即便是在设备外壳处预留了测试插座，也需要较长的测试信号线，在进行电气自动化控制设备可靠性现场测试时，无法使用以往的在线仿真器。第二，由于进行设备可靠性现场测试通常不具备实验室的测试设备和仪器，这就对现场测试手段及方法提出更高要求。

3. 保证实验法

所谓保证实验法，就是通常谈到的"烤机"，具体指的是在产品出厂前，在规定的条件下对产品所实施的无故障工作试验。通常情况下，作为研究对象的电气自动化控制设备都有着数量较多的元器件，其故障模式显示方式并非以某几类故障为主，而是具有一定的随机性，并且故障表现形式多样，所以，其故障服从于指数分布，换句话说，其失效率是随着时间的变化而变化的。产品在出厂之前在实验室所进行的"烤机"，从本质上讲，就是测试和检测产品早期失效情况，通过对产品进行不断的改进和完善，以确保所出厂的产品的失效率均符合相关指标的要求。实施电气自动化可靠性保证实验所花费的时间较长，因此，如果产品是大批量生产，这种可靠性检测方法只能应用于产品的样本，如果产品的生产量不大，则可以将此种保证实验测试法应用在所有产品上。电气自动化设备可靠性保证实验主要适用范围是电路相对复杂、对可靠性要求较高并且数量不大的电气自动化控制设备。

（四）电气自动化控制设备可靠性测试方法的确定

确定电气自动化控制设备可靠性测试方法，需要对实验场所、实验环境、实验产品以及实验程序等因素进行全面的考察和分析。

1. 实验场所的确定

电气自动化设备可靠性测试实验场所的选择，需要结合设备可靠性测试的具体目标来进行。如果待测试的电气自动化控制设备的可靠性高于某一特定指标，就需要选取最为严酷的实验场所进行可靠性测试；如果只是测试电气自动化控制设备在正常使用状况下的可靠性，就需要选取最具代表性的工作环境作为开展测试实验的场所；如果进行测试的目的只是获取准确的可比性数据资料，在进行实验场所选择时需要重点考虑与设备实际运行相同或相近的场所。

2. 实验环境的选取

对于电气自动化控制设备而言，不同的产品类型所对应的工况也有所不同，因此在进行电气自动化控制设备可靠性测试时，选取非恶劣实验环境，这样被测试的电气自动化控制设备将处于一般性应力之下，由此所得到的设备自控可靠性结果更加客观和准确。

3. 实验产品的选择

在选择电气自动化控制设备可靠性测试实验产品时，要注意挑选比较具有代表性、具有典型特点的产品。所涉及的产品的种类较多，例如造纸、化工、矿井以及纺织等方面的机械电控设备等。从实验产品规模上分析，主要包括大型设备以及中小型设备；从实验设备的工作运行状况来分析，可以分为连续运行设备以及间断运行设备。

4. 实验程序

开展电气自动化控制设备可靠性实验需要由专业的现场实验技术人员严格按照统一的实验程序操作，主要涉及测试实验开始及结束时间、确定适当的时间间隔、收集实验数据、记录并确定自控设备可靠性相关指标、相应的保障措施以及出现意外状况的应对措施等方面的规范。只有严格依据规范进行自控设备可靠性实验操作，才可以确保通过实验获取的相关数据的可靠性及准确性。

5. 实验组织工作

开展电气自动化控制设备可靠性测试实验最为重要的内容就是实验组织工作，必须组建一个高效、合理且严谨的实验组织机构，主要负责确定实施自控设备可靠性实验的主要参与人员，协调相关工作、对实验场所进行管理，组织相关实验活动，收集并整理实验数据，分析实验结果，对实验所得到的数据进行全面深入分析，并在此基础上得出实验结论。除此之外，实验组织机构还需要负责组织协调实验现场工程师、设备制造工程师以及可靠性设计工程师相互之间的关系与工作。

（五）提高控制设备可靠性的对策

要提高电气自动化控制设备的可靠性，必须掌握控制设备的特殊性能，并采用相应的可靠性设计方法，从元器件的正确选择与使用、散热防护、气候防护等方面入手，使系统可靠性指标大大提高。

1. 从生产角度来说，设备中的零部件、元器件，其品种和规格应尽可能少，应该尽量使用由专业厂家生产的通用零部件或产品。在满足产品性能指标的前提下，其精度等级应尽可能低，装配也应简易化，尽量不搞选配和修配，力求减少装配工人的体力消耗，便于厂家自动进行流水作业。

2. 电子元器件的选用规则。根据电路性能的要求和工作环境的条件选用合适的元器件。元器件的技术条件、性能参数、质量等级等均应满足设备工作和环境的要求，并留有足够的余量；对关键元器件要进行用户对生产方的质量认定；仔细分析比较同类元器件在品种、规格、型号和制造厂商之间的差异，择优选择。要注意统计在使用过程中元器件所表现出来的性能与可靠性方面的数据，作为以后选用的依据。

3. 电子设备的气候防护。潮湿、盐雾、霉菌以及气压、污染气体对电子设备影响很大，其中潮湿的影响是最主要的。特别是在低温高湿条件下，空气湿度达到饱和时会使机内元器件、印制电路板上色和凝露，使电性能下降，故障发生率上升。

4. 在控制设备设计阶段，首先，研究产品与零部件技术条件，分析产品设计参数，研讨和保证产品性能和使用条件，正确制定设计方案；其次，根据产量设定产品结构形式和产品类型。全面构思、周密设计产品的结构，使产品具有良好的操作维修性能和使用性能，以降低设备的维修费用和使用费用。

5. 控制设备的散热防护。温度是影响电子设备可靠性最广泛的一个因素。电子设备工作时，其功率损失一般都以热能形式散发出来，尤其是一些耗散功率较大的元器件，如电子管、变压管、大功率晶体管、大功率电阻等。另外，当环境温度较高时，设备工作时产生的热能难以散发出去，将使设备温度升高。

综上所述，保证电气设备的可靠性是一个复杂的涉及广泛知识领域的系统工程。只有在设计上给予充分的重视，采取各种技术措施，同时，在使用过程中按照流程操作、及时保养，才会有满意的结果。

五、电气自动化控制技术系统的应用

（一）电气自动化控制系统在工业生产中的应用

从我国工业生产的发展现状来看，传统的机械设备已经逐渐被电气自动化设备取代，电气自动化设备不仅能够为工业生产节省大量的劳动力，还能提高工业生产的效率，给生产企业带来很大效益，保证生产企业的稳定发展。

（二）电气自动化控制系统在农业生产中的应用

电气自动化控制系统也被广泛地应用到了农业生产中。电气自动化控制系统在很大程度上加快了农业生产机械化的进程，提高了粮食产量，减少了粮食的浪费。电气自动化技术提高了农业机械装备的可操作性，比如谷物干燥机和施肥播种机的电气自动化应用技术。

（三）电气自动化控制系统在服务行业中的应用

近年来，随着物质生活水平的不断提高，人们对服务业的要求越来越高。在日常生活中，电子产品被越来越多的人群所使用，电子产品中也广泛应用了电气自动化控制技术，比如手机、电脑、跑步机、电梯等，这些电子产品给人们带来了很大的便利。再如，在自动取款机上也使用了电气自动化控制技术，有效地提高了银行的服务效率。

（四）电气自动化控制系统在电网系统中的应用

电气自动化控制技术也被广泛地应用到了电网系统中。电气自动化控制系统在电网系统中的应用主要指的就是通过计算机网络系统、服务器等来实现电网调度自动化控制的目的。在具体的电网系统中，通过电网的调动自动化技术，能够实现对相关数据的采集和整理，从而分析出电网的运行状态，最后，对电网系统做出整体的评价。

（五）电气自动化控制系统在公路交通中的应用

随着我国交通行业的快速发展，电气自动化控制系统被广泛地应用到了公路交通中。人们物质生活水平越来越高，私家车的拥有量也变得越来越多，这对私家车的技术提出了更高的要求。很多汽车厂家都在使用自动化控制技术。除此之外，电子警察、交通灯系统也在使用电气自动化控制技术。

六、电气自动化控制系统的发展趋势

随着经济社会的发展、信息技术的进步以及网络技术的进一步发展，计算机在未来电气工程发展中的作用日益突出。当前 IEC 61131 已经变成了重要的国际化标准，广泛地被各大电气自动化控制系统厂商所采纳。与此同时，Internet 技术、以太网以及服务器体系结构等引发了电气自动化的一场场革命。由于市场需求的不断增大，使得自动化与 IT 平台不断融合，电子商务也不断普及，这又促使这一融合不断加快。在当前信息时代，多媒体技术以及 Internet 技术在自动化领域中具有非常广泛的应用前景。电气企业的管理人员可以通过标准化的浏览器来存取企业中重要的管理数据，也可监控生产过程中的动态画面，从而及时地了解准确而全面的生产信息。除此之外，视频处理技术以及虚拟现实技术的应用对将来的电气自动化产品，比如设备维护系统以及人机界面的设计产生非常重要的影响。这就使得相应的通信能力、软件结构以及组态环境的重要性日益突出，电气自动化控制系统中软件的重要性也逐渐提高。电气自动化控制系统将从过去单一的设备逐渐朝着集成的系统方向转变。

（一）注重开放化发展

在电气自动化控制系统研究中，相关研究人员应该注重开放化发展。随着计算机技术水平的不断发展，相关研究人员都把电气自动化与计算机技术有效地结合在一起，促进了计算机软件的不断开发，使得电气自动化控制技术朝着集成化方向发展。与此同时，随着我国企业运营管理自动化的不断发展，ERP 系统集成管理理念引起了广泛的关注。ERP 系统集成管理主要指的就是把所有的控制系统和电气控制系统互相连接起来，从而实现对系统信息数据的有效收集和整理。

（二）加快智能化发展

电气自动化控制系统的广泛应用，给人们的生活和工作带来了很大的便利。随着以太网传输速率的提高，电气自动化控制系统面临着更大的挑战和机遇。因此，为了保证电气自动化控制系统的可持续发展，相关研究人员应该重视电气自动化控制系统的研究，加快智能化发展，从而满足目前市场的发展需求。与此同时，现在很多 PLC 生产厂家都在研究和开发故障检测智能模块，这在一定程度上减少了设备故障发生的概率，提高了系统的可靠性和安全性。总之，很多自动化控制厂商也都开始认识到了自动化控制技术的重要性，从而促进了电气自动化控制向着智能化的方向发展，为我国社会经济的不断发展奠定了坚实的基础。

（三）加强安全化发展

对于电气自动化控制系统来说，安全控制是其中应该重点研究的方向。为了保证电气用户能够在安全的情况下进行产品生产，相关的研究人员应该重点加强安全与非安全系统控制的一体化集成，尽量减少成本，从而保证电气自动化控制系统的安全运行。除此之外，从我国电气自动化控制系统的发展现状来看，系统安全已经逐步从安全级别需求最大的领域向其他危险级别较低的领域转变，同时，相关技术研究人员也应该重视电气自动化控制系统的网络设施发展，将硬件设备向软件设备方向发展，提高网络技术水平，从而保证网络的安全性和稳定性。

（四）实现通用化发展

目前，电气自动化控制系统也正在朝着通用化的方向发展。为了真正实现自动化系统的通用化，应该对自动化产品进行科学的设计、适当的调试，并不断提高对电气自动化产品的日常维护水平，从而满足客户的需求。除此之外，很多电气自动化控制系统普遍在使用标准化的接口，这样做的目的是保证办公室和自动化系统资源数据的共享，摒弃以往电气接口的独立性，实现通用化，从而为用户带来更大的便利。

OPC 技术的出现、IEC 61131 的颁布，以及 Windows 平台的广泛应用，使得未来的电气技术的结合，计算机日益发挥着不可替代的作用。市场的需求驱动着自动化和 IT 平台的融合，电子商务的普及将加速这一过程。电气自动化控制系统的高度智能化和集成化，决定了研发制造人员技术专业性要强；同时，也对电气自动化控制系统相关岗位的操作人员有专业性的要求。对岗位的操作人员培训尤其需要加强。对于电气自动化控制系统这一现代化技术装备，在进行安装的过程中就应该安排岗位人员进行培训，让他们在安装过程中熟悉整个系统的流程，加深技术人员对于自动化系统的认知。特别是对于从未接触过这一新设备、新技术的企业和人员，显得更为重要。并且企业应该注重对员工的技术操作水平的提升，让技术员工必须掌握操作系统硬件、软件的相关实际技术要点和保养维修知识，避免人为降低系统工程的安全性与可靠性。

第二节　电气自动化控制的创新技术与应用

一、变电站综合自动化监控运维一体化与优化方案

（一）变电站综合自动化安全监控与运维一体化的意义

电网作为经济社会发展重要的基础设施，是实现能源转化和电力输送的物理平台，同时，也是实现大范围资源优化配置、促进市场竞争的重要载体。智能电网是借助一次设备与二次设备的智能控制技术、变电站的自动化技术、远程调度自动化系统等相关技术，进而实现电力系统的智能化。目前，我国在智能变电站中已建立网络化、信息化、数字化的综合自动化平台，从而确保智能变电站的安全运行。变电站综合自动化系统是智能变电站的重要组成部分，也是智能电网的核心和重要技术。促使变电站综合自动化系统朝着安全监控与运维一体化方向发展，一方面能及时发现潜在的安全威胁并发出告警，在故障发生前采取相应运维，防止综合自动化系统的基础设施损坏；另一方面在故障发生后，能快速帮助运维部门找到故障源、追踪故障原因、制定运维方案，从而减少经济损失。因此，开展变电站综合自动化系统安全监控与运维一体化的研究具有重要意义。

1. 提高整个智能电网的安全性和可靠性。安全监控与运维一体化可以实现在监控中进行运维，在运维过程中进行实时监控。这样就解决了传统监控系统中无法运维的情况，也解决了需要进行倒闸操作才能进行运维的传统运维弊端，真正提高电网整体的安全性和可靠性。

2. 带来了极大的经济效益。首先，一体化的发展针对整个变电站进行实时监控与及时运维，延长了一次设备的使用寿命，极大地节约了电网公司的财力及物力；其次，一体化发展简化故障上报的程序，通过自动化系统进行判定故障并维修，提高了工作效率；最后，一体化发展实现的自动运维可避免由于操作人员误入带电层所带来的隐患，保障了运维人员的安全。

因此，变电站综合自动化安全监控与运维的发展在整个智能电网的搭建和发展历程中至关重要。一体化发展有广阔的发展前景，能有效减少智能电网的压力，减少电网故障率，降低风险，使智能电网更加平稳、安全地运行。

（二）远程监控系统在无人值守变电站中的应用

进入 21 世纪以来，电力系统正向高参数、大容量、超高压快速发展。随着电力体制改革的逐渐深入和电力系统规模的不断扩大，无人值守变电站已经成为电力行业发展的迫切需要。对于无人值守变电站，为了及时了解现场的工作情况，就需要远程监控系统，使之能够对变电站的关键控制区域以及变电站四周进行监控，可方便监视和控制变电站内各种设备的运行和操作，对现场发生的异常情况自动报警，以便远端值班中心操作人员及时发现和解决故障，主要完成对变电站环境空间的安全防范监控及对必要的生产设备实现可视化管理。

电力系统引入远程监控系统可以方便监视和记录变电站的环境状况以及设备的运行情况，监测电力设备的发热程度，及时发现、处理事故情况，有助于提高电力系统自动化的安全性和可靠性，并提供事后分析事故的有关图像资料，具有功能综合化、结构微机化、操作监视屏幕化、运行管理智能化的显著特点。

1. 视频监控发展历程

视频监控系统的发展大致经历了三个阶段。

（1）模拟监控方法。在 20 世纪 90 年代以前，主要是以模拟设备为主的闭路电视监控系统，采用录像机将现场情况录下来备查。录像机录下来的图像，存在清晰度不足、查询麻烦和录像带保存不便等问题，所以这种方法的使用已经越来越少。而对于较早的远程监控，存在数据量大、网络传输极其困难、需要专用线路设备、视频信号质量差、对监控系统要求高等不便。

（2）数字化本地视频监控系统。20 世纪 90 年代中期，随着计算机处理能力的提高和视频技术的发展，人们利用计算机的高速数据处理能力进行视频的采集和处理，利用显示器的高分辨率实现图像的多画面显示，从而大大提高了图像质量。这种基于 PC 机的多媒体主控台系统称为数字化本地视频监控系统，存在数据量大、网络传输困难、视频信号质量差、对监控系统要求高等不便，且只能在局域网中工作，无法很好地满足远程监控的需要。

（3）远程视频监控系统。20 世纪 90 年代末，随着网络带宽、计算机处理能力和存储容量的快速提高，以及各种实用视频处理技术的出现，视频监控步入了全数字化的网络时代，称为远程视频监控系统。新一代的远程监控系统是分布式的，采用基于 IP、LAN 形式的利用公共网络传输的视频监控系统，以网络为依托，以数字视频的压缩、传输、存储和播放为核心，以智能实用的图像分析为特色，引发了视频监控行业的技术革命。这样的监控系统既是计算机技术迅猛发展的产物，又是现代高科技的结晶，是图像处理和信息技术的完美结合，并且它和 Internet 相结合的形式非常利于客户端的智能操作。

2. 远程监控系统组成及基本原理

（1）系统组成。远程监控系统分为前端（现场）设备、通信设备和后端设备三大部分。前端设备主要包括视频服务器和其他相关设备。视频服务器负责将视频数字化，通过视频编码对图像进行压缩编码，再将压缩后的视频、报警等数据复合后通过信道经视频服务器发送到监控接收主机，也可将音频数据进行编码，复合在一起传输，同时实现声音通信。接收来自监控中心控制主机的控制信号，实现云台、镜头和灯光等控制，以及进行报警的布防和撤防。通信设备是指所采用的传输信道和相关设备。后端设备主要包括视频监控服务器和若干监控主机。视频监控服务器接收前端视频服务器发送过来的压缩视频与其他报警、温度信息，进而转发到相应的监控主机中；监控主机可以通过得到的监控信息，发送控制指令。监控主机可由多个用户同时进行监控，每个用户可同时监控多个监控主机，具有很大的灵活性。视频监控服务器除转发视频、音频数据外，还能完成对各个监控系统的管理，如优先权、用户权限、日志、监控协调、报警记录等。

（2）基本原理。远程监控系统的核心是利用数字图像压缩技术实现视（音）

频通信，视（音）频信号为了在数字信道上传输，必须先经过如下四步。

①数字化，即通过采样和量化，将来自摄像机的模拟视频信号转化为数字信号。

②数字图像压缩编码。由于数字化后的图像数据量非常庞大，必须进行压缩编码，才能在目前的信道上传输。

③数据复合，即将压缩后的图像码流与其他如音频（也经过了压缩）、报警、控制等数据进行复合，并加入纠错编码，形成统一的数据流。

④信道接口，是用于将数据发送到通信网的接口设备。在接收端是一个逆过程，但经解压缩后的图像数据可直接显示在计算机屏幕上，或经复合后在电视监视器显示。

3. 远程监控关键技术

（1）编码技术。要想实现远程监控，需要对视频模拟信号进行数字化和压缩，视频信号的压缩就是从时域、空域两方面去除冗余信息的。目前，在众多视频编码算法中，影响最大并被广泛应用的算法是 MPEG 和 H.26x。考虑到技术的先进性和成熟性，在变电站遥视系统中采用 MPEG-4 压缩编码。

（2）传输技术。数字化视频可以在计算机网络（局域网或广域网）上传输图像数据，基本上不受距离限制，信号不易受干扰，可大幅提高图像品质和稳定性，保证视频数据的实时性和同步性。

4. 基本功能

远程监控系统作为变电站实行无人值守管理的一种必要手段，可以保障变电站安全稳定地运行，监控中心值守人员可以借助该系统实现对变电站的有效监控，及时发现变电站运行过程中的各种安全隐患。其基本功能主要有以下方面。

（1）报警功能。变电站远程图像监控系统所要承担的主要任务之一是从安全防范的角度，保障变电站空间范围内建筑、设备的安全以及防盗、防火等。系统可配置各种安防报警装置安装在变电站围墙、大门、建筑物门窗等处，重点部位可使用摄像机进行 24 小时不间断视频监控，以保障变电站周边环境安全。系统也可安装各种消防报警装置，将报警信号直接输入前端主机。由于电力系统设备过热是一个不容忽视的现象，因此对重要节点、接头应能自动进行超温检测和报警，即具有超温检测功能，系统可配置金属热感探测器或红外测温装置。一旦出现警情，系统就会自动切换到相应摄像机，监控子站主机同时将报警信号上传至监控中心，监控中心的监控终端上显示报警点画面并有告警声提醒值班人员，同时启动数字录像。一旦有摄像机出现故障或被窃，引起视频信号丢失就会引起报警。对设定的视频报警区，一旦有运动目标进入或图像发生变化也会引起报警。

（2）管理功能。远程图像监控系统能自动管理，具有自诊断功能，能对网络、设备和软件运行进行在线诊断，并显示故障信息。系统应具有较强的容错性能，不会因误操作等而导致系统出错和崩溃。同时还可以对系统中用户的使用权限和优先级进行设定，对于系统中所有重要的操作能自动生成系统运行日志。登录用户可查询系统的使用和运行情况，并能以报表方式打印输出。

（3）图像监控功能。图像监控功能包括对变电站的周边环境和设备运行与安全的监控。监控终端能灵活、清晰地监视来自变电站多个摄像机的画面，不受距离控制，同时对视频信息采集设备进行远程控制，对现场进行监听。一个监控终端可监视多个站端，多个监控终端可同时监视同一个站端。还可对监控对象的活动图像、声音、报警信息进行数字录像，具有显示、存储、检索、回放、备份、恢复、打印等功能。监控中心可远程观看、回放任一站端、任一摄像机的实时录像和历史录像。

（三）变电站综合自动化系统运维技术的发展与效益

随着国民经济的快速发展，电网建设的规模不断扩大，新投入的变电站综合自动化系统越来越多。变电站安全监控系统作为一个微机实时监控系统，由于数据庞杂、程序复杂、进程路径多及微机自身缺点，常会出现故障或异常。同时电力系统人员无法跟随人工智能的脚步进行知识和技能的更新换代，所以无法对系统运行的全部知识及时掌握。导致新投入的变电站综合自动化系统常常出现异常，且异常多为软件故障，为了一个异常有时需要驱车数百公里，这是对人力以及物力资源的极大浪费。因此，对智能变电站进行安全监控并及时运维十分重要。

当前变电站的综合自动化系统都是利用网络进行连接运行的，整个系统各个模块的参数设置、状态、数据修改都能通过网络实现，这就为运维技术的实现创造了条件。远程技术的成熟为运维技术的发展提供了现实条件。运维技术应该兼具远程控制、变电站监控系统运行状况、系统运行的起停、各模块运行状况监控、程序化操作等多种功能。这样才能保证变电站综合自动化系统的长期正常运行。但机遇与挑战并存，运维技术还面临许多技术难题。例如合理稳定的远程登录方式、远程控制软件的定期运维以及保护综合自动化系统的安全等。

通过对变电站综合自动化系统进行运维，对提高变电站管理水平、打造一批专业领头人具有一定指导作用，为形成一套成熟、完善变电站运维管理技术奠定了基础。运维在智能变电站中的使用可以带来以下三个方面的效益。

第一，运维工作标准化。将运维工作标准与变电站综合自动化系统管理标准相统一，既有利于提高运维工作的质量，也有利于整个变电站的规范化。

第二，运维效率提高。在规范化的管理模式下，运维工作及工作人员能得到更加科学化的工作分配，从而减少运维工作人员超负荷作业的情况，从而使运维效率大大提高。

第三，资源的分配更加合理。通过定期、实时进行运维，能及时发现系统中各个模块的问题，并根据问题所在及时解决，延长综合自动化系统的使用寿命，节省大量的财力、物力。

（四）变电站综合自动化安全监控与运维一体化设计

1. 一体化系统设计思路

（1）明确操作范围。安全监控与运维一体化系统直接在现有的变电站自动化系统中改造就会出现影响面极广、工作量大、改造过程安全风险高等问题。所以设计的安全监控与运维一体化系统是在既有变电站升级改造中，重新明确操作范围，对制定模块的功能进行改造和优化。升级后的系统是融操作票监控管理、防误闭锁、远方投退软压板、远方切换定值区、位置状态不同源判断以及运维等多功能为一体的系统。新系统具备原系统不具备或不完全具备的功能，安全监控与运维一体化系统的实现也为下一步建设安全监控与运维一体化平台打下了坚实的基础。

（2）一体化系统设备改造的要求。①断路器可以实现遥控操作功能，在三相联动机构位置信号的采集应采用合位、分位双位置接点，分相操作机构应采用分相双位置接点；

②母线和各间隔应使用电压互感器数据，无电压互感器应具备遥信和自检功能的三相带电显示装置；

③隔离开关应具备遥控操作功能，其位置信号的采集应采用双位置接点遥信；

④列入安全监控与运维一体化系统的交直流电源空气开关，应具备遥控操作功能；

⑤列入安全监控与运维一体化系统的保护装置应具备软压板投退、装置复归、定值区切换的遥控操作功能；

⑥自动化系统的二次装置应具备装置故障、异常、控制对象状态等信息反馈功能。

2. 一体化系统设计整体架构设计

（1）一体化系统组织架构设计。安全监控与运维一体化系统应由两大部分组成，分别为调度主站（主站）和变电站（子站）。调度主站是基于智能电网调度控制平台，实现主站一体化操作功能，由内部平台交换完成权限管理、操作任务编辑解析、拓扑防误、调票选择、安全监控、指令下发、结果展示及运维等功能；智能变电站通过一体化系统配置远方程序化操作模块，完成调度主站远方一体化操作功能，并接收一体化系统的操作指令执行操作票唯一存储与调阅、模拟预演、智能防误校核和向主站上送信息数据等业务操作；双确认设备完成状态感知和智能分析。

（2）一体化系统功能架构设计。变电站安全监控与运维一体化操作系统是基于原有监控系统基础平台，采集全站一、二次设备实时遥测及遥信数据，实现对智能变电站全站一、二次设备的监视控制，具备本地与远方同时监控与运维的操作功能。

（3）一体化系统软件架构设计。安全监控与运维一体化操作系统是利用 Linux 安全操作系统平台进行运行，是基于原有监控系统基础业务平台，在公共应用层同时具备实时信息监视、在线控制、实时事件处理与报警、数据存储、处理与运维等功能。同时，在应用层实现各种专业级应用，提供标准的开放性接口，支撑多专业应用无缝集成。

3. 一体化系统设计原则

（1）可靠性。①故障智能检测功能。安全监控与运维一体化操作系统是配置系统业务运行状态监测与管理的进程，该进程为系统守护进程，对所有业务进程周期性进行运行状态监测，根据配置的故障诊断策略进行实时状态诊断，若监测到程序情况异常则根据配置的应对策略进行异常告警、进程重启、主备切换等操作，具备软件自诊断、自恢复功能，保障系统设备的长期稳定运行。所以该系统的系统业务模块应满足以下可靠性要求：关键设备 MTBF（平均无故障运行时间）>20000h；由于偶发性故障而发生自动热启动的平均次数<1 次/2400h。

②主备切换处理功能。安全监控与运维一体化操作过程中，主备切换后的服务端对于五防监控和运维程序化操作是无缝衔接的。五防及监控和运维程序化的操作界面是在客户端展现的，若发生主备切换，五防监控和运维一体化操作客户端操作链接会自动切换至当前主机服务进程，从而保证数据处理与业务操作仅通过主机服务进程就可以完成。

（2）安全性。安全监控与运维一体化系统整体安全性要按三级要求设计：硬件采用国产服务器；软件采用国产安全操作系统；权限校验采用"强密码+指纹/数据证书"双校验；主站及子站数据传输须经过纵向加密装置，从而确保数据传输安全可靠。同时网络通道连接到供电企业综合业务数据承载网络通信通道以满足电信级指标的要求，关键设备和链接冗余起着双向保护的作用，拥有电信级故障自愈功能，支持 ULAN 方便的网络访问和运维，服务器是用来连接核心交换机的主要方式。某一连接处或某一装置发生故障，在主备机切换的情况下不会妨碍其他装置与系统的日常运作。

（3）易用性。安全监控与运维一体化系统运维模块的开发基于模板样式的运维图形自动生成技术，实现图模自动构建将自定义的图元组合固化为间隔图形、设备状态、网络拓扑等模板样式，可定制业务展示需要的画面布局、设备、连线等模板样式，针对实际工程，通过组态工具选择界面图元关联的数据模型并进行位置定位，自动生成各运维画面。改扩建一键更新系统可实现一键修改更新全站的间隔名称及设备编号，包括图形、数据库、操作票、报表等数据的批量自动更新。

（五）变电站综合自动化安全监控与运维一体化关键技术

1. 位置双确认技术

（1）断路器位置双确认的判断依据。对断路器位置双确认来说，一种判据方法不能保证开关分合位置的准确性，按照国家电网要求，综合考虑开关切换之后设备电气量的实施情况，可以将断路器位置双确认判据分为位置遥信变位判据和遥测电流电压判据两种。

①位置遥信变位判据。位置遥信变位判据是采取分合双位置辅助接点，各相开关遥信量采取各相位置辅助接点的方式。当断路器三相分位接点同时闭合，三相合位接点全部断开时，才能判断断路器位置遥信从合位到分位；当断路器三相分位接点同时断开，三相合位接点全部闭合时，才能判断断路器位置遥信从分位到合位。

②遥测电流电压判据。遥测电流电压判据是将三相电流或者电压的有无变化作为断路器分合位置判据。断路器分合位置的最终确认是在位置遥信判断当下分合位置的基础上追加的判据，断路器位置遥信由合位变分位时，只要"三相电流的变化情况是有流变为无流、母线（间隔）三相带电设备显示有电变为无电/母线（间隔）电压状态有压变为无压"或逻辑关系成立，才能断定此时断路器已处在分位状态；断路器位置遥信由分位变合位时，只要"三相电流的变化情况是无流变为有流、母线（间隔）三相带电设备显示无电变为有电/母线（间隔）电压状态无压变为有压"或逻辑关系成立，才能断定此时断路器已处在合位状态。

综上所述，符合位置遥信变位和遥测电流电压两种判据时，就可以准确判断出某一时刻的断路器分合位置情况。

（2）隔离刀闸位置双确认的判断依据。断路器可以采用上述两种判据方式实现位置双确认，对于隔离刀闸，当下还没有统一明确有效的双确认技术使用方案。早期有人值守变电站一般都采用敞开式刀闸，有运维人员在现场检查巡视，对于隔离刀闸的断开和闭合能够清晰查看。目前普遍变电站都实现无人值守，只有在计划运维的情况下才有运维人员赶赴现场，不能保证设备状态的实时检查。隔离刀闸长期运行会出现老化和接触不良的情况，很有可能致使分合不到位，从而导致电网系统故障。因此，实现隔离刀闸位置双确认技术对于变电站安全运维具有十分重要的意义。

①压力（姿态）传感器方式。压力传感器或姿态传感器双确认方式，将传感器安装到隔离开关上，采集一次设备隔离开关分合位操作时所产生的压力数据或角度位移数据，经数据采集装置分析处理后解析为辅助位置信号统一上送至监控后台，供一体化控制系统使用。

敞开式隔离开关加装无线压力（姿态）传感器，借助传感器接收器把触头压力数据转换为辅助位置信号传送到站控层网络，如果"辅助接点"变位，而且触头压力（位移角度）数据值比分、合位门槛值大时，说明设备已操作到位。每一组隔离开关要装 3 个无线压力（姿态）传感器，A、B、C 三相，主变中性点接地刀装一个压力（姿态）传感器。

②视频识别实现方式。在变电站相关位置架设以安全监控为核心的网络高清摄像机，实现站端装置获取监控信息，监控信息以接口方式实现和调度自动化系统的信息交互，隔离刀闸要全部设置好摄像机预置位信息，完成装置动作信息、监控信息和故障信息的全面联动，当装置动作、变化或故障时，摄像头会自动校准，将动作实时监控信息与调度主站信息统一呈现给运维人员，从而实现隔离刀闸位置判断的"双确认"。隔离刀闸的相位应和摄像机预置位实现关联，保证隔离刀闸每相都能和摄像机一一对应；正常状态下，隔离刀闸一相与一个摄像机位置对应，一个摄像机位置能与多个隔离刀闸对应。如果一个摄像机不能判断隔离刀闸状态，则需要多添加并单独标注一个摄像机位。关联信息应在监控系统中以接线图的状态体现，这样可以快速匹配定位监控图像。隔离刀闸的位置判据与三相位置有关，两组隔离刀闸一般需要匹配 3 个摄像机，针对目前实际变电站的监控摄像机布置情况，很多装置并不符合标准，因此实现改造每个变电站还应额外布置大量网络高清摄像机。

满足上述视频摄像机布置的相关要求后实现视频识别双确认方式，就是在一体化操作程序动作时实现与辅助设备监控主机视频联动，辅助设备监控主机控制视频摄像头与一次装置位置实现一一对应，获取动作后的一次装置位置状态图像信息，并借助视频智能分析系统核算出动作后的位置状态，反馈位置状态信息到监控后台，作为辅助位置判据供一体化操作系统使用。对隔离开关的分合闸结果判断，系统还支持采用"位置遥信+视频识别"方式，即第一状态判据采用直接位置遥信，第二状态判据采用视频识别方式判别设备的位置状态，从而满足两个非同原理或非同源指示变化作为操作后的确认依据。

当一体化操作系统对某个隔离刀闸执行一体化操作指令时，首先向视频主机发送视频联动信息，视频主机自动显示该设备的现场图像信息，运用智能视频分析技术对隔离开关的各项指标实现智能分析，进而获取设备的状态数据参数，最后把智能分析判断执行后的结果状态反馈给一体化操作系统。

2. 一键式安全措施技术

一键式是遥控操作的方式之一，按操作项目顺序依次对系统中二次设备进行遥控。常规变电站二次维护的安全措施可在二次电缆的电气分离点附近设定。然而，在智能变电站时期，二次回路信息和数字网络改造的完成，变电站二次设备相互的信息状态越来越烦琐，这加大了操作运维人员评估二次设备故障或制定二次安全措施的困难。

目前，智能变电站二次运维安全措施的处理办法大多是基于专业技术人员的经验进行编写，仍然可以自由地用于维护一个单元的状态。然而同时运维多个设备难以确保手动发票的效率和可靠性。整个智能变电站的二次电路不可见，二次设备相互关联比较复杂，互联关系很多，在二次设备的运维或故障分析中很难隔离设备。该操作不直观，并且缺乏避免错误的能力从而使其难以掌握。用于安全措施的一键式技术使操作和维护人员只设置要运维的目标设备（组），接下来软件程序会自动生成安全措施技术，以实现自动开票过程。

（1）设备陪停库。为了辨别运维程序中各种类型的设备关联，现将有关设备分为三种类型。第一，运维设备：需要运维的目标设备，可以多个不唯一；第二，陪停设备：需要运维的设备安全原因被从操作状态中强制撤回，陪停设备在运维过程中处于初始状态；第三，关联运行设备：指具有直接信息并与运维设备和陪停设备交互的设备。在制定运维安全措施时，必须首先确定执行安全措施的突破点，即运维界限。运维界限在此定义为运维设备、陪停设备和相关联运行设备之间的信息交互界限，所有运维安全措施都会在运维界限里的信息交互点上操作。

设备陪停库旨在表示运维设备和陪停设备之间的关系，并为所选运维设备匹配相应的陪停设备，以便程序能自动识别确认在运维设备和陪停设备之间的运维界限。

电压等级不同，对应的设备配置方式也不同，所以设备陪停库是依据不同电压等级实现构建的。设备陪停库应能符合所有不同电压等级和不同接线方式，所以构建设备陪停库需要按照抽象的设备类型进行命名，不能实现照搬某变电站 SCD（变电站全站系统配置文件）中的设备模型定义。因此在变电站的实际应用过程中，第一步依据运维设备在陪停库中找到相应的设备类型；第二步依据设备类型匹配相应的陪停设备类型；第三步从 SCD 中匹配具体的陪停设备。

（2）安全措施模块和防误校验。

①安全措施模块。目前，在保护变电站继电装置的相关事故中，意外拆卸或

未能拆卸故障位置常常致使开关无故跳闸。因此，在设备中设置安全隔离措施的票证模板非常有必要，并使用导出和导入功能来使设备完成运维工作。

②防误校验。在安全措施防误规则库的基础上进行防误操作检查可以对安全措施操作内容实行防误验证，还可以对安全隔离措施的可行性及正确性进行检验。防误校验借助位置模块实现智能分析和验证。

防误校验可以验证安全措施或变电站操作内容数据信息的有效性，确定最优防误方案运用在安全措施程序中，从而智能识别该方案是否符合现代典型安全措施流程，借助典型的安全措施流程实现防误校验，核对二次回路的数据是否存在遗漏的情况。

（3）安全措施逻辑监视。将监视所有辅助虚拟回路压板的正确性。如果顺序不正确，则会产生警报；操作票完成后，二次回路的压板应处于稳定状态，且模块已监测到压板的变化，立即发送压板的变化报警；当产生告警时，可以根据操作票逻辑弹出告警原因对话框，告警信息被提交给告警客户端和二次电路可视化模块；与次级电路可视化模块进行交互，以使其处于监视状态，处于该状态的次级电路可以自动位于监视界面的中心。

可以对所有辅助虚拟回路压板的投退顺序实现监视，出现顺序不对或正确投退的压板忽然变化，就会发生告警；当操作票停止操作，二次虚拟回路的压板正处在平稳状态，如果监视模块发现压板变更，马上发生压板变更告警信息；一旦告警发出，可以通过操作票逻辑监视，弹出告警原因的相应对话框；将告警信息传送到告警客户端与二次虚拟回路可视化模块；实现二次虚拟回路可视化模块信息交互功能，完成监视状态的二次回路状态自动置于监视界面中央。

随着国家智能电网的科技化发展，智能变电站也将进入人工智能时代。从传统有人值守变电站到智能无人值守变电站，最后演变成智慧变电站，变电站综合自动化技术越来越完善，我国电力事业必将蓬勃发展。安全监控与运维是变电站正常运营的两大根本要素，由于实际变电站工作过程中有太多不可控因素，一旦出现故障或问题就可能产生巨大影响，对电力安全绝对不能掉以轻心，关于变电站综合自动化系统的安全性和可靠性的优化研究具有重大意义。变电站综合自动化安全监控与运维一体化研究，使安全监控与运维形成有机整体，实现系统多级交互、互联互通。

二 、数字技术在工业电气自动化中的应用与创新

（一）数字技术在工业电气自动化中的应用优势

数字技术在工业电气自动化中的应用，是将数字技术的优势与工业电气自动化的优势相结合，进而在较大程度上提升电气自动化的应用质量，辅助我国工业更好地发展。

将数字技术应用于工业电气自动化中的优势主要表现在以下两个方面。

（1）数据管理质量更高。目前，我国信息化技术在不断改进与完善，其对于数据的管理质量也更高。与传统方式不同，将信息技术应用于工业电气自动化中，能与感应器的装置相互使用，对工业发展过程中的数据进行更高质量的收集。计算机技术的应用能对工业发展过程中的数据进行更加高效快速的数据整理，在极大程度上降低了相关人员在数据管理中所耗费的时间，提升了数据管理的质量与效率。

（2）降低工业发展对劳动力的需求。伴随着时代的发展，我国老龄化程度逐渐加深，工业在发展的过程中必然面临劳动力不足的情况。在传统的工业电气自动化中，所需要的劳动力仍较多。而将数字化技术应用于工业电气自动化的发展过程中，可以利用智能化等方式，对生产过程进行自主调节，降低工业电气自动化对人力的需求，缓解其人力不足情况。

（二）数字技术在工业电气自动化中的应用方式

我国自动化技术在发展的过程中，其相关的设备较多，且多数设备在实际应用的过程中操作复杂，难度较高，所需要耗费的精力极大。而将数字技术应用于工业电气自动化可以利用计算机以及网络技术的优势，更好地将部分智能控制功能应用于电气自动化的发展过程中，从而降低电气自动化的操作难度，提升电气自动化的稳定性与安全性。

1. 利用 Windows 搭建工控标准平台

将 Windows 应用于电气自动化发展领域，是基于微软技术开发的 Windows NT 以及 CE 平台。在实际应用的过程中，在企业管理以及其他各个方面都有较为广泛的应用。将其应用于电气自动化领域，主要是利用计算机技术，将控制界面

图形化，进而利用网络中的图形化界面控制整个电气自动化系统。这种方式在实际应用的过程中，能够较好地辅助相关技术人员，对自动化技术应用情况进行监督与管理。其操作以及维护较为简单与便利，拓展性也较强，符合现阶段我国工业自动化发展的实际需求。

2. 现场总线与分布控制系统

现场总线在实际应用的过程中，能将自动化系统和智能化设备相互连接，以及进行数据的双向传递。相关的控制人员在工业生产的过程中，可以在不到达现场的情况下，对现场生产活动进行监督与管理。通过生产现场的数据反馈，相关的管理人员能快速对数据进行分析与判断，并提出相应的改进意见，以及对现场的自动化设备进行命令的传达，促进生产活动的优化与改进，提升生产质量与效率。

（三）数字技术在工业电气自动化中的应用前景

当前我国数字化技术仍处于初步的发展阶段，具有非常大的发展潜力。将数字化技术应用于工业电气自动化领域，具有广阔的前景。

（1）将数字化技术应用于企业管理中，利用自动化技术的优势自上而下地进行渗透，企业管理层可以随时对工业生产情况进行监督，并按照企业发展的实际情况及时地对工业生产活动进行调整，使生产更加符合现代社会的实际需求。

（2）将数字化技术融入企业的电气自动化设备，从现阶段我国发展的实际情况来看，这种情况应用较为广泛，较为常见的就是人们会将执行器、外局域网等结合使用，辅助相关技术人员更好地对工业自动化生产活动进行控制。

我国数字技术仍处于飞速发展的阶段，可以想象将数字化技术应用到工业自动化发展过程中，还有极大的发展空间。随着时间的推移以及数字化技术的发展，人们也会将最新的数字化技术应用于工业自动化发展中，辅助工业自动化不断发展与完善。

（四）数字技术在工业电气自动化中的应用创新

从数字技术应用于工业电气自动化发展的实际情况来看，数字化技术的确能够在极大程度上提升工业电气自动化的生产质量，但是现阶段我国数字技术发展仍处于较低水平，其在实际应用的过程中仍存在着较多的不足，将其应用于工业电气自动化发展过程中仍具有较多的缺陷。为保证数字技术在工业电气自动化发展过程中能发挥更大的效用，需要不断地对其进行改进与创新。

1. GOOSE 与虚端子概念的引入

GOOSE 与虚端子概念是我国数字创业史中一个重大的突破。在实际应用的过程中，能通过二次回路的改善，提升信号处理质量；在使用的过程中，能使工程调试更加便利，降低工业自动化调试的难度。

2. 智能终端的引入

智能化是现阶段我国数字技术发展的重要方面，能在极大程度上提升我国各个行业的发展质量。我国工业电气自动化在实际发展的过程中，也积极地将智能终端引入电气自动化。采用智能化终端，能更好地进行数据的传递连接。如在使用的过程中，能通过数据的传递辅助计算机对自动化情况进行分析与判断，进而保护跳闸。智能化技术应用于其中，可以与人工相互配合，从两方面保护跳闸，为工业自动化生产提供双重保障，在较大程度上降低工业自动化生产的危险性。

三、人工智能技术在电气自动化控制中的应用

电气自动化控制给人们的生活和生产带来了诸多便利，特别是在工业行业中，极大地推动了社会生产力的发展。当前我国社会进入发展的新时期，必须大力加强人工智能技术在电气自动化控制中的应用范围，不断改进工业领域的生产程序，提高全行业的生产效率和产品质量，对人事管理制度、人力资源配置等多项规则进行重新规划，保证我国电气工业系统运行稳定，提升工业的产值和收益。

人工智能技术是以信息技术和网络技术为基础的新型产物，随着社会生产力的极大提高，人工智能技术在越来越多的社会生产领域得到了广泛推广和使用。

（一）人工智能技术的优势

1. 适应性较强

传统的电气控制方式以单路控制和线性控制方式为主，要求工作人员严格依照系统制定的对象，开展具体的操作控制工作。这种控制方式在实际应用过程中，虽然能达到特定的工作目标，由于其针对性较强，往往只能对某种特定产品

展开实际操作，这使传统的电气控制方式无法对其他同类产品或非同类产品展开控制工作，控制效率相对低下。在人工智能技术的帮助下，系统控制将改变单路路线控制方式，采用非线性的变结构控制方式，可以面对复杂多变的制造环境，根据不同产品的区别，灵活运用控制方式，随应用环境的不断变化而调整，具有更强的实用性，更符合当前企业生产环境和实际需求。

2. 操作方式相对简单

传统的电气控制系统操作对工作人员的个人能力提出了相对较高的要求。与此同时，工作人员需要对相关电气设备的具体信息进行深入细致的了解分析，以此作为应用电气控制系统的参考依据，这使得传统的电气控制系统调试修改的难度相对较高，不仅需要工作人员具有丰富的工作经验，还需要花费大量的时间、精力开展调试工作。在人工智能技术的帮助下，这种复杂的操作模式将得到有效转变，人工智能技术可以借助可视化系统，对电气系统展开控制，技术人员可以直观地分析控制系统的具体问题。这种操作模式明显要更加简单，不需要工作人员具备较强的专业能力。在进行参数调节时，工作人员不需要通过反复尝试来达成工作目标，只需利用计算机开展模拟操作，就可以取得精准度相对较高、符合工作需要的数据。同时，这一系统的操作界面也更加人性化，便捷性大大增强，符合人们操作的逻辑。在计算机的帮助下，工作人员可以实现精准计算，使计算机展开自动工作，从而实现随时准确提取相关数据的工作目标。

3. 抗干扰能力较强

由于人工智能技术在电气自动控制系统中的便捷性和自动性特征，可以使工作人员在利用人工智能技术的过程中大大提升系统稳定性。同时，电气自动化控制系统对外界干扰的抵抗能力将有效提升，这对于系统及时获取相关数据信息，实现高效调节具有突出作用。对于突发干扰因素，系统能自动识别并且排除，这就为参数信息的迅速准确传输提供了可靠保障。在这种技术加持下，系统运行误差将很少出现，并且在这一技术的持续进步和普遍应用下，其应用前景也将更加广阔。

4. 精度和可控性高

利用现代信息技术对人工智能的调控，可以使现代信息技术在电气自动化控制的过程中具有更高的精度和可控性。例如，在对外界环境进行识别的过程中，借助人工智能中的机器视觉与传感器的结合，使其能在控制的过程中对微结构的观测、定位具有更高的精度，同时在拟合外界物体的轮廓时可以具有更高的精度。再者，在一些大型电气自动化控制设备中，常会由于设备老化、破损导致危险事故发生，人工智能可以在控制的过程中实时检测和调控，从而减少危险事故的发生。在由电气系统控制的一些进给机构中，例如滚珠丝杠螺母副，或者液压泵等，单纯由电气系统进行控制时，达到的控制精度低，加工出来的零件不能满足使用要求。在一些车床上的进给装置仍采用手摇驱动的结构，效率低，产品的精度也差。即使在一些自动化的机床上，由于零件安装误差、对刀误差的存在，使加工出来的一些在精密领域使用的零件不能满足使用要求，同时机床在加工零件的过程中，反馈机制对整个零件的加工检测机制不完善，加工过程不可控。人工智能的引入，可以补偿一些由于人为因素造成的误差，同时在加工的过程中对刀具的路径轨迹进行实时检测、反馈和修正，提高整个零件的加工精度。

（二）人工智能在电气自动化控制中的应用策略

1. 智能化设备操作系统

在现代工业控制设备操作系统中常常会具有较多种类的机械类型，在工作程序上往往较为复杂。若完全采用传统的模式进行生产就有可能给工作人员造成很大的工作压力。在操作之前，还需要经过培训才能上岗，并且人工操作可能造成生产过程的误差增大，经常会出现误操作的问题，给生产企业带来经济损失。特别是在进行重要的生产操作时，电气设备的操作水平如果不到位，就会出现参数控制方面的失误，容易引起工作人员操作不当等诸多问题，同时可能造成生产线和流水线出现卡顿等故障，影响电气生产顺利运行。

在电气行业生产的过程中，加入人工智能技术，将工业生产的操作流程做出一定的精简和调整，以系统化和平台化的视角打造现代新型智能化生产控制系统。工作人员可以根据生产操作的实际情况设置操作程序，规定电气设备运行的外部环境，对系统进行智能化控制，及时进行机械设备的参数调整，以满足当前的生产需求。当整个电气设备运行系统进入智能化状态时，就可以省时省力，大大提高工业系统操作的效率。

除此之外，随着信息技术的不断发展，人工智能技术也在不断改进，电气生产行业中的人员从业素质也在不断提升，因此越来越多的生产企业更新了自身的经营思想，实现了电气控制系统的智能优化，也为智能设备的发展提供了人才和技术支持。通过以上方式减少工业生产控制当中存在的不安全因素，大大提高了生产设备的准确性，使越来越多的工业生产企业获得了新的发展。

2. 智能化设备故障管理

在电气自动化控制中，故障管理是非常重要的环节。电气系统和电气设备若要获得安全稳定的运行环境，就必须注重对故障和问题的监测，及时发现工业设备在运转过程中出现的异常情况和紧急信号，做出应对和处理。

在以往的电气自动化生产中，由于设备老化和日常养护不到位等问题，机器在运转过程中经常会出现各种各样的故障，而传统的故障检测设备缺乏较高的灵敏度，没有对问题做出及时准确的预测和判断，同时得出的数据也缺乏科学性和参考性。复杂的诊断步骤和流程拖慢了机械的检修效率，最终造成工业设备在运行过程中的速度明显减慢。

人工智能技术参与电气自动化控制，能有效地优化故障检测的能力，通过人工智能技术对工业设备当前的运行状态和工作模式进行及时的预测和调整。特别是人工智能的模糊理论、检测技术可以很好地做到防患于未然，大大提升电气设备的故障反应效率，为及时处理问题、避免损失赢得时间。在智能化的故障检测中，人工智能技术可以通过强大的数据录入系统对电气设备生产的各个环节进行监测，便于工作人员及时分析数据，对工业器械运转过程中的数据波动和故障风险进行预判。工作人员可以根据这些参数的变化精准地定位可能出现问题的位置，分析故障产生的原因，节省了大规模排查的时间，节约了人力、物力，提高了现代工业生产当中的自动化控制水平，降低了作业难度，降低了故障发生率，能够促使电气设备更加安全地运行，保障电气设备在稳定的环境中实现高效生产，提高企业的经济效益。

3. 智能化自动控制的实现

随着现代社会对生产数量要求的不断提升，电气设备承担的运行负担也逐渐增加。若要实现高效安全的电气智能化生产，必须将人工智能技术成功地运用在电气自动化控制系统当中，使工作人员能通过人工智能提供的技术支持对电气自动化生产过程中的每一个环节进行精准的控制，这样才能使人工智能技术全面服务于电气自动化控制生产。

工作人员必须充分利用人工智能技术中的模糊控制和神经网络控制两个功

能，将人工智能与电气控制相结合，使电气自动化控制实现智能化的飞跃，在生产过程中体现出高效性和科学性。在人工智能的模糊逻辑技术中，智能系统可以模拟人脑的思维，对数据进行检索控制，横向扩大对故障的防控范围，提升电气自动化生产全过程的监控质量，也可以通过智能化的神经网络系统，加快对生产信息和参数的处理，打造科学的人工谐波模型，优化生产系统，使电气生产的安全性得到极大的提高，优化工作方法和工作技术，实现电气自动化控制生产的演算控制，提高电气自动化控制的水平。

综上所述，在电气自动化控制中，必须加强人工智能的推广和使用，改进生产技术，提高生产效率，减少误操作的风险，提高工业电气自动化生产的智能化水平，持续加强电气系统的智能化、自动化控制能力。

第五章　电气自动化技术与工业控制网络技术

第一节　计算机控制系统与现场总线技术概述

一、计算机控制系统概述

（一）计算机控制系统的概念

计算机控制系统是计算机技术和通信技术相互渗透的产物，是利用计算机来实现生产过程自动控制的系统。计算机控制系统可以提供信息服务，如情报检索、电子邮政、计算机辅助教育、情报检索、过程控制、办公室自动化数据、经营管理、收集与交换信息等。目前，计算机控制系统的覆盖区域已扩展至整个世界，其从涵盖单一的计算机系统逐步升级到今天的计算机控制系统，这是它进入新发展阶段的标志。

计算机控制系统是指由计算机主机及其他外部连接设备通过数据通信线路的串联方式所形成的多数量用户系统。集中式网络和分布式网络是计算机的主要连接方式。集中式网络是指通过中央计算机的一台或多台数据终端相连构成的集中处理系统，它的线路配置有三种，分别为多点线路、多路转接线路以及点到点线路。集中式网络有精密的控制系统、综合的数据库系统，具有信息经济效益好、数据集中处理的优点，但是其操作系统缺乏灵活性。分布式网络是指由多台单独运行的计算机相连构成的分布处理系统，其工作站中的微机或者小型机可以完成大量的负荷处理工作，在必要的情况下才需要服务器系统的帮助，它的配置方式可以分为三种，分别为环形、星形和分层联结。分布式网络具有即时应答用户查询、网络易于装配、面向多用户、资源共享的优点，但存在维护费用较高、数据不易保密、控制相对较难等缺点。综上所述，分布式网络可以快速稳定地共享计算机资源、传输数据，可以用于集团性企业和类似多单位的企业将信息和数据进行分散处理。

（二）计算机控制系统网络化发展的三个阶段

随着计算机技术、网络技术和电子技术的快速发展，计算机控制系统历经由基地式气动仪表控制系统、电动单元组合式模拟仪表控制系统、集中式数字控制系统、集散式控制系统到现在开放嵌入式网络化控制和现场总线控制系统的过程。总的来说，计算机控制系统的发展呈智能化、网络化、分散化的趋势，尤其在仪表监控诊断、家庭智能化和楼宇自动化控制等方面，计算机控制系统的网络化发展趋势较为明显。

虽然集散式控制系统和集中式数字控制系统推动了工业生产的进步，但是随着管理要求、控制技术的发展，计算机控制系统正由原来闭塞的集中式系统快速发展为开放的分布式系统。在计算机控制系统向网络化方向转变的同时，由于多种控制技术的发展和控制网络协议的产生，计算机控制系统出现存在多种网络协议和多种网络技术的局面。也就是说，计算机控制系统的网络兼容性和扩展性越好，控制功能就越有效。现在，计算机控制系统网络化发展的显著特点为有差别控制网络的集成化。

企业与不同厂家沟通的信息包括设备信息、管理信息和生产控制信息。信息网络与控制网络的汇集能够实现企业宏观决策和微观控制的一体化，为企业管理决策和生产控制带来新的模式体系。随着计算机控制系统的发展，信息共享和控制信息交流的问题越来越凸显。计算机控制系统发展初期的情况因为没有先进的技术，所以只能应用于封闭的结构。这与计算机技术发展初期的情况大同小异。此外，计算机控制系统网络化的发展进程同计算机网络发展进程也有相似的发展特点。基于此，计算机控制系统的发展历程也是从集散控制系统开始的，并朝着现场总线控制系统和嵌入式网络化控制系统发展。

1. 传统集散式控制系统

集散式控制系统（DCS）针对集中式控制系统风险集中的缺点，将一个控制过程分散成多个子系统，由多台计算机共同完成。该系统的结构有以下几个特点：

（1）拥有现场级的（MCU、PLC 等）控制单元；

（2）现场设备用电缆与现场级控制单元相连；

（3）传输使用的模拟信号标准为 4~20mA 的模拟信号；

（4）具有现场级控制单元与中央控制单元（CPU）之间使用 RS-232、RS-485 等非开放协议进行通信。

总的来说，集散式控制系统拥有基本的网络化思想，它虽然适合当时的网络和计算机技术的水平，但是在日常应用中存在缺陷。第一，集散式控制系统依然是模拟数字混合的系统，模拟信号的传输和转换使系统的精度受到影响。第二，集散式控制系统在结构上，并没有突破集中控制模式的缺陷，而是遵循主从式思想的基础。也就是说，只要主机出现故障，集散式控制系统的可靠性就无法保障。第三，集散式控制系统中使用的专用网络是非开放式网络，这使得每个系统之间不能兼容，不利于提高系统的维护性与可组态灵活性。正是基于以上原因，集散式控制系统逐渐被新的计算机控制系统所取代。

2. 现场总线控制系统

现场总线控制系统是一种开放式的分布式控制系统。该系统以标准的开放协议取代了传统的封闭协议，由此改进了集散式控制系统使用专用网络的不足；该系统具有数字通信与完全数字计算能力；该系统使用了全分布式的结构设计，其控制功能可以更加适应现场环境，提升了系统的灵活性和可靠性。由此可见，现场总线控制系统比集散式控制系统具有更多的优点，具体表现为：

（1）采用现场通信网络，使设备间可点对点、点对多点或者使用广播等多种通信方式传播和交流信息；

（2）通过使用统一的组态和任务进行下载，由此使 PID、补偿处理、数字滤波等简单的控制任务可动态下载至现场设备中；

（3）能够节约系统安装维护的资金，表现为减少硬件设备数量、传输线路；

（4）提高了不同厂家设备的互换性和互操作性。

3. 嵌入式网络化控制系统

目前，计算机控制系统的目标是使用统一的结构模型和网络协议。TCP/电气自动化技术及其应用研究 IP 协议是能够跨平台的通信协议，可以便捷地实现异种机相互关联，它促进了互联网和计算机信息网络的飞速发展，与此同时，随着 TCP/IP 协议从信息网络向底层控制网络的渗透与扩张，形成了由控制和信息一体化式分布的全开放式网络，全开放式网络融入了网络、电气自动化技术和计算机，是现代计算机控制系统发展的必然趋势。此外，微型处理器技术和网络技术的不断发展，促使网络的频带不断加宽，微型处理器的结构不断缩小，运算能力不断提升。更高性能的处理器和宽带网的出现增加了 TCP/IP 协议应用于实时测控系统的可能性，促进了开放性的嵌入式网络化控制系统的诞生。例如，家庭智能化领域和测控仪表领域已经拥有了凭借 TCP/IP 协议联网平台相互交流的小型嵌入式设备。

嵌入式网络化控制系统凭借互联网和局域网使遥感和遥控的存在成为可能。这一系统参考了计算机网络技术以及软件和硬件应用能力，达到了降低系统成本、提升系统开放性的效果。除系统应用层以外，嵌入式网络化控制系统的通信协议也实现了真正的统一，不同协议不能相互转换的问题在这一系统中不复存在。这一系统为信息网络集成和计算机网络发展提供了完美的解决办法。

总的来说，迄今为止大部分嵌入式网络化控制系统的实时控制功能依然在封闭甚至隔离网段上实现，还没有出现真正意义上的跨网络远程实时控制；过量的电气设备同时连入网络导致 IP 地址资源不够分配的问题也依然严峻，要想解决这一问题，就要研制 TCP/IP 协议下的微型化软件、提升微型处理器的运算技能、坚持提升网络速度、扩展 IP 资源、在最短时间内将 IPv4 全部更换为 IPv6。

（三）计算机控制系统网络化发展的类型

所有的技术变革都是一个循序渐进的过程。受市场竞争与控制系统自身技术特点的影响，计算机控制系统的网络化发展注定会是一个漫长的过程。目前，在控制应用领域中，常见的计算机控制系统网络化发展有以下几种类型。

1. 集散式控制系统与现场总线控制系统的集成

为加强产品的竞争力，当前一些集散式控制系统通过现场总线技术改进自身技术，由此形成了由集散式控制系统与现场总线控制系统混合集成的系统。具体来讲，集散式控制系统与现场总线控制系统主要有以下三种集成方式。

（1）现场总线控制系统集成于集散式控制系统中的 I/O 设备层中。该方式使用接口卡将现场总线连接到集散式控制系统中的 I/O 总线上，以实现集散式控制系统与现场总线控制系统的信息映射。这种集成方式的结构简单，较容易实现，但易被接口卡影响而限制其规模的发展。

（2）集散式控制系统和专用网关共同实现现场总线控制系统的集成。在这种集成方式中，专用网关的作用是完成信息的传输与通信协议的转换。该集成方式的优点是可以实现集散式控制系统对软件的监控功能，具有一定的系统扩展性；缺点是使用的设备结构相对复杂，当改变设备内部系统总线时，要相对应地更新网关设置。

（3）利用局域网将现场总线控制系统集成于集散式控制系统中。因为这种集成方式只有在计算机网络的辅助下才能实现集成，需要完成多次转换，降低了系统的实时性，所以在实际的生产过程中，该方式的应用较少。

2. 各种现场总线控制系统之间的集成

在制定国际标准化的现场总线控制系统时，IEC 标准中存在 8 种现场总线标准，因此，在现阶段的现场总线控制系统中，一定会存在多种总线共存的现象。为了保证系统可以执行多种现场总线协议，一定要实现现场总线控制系统的集成工作。这一目的可以通过以下方案实现。

（1）使用特定的网关完成数据的转换。

（2）对协议进行相应的修改，以提高现场总线与计算机控制系统的兼容性。

（3）各公司为提高现场总线与计算机控制系统的兼容性，先后研发了一系列现场总线技术的控制系统。

二、现场总线技术概述

（一）现场总线技术的产生与发展

传统工业过程的控制仪表始终使用 4~20mA 的标准化模拟信号。随着科学技术的进步，微电子技术、大规模电路和超大规模的集成电路飞速发展。在微型处理器的作用下，实际应用中的调节阀、变送器、过程控制等一系列仪表装置得到了持续的更新，新兴的智能调节阀、智能变送器等具备高尖端技术的产品逐渐走进大众的视野。因为我国现代工业对工业成本、制作精度、生产速率提出了更全面的要求，所以现阶段的自动化设备摒弃了传统的模拟信号传输技术，使用了新型数字信号传输技术——现场总线技术。可以说，现场总线技术是计算机网络技术、仪表技术、过程控制技术三个领域相结合的共同产物。电气自动化技术由独立设备发展至共享设备后，仪表技术从简单的仪表过渡至智能仪表。此外，MAP 网络技术与计算机网络技术朝着现场总线技术及网络技术的方向发展，其注定会成为现场总线技术。

20 世纪 80 年代末，现场总线技术的雏形形成。随着科学技术的大力发展，现场总线技术逐渐应用于家庭自动化、楼宇自动化、制造自动化、过程自动化等领域的智能化通信网络设备中。现阶段，世界自动化领域已经将目光放到以传输数据、控制计算机、智能化管理为核心的现场总线技术中，并对设备和系统结构进行更新，将企业网络与现场总线技术结合，构建出全新的企业控制信息网络。

随着模拟集成电路技术的发展，越来越多的驱动装置、执行机构、传感器等现场设备呈现智能化发展趋势，实现了数字滤波、量程转换、线性化以及回路调节等功能。如果能在智能化现场设备中增设串行数据接口（如 RS-232 或 RS-485），就能极大程度地提高系统的数据传输效率。要想实现在智能化现场设备中增设串行数据接口的目标，可以按照该接口控制器的指定协议，摒弃传统的 I/O 连接方式，使用新型的串行通信方式，以实现现场设备的监控功能。如果所有的现场设备都设置了串行通信接口，并使用了统一的通信协议，那么仅需要一根通信电缆就能将现场中所有的分散设备相连接，以实现对现场设备的整体监控。正是这一理论促进了现场总线技术的产生和发展。

（二）应用现场总线技术的意义

现场总线技术的发展和应用，可以帮助企业更方便地将办公信息网络通信与现场级控制网络通信相连接，二者的集成使用对企业设施的改革具有重大意义。可以说，现场总线技术与 TCP/IP 信息网络集成，为企业提供了一个强有力的控制与通信基础设施。应用现场总线技术的意义有以下几点。

（1）现场总线技术作为一种新型的、作用于工业生产现场的网络层通信技术，它象征着传统通信设备的数字化革命。人们在使用现场总线技术时，可以用一条长度适中的电缆将现场设备与通信接口相连，以数字化通信信号代替 24VDC 信号、4~20mA 信号，以实现远程检测设备运行参数、实时监控设备运行状态的功能。

（2）传统的电气自动化控制系统使用了一对一连线的 4~20mA/24VDC 信号，其收集到的信息数量有限，导致设备较难与系统部件进行信息交流，严重限制了企业综合自动化与企业信息集成的实现；而现场总线技术的应用能够解决这一问题。

（3）应用现场总线技术的电气自动化控制系统使用了新型数字化计算机通信技术，将电气自动化控制系统与新型设备应用于工厂信息网络中，成为企业网络的基础，建立起企业与生产现场的消息交流渠道。

（4）现场总线技术在计算机控制系统中的应用象征着现场级设备的信息作为整个企业信息网的基础，是车间级与现场级信息集成的技术保证。

（三）现场总线技术的优点

现场总线技术具备的互换性、互操作性、可操作性、分散性、开放型、数字化等适应现场环境的特点，决定了其具备以下优点。

1. 减少了大量的连接附件和导线

现场总线技术可以仅使用一根电缆就与多台现场设备相连接，大大降低了电缆的使用量；配线板、桥架、槽盒、段子等用于连接的附件的需求量同样降低。

2. I/O转换器（卡件）与仪表的使用量大大减少

现场总线技术下的人机界面具备显示设备参数的功能，取代了传统总线技术系统中使用大量的仪表。传统的集中式控制系统中使用4~20mA线路，单次可以获得一个测量参数，并且需要控制站内的I/O单元进行一对一连接，因此需要大量进行I/O单元转换；而将现场总线技术应用于电气自动控制系统中，单次可以获得多个测量参数，并且能将得出的信息以数字信号的形式在总线电缆中完成传送。由此可见，在电气自动化控制系统中使用现场总线技术，可以有效地减少I/O转换器的使用量。

3. 节约了调试费、安装费、设计费

现场总线技术可以大大提高设计图纸的效率，节约设计费；可以大大减少I/O转换器的使用量，简化工作程序，减少安装费；根据实际的测试需求，将整个系统分为多个部分进行区别调试，减少调试费，提高工作效率。

4. 降低了大量的维护成本开销

现场总线技术可以有效地提高电气自动化控制系统的稳定性，降低其发生故障的概率；现场总线技术具备先进的故障诊断功能，能快速发现、定位并解决电气自动化控制系统中存在的程序问题，延长系统的使用寿命。

5. 提高了系统的可靠性

将现场总线技术应用于电气自动化控制系统后，可以使电气自动化控制系统具备现场级设备的记录、报警、故障诊断等功能，能远程搜集设备的使用记录、故障指数、设备参数等大量的数据，从而提高电气自动化控制系统的可维护性。另外，现场总线技术使电气自动化控制系统具备功能与结构的高度分散性，从而提高系统使用的可靠性。现场总线协议对通信（重复地址检测、报文纠错、报文检验、通信介质等）有标准化的规定。

6. 提高了系统的控制和测量精度

现场总线技术将模拟量、开关量转换成数字信号，并通过连接的设备传送数字信号，避免传统技术下信号在传输中易发生的变形、衰减问题。可以说，现场总线技术从信号传递方式上保证了系统的控制和测量精度。

7. 具备远程监控的能力

现场总线技术可以实现对现场设备的实时远程监控，可以实时了解设备的运行状态；现场总线技术能在总控制室实现对现场设备的远程操作。

8. 具有先进的故障诊断能力

现场总线技术可以将现场设备的运行状态实时反馈至控制室，既节省了人力资源，又能保证设备检查的全面性；现场总线技术可以自行分析设备中的故障问题，及时解决故障；当遇到无法解决的故障时，现场总线技术可以及时切断线路，确保及时止损。由此可见，现场总线技术具备故障诊断能力，这一优点在恶劣的使用环境中体现得尤为明显。

9. 强化了系统的现场级信息搜集能力

现场总线技术确保了处理器可以从现场设备的实际运行状况中获得大量真实有效的信息，符合计算机控制系统与电气自动化控制系统的综合要求。现场总线技术的实质是通信网络的数字化形式，它除了能代替 4~20mA 线路之外，还能进行设备运行参数、运行状态、运行故障等信号传输。

10. 具备一定的集成性、开放性

如果不同厂家生产的产品使用同一总线作为固定标准，就说明该总线具备一定的集成性。随着全球化进程的深入，相同产业的生产厂家间的恶性竞争减弱，他们乐于分享自身掌握的先进理念和技术，允许竞争对手将自己研发的制作配方、设计的工艺流程、程序中的控制算法等应用于通用的电气自动化控制系统中，现场总线技术具备一定开放性。

（四）现场总线控制系统的组成

将现场总线技术应用于电气自动化控制系统中即为现场总线控制系统，它可以完成对现场设备的控制、测量。现场总线控制系统同计算机系统相似，同样是由硬件与软件两部分组成的。硬件部分有站点（主站、从站）、节点、装置、总线设备、通信线（又称"总线电缆""通信介质"）；软件部分有组态工具软件（通过计算机调配设备）、控制器编程软件、用户程序软件、设备接口通信软件、设备功能软件、监控组态软件。其中，组态工具软件是使用计算机将网络组态信息与设备配置的基本信息传输至总线设备中应用的软件，现场总线技术将设备配置的基本信息与组态信息根据现场总线协议规范和通信需求进行处理分配，在计算机的帮助下将总线电缆输送至总线设备；控制器编程软件可以为用户提供自行书写程序的平台；用户程序软件是可以根据系统自身的不同工艺需求而改编的PLC程序；设备接口通信软件是一种可以依靠现场总线标准的规范/协议，与总线电缆间传递信息的软件；设备功能软件是一种能使总线设备实现自身实际功能的软件；监控组态软件是一种可以时刻反馈现场设备运行数据的监控软件，它具有实时报警、数据分析记录、报表打印等功能。

（五）现场总线控制系统的技术特点

现场总线技术，又称"3C技术"，即计算机（Computer）、控制（Control）、通信（Communication）的结合产物。现场总线技术是计算机网络技术、自动化仪表技术与过程控制技术的共同交汇点，是网络技术、信息技术在控制领域中的具体体现，是网络技术、信息技术在现场设备中的技术成果。现场总线技术作为自动化控制领域中的一大发展热点，促进了传统的工业生产的改革，使工业电气自动化技术迈入了新的发展道路。

现场总线控制系统具有以下6个技术特点。

1. 现场总线控制系统是一种应用于现场的通信网络

现场总线控制系统是一种应用于现场的通信网络，具有以下两种含义：第一，现场总线控制系统将通信线（总线电缆）延伸至产品制造环节（工业现场），或者直接在工业现场安装总线电缆。第二，因为现场总线控制系统就是为工业制造而设计的，所以现场总线控制系统适用于工业现场。

2. 现场总线控制系统是一种数字化的通信网络

因为现场总线控制系统具备数字信号传输的功能，所以不同层次或同层次的总线设备间都使用数字信号的形式进行通信交流，这主要有以下三层含义。第一，现场设备中的底层控制器、执行器、传感器、变送器间均通过数字信号的形式传输信息。第二，上/中层的控制器监控计算机等设备时，以数字信号为传播介质。第三，各层次设备统一使用数字信号作为信息交换的工具。

3. 现场总线控制系统是一种开放式的互联网络

第一，现场总线技术具有公开的总线标准、规范化的协议，所有制造商必须严格遵守。第二，现场总线技术具备一定的开放性，可以完成各层网络的互联工作，也能完成不同层次网络的互联工作，不会受不同厂商接口、不同标准协议的影响。第三，用户可根据自身需求实现网络资源的共享。

4. 现场总线控制系统是一种可以连接现场设备的网络

现场总线控制系统仅需一根通信线就可以将所有的现场设备（控制器、执行器、变送器和传感器）连接，以实现多个现场设备的互联，进而构成了实现现场设备的互联网络。

5. 现场总线控制系统是一种功能与结构具有高度分散性的系统

现场总线控制系统的强分散性可以从上文内容中体现出来，此处不再赘述。现场总线控制系统功能呈高度分散性，是由分散功能模块所决定的。

6. 现场总线控制系统具备一定的互操作性和互换性

（1）互操作性。现场总线控制系统具有连接不同生产厂家现场设备的功能，可以促进它们之间的信息交换与交流。

（2）互换性。不同厂商制造功能相似的现场设备，可以在现场总线控制系统的作用下互相替换。

第二节　控制网络的基础

一、控制网络概述

信息网络的进步推动了控制网络的逐步发展，控制网络正朝着开放发展的趋势前进。

（一）工业信息化与自动化的层次模型

工业企业的发展目标是提高经济效益，而经济效益的提高要靠生产的自动化和信息化来实现。工业企业的管理组织正逐步朝着"扁平化"管理模式的方向发展，这种模式就是工业自动化和信息化的新型层次模型，它包括三方面，分别为自动化层、设备层和信息层。下面将分别介绍不同层次具备的功能。

1. 自动化层具备的主要功能

（1）能够使现场总线技术和现场电气设备相连，是一种具有强大功能性的控制主干网。

（2）能够实现高水平的自动化控制技能，如监督控制、优化控制、协调控制等。

2. 设备层具备的主要功能

（1）实现现场设备的数字化、规范化和标准化。

（2）使现场设备更容易实现互相关联且接入。

（3）实现现场设备的基本控制功能。

（4）提供现场总线技术的功能。

3. 信息层具备的主要功能

（1）提供一个以市场经济作为主体的先进企业的管理体系。

（2）设备管理和综合信息管理的功能。

（3）可以为自动化层提供生产指挥、计划调度和科学决策等。

实际上，上述层次模型的划分仅仅是相对的，随着嵌入式控制系统的不断发展，自动化层和设备层逐渐融为一体。在这种情况下，信息化技术应用集成化的趋势日益明显。

（二）控制网络的类型及其关系

按照组网技术来看，控制网络分为两大类，分别为交换式控制网络和共享式控制网络。共享式控制网络结构一般就是指现场总线控制网络；交换式控制网络是指为了增强网络的通信能力而不断发展的一种网络。无论是交换式控制网络还是共享式控制网络，都可以组建成分布式控制网络。此外，交换式控制网络和共享式控制网络也可以构建成嵌入式控制网络。

（三）分布式控制网络技术

因为很多厂商在生产电气自动化控制系统时，不愿意提供有效的开放平台，所以现在的分布式控制网络结构具有以下特点。

（1）主从式控制结构增加了电气自动化控制系统的额外的资源开销和复杂性。为了克服主从式控制结构的不足，采用分布式网络控制结构。

（2）专用控制器作为通信控制器，不具有开放性系统的必要条件。

（3）分布式控制网络中，路由器可以将各种现场总线控制网络相连接，单路由器工作类型不属于物理隔离，因此不能使通道透明，只能在网络中逻辑隔离。此外，分布式控制网络属于集成式网络，仅单个的网络工具便能够在网上的任何地域对其他网上节点进行运作。这种方式使电气自动化控制系统的安装、诊断、维护和检测都更加便利。

（4）控制网络遵循 TCP/IP 协议，以使自身更具开放性。IP 路由器是实现分布式控制网络的重要设备，引起了广大研究公司的重视。

（四）嵌入式控制网络技术

嵌入式控制网络技术由嵌入式控制系统、网络接口和分布式网络计算平台构成，下面对此展开介绍。

1. 嵌入式控制系统

嵌入式控制系统是指借助嵌入式控制器从网络接口接入各种各样的网络，其中包括 Internet、局域网（LAN）、广域网（WAN）等，以此组成拥有先进控制功能和分布式网络信息处理功能的控制网络。嵌入式控制系统的基本作用是实时控制、管理、监视、辅助其他设备的运转，它的组成部分是固化在芯片内的软件、微处理器芯片内的软件以及其他部件。

嵌入式控制器包括的软件结构有：实时数据库、应用程序编程接口（Application Programming Interface，API）、应用程序和嵌入式操作系统。与通用型控制系统的 CPU 相比，嵌入式控制系统的 CPU 功能更强大，32 位的嵌入式控制系统的 CPU 种类已经达到了 100 种以上。嵌入式控制系统的 CPU 的工作范围是在特定的用户群中，它具有集成度高、体积小、功耗低的特点。这些特点为嵌入式控制系统设计的智能化、小型化提供了便利，使其更利于网络应用。

由于嵌入式控制系统的 CPU 性能强大，支持 TCP/IP 协议，为嵌入式控制器提供了高速处理能力且灵活的扩展方式，使网络扩展和网络互联更加容易实现。嵌入式控制系统在与主干网连接中应用了各种网络，这些主干网具有支持分布式网络计算、实时性好、通信速率高的优点，为组成性能高且性价比高的嵌入式控制系统提供了许多有益的帮助。

2. 网络接口

在网络中接入嵌入式控制系统往往离不开网络接口，32 位的 CPU 作为网络接口的中心，可以实现嵌入式控制系统对网络接口的管控作用。常见的网络接口有 RS-232C 的串行接口、网络接口、通信协议转发器接口等。

（五）交换式控制网络技术

交换式控制网络是一种以 ATM 交换机、交换式交换机、交换式集线器等交换设备共同组成的控制网络。下面简要介绍交换式控制网络技术的特点以及如何构建交换式控制网络。

1. 交换式控制网络技术的特点

交换式控制网络技术相较共享式控制网络技术，具备以下明显的特点。

（1）交换式控制网络技术具备更快的传输速度，如交换式集成器和以太网交换机的带宽分别为 10Mbps 和 100Mbps。交换式控制网络除了有 10Mbps 的带宽端口之外，还有 100Mbps 的带宽端口，可以为用户提供 10/100Mbps 的自适应端口，以供用户自行选择。例如，ATM 交换机规定的最低带宽速度为 155Mbps，规定的最高带宽速度高达 622Mbps。此外，交换式控制网络技术还能使用网络分段的方式，增加各个端口的有效带宽，有效地消除控制网络的拥堵问题。

（2）交换式控制网络的特点是容量大，通常情况下可以同时接入几十甚至上百个设备。

（3）交换式控制网络技术提供的多端口间通信一般是无堵塞的即时通信，其指令信息能从控制器直接传送至目标设备，标准的以太网交换机或交换式集成器仅存在几十微秒的网络延迟，完全符合实施控制的标准。

（4）交换式控制网络技术具有长期稳定的工作特点，可以保证控制网络具有一定的可靠性。

2. 交换式控制网络系统的构建

目前，我国已经拥有相对成熟的交换式控制网络技术。要想构建交换式控制网络系统，可以遵循以下流程。

（1）我国现阶段的交换式控制网络大多使用将交换设备作为核心的星型拓扑结构。随着控制网络规模的扩大，为满足实际的网络需求，企业可以使用分段式的网络结构，以构建规模更大的交换式控制网络系统。

（2）选择合适的交换机。选择交换机时，主要注意以下三个方面的问题。第一，端口密度。电气自动化控制系统要想接入数量较多的设备，必须提升端口密度。但是，增加端口会增加网络负荷，进而影响网络数据传输速度，而且过多的网络端口也会堵塞服务器的链路。第二，端口带宽。系统中接入设备的带宽应适合交换端口的带宽。第三，容错能力。网络控制的关键部件，如存储硬盘、服务器、交换机等设备，最好引入冗余技术和热切换能力。

（3）交换式控制网络系统可以根据不同的应用需求，选择不同的组网方式，如以太网、ATM 网或 VPN 虚拟专用网等。

二、网络拓扑

网络拓扑是指存在于网络中各个节点之间的物理或者逻辑上的连接关系。网络拓扑发现就是用来确定这些节点及它们之间的连接关系。网络拓扑发现主要包括两方面的工作：一是节点的发现，包括主机、路由器、交换机、接口和子网等；二是连接关系的发现，包括路由器、交换机以及主机之间的连接关系等。网络拓扑发现技术在复杂网络系统的模拟、优化和管理、服务器定位以及网络拓扑敏感算法的研究等方面都具有不可替代的作用，同时网络拓扑发现技术也面临诸多机遇和挑战。

现今网络的规模和结构日益庞大复杂，如果想要获得准确完整的拓扑信息，需要投入大量的人力、物力和财力。网络本身没有提供任何专门针对网络拓扑发现的机制，管理人员不得不采用一些比较原始的工具进行网络拓扑发现，从而加大了管理人员的工作难度。同时，网络中的节点经常会发生物理位置和逻辑属性上的变化，各个节点间的连接也经常发生变化，从而导致整个网络的结构时常发生变化；再加上网络协议版本的更新换代及动态路由策略的影响，使得网络拓扑发现的结构永远是过时的拓扑结构。由于不同的管理机构管辖不同的网络范围，不同网络系统的硬件和软件的类型又有很大的差异，这使得网络本身就具有异构性的特征。出于安全保密等方面的考虑，不同的网络会采取一定的策略来隐藏自己的拓扑信息，这使得网络拓扑发现工作变得更加困难。

三 、网络互联

（一） 网络互联体系结构

在研究和发展异构网络互联技术的过程中，人们首先要解决的课题是网络互联体系结构（互联体制）和互联协议的研究，而研究适合异构网络互联的通用体系结构，就相当于制定一个通用的互联策略。

（二） 网络互联体制的类别

逐段互联体制和端—端互联体制是形成体系互通的主要网络互联机制。端系统 A 为了与端系统 B 在网络中相连，需要利用异构的三个不同网络（NETS、NETI、NETZ）实行互联，连接过程中也需要通过中继系统（两个互通单元）的子网进行连接。为了向高层的网络提供相关的网络服务，实现子网服务和接入，可以将高层的网络服务转化为与网络无关的输送服务。下面对两类网络互联体制进行介绍。

1. 逐段互联体制

逐段互联体制，又称"协议变换"制式。逐段互联体制为了促进网间服务功能逐段整合到统一的服务层面，通过网关转变各子网之间的协议；在此过程中逐段互联体制不会对接入设备进行修改，只会应用不同子网间的接入机构来提供服务。

逐段互联体制会在端—端连接的过程中，将通过的每一子网作为一段，在不同的段上，只使用网络层来实现段上的连接通信。逐段互联体制中向各子网供应服务的公共子集，即最终向端系统供应的服务级别和服务功用，可以利用协议转换实现服务转变的方式或将某种规程加入网络服务机构的方式，对服务子集进行扩展，如子网相关会聚协议（SNDCP）、051/RM 的网络层。显而易见，这将增加互通单元（IWU）的设计成本和复杂性，需要花费巨大的研发费用。然而，逐段互联体制的整体运作成本费用比较低，其主要原因在于，利用品质级别高的子网时，逐段互联体制可以避免系统中不必要的重传和控制，以减少网络支出和负荷。

2. 端—端互联体制

端—端互联体制，又称"网间协议"制式，它要求两端执行相同的传输协议，以确保两端系统具备相同性质的服务功能，并提供与网络无关的传输服务。端—端互联体制的核心是，从子网的接入机构中提取出简单的、相同的网络服务性能，如数据报服务，从而使整个网络互联系统提供相同的服务来维持端—端传输服务的一致性。为了完成这部分网间服务功用，需要不同的网关和端系统共同执行统一的"网间协议"，即 IP 协议。

端—端互联体制为了对等级低的服务功能进行提取，促进异构网络间的服务品质等级差别，可以利用比较简单的网关，因为这种网关的通路故障少，具备统一性。现阶段的 IP 协议中，只能对数据报的无连接服务进行选择。基于此，端—端互联体制需要利用 TCP/TP 协议来提升服务质量，如完成丢失重传、重复检验、实现排序等。跨越子网链提供服务等级是端—端互联体制的不合理性，这种不合理性表明品质等级高的网络需要增加对自身的成本和负荷才可以有效地实现网络互联控制。

（三）网络互联体制的选择与比较

选择端—端互联体制还是选择逐段互联体制是在构建网统互联系统模型的过程中必然会遇到的问题，选择哪种体制决定了系统模型最终会呈现何种形态。比较这两种网络互联体制时，可以在输送品质与可靠性、网关复杂性、运行成本、寻址方法、研制成本等方面进行考虑。下面将通过以上细节总结、归纳出两种网络互联体制的优势与劣势。

1. 逐段互联体制

优势：简化了传输控制流程，传输业务的可靠性和品质较高，运作的成本费用较低；可以在子网的品质级别和服务功效方面进行合理运用。

弊端：路由不灵活；寻址需要花费较高的成本；必须进行协议转换与集中服务；网关研发比较复杂，研发成本极高。

2. 端—端互联体制

优势：网关成本低廉，技术简单；拥有独立的路由和全面的寻址；网络的可靠性和稳固性较高；由于大部分网络（如 LAN、PRNFT 等）只能利用无连接方式向网络提供数据，其在数据反馈服务方面有着更加广泛的应用。

劣势：运行和控制不同子网的成本费用高；加大了主机的研发成本和负荷；只能为网络服务提供无连接方式；必须利用端系统的传输来确保传输服务的质量。

（四） 网络互联设备

1. 中继器

中继器在 OSI 的第一层（物理层）开展工作，可以对一个网络的两个网段或多个网段进行连接，是最简单的网络互联设施，其两端通常都是网段，而不是子网。中继器的主要作用是完成物理层的功能。为了增加信号传输的距离、延伸网络的覆盖范围和长度、促进网络形成远距离通信，中继器需要在两个不同的网络节点的物理层中传输信息，完成信号的放大、复制、调整等。中继器不会关注数据信息中的错误数据或不适合网段的数据，只负责将一个网段的数据向另一个网段输送。在生活中，人们常用的中继器是网络中继器、红外中继器、微波中继器、激光中继器等。

中继器由再生电路、均衡放大器、信码的判决和定期提取电路构成，具有均衡放大、定时提取、信码再生、判决手段的功能。均衡放大是指为了对传输线路的损耗和失真信号进行补充，可以均衡放大基带信号的失真和损耗的传输线；定时提取是指为了对定时脉冲进行电路再生和判断，可以在传输的信号中将最终频率数据（时间指针）提取出来；信码再生是指判断时利用时间指针使放大均衡后的信息形成再生信息码，进行进一步传送；判决手段是指判决结果取决于均衡波的品质，因为判决电平主要是均衡波产生浮动时出现的最大值的 1/2，所以在判决数值大于最大值时，判决结果要么是1，要么是0。中继器还可以起到扩充局域网的作用，可以有效连接一个局域网中的多个不同网段，但缺少过滤、检错、纠错等功能。中继器与通信方面的线路放大器相似，都可以实现信号输送的功能。

综上所述，中继器就是连接网段的媒介。需要注意的是，在不同的网络中接入过多的中继器会出现衰耗、时延等问题，因此必须对中继器的数量加以控制。

2. 网桥

网桥，又称"桥接器"，是两个局域网的转发、存储设备，可以将两个以上的局域网连接成一个逻辑局域网，也可以将一个大局域网分解成多个网段，从而实现局域网中的所有用户访问服务器的目标。

媒体访问控制子层和逻辑链路控制子层是网桥在物理层上工作的数据信息链路。大部分网络架构会在 MAC 层上表现出差异性，特别是局域网。因此，网桥经常应用于局域网的 MAC 层转变。网桥的功能强大，可以对介质访问、物理寻址提供算法，对数据流量进行控制，有效地解决数据传输中的差错。网桥具备的过滤和筛选功用不仅可以优化网络的实际效能，还可以有效地阻断没有必要传输的信息内容，优化网络体系的安全性和保密性，从而全方位地提升网络的响应频率和数据信息吞吐量。

需要注意的是，网桥的性能会因为局域网用户数、工作站数、通信量的增加而逐渐降低，这个状况是所有局域网中都存在的现象，尤其是运用 IEEE 801、CSMA/CD 访问的局域网表现得更为明显。因此，在局域网环境下，可以利用网桥隔断网段之间的流量，降低网络的通信量和用户数，对网络进行分段。利用网桥划分网段，既可以减少每个局域网段上的通信量，也能够确保网段间的通信量小于每个网段内部的通信量。

3. 路由器

路由器主要在 OSI 的第三层（网络层）开展工作。路由器与交换机和集线器存在显著的不同，其可以利用 IP 协议寻址，并传输数据包。路由器是一种可以连接不同网段或网络的网络设施，能将不同网络和网段之间的数据信息进行转换，促进网络设施间的数据传输。

路由器处于网络层不仅可以在逻辑意义上将互联网络分成单独的网络单位，使网络拥有逻辑架构，还可以跨越不同的物理网络种类，如以太网、DDN、FDDI等，使得路由器在互联网络中占据核心位置。

路由器的主要工作任务是，为通过路由器的数据帧找到最佳的输送途径，使数据快速有效地到达目的地。路由器的基础功能是，将数据信息传送到目的网络中，具体包含以下内容。

（1）转发 IP 数据报，包含数据报的寻径和传送；

（2）隔断子网，控制广播风暴；

（3）维护路由表，并与其他路由器互换路由信息内容，这是 IP 报转发的基础；

（4）对 IP 数据报进行简单的拥塞控制和差错处理；

（5）实现对 IP 数据报的记账和过滤。

因为网络层的主要工作是为网络通信提供路由选择、屏蔽网络差异、提供透明传输、拥塞控制等，所以路由器具备较高的网络互联功能，如网络管理、控制流量、控制网络、数据转发、路径选取等功能。其中，路径选取是指通过考虑拥塞程度、距离、流量、成本费用等要素，选取最佳输送途径；网络管理是指路由器不仅可以连接不同的网络汇集部位，促进网络间的信息流通，还可以通过路由器对网络设备工作、网络信息流动进行监控，管理设备和信息；数据转发是指通过网络使数据分组输送的工作得到实现；控制流量是指路由器既需要拥有缓冲功能，还需要掌控双方的数据流量信息，以此促使二者更加相配。

与路由器相连的物理网络既可以是异类网，也可以是同类网。这是因为绝大多数的路由器都可以实行不同协议间的数据输送，如对于 LAN-WAN-LAN、LAN-WAN、WAN-WAN、LAN-LAN 等的信息输送都可以快速高效地完成。

4. 网关

网关，又称"网间连接器""信关"，在网络层以上实现互联，是复杂的网络互联设备，仅用于两个高层协议不同的网络互联。网络的不同节点间存在不同的 IP 地址网络标记码时，需要实行间接路由选取方式；IP 数据报最终展示在接受者的目的主机前，会在途中通过网关抵达目的地，而同属于相同网络的不同计算机节点，它们的 IP 地址中拥有一致的网络标记码，这样就可以在 IP 数据报由发送者向接收者输送时，实行直接路由选取。由于直接路由选取不会通过网关，为使数据报成功抵达接收节点，需要利用网关连接不同的网络，通过首尾相连的网关输送通信数据报。

为了实现不同网络间的数据接收，各网络协议必须严格规范转换标准。一部分不采用 TCP/IP 协议的网络，如 BITNET、X. 25 公共互换数据网络等，在连接因特网的过程中，需要网关既具备网络转换协议的功能，又具备路由器功能。因此，人们目前普遍将网关看作路由选取和各网络间转换协议的专属的网络通信设备。

第三节　CAN 总线

一、CAN 总线的特点

因为 CAN 总线具备设计特殊、性能高、可靠性高的特征，所以不只是汽车行业，医疗器械、机器人、感应器、纺织设备、机械工业、数控机床、农用设备等领域都应用了 CAN 总线。CAN 总线是一种多主总线，可主要利用光导纤维或双绞线同轴电缆实现通信。CAN 总线接口集中了数据层与物理层的功能，可以完美处理通信数据的成帧，其中包含优先级判别、位填充、循环冗余检验、数据块编码等工作。

除此之外，CAN 总线采用了多主竞争总线式构造，可以进行广播通信、多主站运行、分别仲裁的串行总线等。CAN 总线可以在不分主次线的情况下在任意时间通过网络向其余节点传输信息内容，进而在不同节点间完成自主通信。CAN 总线十分适用于分布式检测体系的数据通信方面，它既拥有被国际标准组织认可的能力和成熟的技术，又因为其控制芯片已经商品化而拥有较高的性价比。另外，为了促进分布式监测控制体系的构建，CAN 总线可以适用于任意 ATXT 兼容设备。

CAN 总线相比普通的通信总线具备显著的灵活性、可靠性和实时性，它隶属于串行总线通信网络，运用了众多特殊的设计和新型技术。综上所述，CAN 总线的特征可以概括为以下几个方面。

第一，CAN 总线可以在不分主次线的情况下，使任意节点在任意时间向其他的网络节点输送数据信息，属于多主式工作，具备灵活的通信手段，不需要网站地址等节点数据信息内容。同时，CAN 总线可以借助这一特征形成多机备份系统。

第二，CAN 总线可以将节点信息内容分为不同级别的优先级，以满足不同的实际需求。优先级高的数据信息输送时，可以在 134us 内完成。

第三，CAN 总线应用了非破坏性总线仲裁原则，使得不同级别的节点信息在同一时间传输信息给 CAN 总线时，优先级低的节点主动暂停，优先级高的节点优先向 CAN 总线输送数据信息。这样一来，即使网络负载过重，CAN 总线也不易产生网络瘫痪的故障。

第四，CAN 总线不需要实行特殊的"调度"，可以通过验收滤波实现全面广播、点对点、一点对多点等手段完成接收或发送数据。

第五，CAN 总线的通信频率最高可达 1Mbps，通信距离可达 40km；直线通信距离最长可以在频率为 1kbps 以下时达到 10km。

第六，总线驱动电路决定 CAN 总线的节点数量可高达 110 个，报文标记符 2032 种。

第七，CAN 总线具备显著的检验错误的功能，主要运用短帧构造，抗干扰性强，数据传送时间较短。

第八，CAN 总线的每帧信息具备 CRC 校验及其他验错措施，可以降低数据传送的错误率。

第九，为了避免总线其余节点的实际操作受到影响，CAN 总线中的节点具备自动关闭传送的功能，会在出现严重错误的状况下自动关闭。

二、CAN 总线的关键技术——位仲裁技术

因为在处理数据信息时，需要进行实时、迅速的数据传输，所以数据的物理输送速度必须较高。对此，位仲裁技术可以迅速实行总线分配，完成几个站同时传输数据的情况，还可以利用网络交换，对重要数据进行实时处理，具有显著的优势。此外，在物理量迅速变化的过程中，位仲裁技术可以将变化速度慢的物理量运用较短的延时重复传输数据信息。

CAN 总线传输数据信息时以报文作为主要单位，虽然报文的二进制数标记符低，但是其具备高优先级，主要在 11 位标记符中体现，系统设计时确定这种优先级后便不可以随意改变。在此过程中，位仲裁技术可以处理 CAN 总线读取过程中产生的冲突。例如，在同一时间有几个站向总线传输报文，站 3 的报文标记符是 0100111，站 1 的报文标记符是 011111，站 2 的报文标记符是 0100110。

三个站的标记符中都拥有相同的前两位01，一直到比较第3位时，因为站1报文的第3位高于其他两站报文的第3位，所以需要丢弃站1的报文。再继续比较站3和站2的报文，虽然站3和站2报文的第4位、第5位、第6位相同，但站3报文的第7位较高，因此需要丢弃站3的报文。需要注重的是，为了获取总线读取站的报文，需要不断跟踪总线的信号。此外，在确定传输网络中某个站的报文前，该报文的起始部位已经发送至网络上，这是非破坏性位仲裁技术的优势。此时，没有获取总线读取权的站不会在总线再次空闲前对报文进行传输。在网络负载过重的情况下，由于站的请求已经被总线的优先级按序放置在报文中，使得位仲裁技术具备显著的优势。

总的来说，CAN总线的控制方式是非集中总线控制，为了确保主站的可靠性，需要所有的通信在系统内分散完成，其中包含总线许可控制。实际上，位仲裁技术是唯一一种可以保障通信系统可靠性的方式。

三、CAN总线的应用优势及发展

（一）CAN总线的应用优势

在实际操作过程中，分配总线的手段主要有按需分配和通过时间表分配两种。在通过时间表分配总线的方式中，不论节点是否申请总线，都应该按照最大期间分配节点。因此，这种分配方式对存取总线或在特殊时间存取总线具有一定的影响，促使总线向不同的站点分配，而不是只分配给一个站。在按需分配的方式中，总线需要通过传输数据的方式对某个站进行分配，即按站进行传送分配。因此，不同的站在同一时间向总线要求存取时，总线会中断全部站的要求，不会向任何一个站实行总线分配，但是如果多一个总线，就可以促进总线分配任务的开展。

CAN总线可以确切保障任何站要求总线存取过程中的总线分配任务。与以太网仲裁不同，CAN总线的位仲裁技术可以有效地解决两站同时请求的问题，以确保总线不会在需要传输重要信息时被占用。在总线负荷过重的情况下，CAN总线将消息内容作为优先的总线存取也被证明是科学合理的体系。尽管CAN总线也存在传输能力不足的问题，但是所有未解决的传输请求已经按照主次顺序有效地做出了相应的处理。换言之，在CAN总线中，必定不会发生系统过载瘫痪的现象。下面具体介绍 CAN 总线的应用优势。

1. 信息共享

应用 CAN 总线可以实现 ECU 间的数据信息共享，有效地减少系统中没有必要存在的感应器和线束。例如，其他电气系统可以共享具备 CAN 总线的电喷发动机提供的油量瞬时流速、转速、机油温度、水温、机油压力等数据，使系统既可以不安装油温感应器、水温感应器、油压感应器等设备，还可以通过仪表盘直观地观察数据信息，以此达到实时监控发动机运转情况的目的。

2. 减少线束

传统的电气自动化控制系统主要运用单一的点对点的通信手段，两点之间的联系较少，容易造成布线系统过大。随着科技的发展，新型电子商品对信息共享和整体布线方面的需求越来越高。以汽车为例，通过调查统计可知，运用传统的布线手段的汽车拥有长达 2000m 的导线，1500 个电气节点，并且每过十年这一数据便会增加 1 倍。由此可见，传统的布线方式无法跟上汽车发展的脚步。而 CAN 总线技术可以节省汽车空间，减少线束。例如，按照传统的布线方式，汽车车门的门锁控制、后视镜、摇窗机需要 20~30 根电线，而使用 CAN 总线这些部件仅需 2 根电线。

3. 关联控制

这里仍以汽车为例，传统的汽车控制手段无法在事故中关联控制不同的 ECU；而 CAN 总线可以完成 ECU 的实时关联控制。这样一来，当汽车发生碰撞事故时，CAN 总线会利用感应器发出碰撞信号，再运用 CAN 总线技术将信号输送至中央控制器，从而完成安全气囊的启动弹出动作，保证驾乘人员的安全。

（二）CAN 总线的发展趋势

近年来，我国企业的规模不断扩大，导致公司体系的时滞增加、非线性强化，产生复杂的工业控制，而这种工业控制网络系统无法向企业生产的不同环节提供切实准确的指导。为了了解企业的生产情况，充分治理和控制现场，企业必须利用稳步提升的信息化水平和管理水平，以及迅速发展的计算机技术和集成电路技术，将 CAN 总线检测网段连接至企业管理网络。而 CAN 总线不仅具备强大的网络效能可以实现集中治理，还可以对现场的操作进行分散、模糊的控制。基于此，CAN 总线网络应利用网桥或网关与企业管理体系——以太网互联，从而形成管理控制一体化的网络，促进工业控制系统的高速发展。

随着企业管理水平和信息化水平的提高、集成电路技术和计算机技术的发展，必然要求处于底层的现场总线测控网段与企业高层的管理网络互联，以便及时了解生产现场状况并实现管理和控制现场的操作。因此，CAN 总线网络将进一步发展，通过网关或网桥向上与企业管理系统以太网连接构成管控一体化网络。

第四节　工业控制网络系统的安全

一、工业控制网络系统的安全问题

工业控制网络系统整合了工业控制网络技术和电气自动化控制系统，它利用计算机设备控制工业过程，有效地降低了人工成本，提高了工作效率，代替人类在环境恶劣的场所工作。传统的工业控制系统是封闭的，即使出现安全问题，其影响范围也十分有限。例如，一台传统的数控加工机床的数控模块被病毒感染，那么只有这一台被病毒感染的机床加工出来的产品存在质量问题，且质量问题在质量检测环节会被工作人员及时发现。而工业控制网络系统的联结性大大提高，一旦出现安全问题，可能导致整个工业控制网络系统受到影响。

随着网络技术飞速发展，工业控制网络系统的作用越来越突出，已经成为物联网的重要组成部分。工业控制网络系统与国计民生基础设施的联系越来越密切，很多领域都要依靠工业控制网络系统来保障安全，包括基础设施、军队军工、制造业、民生智慧城市等。但是，现有的支持工业控制网络系统运行的网络面临较大的风险，这些风险会对国家安全造成直接威胁。

二、工业控制系统网络中的安全风险分析

（一）网络平台漏洞问题

传统工业企业在发展过程中，大多以生产效率为基准，并未能针对企业固有的信息安全体系以及网络运行模式等，建立安全、可靠的防护框架。除此之外，

网络建设过程中，平台体系以及相关资源的投入量相对较低，在安全标准方面也仅仅维系在网络可传输性以及可存储性之上，部分密码设置简单、网络硬件配置较低，致使计算机系统在使用过程中产生运行失效现象，增加网络安全问题的产生概率。

（二）信息管理漏洞问题

信息管理体系的建设及落实针对不同信息控件以及网络安全架构施行针对化处理，此过程中每项管理机制应当保证系统化作用到企业运行体系之内。但是从信息安全管控机制的实际运行模式来看，存在缺位问题。首先，部分企业针对网络安全管理制度的建设存在迟滞现象，未充分认识到企业网络安全管理的重要性，同时在制度建设方面存在缺失问题，无法落实到相应岗位或工作人员身上。其次，企业信息管理人员的专业性相对较低，并未经过系统性的培训，进而产生自身专业能力以及职业素养无法支撑繁杂的网络安全操作需求，特别是在高级黑客攻击下，防护机制无法起到实效性作用，加剧计算机网络运行的安全问题。

（三）安全防护漏洞问题

工业控制系统在运行过程中是按照工业生产模式以及企业运行机制等，建设对接性控制系统，例如，在大型车间控制之中，工业控制系统呈现闭环特征，需闭环控制机制针对不同生产模式及具体产生效能进行测定处理，提高顶层设计与终端驱动的对接性。企业网络体系的建设下，工业控制系统逐渐向网络多元化操作模式转变，间接扩大控制系统的应用范畴，借助计算机网络平台对工业控制机制起到全维度支撑作用，增强信息传输性能。但是此类运行模式也将产生一系列的安全问题，不法人员通过网络架构可轻易进入到工业控制系统内部，甚至可能篡改权限，修改工业控制参数，极易引发生产事故。

三、工业控制系统网络安全防护内容

目前，工业控制系统已经广泛应用于工业产业以及企业管理，但是面临外界因素及内部因素等产生的干预，极易造成网络安全问题。对此，应当加强调节基础控制能力以及生产能力，建立纵深防御体系，通过分层模式应对不同因素产生的侵害问题。

（一）安全规划方面

安全规划针对工业控制系统网络体系的建设机制进行整体规划处理，应先界定安全管控目标以及实际安全管理内容，针对系统以及网络之间的联动机制，或系统网络驱动过程中的应用范畴，实现定期调整。同时，应对工业系统在后期发展过程中可能产生的一系列拓展因素进行维度化、针对化的安全防护调整，例如，组织机构设立安全防护对策以及应急防护计划等，深化基础设计流程，健全安全管控体系。

（二）物理环境方面

工业控制系统网络安全防护体系中，物理环境是对基础硬件组成进行定期防控处理，保证内部控制系统不会产生定性安全影响因素，例如，机房、门禁钥匙以及指纹识别，针对各类工控设备以及网络设备进行权限设定，保证不同网络运行范畴下，技术层面以及设备层面不会产生安全风险问题。

（三）网络方面

针对网络架构进行安全防护时，主要是依据工控系统内部的运行机制以及网络延伸范畴等，对基础网络资源或访问功能进行权限设定。此过程中通过逻辑性的判定与核验最大限度增强系统的驱动效能，例如，通过防火墙技术、入侵检测技术等，增加实际检测精度，明确设定与划分内部控制网络以及外部网络资源传输指标等，增加实际监管范畴，一旦发现异常问题就立即报警并予以处理。

（四）应用方面

从实际应用角度来讲，工业控制系统网络安全防护体系的设定针对不同应用模式，进行授权处理，保证应用系统以及相关程序在交互运行过程中，按照既定认证机制实现审计、授权及校验，分析用户在不同维度下具备的权限功能。同时，可对当前的操作模式进行基础罗列处理，有效提高工控系统内部程序运行的稳定性，解决网络运行脆弱性的问题。

（五）设备方面

物理设备作为工业控制机制实现的重要载体，无论是在工业控制系统还是在网络架构之中，均是通过不同的性能以及元件，对基础控制环节进行定向匹配。从网络资源角度来讲，信息体系之间呈现的变更性以及多维度处理工作之间数据罗列机制，代表工控系统生命管理周期下信息以及相关网络传输的联动指标。对于工业控制系统离散性、分布式的特征来讲，要想全过程作用在网络系统驱动层之内，需建立起相对应的安全防护体系，以设备为基准，建立健全维护体系，保证基础硬件配置环节可全程支撑相关设施以及网络体系的正常运行。

四、加强工业控制网络系统防护的建议

（一）加强电子信息技术的应用

为了更好地提高工业控制系统网络安全性，企业要特别重视工业控制网络系统的安全性。工业数据是十分重要的机密资料，一旦数据泄露，就会造成十分严重的损失。因此企业要根据实际发展需要加大信息安全防护系统的建设力度，使防护系统能够将入侵检测和入侵防护更好结合在一起，以抵御外部的恶意攻击。在构建管理系统过程中可以从以下几个方面出发。第一，要对企业防护系统等级和防护能力进行科学合理的评估，对于系统存在的安全漏洞进行详细排查，根据漏洞制定更加完善修补方案，建立不同的权限访问机制来加强对于核心数据的保护力度。第二，要建设入侵检测系统，有效防止各种非法入侵和病毒攻击，充分利用强大的杀毒软件和信息安全技术，增强工业控制信息系统防护等级，从而维护企业内部数据安全性和稳定性。第三，建立完善的信息服务管理制度，做好关键数据的备份，利用数据恢复技术来及时恢复重要数据。

（二）加强网络安全防护技术

加强网络安全防护技术的应用能够有效地提高网络信息系统的安全性。常见的网络安全防护技术包括防火墙技术、入侵检测技术以及虚拟专用网络技术等。这些技术有一个共同的特点，就是将内部的工业网络和外部网络进行有效的隔离，通过利用各种保护技术使得外部非法访问很难成功，从而有效保护内部网络的安全性能。在应用网络安全防护技术的过程中需要考虑到各种技术的融合，单一的防护技术难以抵御黑客技术的入侵。这就需要在未来建立更加完善的网络安全防护技术，将人工智能技术应用到网络安全防护当中，通过智能判断访问的合法性和安全性，提高系统的防护能力，更好地促进工业控制网络的安全性和可靠性。

（三）注意信息管理人才的培养

在进行工业控制网络系统建设的过程中，企业一定要认识到高素质人才在促进信息技术应用方面发挥的重要作用，积极制定相关的福利政策来吸引具有扎实信息技术、掌握工程管理专业知识的高素质人才。对此，要注意以下几点：

第一，企业为了可持续发展目标，需要积极引进优秀的档案管理人才。这些档案管理人才不仅需要有扎实的档案管理专业业务能力，同时还需要具备很强的信息管理能力，能够对相关数据进行有效的分析和处理，从而更好胜任档案管理工业控制网络系统和科学化建设。

第二，加强在职管理者信息技术培训。不同的企业应该结合自身档案管理系统建设的进度和完善程度来制定相应的培训方案，需要在培训过程中掌握培训者的实际情况，根据存在的共性问题提供相应的解决方案，从而使得档案管理人员更好地掌握相关知识，更好地提高档案管理人员应用软件管理的能力。

（四）加强 5G 技术的应用

5G 技术是最新一代的数据通信技术，相比于上一代 4G 移动通信技术，5G 技术在多个评价指标上取得了更加明显的提升和发展，尤其在安全性方面得到了很大的提升。5G 移动通信网络仍然采用的是数字化通信网络，这个网络能够对信号覆盖的区域进行有效划分，对于不同区域能够实现不同服务。同时能够进行数模转换，将相关模拟信号转化为数字信号进行处理，这样可以保障传输的安全性和稳定性，防止信息失真，一般采用的是比特流传输技术来保障传输的稳定性和可靠性。另外在 5G 通信技术当中，对于无线通信技术也需进一步加强，允许当前局域网中的所有无线设备都能够通过无线电波进行有效的通信，在本地网络中有相应的天线阵以及相应的收发设备来保障频率波段的稳定性和可靠性。收发器通过相应的频率分配和配置会被分配到相应的频道当中去，可以进行重复利用。

五、加强工业控制网络系统安全管理的有效措施

（一）设备自动控制

1. 确保控制信号的安全可靠

工业控制网络系统有可能会因受到非法或者是不必要信息的渗透和干扰而影响其预期操作，外部威胁或是其自身漏洞会影响工业控制网络系统的信息安全。工业控制网络系统信息安全的危害与生产安全的危害不同，生产安全会直接影响人类的健康、破坏自然环境；信息安全是篡改或者误发与生产有关的关键信息和指标。

工业控制网络系统管控机械设备运作的主要方式是以弱电控制强电，当信息指令传递完成，机械设备就开始作业。从网络空间安全的角度来看，设备自动控制的安全主要表现在控制信号的安全。控制信号的来源分为两种：一种是直接产生于设备或者是设备上的配套感知原件，对这一来源应注意防止人为物理破坏，以确保信号的安全可靠；另一种是控制信号，对这一来源应注意从传统的网络安全方面入手，以确保信息传递过程的可靠性，还应在控制终端验证信息的准确性，避免信息被篡改。

2. 保证弱电控制强电的可靠性

弱电信号的运用在工业控制网络系统中十分常见。弱电信号大多用来控制大型机械设备的启停运作，其不仅能够控制设备运作的动力，而且能够改变设备运作的方式。弱电控制强电时可能出现的安全问题主要表现在两个方面：一方面是控制装置本身出现的安全问题，此时要想保证工业控制网络系统中电磁隔离能力、防雷性能、控制装置本身性能的可靠性，就需要采用冗余技术；另一方面是强电能源的动力安全性差，此时要想保证强电的安全性，必须保证接地良好，制定有效的触电防护措施。

（二）加强完善系统中的技术薄弱环节

当设备的主用系统发生故障且不能及时恢复时，就会导致一系列严重的后果，如停止生产，给企业带来经济损失等。为了避免出现这种情况，要将备用应急 SCADA 系统安装于调控中心，满足调控中心基本的监视控制功能，及时补救现场损失；要将相应的安全补丁安装在服务器上，以有效地阻止攻击程序在服务

端运行；要将工业防火墙加装在调控中心和各个局域网之间；要安装工控网络异常感知系统。

此外，工业控制网络系统还要有效识别网络中的操作员站、服务器、PLC资产和工程师站，实时监控网络资产，保证SCADA系统的运行效率和可靠性。

（三）确保系统的功能和物理方面的安全

要想保障设备和工厂的功能安全，就要保证工业控制网络系统能够正常发挥作用。如果工业控制网络系统的功能无法充分发挥或是失效，设备或系统就必须在保持安全状态的同时，及时发出警报，便于检修人员进行检修。例如，系统出现的故障是油管道主输入泵出口压力达到了超高标准，此时工业控制网络系统在接收到泵出口压力传感器的信号后，要及时发出警报。若是压力数值达到一定标准，系统还要自动下发命令，连锁停泵以保护设备。如果工业控制网络系统不能发出停泵命令，现场的压力开关就会直接把信号送到主控制系统，再切断主输泵的电源，保证系统的安全。

物理安全问题包括电击、火灾、辐射、机械危险。要想避免物理安全问题的出现，可以在工业控制网络系统的机房安装烟感、温感类火灾报警设备，并配备灭火装置，确保控制系统的安全。

（四）重视安全基线以外的安全问题

为了加强工业控制网络系统的安全管理，同样应该重视系统中安全基线以外的通信问题。例如，计算机和打印机都会提供共享信息服务，为了保证信息安全，应该关闭计算机和打印机的信息共享服务；系统上存在一些PC端域名解析服务，应该将这些服务全部关闭，有效消除LLMNR协议；彻底检查计算机和服务器的通信进程，消除小流量通信，关闭所有不需要的通信进程。

第六章　电气自动化控制技术的应用

第一节　电气自动化控制技术在工业中的应用

20 世纪中叶，在电子信息技术、互联网智能技术的发展影响下，工业电气自动化技术初步应用于社会生产管理中，经过半个多世纪的发展，工业电气自动化技术的发展日臻成熟，逐渐应用于社会生产生活的方方面面，对于电子信息时代的发展具有至关重要的时代意义。进入信息化时代以来，人们的生产生活观念同步变化，对工业电器行业的发展提出更高的要求，工业电气系统不得不进行与时俱进的改革。同时，随着电气自动化技术水平的日益完善，电气自动化技术在工业电气系统的发展已成为必然趋势，具有跨时代的研究价值，对于社会经济的发展有着十分重要的推动意义。

一、电气自动化控制工业应用发展策略

（一）统一电气自动化控制系统标准

电气自动化工业控制体系的健全和完善，与拥有有效对接服务的标准化系统程序接口是分不开的，在电气自动化实际应用过程中，可以依据相关技术标准规范、计算机现代化科学技术等，推动电气自动化工业控制体系的健康发展和科学运行，不仅能够节约工业生产成本、降低电气自动化运行的时间、减少工业生产过程中相关工作人员的工作量，还能够简化电气自动化在工业运行中的程序，实现生产各部之间数据传输、信息交流、信息共享的畅通。例如，在有效对接相同企业的 EMS 实践系统、E/E 体系的过程中，可以通过自动化技术与计算机平台科学处理生产活动中的各类问题，统一办公环境的操作标准，另外统一电气自动化控制系统标准还能够推动创建自动化管理的标准化程序的进程，解决不同程序结构之间的信息传输问题，因此，可以将其作为电气自动化控制工业的未来发展应用主体结构类型。

（二）架构科学的网络体系

架构科学的网络体系，有利于推动电气自动化控制工业的健康化、现代化、规范化发展，发挥积极的辅助作用实现现场系统设备的良好运行，促进计算机监控体系与企业管理体系之间交叉数据、信息的高效传递。同时企业管理层还可以借用网络控制技术实现对现场系统设备操作情况的实时监控，提高企业管理效能。随着计算机网络技术的发展，在电气自动化控制网络体系中还要建立数据处理编辑平台，营造工业生产管理安全防护系统环境，建立科学的网络体系，完善电气自动化控制工业体系，发挥电气自动化的综合运行效益。

（三）完善电气自动化系统工业应用平台

完善电气自动化系统工业应用平台，建立健康、开发、标准化、统一的应用平台，对电气自动化控制体系的规范化设计、服务应用具有重要作用和影响。良好的电气自动化系统工业应用平台能够为电气自动化控制工业项目的应用、操作提供支撑保障，并发挥积极的辅助作用。在系统运行的各项工作环节中，有效地缓解工业生产中电气自动化设备的实践、应用所消耗的经济成本，同时还可以提升电气设备的服务效能和综合应用率，满足用户的个性化需求，实现独特的运行系统目标。在实际应用中，可以根据工业项目工程的客户目标、现实状况、实际需求等运行代码，借助计算机系统中 CE 核心系统、操作系统中的 NT 模式软件实现目标化操作。

二、工业电气自动化控制技术的意义与前景

工业电气自动化技术在工业电气领域的应用，其意义通常在于对市场经济的推动作用和生产效率的提升效果两方面。在市场经济的推动作用方面，工业电气自动化技术的应用在实现各类电气设备最大化使用价值的同时，有效强化工业电气市场各个部门之间的衔接，保证工业电气管理系统的制度性发展，以工业电气管理系统制度的全面落实确保工业电气系统的稳定快速发展，切实提升工业电气市场的经济效益，进而促进整体市场经济效益的提升。在生产效率的提升效果方面，工业电气自动化技术的应用可以提升工业电气自动化管理监督的监控力度，进行市场资源配置的合理优化和工业成本的有效控制，同时给生产管理人员提供

更加精确的决策制定依据，在降低工业生产人工成本的同时，提升工业生产效率，促使工业系统长期良性循环发展。

通过工业电气自动化的发展，可以有效地节约在现代工业、农业及国防领域的资源，降低成本费用，从而取得更好的经济和社会效益。随着我国工业自动化水平的提高，我们可以实现自主研发，缩短与世界强国之间的距离，从而推动国民经济的发展。我国的工业电气自动化企业应完善机制和体制，确立以技术创新为主导地位，通过不断地提高创新能力，努力研发更好的电气自动化产品和控制系统。通过加强我国电气自动化的标准化和规范化生产，以科学发展观为指导思想，以人为本，学习先进的技术和经验，充分发挥人的积极性，从而加快企业转变经济增长方式，使我国的工业电气自动化技术和水平得到发展和提高。

随着我国工业电气自动化技术的发展，社会各界对其的关注度不断提高。为了实现工业电气自动化生产的规模化和规范化，应当不断规范我国电气传动自动化技术领域的相关标准。同时，为了进一步推动我国工业电气自动化技术的发展，提升我国工业电气自动化技术的自主研发能力，应当进一步完善相关体制、机制和环境政策，为企业自主研发电气自动化系统和产品提供发展空间，通过不断地提高我国工业电气自动化技术的创新能力，推动工业电气自动化生产企业经济增长方式的改变和工业电气自动化技术科学发展的新局面。通过相关的分析可知，我国工业电气自动化将朝着分布式信息化和开放式信息化的方向发展。

三、电气自动化技术在天然气工业中的应用

（一）电气自动化技术在天然气工业中的作用

电气自动化技术在包括天然气工业在内的众多能源工业中均有广泛使用，它在天然气工业系统中可以起到信息收集处理、智能决策控制、测控技术、自动化管理、安全预警、系统监控等多重作用。在天然气工业系统中，主要分为生产、运输、管理三个部分，因此应用于天然气工业的电气自动化技术也以这三个部分为中心进行设计和使用。在天然气的生产过程中主要需要经过抽气、脱水两个阶段，在从地下抽取天然气的时候，可以运用电气自动化技术对生产进行智能化控制与自动调控阀门等控制元件来辅助进行天然气稳流、稳压，使天然气开采过程更加安全稳定。

在从地下抽取天然气之后便是对天然气脱水，脱水部分主要分为吸附、再生、冷却、等待四个主要阶段。天然气的脱水阶段主要使用电气自动化技术来对电路联动阀门进行控制，并且实现流程的自动运行，对系统运行过程中出现的错误和危险进行监控、报警和保护。电气自动化技术在天然气工业中的应用能够在尽量减少人员配置的情况下，更好地保护系统安全运行，能够有效地保证现场人员的人身和工作环境的安全，使生产更加流畅和有序。在实际运用中，系统中所设计使用的电路与安装的电子元件等具有自动保护功能，在系统运行过程中能够自动进行控制，整个天然气工业电气自动化控制系统能够自动收集和整理数据，并时刻向系统控制者进行反馈，为系统管理者调控系统运行提供依据。

我国的天然气绝大多数分布在西北，而天然气能源消耗主要在我国的东部地区，这导致对天然气的运输成了我国天然气工业中最重要的环节之一，同时也是最耗资源的部分。天然气运输往往要经过上千公里才能到达用户处，在复杂的天然气传输和分配的过程中，应用电气自动化技术可以帮助天然气运输管理者更加高效地对天然气传输线进行管控。管理者能够时刻了解运输过程中管道内的压力、流量等数据，通过对实时数据的分析能够更加高效地管控天然气运输过程，从而实现更加高效地天然气供给，为社会发展提供更加强大的助力。

电气自动化技术在天然气工业中有着广阔的应用前景，电气自动化技术在天然气工业中的各类应用为社会创造了很大价值。但是天然气的性质与一般能源相比具有更多的特性。天然气的使用、天然气的管理和运输与天然气的特性息息相关，如果仍采用人工监测难以满足我国规模巨大的天然气工业规模，电气自动化技术则可以解决人工、稳定性等难题，从而促进我国天然气工业健康发展。

（二）电气自动化技术在天然气工业中应用的优点

1. 控制天然气流量稳定

我国天然气资源所在地地形变化多端，天然气的开采方式需要根据天然气所在地层情况进行选取。随着电气自动化技术在天然气工业各个环节的充分应用，电控阀门开始由智能系统来进行一般控制，能够使天然气流量更加稳定。当天然气设备位于室外时，需要面对条件较为恶劣的自然环境，温度、极端天气、环境的复杂性都导致设备需要面对更多的考验，甚至会影响设备的使用寿命，而具备电气自动化功能的设备能够自我监控自身运行状态，免除工作人员高频次检查。

2. 降低天然气工业系统管理难度

在天然气工业中，无论是生产阶段、运输阶段还是使用阶段，传统的控制和监控手段往往消耗了很大的人力和精力也不能做到对完整系统的监控和控制。运用电气自动化技术手段之后，管理人员能够通过系统网络方便地获得系统中任意受控位置的设备工作状态，这样管理人员就能够根据需要来对系统的各类参数、阀门开闭进行统一和远程调整。管理人员对于整个天然气工业系统的控制就会更加精准，也更能避免人为因素造成的错误。

（三）电气自动化技术在天然气工业中的应用要点

1. 生产阶段的重点

在天然气的生产阶段，要关注的重点问题是在提高天然气开采效率的同时降低天然气开采的成本，要兼顾安全性和对环境的保护，降低对自然环境的不良影响。在从地下将天然气开采至地面的过程中，机器负荷非常大，开采的方式多涉及高速和高压，这对设备的安全系数和稳定性提出了更高的要求，在保证设备安全、稳定的同时尽量少地进行维护以保证持续生产，降低天然气开采成本，并且使天然气的供给更加稳定。对天然气进行除水的阶段，一系列的除水和控制设备需要建立良好的人机交互界面，控制系统对于除水硬件系统中各类阀门的流量和开闭控制需要精准又迅速。由于在开采过程中地下天然气上升阶段压力无法稳定且波动较大，在这种工作条件下，既要求设备具备良好的质量并进行合理的设计，同时监控系统要对天然气开采过程中的压力进行及时监控和反馈，报警系统要准确且灵敏，当压力异常超出天然气开采系统的承受范围时则要及时自动泄压以保证系统内压力不超过系统承受极限值。因此在整个天然气开采系统中开采设备、监控系统、控制单元的工作能力都要保证一定冗余，保证天然气开采过程的稳定和安全，必要时能够进行人工干预。此外，天然气从地下开采之时往往温度较高，因此天然气的开采阶段也要注重对温度的控制和干预，使天然气开采过程其温度不超出工艺设定的温度范围。

2. 运输环节的重点

在天然气运输过程中，电气自动化技术发挥了举足轻重的作用，其地位十分突出。在天然气远距离运输过程中，电气自动化控制系统所使用的电路和组成系统的元器件需要具备足够的耐久能力，整个天然气运输系统以及其中所使用的元器件都要保证足够的使用寿命，因为庞大的天然气运输网络需要尽可能地降低零件更换频次，从而降低系统的使用和维护成本。在数千千米的管道系统中，为了保持天然气的传输速度和压力需要多级泵站来为天然气的输送进行接力，这些泵站许多都设立在人烟稀少的地区，这就要求这些泵站在低频次的维护条件下能够应对各类恶劣的自然环境，这些偏远地区的泵站要能够抵抗日照、雨淋、高温、寒冷等极端天气，并且还需要在雷暴、电磁干扰等条件下稳定工作，尽可能地降低因为外界环境变化出现运转错误的情况。并且这些泵站还需要具备维护简单的特点，因为它们多在交通不便的地区，维护方式复杂的话无疑会大大提高维护成本和维护难度。这些泵站需要在远程操控的条件下进行工作，它们的系统要尽可能简单可靠，控制方法要简单易学，并且控制系统要能对人工操作进行检查，对出现的错误操作能够做到适当提醒，一方面是为了通过降低操作复杂程度来减少人为操作出现的错误；另一方面是为了通过降低操作难度来降低人员培训所需要付出的时间和经济成本，从而进一步通过降低对人力资源的需求来降低天然气运输这一整体的运营成本。在天然气运输系统当中，能够通过运用电气自动化技术来实现自动控制的单元要避免使用人工操作，以实现无人值守，这对总控室对控制站点指令传输的准确性和及时性提出了更高要求，系统控制网络的数据传输能力要稳定且迅速，中心控制系统要能够高效处理各子系统提供的系统运行数据，控制系统要能够快速地对系统整体和单体的运行状态进行判断并下达指令使其调整。所以在整个控制系统中要进行通化设计，系统对硬件、网络及软件的稳定性要求很高，并且子系统只可以识别和接受预先设定的网络控制室发出的信号，当出现非法信号时要能够进行报警且保证控制网络的安全。

3. 管理环节中的重点

天然气工业管理系统对于电气化技术的运用有多方面的要求：首先，天然气工业管理系统中的中间环节要尽可能简略，具备相当的稳定性。其次，设备的安全系数要高，既能保证工作人员的人身安全，又能使设备和系统安全运行。在天然气工业的管理阶段，电气自动化技术不仅可以对系统中生产、运输的数据进行采集和管理，还要具备对系统数据进行分析并根据实际需求提供建议的能力，帮助系统控制者进行决策。电气自动化技术应用于天然气工业的管理阶段时，要具备数据双向传输的能力，在仪表中对数据的显示更加清晰，控制电路更加准确高效，在控制系统中使用网络技术后，系统控制的智能化和高效性能够得到有效的提升。在电气自动化控制系统当中，要对控制系统的组成元件进行模块化设计，因为模块化设计可以使元件具备更好的通用性，从而通过大量生产和使用来降低控制系统的搭建成本，并且搭建控制系统的模块在进行设计时要针对硬件可靠性和安全性进行针对性提升，还要使系统具备一定的智能判断功能，在保证系统稳定的同时提升自动化水平。为了提高整个控制系统的扁平化程度，天然气工业中使用的控制系统要具备处理大量信息的功能，在系统正常运转的时候，这项设计能够保证控制系统具备更好的可靠性和高效性，当出现突发事件时，系统可以处理大流量的信息传输，为管理人员提供适当备份需求，为系统的管理者和控制者提供有价值的信息和数据。天然气工业设备需要进行日常的维护，对系统硬件进行模块化设计可以降低整个控制系统的综合维护难度，并且在发现问题时可以通过更换模块的方式来进行快速维修。模块化设计能够使设备具备更好的拓展性，可以在天然气管理设备中加装监测排查装置，这类装置要能够防止网络入侵，维护系统安全。

四、电气自动化控制技术在煤矿中的应用

（一）电气自动化控制技术在煤矿生产中的应用

1. 在采煤过程中的应用

煤矿生产工作量较大，为了秩序井然地推进生产进程，常采取从厚到薄的开采顺序，但此过程较为复杂，技术含量较高，必须合理应用前沿技术，以保证采煤作业的顺利开展。为此，可引入电气自动化控制技术。在具体的应用中，以远程控制较为关键，根据监测装置呈现出的现场情况，发出特定的控制指令，实现远程控制。在该工作模式下，煤矿开采行为得到全面的监测与控制，能够及时掌握问题并予以处理。此外远程控制的方式还在一定程度上保证了工作人员的人身安全。不仅如此，自动化技术还具有灵活性，随着煤层厚度的变化，选择最契合于实际环境的开采行为，对功率等关键的参数做出调整，此时既能顺利采煤，又可减少开采的能源消耗量。

2. 在煤矿机械设备中的应用

电气自动化控制技术的基本目的在于准确掌握机械设备的实际运行情况，进

而做动态化的调整，优化电气设备的运行状态，以便高效生产。以液压设备为例，根据其实际运行特点灵活应用电气自动化控制技术后，将提高液压设备的可控性，在精细化的调控之下，液压设备能够高效运行。事实上，电气自动化控制技术的适用性较强，在煤矿生产领域得到了广泛的应用，并且随着技术研究的深入，该项技术的应用水平逐步提高，为煤矿生产提供了更多支持。

3. 在排水系统中的应用

排水系统的作用在于及时疏排煤矿生产现场的地下水或其他类型的水，以免因积水的存在而影响正常生产。为提高排水系统的应用水平，可引入电气自动化控制技术，使排水系统能够以自动化的方式运行，且在现场环境发生变化后做灵活的调整。在自动化控制技术的应用形式中，无人操作是重要的模式，其中水泵实施变频调节的工作模式，可根据现场水量自动调控水泵的工作状态，在保证排水效果的同时还具有节能减排的优势。自动保护功能也是排水系统自动化控制领域的重点目标，从煤矿生产环境来看，排水系统面临的安全隐患较多，需要及时监测并予以控制，而自动化控制技术则恰好满足排水系统的运行需求，例如提供预警功能，及时判断是否有超标、过载等特殊情况，若有则做出预警，采取针对性的控制措施。此外，通过自动化控制技术的应用，还可实时采集排水系统的运行数据，有助于工程人员及时掌握排水系统的实际情况，用信息指导工作。

4. 在供电系统中的应用

供电系统的稳定运行对于提高煤矿机电设备生产水平有重要意义，但该系统的模块类型复杂，控制难度较大，容易由于控制不当而出现供电系统失稳的情况。对此，可引入电气自动化控制技术，有效协调各模块，增强模块间的连接紧密性，提高控制水平。在妥善应用电气自动化控制技术后，可以实时监督供电系统，根据监测取得的系统内部信息，对其运行情况做出判断，若有异常则及时调控。例如，随着煤矿生产需求的变化，供电系统进行感应，结合实际情况对供电量做灵活的调整，切实满足各类机电设备的用电需求，并避免电力资源浪费。

5. 在通风系统中的应用

通风是煤矿生产的重要安全保障，通风系统的稳定运行至关重要。为了充分发挥出通风系统在改善现场生产环境方面的优势，可引入自动化控制技术，适配先进的软件灵活调控通风系统。在实际应用中，可以根据通风系统的既有特点以及现场环境合理优化电气自动化控制技术，现阶段通风领域的核心为 VC++，在特定程序的调度下，全方位地优化通风条件，将有毒有害气体的浓度降低至许可范围内，保证空气的清新度，以便矿井生产作业的高效开展。除此之外，还可为通风系统适配一系列丰富的功能，例如增设报警、存储等功能，有助于完善通风系统的运行状态。由此来看，在自动化控制技术的应用之下，通风系统具有运行稳定性、功能多样性等多重特点，可以给现场生产作业的开展提供重要的帮助。

（二）煤矿生产领域电气自动化控制技术的发展策略

电气自动化控制技术对于煤矿生产有显著的推动作用，随着煤矿事业的发展，需要持续探索工作策略，对既有的电气化控制技术做灵活的优化，提高可行性。具体而言：

（1）持续完善软件。在电气自动化控制系统中，软件具有调控硬件设备的作用，因此需要提高软件的运行水平，带动硬件设备高效运行。例如，软件的设计与编程、应用过程中的日常维护等相关工作均要落实到位。而随着需求的变化，需及时更新软件。

（2）持续完善硬件。硬件是各项动作的"执行者"，在电气自动化控制系统的应用中，需要考虑到硬件的精确性、稳定性、耐久性等多重要求，从结构形式、运行机理等方面出发，做合理的优化。

（3）加强技术研究。现阶段，电气自动化控制技术在煤矿开采领域已经取得显著的应用成果，但仍有进步的空间，因此需要持续加强研究，一方面在既有技术的基础上予以突破；另一方面则以煤矿生产需求为导向推出新技术，促进行业技术的持续发展。

第二节 电气自动化控制技术在电力系统中的应用

一、电力系统中电气自动化控制技术应用概述

（一）电力系统中电气自动化控制技术的作用和意义

近年来，我国科学技术日益进步，尤其是在计算机技术领域和 PLC 技术领

域不断取得新的科技成果，使得我国的电气自动化技术也获得了飞速发展。

计算机技术称得上是电力系统中电气自动化技术的核心。其重要作用在供电、变电、输电、配电等电力系统的各个核心环节均有体现。正是得益于计算机技术的快速发展，我国涉及各个区域、不同级别的电网自主调动系统才得以实现。同时，正是依赖于计算机技术，我国的电力系统才实现了高度信息化的发展，大大提高了我国电力系统的监控强度。

PLC 技术是电气自动化控制技术中的另一项至关重要的技术。它是对电力系统进行自动化控制的一项技术，使得对于电力系统数据信息的收集和分析更加精确、传输更加稳定可靠，有效降低了电力系统的运行成本，提高了运行效率。

（二）电力系统中电气自动化控制技术的发展趋势

现阶段，电气自动化控制技术很大幅度提高了电力系统的工作效率和安全性，改变了传统的发电、配电、输电形式，减少了电力工作人员的负荷，并对其安全起到了积极的作用。同时，该技术改变了电力系统的运行，让电力工作人员在发电站内就可以监测整个电力网络的运行并实时采集运行数据。今后，电气自动化控制会在一体化方面有所突破，现阶段的电力系统只能实现一些小故障的自主修理，对于一些稍微大一点的故障计算机还是束手无策。在人工智能化逐渐提高的未来，相信这一难题也会被攻克。将电力系统的检测、保护、控制功能三位一体化，我们的电力系统将会更加安全和经济。

随着我国科技的不断进步，电气自动化控制技术也将向水平更高、技术更多元的方向发展，诸如信息通信技术、多媒体信息技术等，也将被纳入电气自动化的应用范畴。具体来说，可大致分为以下几个方面：

第一，我国电力系统中电气自动化技术的发展已趋于国际标准化。我国电力行业为了更好地与国际接轨、开拓国际市场，也对我国的电气自动化技术的研发实施了国际统一标准。

第二，我国电力系统中电气自动化技术的发展已趋于控制、保护、测量三位一体化。在电力系统的实际运行中，将控制、保护、测量三者的功能进行有效组合和统一，能够有效提高系统的运行稳定性和安全性，简化工作流程、减少资源重复配置、提高运行效率。

第三，我国电力系统中电气自动化技术的发展已趋于科技化。随着电气自动化在我国电力系统中的应用范围不断扩展，其对计算机技术、通信技术、电子技术等科学技术的要求也不断提高。将先进的科学技术成果不断应用到电力系统的实际工作中，将是电气自动化技术在我国电力系统中发展的另一大趋势。

二、电气自动化控制技术在电力系统中的具体应用

（一）电气自动化控制的仿真技术

我国的电气自动化控制技术不断与国际接轨。随着我国科技的进步和自主创新能力的增强，电力系统中关于电气自动化技术的研究逐渐深入，相关科研人员已经研究出了达到国际标准的可直接利用的仿真建模技术，大大提高了数据的精确性和传输效率。仿真建模技术不仅能对电力系统中大量的数据信息进行有效的管理，还能够构建出符合实际状况的模拟操作环境，进而有助于实施对电力系统的同步控制。同时，针对电气设备产生的故障，还能够有效地进行模拟分析，从而排除故障，提高系统的运行效率。另外，该项技术还有利于对电力系统中电气设备进行科学合理的测试。

仿真技术在实际应用中需要诸多技术的支持，其核心技术是信息技术，以计算机及相关的设备作为载体，综合应用了系统论、控制论等一系列的技术原理，实现对系统的仿真，从而实现对系统的仿真动态试验。应用仿真技术能够有效地对不同的环境进行模拟，从而在正式的试验之前预先进行仿真试验，进一步确保电力系统运行的稳定性与可靠性。通常情况下，仿真试验会作为项目可行性论证阶段的试验，只有确保仿真试验通过以后才能够正式进行实验室试验。采用仿真技术，电力系统就可以直接通过计算机的 TCP/IP 协议对电力系统运行中的信息和数据进行采集，然后通过网络传送到发电厂的数据信息终端中，具备一定仿真模拟技术的智能终端设备就可以快速对电力系统运行过程中的各项信息数据进行审核评估。通过将仿真技术应用电力系统运行当中，电力系统在运行性中可以直接采集运行的信息和数据并做出判断，确保电力系统在运行过程中能够及时发现故障。

（二）电气自动化控制的人工智能控制技术

人工智能是以计算机技术为基础，通过对程序运行方式进行优化，从而让计

算机实现对数据的智能化收集与分析，通过计算机来模拟人脑的反应与操作，从而实现智能化运行的一种技术。人工智能技术最主要的核心技术还是计算机技术，其在运行的过程中依赖于先进的计算机技术与数据处理技术，其在电力系统中的应用能够有效地提高电力系统的运行水平。通过人工智能技术应用到电力系统中，大大提高了设备和系统的自动化水平，实现了对电力系统运行的智能化、自动化和机械化的操作和控制。电力系统中采用人工智能技术主要是对电力系统中的故障进行自动检查并将故障信息进行反馈，从而使电力系统发生故障时能够得到及时维修。当电力系统出现故障后，其主要工作方式是人工智能技术中的馈线安装自动化终端会通过对电力系统故障进行分析，并将故障数据信息通过串口232 或 485 和 DTU 的终端进行连接，然后在 3G 或 2G 基站的作用下通过路由器上传至电力系统中发电场的检测中心进行检测。最后检查中心在较短的时间内对故障数据信息进行检测从而发现发生故障的原因，进而及时地对电网系统进行维修。

人工智能控制技术极大地促进了我国电力系统的安全性、稳定性和可控性。对于复杂的非线性系统而言，智能控制技术具有无法替代的重要作用。电力系统中智能控制技术的应用，不但提高了系统控制的灵活性、稳定性，还能增强系统及时发现和排除故障的能力。在实际运行中，只要电力系统的某个环节出现故障，智能控制系统都能及时发现并做出相应的处理。同时，工作人员还能够利用智能控制技术对电网系统进行远程控制，这大大提高了工作的安全性，增强了电力系统的可控性，进而提高了电力系统的整体工作效率。

（三）电气自动化控制的多项集成技术

电力系统中运用电气自动化的多项集成技术，对系统的控制、保护与测量等工程进行有机的结合，不仅能够简化系统运行流程，提高运行效率，节约运行成本，还能够提高电力系统的整体性，便于对电力系统的环节进行统一管理，从而更好地满足不同客户的用电需求，提升电力企业的综合竞争力。

（四）电气自动化控制技术在电网控制中的应用

电网的正常运行对于电力系统输配电的质量有着关键性的作用。电气自动化控制技术能够实现对电网运行状况的实时监控，并能够对电网实行自动化调度。

在有效保障输配电效率的同时，促进电力企业改变传统生产和配送模式，不断走向现代化，提高企业的生产和经营效率。电网技术的发展离不开计算机技术和信息化技术的飞速进步。电网技术包括对电力系统中的各个运行设备进行实时监测，在提高对电力系统运行数据信息的收集效率、使得工作人员能够实时掌控设备运行情况的同时，能够自动、便捷地排除设备故障，大大提高电气设备的检修、维护效率，加快电力生产由传统向智能化转变的进程。

（五）计算机技术的应用

从技术层面来分析，电气自动化控制技术取得成功最重要的就是和计算机技术结合并在电力系统中得到了广泛的利用。电子计算机技术被应用在电力系统的运行检修、报警、分配电力、输送电力等重要环节，它可以实现控制系统的自动化，计算机技术中应用最广泛的就是智能电网技术，运用计算机技术我们可以利用复杂的算法对各个电网分配电力。智能电网技术代替了人脑对配电等需要高强度计算的作业，被广泛应用在发电站和电网之间的配电和输电过程中，减轻了电力工作人员的负担，而且降低了出错的概率。电网的调度技术在电力系统中也是很重要的一个应用，它直接关系到电力系统的自动化水平，它的主要工作是对各个发电站和电网进行信息收集，然后对信息进行分类汇总，让各个发电站和电网之间实现实时沟通联系，进行线上交易，同时它还可以对电力系统和各个电网的设备进行匹配，提高设备的利用率，降低电力的成本。它还有记录数据的功能，可以实时查看电力系统的各项运行状态。

（六）电力系统智能化

就现在的科技水平而言，我们已经在电力系统设备的主要工作原件、开关、警报等设备方面实现了智能化。这意味着我们能通过计算机控制危险设备的开关、对主要的发电设备进行实时监测并实现报警功能。智能化技术在运行过程中可以收集设备的运行数据，方便我们对电力系统的监控和维护，而且可以通过数据分析出设备存在的问题，起到预防的作用。在以后的智能化实验中，我们将着力研究输电、配电等设备的智能化。

传统的电力系统需要定期指派人员进行检测和检修工作，在电气自动控制之后，我们的电力系统可以实现实时在线监控，记录设备运行过程中的每一个数据，并且能够实现有效地跟踪故障因素，通过对设备记录数据的研究和分析及时发现设备存在的隐患，并鉴别故障的程度，如果故障程度较低可以实现自我修复，如果故障程度较高可以起到警报作用。这一技术不仅提高了电力系统的安全性，而且还降低了电力设备的检修成本。

（七）变电站自动化技术的应用

电力系统中最重要的一环就是变电站，发电站和各个电网之间的联系就是变电站。变电站的自动化主要是在计算机技术应用的基础上。要实现电力系统整体的电气控制自动化，不可缺少的环节就是实现变电站自动化。在变电站自动化中，不仅一次设备比如变压器、输电线或者光缆实现了自动化、数字化，其二次设备也部分实现了自动化，比如某些地区的输电线已经升级为用计算机电缆、光纤来代替传统的输电线。电气自动控制技术是在屏幕上模拟真实的输电场景，并记录每个时刻输电线中的电压，不仅对输电设备进行了监控，还对输电中的数据进行了实时记录。

（八）数据采集与监视控制系统的应用

数据采集与监视控制系统，简称为 SCADA 系统，是以计算机为基础的分布控制系统与电力自动化监控系统，在电网系统生产过程实现调度和控制的自动化系统。其主要是在电网运行过程中对电网设备进行监视和控制，进而实现对电网系统的采集、信号的报警、设备的控制和参数的调节等功能，在一定程度上促进了电网系统安全稳定运行。在电网系统中加入 SCADA 系统，不仅能够有效地保障电力调度工作，还能够使电网系统的运行更加智能化和自动化。SCADA 系统的应用，能够有效地降低电力工作人员的工作强度，保障电网的安全稳定运行，从而促进电力行业的发展。

第三节　电气自动化控制技术在楼宇自动化中的应用

随着科学技术和建筑行业的高速发展，城市建筑的质量和性能都得到了大幅度提升，其中电气自动化就是现代城市建筑中应用最为广泛的技术，该技术能够大幅提高建筑的性能，从而提高人们的生活质量。然而就我国电气自动化在现代建筑自控系统中应用的实际情况而言，还存在一些较为严峻的问题，这些问题不仅影响到建筑的质量和性能，甚至还可能留下极大的安全隐患，威胁到用户的生命财产安全。为了提高楼宇自控系统的水平，加大对电气自动化的分析研究力度就显得尤为重要。

一、楼宇自动控制系统概述

所谓的自控系统，其实就是建筑设备的一种自动化控制系统，而建筑设备通常是指那些能够为建筑所服务或者能够为人们提供基本生存环境所必须要用到的设备。在现代的房屋建筑中，随着人们生活水平的不断提高，这些设备越来越多，在居民家中通常都会应用到空调设备和照明设备以及变配电设备等，这些设备都能够通过一定的科学技术和手段来自动化控制，在现代的建筑领域中，各种建筑理论和建筑技术都得到了快速发展，并且各种先进的建筑理论和建筑技术也层出不穷，从而为现代建筑实现电气自动化创造了有利条件。

楼宇自控系统是建筑设备自动化控制系统的简称。建筑设备主要是指为建筑服务的、提供人们基本生存环境（风、水、电）所需的大量机电设备，如暖通空调设备、照明设备、变配电设备以及给排水设备等，通过实现建筑设备自动化控制，以达到合理利用设备，节省能源、节省人力，确保设备安全运行的目的。

前些年人们提到楼宇自控系统，仅仅是建筑物内暖通空调设备的自动化控制系统，近年来已涵盖了建筑中所有可控的电气设备，而且电气自动化已成为楼宇自控系统不可缺少的基本环节。在楼宇自控系统中，电气自动化系统设计占有重要的地位。随着社会经济的发展，人们的生活水平不断提高，对现代的建筑也提出了更高的要求，因此在现代建筑中楼宇自控系统应运而生。为了提高楼宇自控系统的水平，加大对电气自动化的分析研究力度不仅意义重大，而且迫在眉睫。下面从电气接地出发，对电气自动化进行分析，对电气自动化在楼宇自控系统中的应用进行阐述。

二 、电气接地

在建筑物供配电设计中，接地系统设计占有重要的地位，因为它关系到供电系统的可靠性、安全性。尤其近年来，大量的智能化楼宇的出现对接地系统设计提出了许多新的内容。目前的电气接地主要有以下两种方式。

（一）TN-S系统

TN-S是一个三相四线加PE线的接地系统。通常建筑物内设有独立变配电所时进线采用该系统。TN-S系统的特点是，中性线N与保护接地线PE除在变压器中性点共同接地外，两线不再有任何的电气连接。中性线N是带电的，而PE线不带电。该接地系统完全具备安全和可靠的基准电位。只要像TN-C-S接地系统，采取同样的技术措施，TN-S系统可以用作智能建筑物的接地系统。如果计算机等电子设备没有特殊的要求时，一般都采用这种接地系统。

在智能建筑里，单相用电设备较多，单相负荷比重较大，三相负荷通常是不平衡的，因此在中性线N中带有随机电流。另外，由于大量采用荧光灯照明，其所产生的三次谐波叠加在N线上，加大了N线上的电流量，如果将N线接到设备外壳上，会造成电击或火灾事故；如果在TN-S系统中将N线与PE线连在一起再接到设备外壳上，那么危险更大，凡是接到PE线上的设备，外壳均带电；会扩大电击事故的范围；如果将N线、PE线、直流接地线均接在一起除会发生上述危险外，电子设备将会受到干扰而无法工作。因此智能建筑应设置电子设备的直流接地、交流工作接地、安全保护接地，普通建筑也应具备的防雷保护接地。此外，由于智能建筑内多设有具有防静电要求的程控交换机房、计算机房、消防及火灾报警监控室，以及大量易受电磁波干扰的精密电子仪器设备，所以在智能楼宇的设计和施工中，还应考虑防静电接地和屏蔽接地的要求。

（二）TN-C-S系统

TN-C-S系统由两个接地系统组成，第一部分是TN-C系统，第二部分是TN-S系统，分界面在N线与PE线的连接点。该系统一般用在建筑物的供电由区域变电所引来的场所，进户之前采用TN-C系统，进户处做重复接地，进户后变成TN-S系统。TN-C系统前面已做分析。TN-S系统的特点是：中性线N与保护接地线PE在进户时共同接地后，不能再有任何电气连接。该系统中，中性线N常会带电，保护接地线PE没有电的来源。PE线连接的设备外壳及金属构件在系统正常运行时，始终不会带电，因此TN-S接地系统明显提高了人及物的安全性。同时只要我们采取接地引线，各自都从接地体一点引出，及选择正确的接地电阻值使电子设备共同获得一个等电位基准点等措施，因此 TN-C-S 系统可以作为智能型建筑物的一种接地系统。

三、电气保护

（一）交流工作接地

工作接地主要指的是变压器中性点或中性线（N 线）接地。N 线必须用铜芯绝缘线。在配电中存在辅助等电位接线端子，等电位接线端子一般均在箱柜内。必须注意，该接线端子不能外露；不能与其他接地系统，如直流接地、屏蔽接地、防静电接地等混接；也不能与 PE 线连接。在高压系统里，采用中性点接地方式可使接地继电保护准确动作并消除单相电弧接地过电压。中性点接地可以防止零序电压偏移，保持三相电压基本平衡，这对于低压系统很有意义，可以方便使用单相电源。

（二）安全保护接地

安全保护接地就是将电气设备不带电的金属部分与接地体之间作良好的金属连接。即将大楼内的用电设备以及设备附近的一些金属构件，用 PE 线连接起来，但严禁将 PE 线与 N 线连接。

在现代建筑内，要求安全保护接地的设备非常多，有强电设备、弱电设备，以及一些非带电导电设备与构件，均必须采取安全保护接地措施。当没有做安全保护接地的电气设备的绝缘损坏时，其外壳有可能带电。如果人体触及此电气设备的外壳就可能被电击伤或造成生命危险。我们知道：在一个并联电路中，通过每条支路的电流值与电阻的大小成反比，即接地电阻越小，流经人体的电流越小，通常人体电阻要比接地电阻大数百倍，经过人体的电流也比流过接地体的电流小数百倍。当接地电阻极小时，流过人体的电流几乎等于零。实际上，由于接地电阻很小，接地短路电流流过时所产生的压降很小，所以设备外壳对大地的电压是不高的。人站在大地上去碰触设备的外壳时，人体所承受的电压很低，不会有危险。加装保护接地装置并且降低它的接地电阻，不仅是保障智能建筑电气系统安全有效运行的有效措施，也是保障非智能建筑内设备及人身安全的必要手段。

（三） 屏蔽接地与防静电接地

在现代建筑中，屏蔽及其正确接地是防止电磁干扰的最佳保护方法。可将设备外壳与 PE 线连接；导线的屏蔽接地要求屏蔽管路两端与 PE 线可靠连接；室内屏蔽也应多点与 PE 线可靠连接。防静电干扰也很重要。

在洁净、干燥的房间内，人的走步、移动设备，各自摩擦均会产生大量静电。例如，在相对湿度 10%~20% 的环境中人的走步可以积聚 3.5 万伏的静电电压，如果没有良好的接地，不仅会产生对电子设备的干扰，甚至会将设备芯片击坏。将带静电物体或有可能产生静电的物体（非绝缘体）通过导静电体与大地构成电气回路的接地叫防静电接地。防静电接地要求在洁净干燥环境中，所有设备外壳及室内（包括地坪）设施必须均与 PE 线多点可靠连接。智能建筑的接地装置的接地电阻越小越好，独立的防雷保护接地电阻应 ≤10Ω；独立的安全保护接地电阻应 ≤4Ω；独立的交流工作接地电阻应 ≤4Ω；独立的直流工作接地电阻应 ≤4Ω；防静电接地电阻一般要求 ≤100Ω。

（四） 直流接地

在一幢智能化楼宇内，包含大量的计算机，通信设备和带有计算机的大楼自动化设备。这些电子设备在进行输入信息、传输信息、转换能量、放大信号、逻辑动作、输出信息等一系列过程中都是通过微电位或微电流快速进行，且设备之间常要通过互联网络进行工作。因此为了使其准确性高、稳定性好，除了需有一个稳定的供电电源外，还必须具备一个稳定的基准电位。可采用较大截面的绝缘铜芯线作为引线，一端直接与基准电位连接，另一端供电子设备直流接地。该引线不宜与 PE 线连接，严禁与 N 线连接。

（五） 防雷接地

智能化楼宇内有大量的电子设备与布线系统，如通信自动化系统、火灾报警及消防联动控制系统、楼宇自动化系统、保安监控系统、办公自动化系统、闭路电视系统等，以及它们相应的布线系统。这些电子设备及布线系统一般均属于耐压等级低，防干扰要求高，最怕受到雷击的部分。不管是直击、串击、反击都会使电子设备受到不同程度的损坏或严重干扰。因此智能化楼宇的所有功能接地，必须以防雷接地系统为基础，并建立严密、完整的防雷结构。

　　智能建筑多属于一级负荷，应按一级防雷建筑物的保护措施设计，接闪器采用针带组合接闪器，避雷带采用 25mm×4mm 镀锌扁钢在屋顶组成 ≤10m×10m 的网格，该网格与屋面金属构件作电气连接，与大楼柱头钢筋作电气连接，引下线利用柱头中钢筋、圈梁钢筋、楼层钢筋与防雷系统连接，外墙面所有金属构件也应与防雷系统连接，柱头钢筋与接地体连接，组成具有多层屏蔽的笼形防雷体系。这样不仅可以有效防止雷击损坏楼内设备，还能防止外来的电磁干扰。

第四节　电气自动化技术与变频器的应用

一、变频器的基本知识

（一）变频器的特点

　　变频器能够扩大电气自动化技术在人们生产和生活中的应用范围。变频器的优势在于维护简单，而且在投入使用后，很少会出现故障，因此，在使用中只需要做好定期检查、更换容易损坏的零件并进行清理即可。实际上，变频器的定期检查也是为了避免灰尘的堆积造成短路，以此保证变频器的正常运行。定期更换变频器中容易损坏的零件是为了防止变频器使用寿命耗尽而引起事故。

　　变频器有很好的调速性能。判断调速性能的优劣可以通过以下两种方式：调速范围和机械特性。需要注意的是，不同的负载应选择不同类型的变频器。例如，使用恒转矩负载应选择过载能力大的变频器。如果是恒功率负载，因为转速和转矩成反比，所以就需要过载能力大的变频器与之对应。如果是位能性负载，那么使用可四象限运行的变频器即可。

　　变频器的保护功能齐全，内部设置有电流闭环，能够严格控制电流，保护功能特别完善，还可以通过简单的设定保护电流，完成电流过载保护。甚至有些变频器还提供了绝缘检测功能，可以检查逆变回路、电源以及电机的绝缘情况，这样就可以及时发出警报并且发出跳闸信号。此外，有些变频器为了进一步保证自身的工作安全，还提供试验和诊断功能。

（二）变频器的类别及额定参数

1. 变频器的类别

根据变换频率的不同，变频器可以分为交—直—交变频器和交—交变频器两个种类，二者的区别如表 6-1 所示。

表 6-1　交—直—交变频器和交—交变频器的区别

类型项目	交—直—交变频器	交—交变频器
换能	效率略低	效率较高
功率器件换相	强迫换相或负载换相	电网电压换相
所用器件	较少	较多
调频范围	频率调节范围宽	电网频率的 1/3～1/2
对电网功率的要求	较高	较低
适用	各种电力拖动	大功率、低转速场合

（1）交—直—交变频器。交—直—交变频器又称"间接式变频器"，是一种应用范围十分广泛的通用型变频器。该变频器的工作流程为：首先经整流转换把频率为 50Hz 的交流电变成直流电，然后通过滤波将直流电逆变为可调频率的交流电。按照使用元件的不同，此类变频器还可以分为两类：一类是电压型变频器，在直流侧并联大容量滤波电容以缓冲无功功率，直流电源阻抗小，形成电压源；另一类是电流型变频器，在直流侧串联平波电抗器，使得直流电平直，形成电流源。电压型变频器和电流型变频器的区别如表 6-2 所示。

表 6-2　电压型变频器和电流型变频器的区别

类型项目	电压型交—直—交变频器	电流型交—直—交变频器
中间直流环节	电容器	电抗器
输出电压	接近正弦波	取决于负载
输出阻抗	小	大
回馈制动	需在电源侧设置反并联的回馈单元	方便，主回路不需附加设备
调速动态响应	较慢	快
适用场所	各种电力拖动，多电动机拖动	单电动机拖动，可逆拖动

总的来说，由于直流电变交流电的流程环节比较容易控制，交—直—交变频器在频率的调节范围和变频后电动机的特征方面都具有比较明显的优势。目前，这一种变频器得到了飞速的发展和使用。

（2）交—交变频器。交—交变频器又称"周波变换器"，是把电网固定频率的交流电经过功率半导体电路直接转变为频率可调的交流电的过程。它不同于普通的变频器，没有交流整流到直流再逆变成交流的环节，是交—交变换的结构。这种技术一般用在大功率装置上。交—交变频器由三组反并联晶闸管及可逆桥式变流器组成，采用电网自然换相原理。此类变频器的优势在于极强的过载能力、高效率变换、波形输出好等；其劣势在于输出频率低、电网功率因数低、旁路谐波影响等。此外，交—交变频器有环流方式和无环流方式两种形式，可以驱动同步电动机或异步电动机。

2. 变频器的额定参数

输出侧的额定电压：电压、相数及频率。输入电压的允许波动范围是±10%或−15%～+10%；频率的允许波动范围是通常规定的±5%。

输出侧的额定数据：最大电压的输出（额定电压 U_N ）、额定电流 I_N 、额定容量 S_N 、配用电动机容量 P_N 、过载能力（大多数规定为150%，1min）。

输出频率指标：变频器能够输出的频率范围（最小频率和最大频率）、输出频率的准确度和频率分辨率。

（三）变频器的控制方式及其原理

在交流变频器中使用的控制方式可以分为非智能控制方式和智能控制方式。智能控制方式主要有神经网络控制、模糊控制、专家系统、学习控制等。下面主要介绍非智能控制方式。非智能控制方式主要有4种，其原理如下。

1. V/f 控制方式及其原理

V/f 控制方式就是通过调整变频器输出侧的电压频率比，以改变电动机在调速过程中的机械特性的一种控制方式。在负载转矩不变的情况下，异步电动机降低频率会使电动机转速下降，导致其输出功率下降，而电动机的输入功率与频率之间具有直接联系，即电动机的输入功率会因为频率下降而自动下降。因此，频率下降将导致输入功率与输出功率出现严重失衡，增加传递能量的电磁功率和磁通量，进而导致电动机的磁路严重饱和，励磁电流的波形出现畸变，产生很大的尖峰电流。因此，变频器必须在降低频率的同时，相应地降低输出电压，以维持输入功率与输出功率之间的平衡。要想既在低频运行的同时降低输出电压，又保证此时电动机能输出足够的转矩以拖动负载，就必须根据不同的负载特性适当地调整电压频率比，以得到需要的电动机机械特性。

总的来说，V/f 控制方式是为了得到理想的转矩—速度特性，基于在改变电源频率进行调速的同时，又要保证电动机的磁通不变的思想而提出的。通用型变频器基本都采用这种控制方式。虽然这一控制方式的变频器的结构非常简单，但是这种变频器采用开环控制方式，而且其低频时必须进行转矩补偿才能改变低频转矩特性，控制性能并不十分理想。

2. 转差率控制方式及其原理

转差率控制方式是一种速度闭环控制方式，即将通过速度传感器测得的实时转速送给转差率控制器，经过与设定的转速相比较和运算，最后向转差率控制器发出逆变器频率和电压的控制信号。转差率控制方式经常用于变频器输出电压频率高于输入电网电压频率状态下的电动机调速，其实质是电动机恒功率调速。

实际生活中，这种控制方式的变频器需要安装速度传感器，有时还要安装电流反馈，以控制频率和电流。这种控制方式采用的是一种闭环控制方式，能够提升变频器的稳定性，并对调速的加减速和负载变动有良好的响应特性。

3. 矢量控制方式及其原理

矢量控制方式是交流电动机调速的最理想的控制方式，其实质是将交流异步电动机的定子电流分解为励磁电流（I_1）和有功电流分量（I_2），并分别进行控制，即通过改变异步电动机的定子电流幅值和相位的控制方式来实现调速。使用矢量控制的交流异步电动机调速特性与直流电动机相似。

实际上，变频器中实际应用的矢量控制方式主要有基于转差频率的矢量控制方式和无速度传感器的矢量控制方式两种。基于转差频率的矢量控制方式与无速度传感器的矢量控制方式的特性一致，二者的区别在于：前者要经过坐标变换对电动机定子电流的相位进行控制，以消除转矩电流过渡过程中的波动，但是这种控制方式采用的是闭环控制方式，需要在电动机上安装速度传感器，这就对其应用范围造成限制；后者要经过坐标变换处理，分别对励磁电流和转矩电流进行控制，然后通过控制电动机定子绕组上的电压、电流，以达到控制励磁电流和转矩电流的目的。虽然无速度传感器的矢量控制方式的调速范围宽，启动转矩大，工作可靠，操作方便，但其计算比较复杂，需要安装特殊的处理器用于计算，导致其实时效性并不理想，控制精度容易受到计算精度的影响。

总体而言，基于转差频率的矢量控制方式比无速度传感器的矢量控制方式在输出特性方面有很大的优势。

4. 直接转矩控制方式及其原理

直接转矩控制方式是利用空间矢量坐标的概念，在定子坐标系下分析交流电动机的数学模型，控制电动机的磁链和转矩，通过检测定子电阻来达到观测定子磁链的目的，因此省去了矢量控制等复杂的变换计算。直接转矩控制方式的系统直观、简洁，计算速度和精度都比矢量控制方式有所提高，即使在开环控制的状态下，其也能输出 100% 的额定转矩，对于多拖动具有负荷平衡功能。

二 、变频器的开发与应用

（一）高压组合变频器的特点

高压组合变频器具有以下特点。

1. 变频器有 2 条独立的输出回路，可同时驱动 2 个电机。

2. 主从机的动态功率平衡可以在内部各输出回路之间自动实现。

3. 内部采用模块化设计，便于检修。

4. 具备单机、主机、从机多种自定义运行模式及输出闭锁功能。

5. 启动转矩大、启停稳定，适用于各种负载条件下的重载软启动。

6. 一机多驱，集成度高、体积小。

7. 采用 12 脉冲整流，减少了对电网的污染。

8. 配备友好的人机显示界面，操作便捷，具备数据上传功能，便于实现地面远程自动化控制。

9. 具备大容量运行数据存储功能，便于访问运行曲线。

10. 采用外冷水冷却方式，冷却效率高。

11. 配置有标准的 MODBUS 总线接口，可将整个驱动系统的数据上传至总控制室。

12. 能实现互联网远程监控功能，通过对设备运行情况进行监控，指导用户根据设备运行情况做好预防性维护。

13. 各输出回路之间自动调节直流母线电压，保持母线电压平稳。

14. 内部采用模块化结构，便于检修，功率器件、真空接触器、PLC 等重要部件全部采用进口品牌产品。

（二） 高压组合变频器的调速原理

交流异步电动机的转速公式如下：

$$n = 60(1 - s)f/p$$

式中，n——转速，其单位为 r/min；

　　s——转差率；

　　f——电源频率，其单位为 Hz；

　　p——极对数（一定）。

由上式可知，在其他参数不变的情况下，异步电动机的转速与电源频率成正比。因此，可以通过改变受控电动机的供电频率来改变受控电机的转速。从调速的本质来看，不同的调速方式可分为改变交流电动机的同步转速或不改变同步转速两种。在生产机械中，不改变同步转速的调速方法有绕线式电动机的转子串电阻调速、斩波调速、串级调速以及应用电磁转差离合器、液力偶合器、油膜离合器等调速。改变同步转速的有改变定子极对数的多速电动机，改变定子电压、频率的变频调速有能无换向电动机调速等。

（三） 高压组合变频器的电气系统组成

高压组合变频器的电气系统主要包括主回路、控制单元、整流单元、逆变单元、滤波单元、显示单元和充电单元。

1. 主回路

高压组合变频器为 AC-DC-AC 电压源型变频器，其主回路使用 AC = 1700V、50Hz 的电源，首先，通过真空接触器连接到整流单元，转换为直流；其次，滤波单元对整流后的直流电进行滤波；最后，经功率模块和控制电路组成的逆变单元将直流电逆变转换为可调电压和频率的交流电（即 VVVF 电源）。

2. 控制单元

高压组合变频器的控制单元包括高压变频器主控器（以下简称"主控器"）、数字处理单元、功率适配模块、检测模块。

（1）主控器。主控器是整个高压组合变频器的控制核心，主要负责各种信息和指令的处理、控制和传输。主控器通过 CAN 总线与检测模块、显示模块之间进行数据通信，根据检测数据完成设备的数据收集与输出，并将变频器的运行状态信息实时传输至显示模块；通过 RS-485 总线，在两个数字处理单元之间通信，控制并获取数字处理单元的工作状态。

（2）数字处理单元。数字处理单元是控制逆变输出的核心。变频器采用两个数字处理单元，分别控制两路逆变输出。数字处理单元主要接收主控器的控制命令，驱动功率适配模块，实现对逆变模组的触发，同时接收功率适配模块的反馈信号，实现对系统回路的保护。

（3）功率适配模块。功率适配模块接收数字处理单元的控制命令，通过光纤进行触发操作；还接收各个电压和电流检测器件的信号，并将收集的信号发送至数字处理单元。

（4）检测模块。检测模块主要包括键盘模块、数字 I/O 模块、模拟输入模块和温度检测模块，其功能因使用的电气设备的不同而有所不同。

3. 整流单元

变频器内部配置 12 脉冲整流器，采用 12 脉冲整流，可以减少变频器对电网的谐波干扰。此外，变频器整流电压是 2 个整流器 DC 电源的叠加。

4. 逆变单元

逆变单元主要应用三电平逆变控制技术。当逆变回路中的正极输出侧与电机某一相连接的一个开关闭合时，那么相应的电机在该相的电压就为正；如果逆变回路中负极输出侧与电机另一相连接的一个开关闭合，那么电机此相的电压就为负，并且电机两相之间会因此而导通产生电流。这样一来，通过顺序切换逆变回路中正负极上的多对开关，就可以任意切换电机上各相输出的正负极性，并通过调整这些开关的通断时间间隔，使其产生我们想要的任何频率特性。

5. 滤波单元

滤波单元包括直流回路滤波和输出滤波两部分。直流回路滤波采用薄膜电容，可以减少直流脉动纹波，平滑直流输出，为逆变回路储能，同时薄膜电容具有自恢复性，使用寿命长；输出滤波可以减少输出电压中的谐波含量，并降低变频器在较高开关频率下的 du/dt（电压随时间的变化率）电压尖峰，从而使得输出端到电机的允许电缆长度更长。

6. 显示单元

显示单元由液晶显示模块和电源指示模块组成。变频器前门装有 264.16mm

的液晶显示模块，接收主控器发送的信息并实时显示。显示模块配有存储 U 盘，变频器的所有故障记录及运行信息都准确记录在 U 盘内。

7. 充电单元

充电单元由高压充电总成（简称"充电总成"）和预充电整流板组成。充电总成输入电压 AC＝380V，输出电压 AC＝1800V；预充电整流板对来自充电组件的三相 AC＝1800V 输出进行整流并对 DC 母线充电。此外，充电总成内部带有温度保护装置，当温度超过保护值后，温度继电器动作，充电总成停止工作。

（四）高压组合变频器开发的创新点

高压组合变频器开发的创新点如下。

1. 采用绝缘栅双极型晶体管（IGBT）作为逆变功率器件，功率因数可达0.95 以上，降低了无功功率，达到节能降耗的目的。

2. ABB 变频器的直接转矩控制（DTC）技术用于实现大型设备的重载启动。

3. 采用 CAN 总线控制技术，解决了多台设备之间功率平衡和同步拖动问题，具有自动脱机与自动并机功能。

4. 电机与减速器可以直接连接。

5. 不仅实现了乳化泵的恒压供液控制，解决了压力波动和管道冲击问题，降低了高压管件的耗损，还实现了变频器安全、可靠的运行，避免了泵站电机空载运行造成的功率损耗。

6. 采用了工业 PLC 技术来完成主控功能，设计有 3 个控制室，可对带式输送机和刮板输送机进行智能控制。

（五）电气自动化技术在变频器中的具体应用

1. 锅炉链条给煤机上的应用

基于变频器的特点，变频器的应用重点主要在工业控制领域。电气自动化技术在变频器中的应用主要体现在锅炉链条给煤机上。在锅炉的运行过程中，企业对煤炭有着不同的需求量，要想通过控制链条给煤机来控制煤的数量，需要借助变频器来完成。因为可以根据变频器预定的程序控制煤的数量，达到控制给煤机的效果，所以变频器在锅炉链条给煤机上得到了重要的应用。

2. 恒压供水系统上的应用

变频器除了在锅炉链条给煤机上得到重要的应用之外，在恒压供水系统上也得到了广泛的应用。恒压供水系统需要依据用户的需求量持续供水，为了保持恒定压力，必须将变频器作为主要的控制系统。变频器的应用在控制水量和维持系统的整体压力上都起到了非常关键的作用，使供水系统达到规定指标的同时，也提高了供水质量。

3. 风机上的应用

连续性的工作会缩短风机的寿命甚至损坏风机的电力系统，因此，风机在工作的过程中必须设定工作时间和工作强度。在了解风机工作原理的情况下，变频器可以有效地控制风机的工作时间，这样一来，不仅解决了风机的转动频率，还可以按照工作要求设置风机的运行时间和停止时间。此外，将变频器应用于风机，不仅可以提升风机的控制效果，还可以通过控制变频器使风机满足用户的特定要求。

三 、变频器的正确选择与注意事项

（一）变频器的合理选用

为满足生产的工艺要求，在选择变频器时应当按照被调速范围、启动转矩、被控对象的类型、静态速度精度等要求进行选择。

1. 变频器箱体结构的选用

选用变频器一定要考虑酸碱度、温度、腐蚀性气体、湿度、粉尘等因素的影响，要使箱体结构与环境条件相适应。变频器的箱体结构有以下几种常见的类型。

（1）敞开 IPOO 型：因其自身没有机箱，所以适合安装在电控箱内或电气室内的屏、盘、架上，特别适用于多个变频器同时使用的情况，但对环境条件的要求较高。

（2）封闭 IP20 型：适用于在有少量灰尘或少许湿度、温度适宜的空间中使用，用途较为广泛。

（3）密封 IP45 型：适合在工业现场或者条件较差的环境中使用。

（4）密闭 IP65 型：适合在环境条件差（如有水、灰尘及一定腐蚀性气体）的环境中使用。

2. 变频器功率的选用

变频器的功率选择，要注意以下几点。

（1）为方便变频器在高频状态的运行，变频器功率应与电动机功率大致相等。

（2）变频器和电动机的功率分级产生差异时，变频器功率要最大限度向电动机功率靠近，而且要稍高于电动机功率。

（3）如果要频繁启动、制动或者重启电动机，一定要选择大一级的变频器，这样可以使变频器长期、安全地运行。

（4）在测试中发现电动机实际工作量的确有剩余时，应选择比电动机功率小的变频器。需要考虑的是，顺时峰值是否能够保护电流？

（5）节能程序的设置可以起到调节变频器与电动机功率值的目的，有利于提高电气自动化控制系统的节能效果。

3. 根据负载类型选用变频器

在选择正确的通用变频器时，要考虑负载特征，因为不同的负载有不同的转矩 T 与转速 n。实际生活中，变频器的负载特性可以分为三种类型，即恒转矩负载、恒功率负载及风机、泵类负载。

（1）恒转矩负载。负载转矩 T_L 与转速 n 无关，任何转速下，T_L 都能够保持恒定或基本恒定。例如，传送带、搅拌机、挤压机等摩擦类负载以及吊车、提升机等位能负载，都属于恒转矩负载。变频器拖动恒转矩性质的负载时，低速下的转矩要足够大，并且有足够的过载能力。如果电动机需要在低速状态下持续运行，应该考虑标准异步电动机的散热能力，避免电动机的温度过高。

（2）恒功率负载。恒功率负载是指当负载功率 P_L 恒定，与转速 n 无关，或负载功率 P_L 为某一定值时，负载转矩 T_L 与转速 n 成反比的负载特性。例如，机床主轴和轧机、造纸机、塑料薄膜生产线中的卷取机、开卷机等，都属于恒功率负载。恒功率负载是就一定的速度变化范围而言的，当速度很低时，受机械强度的限制，负载转矩不可能无限增大，在低速下其会转变为恒转矩负载。

负载是恒功率还是恒转矩对传动方案的选择有很大的影响。电动机在恒磁通调速时，最大容许输出转矩不变，属于恒转矩调速；在弱磁调速时，最大容许输出转矩与速度成反比，属于恒功率调速。如果电动机的恒转矩和恒功率调速的范围与负载的恒转矩和恒功率范围相一致时，即所谓"匹配"的情况下，电动机的容量和变频器的选择容量均最小。

（3）风机、泵类负载。在各种风机、水泵、油泵中，随着叶轮的转动，空气或液体在一定的速度范围内所产生的阻力与转速 n^2 成正比。随着转速的减小，转速按转速 n^2 减小。这种负载所需的功率与转速 n^3 成正比。由此可知，当所需风量、流量减小时，利用变频器通过调速的方式来调节风量、流量，可以大幅节约电能。此外，因为电动机高速旋转时，其所需功率随转速的增长与转速 n^3 成正比，所以不应使风机、泵类负载超工频运行。

4. 变频器容量的确定

一般可以通过以下三种方法来确定所选择的变频器的容量是否合理。

（1）电机实际功率确定法。先确定电机的实际功率，以此来选用变频器的容量，计算电机的实际输出功率：

实际输出功率＝实际输入功率×电机效率。需要注意的是，实际工作条件下，由于负载、温度、湿度等因素的影响，电机的实际效率可能与额定效率有所不同，因此实际输出功率也可能有所变化。

（2）公式法。设安全系数取 1.05，变频器的容量 P_b 就是：

$$P_b = 1.05 P_m / h_m \cdot \cos\varphi$$

式中，P_m ——电机负载，其单位为 kW；

h_m ——电机功率，其单位为 kW。

通过上式算出 P_b 后，按变频器产品目录选具体规格。

（3）电机额定电流法。实际上，选取变频器容量的过程就是变频器与电机的最佳匹配过程，使变频器的容量比电机的额定功率大或者相同，是最常见也较安全的方法。但是，在实际的匹配过程中，电机的实际功率与额定功率不同，造成实际需要的功率小，而设备本身的功率偏大。由此可见，合理的变频器选择是根据电机的实际功率选择的，防止选取的变频器太大而导致投资增加。例如，面对轻负载类时，所选择的变频器电流一般是 $1.1 I_N$（I_N 为电动机额定电流），或者根据厂家在产品中标注的同变频器的输出功率额定值相配套的最大电机功率进行选择。

5. 电源的选用

（1）电源电压及波动。选择电源时需要格外注意的是，要与变频器低电压保护整定值相适应（出厂时一般设定为 $0.8 \sim 0.9 U_N$），因为在实际使用中，很可能会出现电网电压偏低的现象。

（2）主电源频率波动和谐波干扰。这方面的干扰会造成变频器系统热损耗的增加，导致噪声严重，输出降低。

（3）变频器和电机在工作时的自身功率消耗。在电气自动化控制系统中，设计电源供电部分时，应考虑到对变频器和电机自身功率消耗的影响。

除此之外，在选用变频器时也要考虑系统控制对象的控制要求及精度等内容，其控制方式是开环控制或闭环控制，以及系统采用的抗干扰措施等。

（二）变频器安装及使用注意事项

1. 在配电柜中安装变频器的注意事项

（1）防灰尘、污垢、油雾。变频器表面积累灰尘、污垢后，其绝缘性能会降低，造成触点出现错误动作故障。变频器表面吸收湿气，会降低其冷却效果，过滤网阻塞也会使配电柜内温度升高，导致事故的发生。对此，可以采取以下措施。

①变频器所安装的位置应该是在具备灰尘防护结构的配电柜中。在配电柜温度持续升高的情况下，需要马上采取应对措施。

②强行把干净的空气引入到配电柜中，提供负压环境。

（2）腐蚀性气体或含盐气体。如果变频器暴露在有腐蚀性气体或含盐气体（海风）的环境中，变频器的线路板、部件及继电器开关将会受到腐蚀。对此，可以参照防灰尘、污垢及油雾的手段。

（3）易燃、易爆气体。因为变频器不是防爆结构的设备，所以在安装时，最好将其安装在防爆配电柜中。

（4）海拔高度。变频器需要在海拔高度小于 1000m 的环境中使用，不然会因为稀薄的空气而导致制冷效果不佳。

2. 变频器接线注意事项

（1）输入的电源一定要接到 R、S、T 端，输出电源一定要接在端子 U、V、W 端。如果错接，就会损坏变频器。

（2）为防止触电、火灾等灾害和降低噪声，必须连接接地端子。

（3）需要采用接触性好的压接端子连接端子和导线。

（4）将线接好后，需要再次检查接线是否正确、有无漏接现象、端子和导线间是否短路或接地。

（5）通电后，当要改接线时，首先要确保电源已经关闭，然后注意等充电指示灯完全熄灭后，用万用表确认直流电压降到安全电压（DC＝25V 以下）后再进行。如果在电压残留（电荷）的情况下进行操作，会产生火花，容易发生危险。

3. 抗干扰措施和接地

（1）变频器电源和表计电源之间一定要有一定的电器距离，如果不能满足这一条件，那么就要在变频器进线处放置一个无线电抑制电抗器。

（2）变频器引出线不可以直接接地，一定要在规定的位置连接。

（3）要在专门的接地点接地。变频器准确接地的作用是提高电气自动化控制系统的灵敏度、抑制噪声。在此过程中，接地端子 E（G）接地电阻越小越好，接地导线截面积应不小于 $2mm^2$，长度应控制在 20m 以内。

（4）变频器的接地一定要与动力设备接地点分开，不能使用相同的接地点进行接地。

（5）信号输入线的屏蔽层应接至 E（G）上，另外一边不能接在地端，否则会引起信号变化波动，使系统振荡不止。

（6）变频器与控制柜外壳之间应用导体接通，如果实际安装存在困难，可以采取铜芯导线跨接的方式。

（7）数台变频器共用接地时，不能形成接地回路，每台变频器最好使用独立的电缆。

（8）变频器本体最好放在现场，如果要安装到控制室内时一定要屏蔽。

（9）动力线和控制信号线之间需要分开走线，不可捆在一起。

参考文献

[1] 刘天钊，王新泉. 新时期电子信息原理与技术探索研究［M］. 汕头：汕头大学出版社，2023.

[2] 付勃. 电气自动化控制方式研究［M］. 北京：现代出版社，2023.

[3] 宁艳梅，史连，胡葵. 电气自动化控制技术研究［M］. 长春：吉林科学技术出版社，2023.

[4] 赵英宝，刘新建，李红卫. 电气工程自动化控制技术［M］. 重庆：重庆出版社，2023.

[5] 朱玉华. 自动控制原理（第2版）［M］. 北京：中国石化出版社，2022.

[6] 周振超，干立红，李润生，丁英丽等. 自动控制原理［M］. 北京：电子工业出版社，2022.

[7] 刘春瑞，司大滨，王建强. 电气自动化控制技术与管理研究［M］. 长春：吉林科学技术出版社，2022.

[8] 闫来清. 机械电气自动化控制技术的设计与研究［M］. 北京：中国原子能出版社，2022.

[9] 韩常仲，蔡锦韩，王荣娟. 电气控制系统与电力自动化技术应用［M］. 汕头：汕头大学出版社，2022.

[10] 周奇勋. 自动控制原理［M］. 徐州：中国矿业大学出版社，2022.

[11] 张淑艳，孟春，宋爽. 自动控制原理与系统（第3版）［M］. 北京：北京理工大学出版社，2022.

[12] 侯玉叶，梁克靖，田怀青. 电气工程及其自动化技术［M］. 长春：吉林科学技术出版社，2022.

[13] 孙炳达. 自动控制原理（第5版）［M］. 北京：机械工业出版社，2022.

[14] 刘侃，谷满仓. 电子信息技术篇［M］. 北京：北京理工大学出版社，2021.

[15] 高珏. 过程控制与自动化仪表应用与实践［M］. 南京：南京大学出版社，2021.

［16］吴秀华，邹秋滢，刘潭. 自动控制原理［M］. 北京：北京理工大学出版社，2021.

［17］刘丁. 自动控制理论（第2版）［M］. 北京：机械工业出版社，2021.

［18］张恒旭，王葵，石访. 电力系统自动化［M］. 北京：机械工业出版社，2021.

［19］王雪松，常俊林，杨春雨. 自动控制原理［M］. 北京：机械工业出版社，2021.

［20］周军，段朝霞. 自动控制原理［M］. 北京：机械工业出版社，2021.

［21］吴莉莉，林爱英，邢玉清. 电子信息科学技术导论（第2版）［M］. 北京：机械工业出版社，2021.

［22］孟爱华. 工业自动化集成控制系统［M］. 西安：西安电子科技大学出版社，2020.

［23］宋建梅. 自动控制原理［M］. 北京：北京理工大学出版社，2020.

［24］许丽佳. 自动控制原理［M］. 北京：机械工业出版社，2020.

［25］合云峰. 现代电子信息技术［M］. 长春：吉林科学技术出版社，2020.

［26］孙娟，陈宏，陈圣江. 电子信息技术与电气工程研究［M］. 北京：原子能出版社，2020.

［27］伍湘彬. 电子技术基础与技能电子信息类（第3版）［M］. 北京：高等教育出版社，2020.

［28］孙越芳. 电子信息技术导论与应用研究［M］. 哈尔滨：东北林业大学出版社，2019.

［29］王耀斐，高长友，申红波. 电力系统与自动化控制［M］. 长春：吉林科学技术出版社，2019.

［30］连晗. 电气自动化控制技术研究［M］. 长春：吉林科学技术出版社，2019.

［31］董燕飞. 工业自动化中的控制与驱动系统研究［M］. 长春：吉林大学出版社，2019.

悄然至秋途

章晓红 著

成都时代出版社
CHENGDU TIMES PRESS

图书在版编目（CIP）数据

悄然至秋途 / 章晓红著 . -- 成都：成都时代出版
社，2023.1
ISBN 978-7-5464-3026-3

Ⅰ．①悄… Ⅱ．①章… Ⅲ．①散文集－中国－当代
Ⅳ．① I267

中国版本图书馆 CIP 数据核字（2022）第 013923 号

悄然至秋途
QIAORAN ZHI QIUTU

章晓红　著

出 品 人　达　海
责任编辑　兰晓蓥蓥
责任校对　蒲　迪
封面设计　悟阅文化
责任印制　车　夫

出版发行　成都时代出版社
电　　话　（028）86742352（编辑部）
　　　　　（028）86615250（发行部）
印　　刷　成都市兴雅致印务有限责任公司
开　　本　880mm×1230mm　1/32
印　　张　10.75
字　　数　280千
版　　次　2023年1月第1版
印　　次　2023年1月第1次印刷
书　　号　ISBN 978-7-5464-3026-3
定　　价　78.00元

▌对文字的礼拜（代序）

陈世旭

今年 4 月，春暖花开的日子，应上饶文友毛小东热诚相邀，三上铜钹山。行前小东在电话里说，上饶市社联属下有个三清女子文学团体，希望我前去谈谈写作。我对小东一向信任，他的相邀我很乐意赴约。去"谈谈"的结果，是我自己受到了莫大的触动。

很难想象，在当今环境下，会有这样一个忠实于精神守望的群体，她们对文学的痴情，使我这样一个职业的文字工作者汗颜。她们完全靠自筹的经费办活动、办刊物，她们的写作完全是业余的，但其中有的人把写作当成了生活的终极追求，投入了极大的热情。

在那之后，我陆续收到她们中间一些人的电子文稿。其中给我留下深刻印象的是 ZXH 的散文《大叔》，还有 GXC 二十余万字的文稿。

ZXH 说《大叔》是她"心中绝版的乡村童话"，篇幅不长，却能让人清楚地看出作者的写作风貌、追求和实力：

年过不惑，喜欢回忆老家的人和事，便经常想起大叔。

我对人和事有所记忆的最早画面，是大叔结婚的场景。记得家里非常热闹，里三层外三层挤满了人，我被大人扶着站在长凳上，香火桌上的收音机被人挤到地下踩坏了。长大后跟家里人谈起这事，他们说是大叔结婚，我爸特意从七二一矿带了一个收音机回家过年，那个年代收音机可是稀罕物。算起来当时我两岁不到，怎会记得这么清楚？也许是那小小的盒子能发出声音，实在太奇妙了，让我记忆犹新吧！

大叔右脸靠近太阳穴处有块铜钱大的疤，眼白多，看人斜视，说话结巴，外号"癫子"。其实人不可貌相，他非常聪明又有才气。他是生产队的会计，算盘打得又快又准，几位数的乘除一步到位。别人向他求教，他秘而不宣，总是说："做——做会计——多——多年，熟——熟能——生巧。"

因为结巴，他不愿跟人交往，很少说话，爱沉思默想，常在晚饭后抄起手围着天井踱步。他的记忆力惊人的好，家里十多个人的生日全记得，哪年哪月村里、家里发生了什么事，他心里像账本一样记着，清楚得很。

大叔会用油茶树做灯头，刻私章。有一次竟然刻了公章，他没想过这是违法的。在那个打击"投机倒把"的年月，村里的洋崽听浙江朋友说那边做小生意不受管制，便到广丰收购了一些黄烟，从沙溪坐火车去浙江贩卖。不料在沙溪火车站被民警发现，被扣下了黄烟。洋崽说是自己种的，送给浙江一些朋友抽。民警不信，叫他到大队开证明，否则没收黄烟。

洋崽家是富农，他不敢叫大队干部出假证明，悄悄求大叔帮忙，好话说了一大堆。大叔便对着账本里一张印有大队公章的凭证模仿刻了起来。洋崽持了假证明去见民警，民警虽没看出破绽，但知道我们村庄不产烟叶。盘问了几句，洋崽只得实话实说，招出了大叔私刻公章一事。这还了得，民警向公安局报案，来了一大批人，把大叔抓起来，关在大队里审问。要不是在县城工作的大姑父出面找人说情，大叔可能要坐班房。放出大叔的理由是他神经有毛病，是癫子，有时无法控制自己的行为。因为同样的理由，他也不能做生产队会计了，立即免职办移交。

还有一次，大叔因爱女儿闯了祸。有年秋天，他挑着箩筐到沙溪街买小猪，没买到又挑着空箩筐回家。路过宋宅，他鬼使神差地走进一片橘园，随手摘下几个橘子。不巧被发现，宋宅人抓住他，说他预谋偷一担橘子，不相信他挑着箩筐是去沙溪街买小猪。几十个年轻力壮的男人跟着大叔来家里罚禁，气势压人，开口就说要罚二十元。在买东西以分钱计算的年代，二十元钱是一笔大数目。家人给他们赔礼道歉，泡茶敬烟，最后罚了五元。事后，大奶奶骂他贪吃。大叔解释说其实他知道青的橘子不能吃，摘回来是想给女儿当球玩。

在重男轻女的农村，大叔是一个与众不同的人物，率先倡导了"女儿要富养，儿子要穷养"的理念。他收工回家，要先去抱一抱女儿，亲昵地叫她"惟惟"（方言音译，表达对孩子怜爱）。我只看过他抱、驮女儿，后来的三个儿子却享受不到这种待遇。而我因小时候父爱的缺失，每次看到大叔驮女儿出去玩，都心生羡慕。

还记得大叔第三个儿子加周出生时，他在天井四周踱步等待，得知大婶生下男孩，他没好气地说"又——生——小鬼"，连房间都不进。我怀着好奇心看了这个初生的婴儿，满脸胎斑，满额头都是皱纹，怎么这样丑？加周小时候总是流鼻涕，再大几岁，小肚子凸起，俗称"筲箕肚"，穿着两个哥哥穿旧的破裤子，老往下掉。有个邻居喜欢恶作剧，经常拉下加周的裤子，弄得他一把鼻涕一把眼泪地哭……初中肄业、自学成才的加周，如今在上海、广州等地从事电脑制图工作。丑小鸭已变成了白天鹅，身高超过了一米七，清瘦俊朗。

　　大叔总是做些常人眼里离谱的事。20世纪80年代中期，无论他在自家的一亩八分责任田里如何辛苦劳作，产出的粮食也不够几个孩子解决温饱问题。大叔把目光锁定在离家500米与渊坑一路之隔的溪滩弯耳角上，围了400多平方米，准备开荒造田建房。

　　村里人都认为他癫子说梦、异想天开。每年涨水溪滩都会被淹掉，泥土会被冲走，哪能种稻子？建房更危险，地基不牢固（那时大多数村里人还没见识过用钢筋混凝土打基桩建房）。

　　大叔不理睬别人的劝阻，雄心勃勃，一步步去实现梦想。筑堤、填土、种树。河里的大卵石，山上的硬麻石，只要他看中了，就会想尽办法搬到弯耳角筑堤；他每次去弯耳角，要拐到黄泥地挑担土去填；到处找树苗移种在堤内。他用蚂蚁搬家的笨办法，历经五六年，缔造了现代版愚公移山的传奇，将弯耳角改造得像模像样。一米多宽、两米多深的提坝高出路面，四周种满柳树、杉树、芙蓉、竹子、老虎刺，几垄菜地、两丘水田可以春种秋收了。虽然每年涨水会被淹，但有提坝和树木的双重保护，泥土不会流失。

　　这期间，无论酷暑严寒，大叔没有一天不去弯耳角。即使"双抢"，他在责任田里干得再累，也要去看看。他的执着和痴迷，大婶开始也不理解，说他中了邪。直到种出了菜和稻谷，大婶才对大叔刮目相看。

　　有天傍晚，我闲逛到弯耳角，大叔正光着膀子低着头在田里拉犁。大叔认为雇请耕牛太花钱，划不来，他的责任田、自留地都是自己挖、自己犁的。我问大叔为何想在这里盖房，他停下手中的活，红着脸结结巴巴说了许多，大意是这里清静、水好、空气好，可惜没钱，只能瞎想，要等小鬼们长大挣钱了才盖得起房。

　　1995 年，五十出头的大叔因胃癌英年早逝，那时没一个儿子成家，最小的加周刚上初中，弯耳角的房子还未建成。大叔一直有先见之明，对几个儿子不娇惯，让他们从小学会吃苦，懂得自立自强。三个儿子长大后都有出息，大儿子已圆了大叔临水而居的梦，在渊坑边盖了一幢三层小洋楼。

　　大叔的故事，是我心中绝版的乡村童话。

　　毫无虚情假意，毫无矫揉造作，一切就像生活本身一样质朴。我将这"童话"全文援引在这里，是想说明正是这些文字，引起了我对这个陌生的文学团体由衷的敬重，以至于当 GXC 希望我能就她的书稿写些文字的时候，我欣然答应。

　　与 ZXH 比较，GXC 似乎更关注个人的内心世界，更注重自我的表达。在 GXC 看来，"写作是对一种呼唤的回答"……她常常沉浸在回忆中。一切不会止于回忆，还有诉说的愿望，"嘤其鸣矣，求其友声"，由此就有了对文字的依恋和敬畏。于是，文字在 ZXH 和 GXC 这里，不再是谋求世俗功利的工具，而成为一种虔诚礼拜的对象。阅读这样的文字，感受类似的经历，是一种对心灵的淘洗。

　　真实地面对自己内心的呼唤吧，依恋文字，敬畏文字，礼拜文字吧！

目录
C O N T E N T S

第一辑　谁帮我盘起了长发

第二辑　栖居的日子

第三辑　上饶行旅

第四辑　悄然至秋途

谁帮我盘起了长发

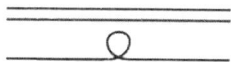

▌二 叔

　　周末回老家，到旧居看了看。现住在旧居的只有二叔一家，其他叔叔另外盖了新房，他们都在外打工，做石匠、木匠活儿。二叔因无手艺，长年在家乡，守着几亩薄田艰难度日。他感叹种粮不易，稻谷卖不上价钱。此后是长久的沉默。面对肤色黝黑、矮小瘦削的二叔，我不知说些什么好，便告辞了。

　　二叔大我十来岁，出生在那个特殊的年代，先天营养不足，从小体弱多病。大爷爷决计让他读书，有了文化好找轻松的职业谋生。恢复高考那年他报名参加了考试，但不幸名落孙山。此后他再没有进过考场，假如他去多试几次，说不定命运就重写了。其实他在校时文科成绩拔尖，字和文章都写得很好，厅堂里贴满了他大大小小的奖状。我读小学时写不来作文，那年月没有课外读物，二叔便把自己保存多年的作文本翻出来给我做范文。我从中不但学到二叔的一些写作技巧，更学到他的一手好字。

　　二叔尚在读初中时就常代人写信，村里人结婚、过生日、乔迁新居，都请他去写对联。每当他被人请去，我跟他的小弟（即大我两岁的四叔）就很高兴，守在大门口盼望他带一些零食回来。二叔做完事情回家，远远看到我们便会扬扬手上的东西，我们飞一般跑出去迎接他，把零食抢过来。他便一手牵一个，兴高采烈地领我们回家。我当时对他崇拜得五体投地，认为他是最聪明、最能干的人。

小学校长看中二叔，让他到学校代课。那年正月的一个早晨，二叔穿了件崭新的中山装，对着镜子照了又照，还问读初三的我，他像不像老师。我连忙点头，他很自信地走去学校。我们当时认为老师虽然没有站柜台、坐办公室的人风光，可比农民强多了，免了风吹日晒，也算大爷爷眼中轻松的职业吧。校长想把亲戚家有残疾的女孩许配给二叔，大爷爷坚决反对，那时农村已经有了责任田，他认为二叔瘦小，应该找一个强壮结实的女人来持家，不然责任田都种不了。二叔权衡再三，回绝了校长的好意，他只做了一年代课老师就被辞退了。那年过年他喝了很多酒，醉得一塌糊涂。

不知不觉，二叔到了大龄青年之列，解决婚姻问题成了头等大事。大爷爷四处托人做媒，只要符合下列条件的女性就带他去看：身体结实，会农活和家务活，小学以上文化。最后一点是二叔的要求，他怕找个文盲没有共同语言。那两年二叔看了不少姑娘，农村姑娘现实得很，她们不在乎二叔的文才，她们只想嫁个强壮有手艺会挣钱的男人来依靠。直到1982年秋天，二叔才定下了亲事。

二婶看中二叔的文化。二婶有个姐夫是游医，很能挣钱。她要二叔跟他学医开药，会开方子给人治病，才肯结婚。于是二叔从襟兄那里借来一大堆医学书，闲来就背中医药方。襟兄见他书呆子般苦学，道出自己行医的奥秘："给人看病，三分实学七分猜，重要是学会察言观色，掌握病人心理，精通书本知识没用的。比如走进一户人家，有对不算年轻的夫妇，却看不到孩子及孩子的玩具、衣物，即可断定这对夫妇患了不孕症。他们若要看病，不可先问他们患了什么病，这样就没水平，人家不信任你。你先给他们装样把一下脉，再给出诊断。若他们不想看病，你别慌着走，坐下说说闲话，说他们看起来气色不好，可能身体有问题，不治不要紧，把下脉不收钱的。只要他们坐下来把手伸给你就有戏了。'脉搏细跳，气血两虚，会引起不孕。吃我几个疗程药，调理调理，明年就会生个大胖小子'，其实不孕症大城市的医院都治不了，我等小民哪有这能耐……"他这么夸夸其谈传授行医秘诀时，我也在旁边，我跟二叔都听得目瞪口呆。

二叔跟其襟兄走了一年多江湖，大女儿出生了，他终于以在家照顾二婶为由结束了游医生活。他说昧着良心挣病人的钱，心里不安，常常夜里做噩梦。为了谋生，二叔做起拉菜卖的小生意。凌晨四点多钟，骑着那辆破旧的载重自行车，拉着两个大箩筐，到市区大菜场贩些家常菜和时鲜菜，贩回来走村串户叫卖。每天有活钱，日子也还算过得下去。一晃好几年，直到村里有户临街人家开了菜铺，他的生意清淡了许多，就停止了卖菜的营生。其后二叔买了一架补鞋机在家里开业，无师自通成了一名补鞋匠。此时他已是三个孩子的父亲了，三叔、四叔均已成家，有了小孩，各自分家另过。

大爷爷早已过世，留给儿子们的几间泥瓦房，挤得人满为患。二叔家五口人挤在一间房里睡觉，两个女儿睡一张小床，儿子跟大人睡一床。

孩子们渐渐长大，要读书，生活越来越困难，夫妻因此常常吵嘴，甚至打架。牛高马大的二婶常把二叔打得鼻青脸肿。

在外打工的三叔、四叔，劝二叔跟他们出去干些杂活，省得两口子经常吵架，于是二叔来到深圳。几天后在劳务市场找到搬家的活，户主是一位空难飞行员的遗孀。二叔在她的丢弃物中发现一沓面值百元的美钞，当时不认识那是美钞，以为是飞行员从国外带回来的、同中国一样作废了的粮票。他想这是飞行员留给妻子的遗物，应该留作纪念才对，就把那沓美钞捡回来还给户主。户主把这事讲了出去，好多记者去采访二叔，问他为何拾金不昧。二叔如实说自己没有那么高尚，不会捡到这么多钱不动心，只是自己不认识那是美元。这话不是记者想要的答案，他们缠着二叔说一些体面的话，二叔不知怎么说，竟逃之夭夭，回到了家乡。

为了不让孩子失学，二叔只好在每年夏天"双抢"时承包十来亩稻田收割、栽种，烈日炎炎，天天早出晚归，挣上千元汗水钱交学费。家中平时零星开支，就靠那架补鞋的机器。在他大女儿刚读初三时，我曾劝过他，女孩子能初中毕业就够了，到外面打工早些挣钱，帮家里一把。二叔当时说："孩子只要自己想读书，只要读得进去，我即使去卖血也要供他们读的，不然孩子长大了会恨我。"

我对二叔肃然起敬。曾经那么有才华的二叔，被生活打磨得这般沧桑，四十来岁两鬓已花白，我真担心矮小瘦削的他会累倒下去。然而，二叔那坚毅的眼神，又让我相信，所有的难题，都会被他慢慢破解，一一踏在脚下。

2001年10月

▌ 写给女儿

　　孩子，今天是你十岁生日。前些日子问你希望得到什么生日礼物，你说想去看大海，我决定暑期带你到厦门实现这个心愿。今天就没跟往年那样拍照、吃生日蛋糕、买纪念品了。

　　夜里看着你安静熟睡的小脸，我突然后悔起来。不管怎么样，今天都应该送你一件礼物，这毕竟是你人生的第一个十年呀，于是我打开台灯铺开稿纸……

　　你现在也许还不理解我写下这些文字的意义，等你长大了一定会理解的。

　　孩子，妈妈在肚子里孕育你时，就希望你是个女孩。倒不是对重男轻女传统习俗的反叛，而是私自认为女孩子跟父母更亲近、贴心。甚至有一种固执的偏见：没有女儿的母亲，生活是残缺的。我在孕期常常虔诚地祈祷：请赐予我一个女孩吧。你一天天发育，从偶尔轻微的颤动，到每天数次的"拳打脚踢"，妈妈都为之欣喜。预产期临近了，你的头还不入盆，妇产科医生叫我做好剖腹产准备。我为此心里很沉重，为了纪念这份沉重，决定给你取乳名叫"沉沉"，并想好了名字叫"乐章"（因爸爸没同意后来改名），希望你能超越妈妈。正如医生预测的那样，预产期过了几天，你仍然舍不得出来，妈妈肚子痛了两天一夜，你还是不肯"抛头露面"。不得已，1995 年 5 月 18 日上午妈妈被送进手术室，10 点 10 分，你来到人间发出了第一声啼哭。医生说是个女孩，我情不自禁流出了眼泪。看到你油光乌黑的头发，白里透红的粉脸，我有了一个这么圣洁可爱的天使心里满怀感恩。

你的出生，让我跟母亲（你的外婆）间有了更多的沟通。我懂得了一个女人孕育孩子的不易，更懂得了你外婆在动荡不安、两地分居时为给予我生命所承受的苦难。虽然在月子里不能写字，妈妈还是偷偷握笔给外婆写了信，倾诉我初为人母的感受。月子是在汪村老家坐的，那段时间天天下雨，换洗的尿布要用火烤干，你的屁股、大腿烂脱了一层皮。小小的你就要遭受这份罪，妈妈心疼到了极点。还没满月的你特别爱睡，一天起码睡二十小时，很想将生有一头乌黑胎发的你照下留作纪念。偶尔天气好，却碰不上你醒着，未能拍下照片。你五十多天了才第一次照相，漂亮的头发剪掉了，皮肤也黑了许多。那个时候，你睡在摇床里喜欢手脚乱动，看着床角挂的彩球咿呀乱语，听到有人叫你的名字会微笑，可爱极了。感觉你一天天在长大，抬头、转身、摇臂、翻身、抓物、拍手，能坐了，会爬了，长齿了，扶着能站稳了，学叫爸爸、妈妈了……每一点细微的进步都让我惊喜，让我忘掉哺育你的艰辛。

妈妈休完产假又多请了几个月假陪你，但年底单位事情较多，不得不回县城上班。于是在汪村找了个保姆来县城的家照看你，可她在县城不习惯，勉强带了一个月拿到工钱就辞职了。此时离过年还有十多天，奶奶建议把你放在汪村断乳。我本来考虑第二年春暖花开的时候给你断乳，因一时找不到人带你，只好狠下心，把你放奶奶那里。从你出生开始，妈妈没一天离开过你，可想而知离开你的那些日子是多么想你呀。忙完单位的事回去过年，你消瘦了许多，瞪着一双空洞无助的眼睛看着我，不理我。妈妈当时心里那份难受真的无法言表，孩子，才隔几天你就忘掉妈妈了？从你的眼神我猜测，你大概以为妈妈不要你了，是吧？

过年后把你带到县城，直到你周岁，短短三个月，找了三个亲戚来帮忙照顾你。由于我们家住五楼，你每天要到外面玩，看来来往往的车和人，亲戚们年纪大了，抱你上下楼吃不消。在请不到保姆的情况下，只好送你到乡下去，放在大舅公家带，妈妈每隔一个星期去探望你。那个时候老外婆（妈妈的奶奶）身体不太好，她是妈妈最爱的亲人，心中牵挂着一老一小，每次回去总要骑个自行车两地奔波。现在想来，那段日子确实吃了不少苦。当时公路路况很差，路上要颠簸几个小时。

1997年下半年，我把你送进了居委会办的托儿所。开始一个月，你早上到了托儿所都要哭一会儿。等国庆节放假，带你出了趟远门，坐火车到贵溪。这是你生命中第一次坐火车，你是那样新奇和兴奋，在车上蹦跳不停，东观西望。旅行回家竟发生了奇迹，你再去托儿所就不哭了。那期间，你在家最喜欢做两件事：头戴洗菜用的塑料圆篓（刚好跟你头差不多大），很卖力地向前推那把小椅子。有时椅子上还放一些小东西，那真诚滑稽的样子，真可爱；你还喜欢爬上靠阳台的椅子，在椅子背上把饮料瓶一层一层叠起来，叠了三四层不倒的话，就很高兴地一边说"妈妈来看我多厉害"，一边给自己鼓掌。

可惜因入托孩子不多，第二年托儿所停办了，于是又把你送到大舅公家待了半年。1998年下半年，离我们家不远处新办了一所聪明岛幼儿园，环境不错。你进入这里开始了三年正规的幼儿园生活。这是你人生受教育的第一所学校。这里的老师教你互助、友爱、谦让，教你唱歌、跳舞、画画、认字、算数。我至今还记得你跳新疆舞扭动脖子时活泼的样子。幼儿园老师很欣赏你那充满稚气的画，妈妈非常希望你能坚持画下去。外公的画画得很好，有外公的隔代遗传基因，再加上你自己后天的勤奋，你在绘画方面定会有所获。

这几年，你的想象力和观察力得到发展，进步之快简直令我吃惊。幼儿园斜对面有个垃圾转运站，我上班天天经过没觉得那房子有什么特别，你上幼儿园没几天就对我说那是一所大象房子。我仔细一看，造型确实是大象。我有件短袖上绣了图案，穿了一个暑假也没看出图案是什么，你来上学后立刻发现了，说上面是蜜蜂。我认真瞧了瞧，还真是拟人化的蜜蜂。你用娃哈哈空瓶、香水瓶当玩具，在床上摆弄，把一张硬纸对折放在娃哈哈瓶上，说是房子。将细长的香水瓶放在它旁边问我这代表什么，我说代表宝塔。你说我回答错了，这是烟囱。

读幼儿园期间，妈妈发现了你身上一些缺点。一是脆弱，喜欢哭鼻子，玩具一时找不到、橡皮擦破了本子、手绢弄脏了，都要哭；二是胆小，不懂礼貌，不愿与人说话。我多次教你接受了别人的礼物要说"谢谢"，遇到长辈要主动打招呼，你总是当耳边风。后来看到一篇《中国孩子太辛苦》的文章，说强迫孩子做自己不喜欢做的事，不利于创造力和思维力的发展，之后我想还是顺其自然吧。

你读幼儿园期间有几件事，妈妈要特别写出来：1999 年年初，我的奶奶去世了。我为此情绪低落，夜里常常失眠、悄悄流泪。是身边安静熟睡的你，让我尽快忘却悲痛、振作坚强起来，妈妈不能让年幼的你受委屈。夏天的一个下午，我去幼儿园接你，你从衣服里掏出一颗焐化掉的咖啡糖给我，说是下午的点心，很好吃就留了一颗给我，妈妈当时感动得差点掉下眼泪。2000 年母亲节，你买了一只玩具乌龟作为礼物送给我，让我体验到身为母亲的自豪和喜悦。那天你第一次从电视上知道有个节日叫母亲节。你认真地问我喜欢什么礼物，要用自己的压岁钱给我买。你从储钱罐里拿了 5 元钱，让我到高杆灯路口的夜市去挑选礼物。夜市里大部分摊位摆着孩子的玩具、日用品。平时逛夜市，都是你吵着要买这买那，那次你像个小大人样问我喜欢这个还是喜欢那个。我们在夜市里走了两个来回，才选中那只头脚乱动、滑稽可爱的乌龟。2001 年 3 月 17 日，你掉下第一颗牙齿。那年 5 月，我带你去了湖南省的张家界、长沙、韶山等地游玩。

2001 年下半年，你开始进入全良小学读书。你很贪玩，成绩一般。老师叫我好好抓一抓你的学习，我却没有给你施加压力。我不想让你那么紧张，从而对学习产生恐惧心理。我觉得小学教育主要是为孩子创造一个宽松的学习环境，教给孩子学习方法，激发孩子的学习兴趣，使孩子养成良好的学习习惯。

我一直认为你胆小，老师在成绩单评语上也写你胆小。2002年国庆节，我与几个卫校同学聚会，突然发现你其实并不胆小，还发现你一直渴望长大。我们都带了孩子去，住在一个宾馆的 7 楼。同学的孩子有两个已经读初中了，你跟在那两个姐姐后面，听她们聊天，主动跟她们交谈。夜里一个同学买了西瓜，叫她们抱到 3 楼服务总台去切开，两个大女孩不敢下去，是你抱起西瓜到 3 楼叫服务台的阿姨帮忙。我知道后下去找你，那个服务员表扬你嘴巴真甜、真可爱。

2003 年秋季的一个午后，你把床底下用两大纸箱装的玩具拿出来整理，清掉近半的东西丢进垃圾桶。我午休醒来看到这些，忽然惊喜你已经长大懂事了。以前我每次把那些饮料瓶、小卡片、坏掉的车子和水枪、破了的布娃娃清理掉，你总是捡回来，说以后还要玩的。

在对待你玩玩具、做游戏的事情上，你也许会发现爸爸妈妈的观点不一致。爸爸要求你东西归类，玩具要摆得整整齐齐，不能在墙上、门上画画贴纸。我却放任你玩具乱放、门后乱画，只希望你玩得开心。在对你的管教上，爸爸从小就严格要求你，我喜欢让你自由成长。你应该知道，不管爸爸妈妈怎么要求你，都是出于对你的爱。

　　妈妈详细写下这些文字给你，是因为我曾在报纸上看到一篇文章《留下记忆的盲区》，希望父母在孩子不懂事、不识字之前，给孩子的日常生活留下文字和照片，让孩子长大后知道自己小时候的生活故事。很遗憾，我原先没做到，现在只能靠回忆梳理出这些文字。今后你要养成写日记的好习惯，记录身边发生的事情。等你长大了，拿出来看看，多有意思啊！

　　孩子，爸爸妈妈都是普通公职人员，工资不高，不可能为你积聚钱财，只能给予你精神上的财富，今后的路要靠你自己去走。让我把日本作家有岛武郎《与幼小者》里的话抄给你，作为这篇文章的结语吧：

　　幼小者啊，将不幸而又幸福的你们的父母的祝福带在胸中，上人世的行旅去，前途是辽远的，而且也昏暗。但是不要怕，在无畏者的面前就有路。

2004年5月

红日无言西下

五一长假，我到乐安七二一矿探亲。一路交通很不方便，从火车换成汽车再换上三轮车，经过近八个小时的颠簸才到目的地。

时光逝去十多年，矿貌依然如初，还是那些房子、那些树。只是房子更旧了、树更高了。街道上一些老人在玩牌下棋，没了昔日的人来人往、熙熙攘攘。

这次到矿里还想找原来的同学、同事、邻居好好聊聊天，感受矿里人当下的生活，为正在构思的一部小说寻找人物原型。

先到我工作过几个月的矿职工医院外科，医护人员名单里一个熟悉的名字也没有。以前连走廊上都要加床的外科现在竟是那么冷清，不到十个病人，大部分病床空着。再到妇产科找上饶卫校同学，向两个正在聊天的值班人员打听，她们一副不理人的样子，同时说我找的人不在。我再问同学的联系电话，其中一个人冷冰冰地回答我："她最近不在矿里，你找不到她的。"另一个人则奇怪地看着我。我莫名其妙，心想同学是否跟她们有什么怨仇。即便如此，也不至于对一个陌生人这么冷漠呀。这种服务态度，病人怎么受得了？当年倡导的微笑服务，看来是不复存在了。我悻悻走出妇产科，在医院门口停留了片刻，"七二一矿职工医院"的牌子和围墙上"全心全意为人民服务"的标语，还是印象中的样子，只是字迹斑驳、色

彩暗淡。突然想起另一位姓曾的学友，她比我晚一年分配到
七二一矿职工医院，早我两年调离。她调离前，我们站在这里
以门牌为背景合影留念。不知她现在生活得怎么样？想起她，
我心有惭愧，甚至内疚。她是余江人，读卫校时我与三个余江
人同寝室，她常来找自己的老乡，我们就认识了。她毕业分配
前，特意找到我打听矿里的情况。那时矿里已经不景气，连着
几个月举债为职工发工资。有门路、有技术的人纷纷调离。不
知出于什么动机，我没告诉她实情，只带她到医院和矿区看了
看，让她自己决定是否分配到七二一矿。一个初来乍到的人很
容易被矿里表象迷惑。学校、少年宫、新华书店、职工俱乐部
都比一般县城气派，银行、邮电局、电影院、灯光球场也应有
尽有。职工医院更是规模大，设施、技术在全地区都是领先
的。她后来选择到矿职工医院，半年之后就失望了。她在这里
无亲无故，经济又不稳定。七二一矿虽然五脏俱全，毕竟麻雀
太小，弹丸之地，怎能拴住一个女孩子的心。那时的女孩子还
没有勇气辞掉公职去沿海地方寻找新的发展机会，她只好回老
家找了一个男朋友，结婚后很快就被调走了。不知她的婚姻是
否幸福？假如当初我把矿里的实情告诉她，她还会来矿里工作
吗？

　　离开医院，我信步走到电影院、招待所。电影院外面的水
池、蘑菇亭，招待所里的假山、雕像依然还在。我原先常跟友人
到这里散步。睹物思人，已调往江苏的曹萍，核工业部下派矿里
挂职锻炼回北京工作的陈荣，你们还好吗？思念友人的同时，我
感到一些压抑、阴森。我奇怪怎么会有这种感觉，往四周看了
看，前后没一个人影，两旁的法国梧桐压在头顶，枝丫茂密，大
概多年没修剪了。原来自己一贯喜欢的清静，其实是趋向大气的
宁静，像这样阴森森的安静，我的内心是拒绝的。

　　我来到工作了五年的山南医务所，只有余所长守在这里。他的头发全白了，清瘦的他没了往日的神采，跟我聊起这些年的生活状况，感慨万千。矿里精简机构，山南的学校、职工食堂都被拆了。医务所本身也要被拆的，合并到职工医院莲塘门诊部，考虑到山南还有下井工人，万一出工伤要急救，就把他留下守在这里。偌大的房子空荡荡，药房、观察室、化验室、换药室、挂号室全部关闭，打针、拿药、换药都在原先的护士办公室。平时病人不多，但必须守着，还好有一台十四英寸的黑白电视机陪伴他，没事就在值班室看电视。我上到二楼，走进曾经住了几年的房间，墙壁剥落，蜘蛛结网，地上一层厚厚的灰，一股霉味刺鼻而来。我几乎要窒息，赶紧转身跑到走廊尽头，对着窗外深呼吸，西坠的斜阳唤起我纷飞的思绪。宋人张昇的词句一下子涌进我脑海："怅望倚危栏，红日无言西下。"再也不敢到留下温馨回忆的竹林、曼水桥去寻旧了。

　　我这个对生活要求很简单的人，却适应不了矿里的生活。上厕所要到公厕，最近的公厕离家约两百米，只有四个坑位。我有早起上厕所的习惯，去的时候外面站了两个人在等，穿着睡衣睡裤，拿着手纸，一副没睡醒、懒洋洋的样子。好不容易空出一个坑位，但看着肮脏的环境，我蹲都不敢蹲下去。每天只供三个小时的水，早、中、晚各一个小时。每次来水，继母把家中的大盆小盆接满后，就让水白白地流掉。我不忍这般浪费，关掉水龙头。父亲说，关啥？谁叫矿里生活条件这么差，反正用多用少都是交一样的水费。一贯节俭的他们怎么会这样？我只好沉默，任水哗哗流失。

　　在矿里只待了一天两夜，我便匆匆逃离，我怕构思中的小说"流产"。

2004年6月

▌ "猴子"如是说

"猴子"是我的朋友。一次我们去登山，她模仿猴子在树上跳跃前行。我从此称她为"猴子"，她欣然接受这个外号，说："假如从小鸟或猴子中选择，我确实会喜欢猴子，攀爬、跳跃、把尾巴挂在枝头倒立，比小鸟只会飞呀飞的有意思多了。"

猴子知我不食杨梅。她有一次双手故意捧着一大把鲜艳欲滴的杨梅放在我面前，问："熟透的梅子像不像正当年的姑娘？"见我没反应，又说："经我这么一比喻，就是男人见了杨梅也会垂涎三尺，你竟然无动于衷，未免太清心寡欲了，女人不是先天就喜欢吃酸东西吗？"猴子摇摇头，觉得不可思议，"这么好的东西，朋友却不跟我分享，真可惜。"

几天后家里来了客人，捎来一篮子杨梅，我给猴子发短信：我家来了"正当年的姑娘"，你不是很喜欢吗？赶快来带她们走吧。猴子正忙着，有关部门到她单位查账，午宴她要作陪。她回复：你先把杨梅放进冰箱保鲜，等吃完饭，我再去征服她们。但愿我不会被弄得精疲力竭，连收拾她们的胃口都没有了。

猴子就是这么俏皮、幽默。我去杭州出差一周，她给我发短信：杭州是盛产爱情的地方，许多经典的爱情故事都发生在那里，你在杭州这些天，不发生点浪漫故事是说不过去的。她倒捉弄起我来了。我从杭州回来后去找她，她见面一惊："你变漂亮了，杭州不愧是盛产美女的地方，才去几天就得其精髓和神韵了，你真了得。"看她一惊一乍那滑稽的样子，对她再有怨气也会消掉，真是一只既可恨又可爱的"猴子"。

别以为猴子只会说一些俏皮话，其实她不乏深刻的言论。谈到女人独立的问题，她说："一个女人首先要经济独立，其次要精神独立，最后要感情独立，才算真正的独立。"谈起对人的欣赏，猴子说："男人纯真时最美，女人善良时最美。男人在官场或商界叱咤风云时，令人敬畏但不觉得美，男人富有情趣很单纯时，才是可爱的、美的；女人的美貌只能吸引人，不能感动人，心地善良的女人才是动人的、美的。"

一次猴子很严肃地跟我探讨起爱情来：在这个异性间走近肉体比走近心灵更容易的时代，周围听到的、看到的都是速成的婚恋故事，要说是为爱结合，简直是对"爱情"一词的亵渎。她担心时代这么发展下去，"爱情"这个词会消失。

我调侃道："爱情消失，友情不灭，像我们这样人生有朋友相伴也不错嘛。"猴子顿悟："怪不得古人用百年好合来赞美婚姻，用地久天长来赞美友谊。"

我曾问猴子为什么姐妹间不能像朋友这样有许多共同语言？她反问我姐妹可以随意选择吗？朋友是可以选择的，在交往中互相吸引、互相欣赏的人可以成为朋友，产生许多共同感兴趣的话题。

猴子思维敏捷、言谈风趣，可以把一件事从不同的方面阐述，而且精辟，有独到见解。与她聊天，舒适惬意，是种享受。与她在一起，我也觉得自己变成了轻松快乐的猴子。一次散步我告诉她这种感觉，猴子开怀大笑："你终于明白自己是猴子了，其实你在称呼我为猴子的同时就是了。只有猴子才跟猴子玩在一起，猴子能跟鸡或小鸟玩吗？我的傻朋友。"

　　自己当了这么久的猴子还不知道，我哑然失笑。两只快乐的"猴子"一路上笑哈哈，无忧无虑地在夜幕中游荡。

2004年8月

▍ 几个逝去的生命

二舅离开人世已经十五年了。他生前在东乡县磷肥厂工作，我们见面的机会很少。不多的几次相见，二舅给我留下了非常深刻的印象：个子高挑、身材适中，挺拔的鼻子、炯炯有神的双眼恰到好处地镶嵌在轮廓分明的脸上。他是我见过的最英俊的男人。如果没见他离世前的最后一面，他的形象会完美地定格在我记忆中。

那年夏天二舅胃癌晚期，在磷肥厂职工医院打点滴维持生命。我跟小姨去东乡看望他，怎么也想不到二舅变化那么大，他蜷缩着身子躺在病床上，瘦成皮包骨，耳朵耷拉着，整个人像被榨干了水分的木乃伊。英俊的二舅被疾病折磨得这般惨不忍睹，我的眼泪悄悄地、无声地流了下来。当然二舅不知道我流泪了，在医院陪他的几个小时里，他那双曾经炯炯有神的眼睛凹陷着，始终无力睁开。

突然想起小时候的一件事，弄堂旁边的屋檐下有一棵野生的向日葵，发现它时已经开花。我便经常开了弄堂门看看这棵美丽的朝着太阳微笑的向日葵，下午放学后给它浇浇水。暑假到奶妈家玩了一段时间后，回来看到它，叶子枯卷着，低着头不再朝太阳微笑了。我伤心地哭了起来。我不仅为它的美丽消失而哭，更为它的生命死亡而哭。面对当时的二舅，我知道自己不仅为他的英俊不再而流泪，更为他的即将离世而伤心。二舅让我懂得美和丑只有一步之遥，美依托健康和生命而存在，不必刻意去追求，健康地活着就是美好的。

六年前的春天，刚过而立之年的堂妹夫小徐撒手西去。他那年轻、鲜活的生命是那样脆弱，极大地震惊了我。至今仍清晰地记得那年的正月初三，我到老家拜年，他们夫妇携一对儿女也在那里。我们一同喝酒吃饭，桌上有个亲戚给堂弟介绍女朋友，那女孩子各方面条件都不错，只是龅牙。小徐极力反对，他说："那怎么行？两人亲个嘴都要小心谨慎，否则有碰破嘴皮的危险……"他话还没说完，桌上几个人同时笑得喷出了饭。饭后打牌，输者钻桌子，小徐叫孩子代替，钻一次给一元钱。两个孩子抢着钻桌子，一边一个守着他问："爸爸这盘会输吗？"我指责他赖皮，他振振有词说这是鼓励孩子做事，培养孩子的经济头脑。我离开老家的时候，小徐正在陪孩子玩乐。他握起拳头，两臂弯曲，一边勾一个，把他们从天井这边提到天井那边，孩子高兴得哈哈大笑。

谁会想到这竟是小徐留给我的最后记忆。正月底他发现刷牙时牙龈会出血，以为是走亲访友期间吃多了煎炒等燥热的东西上火，没有在意。后来低烧不断，他才到县医院检查，报告显示白细胞异常，怀疑为白血病。到市医院确诊后，医生建议他到上海大医院看看，他拒绝治疗。他知道这种病不可避免一死，治疗只是拖延时间而已，他的家庭承受不起那么昂贵的医药费，不如把钱留给孩子，小徐终于在清明节后几天离开了人世。葬礼上，哭干了泪水的堂妹失了魂般瘫坐在他的灵柩前，而那年少不更事的儿子，却端着幡杆摇来晃去，一脸新鲜和好奇。

生命如此脆弱，我有什么理由不善待自己、关爱他人？夫妻间缘分有时说散就散，我从此珍惜与丈夫相守的每个平凡日子。

今年 4 月的一天上午，看到单位门口贴了一张讣告，市卫生局副局长潘荣华去世。我顿时一惊，接着是无法用语言形容的心痛、难受。

潘局长生前曾分管公费医疗，认识她已有十多年。我从外地调过来的当年年底，到市卫生局参加一个公费医疗年报会。那天下午到市里后离报到时间尚早，就先去市医院找同学玩。不巧家里有事，那时没手机，丈夫打电话到市卫生局公医办找我。潘局长得知我从外地调过来只有半年时间，以为我人生地不熟迷了路。县城到市区约五公里的路程，别说坐车，就是走，两个多小时也该到了，真的急坏了她。当我优哉游哉走进公医办报到时，她长长地舒了一口气："你终于来了，赶快给你丈夫回个电话。"晚餐我坐在她旁边，她很随意地问起我是哪里人，知道我是土生土长的本地人，她温和地笑着说："早知你是本地人，我下午就不用虚惊一场了。"饭后她跟大家聊天、打扑克，很随便，没有一点官架子。第二天晚上她把儿子、儿媳在广州拍的婚纱影集带给我们欣赏，每一页根据不同背景及夫妻不同姿势、情态配上几句温馨的话，充满诗情画意。当时上饶还没这么时髦的做法，我们不禁大开眼界。她建议我跟丈夫有机会也到广州拍一组，留个永恒的纪念。她还说等退休空闲了，也要陪着老头子去补拍回来。第一次接触，我觉得潘局长是个和蔼亲切、有生活情调的人。

有一年在铅山召开全市公费医疗年报会，最后一夜下了雪。我住的是普通房，一大早就被冻醒了，干脆到招待所后园看雪景。那里有池塘，池塘上有桥，桥上有亭子。潘局长也在赏雪，她问我年轻人怎么没睡懒觉。我说躺在床上太冷，不如出来运动运动。我们一起往桥上走，一同欣赏亭子上的盆景。池塘里有几只水鸭子，欢快地嘎嘎叫，池塘边有几垅青菜，白雪点缀着绿叶，可爱极了。潘局长真诚地说："如果退休后能住到乡下去，种些菜、栽点花，再养几只鸡鸭，多好！"一阵寒风，雪花又飘了下来，潘局长叫我到她房间去，等待吃早饭，那里有空调，暖和。她脱下外套，露出一件款式很老、颜色很旧的毛衣，说这是母亲的遗物，穿着可以祈福佑安。她的母亲子孙满堂、寿终正寝。

我当时想，为人慈善、心态平和的潘局长，肯定会像她母亲一样高寿，可以退休后从容地享受生活。不承想她还没退休就走向另一个世界。

我有好多想法和计划是安排到退休后才去实施的，一直认为我这种乐观宽容、善良豁达的人，活个七八十岁没问题。潘局长的离世让我猛然醒悟：生命由不得自己安排，还是尽早去做自己想做、喜欢做的事情吧！

2004年9月

秋 野

跟同事下乡，他们午休时，我独自去野外转了转。逃离了拥挤的人群和急驶的车辆，听不见城市的嘈杂和喧闹。走在秋收后裸露的稻田地茬上，舒畅地呼吸着夹杂泥土气息的空气，我有一种获得新生的快感。

稻田左边是橘子园，一对夫妇用剪刀小心翼翼地剪下金黄的橘子，同时从容地剪下一份丰收的喜悦。他们的孩子则在田埂上伴着小狗快乐地玩耍。稻田右边是庄稼地，品种应有尽有，白菜、萝卜、雪里蕻、葱、大蒜、芹菜……辣椒像风烛残年的老人，几个艳丽的红辣椒挂在那里映照着曾经的辉煌；南瓜棚上的瓜藤大多干枯，偶有一两棵又发新枝，结出鲜嫩的青瓜，让你惊叹生命力的顽强……

秋天真是一个矛盾的季节，最丰硕的收获和最凄凉的缺憾都发生在这个季节。秋天，更是一个包容的季节，收割、翻地、播种同时进行，同时看到繁忙地劳作和悠闲地散步的人。地上的野草，有的枯萎，有的正当开花，它们把秋天装扮成一幅浓淡相宜的水墨画。

我在田野里信步走着，看见几个农人在割稻子。有一个中年人坐在田头抽烟歇息，我被他那笃定地夹着烟沉思的样子吸引，走近跟他打招呼："嗨，老乡，这稻子收成不错哟！""还行！"他露出淳朴的笑容，上下打量我。他因收获而快乐的情绪感染了我，"可以让我试试割稻子吗？"他点点头，拿起身边的镰刀递给我。我割了几分钟，手跟腰有些不舒服，便停下，把镰刀还给他。"怎么样？吃不消了吧？一看就知道你是坐办公室的人，那手是握笔的，不是握刀的。"他嘿嘿地笑了起来。

中年人的宽容让我羞愧。我读中学时，可是插秧、割稻子的能手，多年不事稼穑，竟退化成这个样子。我继续漫无目的地走下去，走过杂草丛生的小径，走过几间残旧的老屋，发现了一条清澈的溪流。溪边一垅荞麦，让我惊喜。我简直怀疑自己的眼睛，仔细辨认它们的花、叶、茎。没错，就是荞麦，我小时候跟爷爷在沙地上种过的荞麦。细小的白花、心形的绿叶、鲜嫩的红茎，实在招人喜爱。我已有多年没看过荞麦了，感觉就跟见到久违的朋友一样，我静坐旁边默默地看着它们。

几个孩子的雀跃声打破了这份宁静，他们抱着一只小猫沿着溪流走，一个孩子突然把小猫丢进溪水里："小猫咪，游泳去！"小猫全身湿透了，赶紧爬上岸，站在那里发抖。几个孩子傻了眼。"怎么办？怎么办呢？"一个孩子跑去芋头地里摘了两片叶子包裹着小猫。小猫还是不停地发抖。"阿姨，救救我的小猫吧！"有个孩子向我求救。我告诉他们抓几把干的泥灰撒在小猫身上吸水。"那怎么行？太脏了。"一个孩子脱下外套，裹起小猫抱进怀里："走，快回家用抹布擦干。"他们一路小跑往回赶。

感谢这些可爱的孩子，为我展示了童心的天真无邪、善良纯洁。我站起来，随着他们奔跑的路走下去。几分钟后，孩子们早已跑得不见踪影，一池残荷出现在我面前。荷叶、荷秆都枯萎了，没有绿色、没有清香，不张扬、不炫耀，只在秋风中轻轻地、淡淡地摇曳，那不为人知也无意为人知的隐逸、恬淡之中，透出一份质朴的静美。

我无意间拽着一枝荷秆，以为会很容易折断，不承想和根连在了一起。我用力拉了拉，还是没有折断。

形枯而神不死！我似乎触摸到了秋天的底蕴。

2004年11月

▌ 由猫想起

走进冬日午后的小巷，见一只猫躺在黄狗的怀中晒太阳。小猫眯着眼睛，温馨惬意的样子让我不由得停下了脚步。那条狗顿时充满敌意与我对视，大概害怕我要驱赶它们。真是一位忠实的护猫使者。这只猫让我羡慕，它太幸福了，谁能像它那样躺在异类的怀抱中轻松休憩。

于是想起阿黑——家里一只养了十多年的猫。它最喜欢躺在屋檐边上晒太阳，当然是孤零零地晒，哪怕夏天，照晒不误。我每次回去，它对我"喵喵"哼几声招呼一下，摇摇尾巴，之后又闭起眼睛躺在自己的老地方。

谈不上对猫有喜恶，但我对阿黑还是有感情的。眼见它从娇小长成硕壮再逐渐老态，幼时的嗔娇可爱，青壮时期的矫健敏捷，到而今的慵倦懒散，每个时期都留给我不同的印象。有半年之久，它失踪了，那期间我回家，总觉得缺少了什么。阿黑失踪的原因是那年春天它带了几只母猫夜里在家乱叫，公公嫌吵，狠心打了它，从那以后阿黑就不归家了。阿黑不在家，老鼠则大行其道，谷物饱受其害。此时家人记起阿黑的好来，非常想念它。阿黑好像知道了我们在呼唤它，一个秋高气爽的日子，疲惫的它回家了，又脏又瘦。那天我正好在家，给它梳洗后，阿黑温驯地躺在我脚边，"喵——喵——"几声，似叫似哭，大概想向我诉说这段时间不幸的遭遇。可惜我不懂动物语言，看着原先胖墩墩的它瘦了那么多，真是又心疼又怜爱，它的爱情之路大概历尽艰辛非常坎坷吧。

不过，阿黑虽没有眼前这只猫幸福，但比起表姐家的花儿——阿黑的同胞，又算幸福的了。住在城里楼房的表姐，把花儿当宠物精心饲养。花儿不用劳动，吃得又好，只是没有自由，活动空间不足六十平方米。由于一直养尊处优，生命当然不长，两年前就一命呜呼了。表姐说它眼睛经常流泪，身体开始衰老，慢慢地视力也变得不太好，一天到晚只知道吃了睡，睡了吃。后来它的牙齿松掉了，吃的东西明显减少，更懒得动了。花儿衰老生病以后，表姐把它关在楼下的柴火棚里，每天送点吃的打发它，没多久花儿就死了。总觉得花儿一生太苍白，我家的阿黑至少还有一段探险的经历值得回味。

一个小时后，我办完事从小巷返回，那只猫还躺在狗的怀里享受阳光的温暖，女主人坐在太阳底下织毛衣。

"你家的这只猫真会享受，也真幸福！"

女主人不无得意："都说猫狗不相容，我家的猫狗不但相容而且相亲。说起来你可能不相信，这狗还会抓老鼠给猫吃呢，就像大哥哥护着小妹妹一样。"

我再次凝视这只幸福的小猫，见它摇摇头，睁开了眼睛，懒洋洋地爬了起来。女主人放下手里的活，抚摩它的脊背："咪咪，看你多幸福！路过的人都羡慕你呢，进屋吃东西吧。"小猫跟着主人往里走，黄狗也跟着走在后面。穿过园子进屋时，小猫回头瞧瞧我，女主人对我说："我家咪咪跟你再见呢。"

女主人叫小猫"咪咪"，竟勾出我封存多年的往事。

初中的同桌童珍仙，没事总爱玩一块有两只猫图案的手帕，手帕上有两个字"咪咪"，于是我就戏称她"咪咪"。她哥哥当时在公社上班，偶尔去县城办事会给她买一些课外读物。那天我看见她有新的作文选，中午她去哥哥那里吃饭时，我从她抽屉里拿出来看。我被书中精美的文字深深吸引，上厕所也带着看，不小心把作文选掉进茅坑。年少的我不知怎么面对这个事实，我在里面磨蹭了好久，怕承担责任的我决定隐瞒这件事，因我把作文选带出教室时没有一个同学看见。我走出学校，直到快上课时才回教室，见咪咪把书包翻成底朝天，她焦急地问我看到新作文选没有。我摇摇头装着不知道这回事，她又把书本整理了一遍，问放学收拾课本时会不会丢到我这边了。我赶快打开书包，把书包里的书一本一本地翻了一遍。她终于很失望，带着哭腔说："没看完就掉了，哥哥肯定会骂我，他还叫我看完了给读初一的亲戚看呢。"

因这件事，我常常惴惴不安。有时想干脆告诉咪咪，又没有勇气开口说。与她在一起，我总是心有愧疚。她初中毕业没考上高中，我竟暗中高兴，从此不需要面对她。我内心的愧疚渐渐平息，慢慢淡忘了这件事。

卫校毕业后在外地工作，人情世故稍通，我又常常想起这件事，决定回老家时找找咪咪。不说道歉，不说叙旧，至少坦诚告诉她丢失作文选的真相。问过几个同学，都没有她的消息。我调回上饶县供职于公费医疗办公室，接触面广。有次老家乡政府一位姓童的人来办事，我怀着希望问他是否有个妹妹叫童珍仙。他说是的。惊喜至极的我大声说："太好了，终于找到她了。"没想到童先生不无伤感地告诉我，几年前她带着孩子坐老公的摩托车出了事故，一家三口当场丧命。人生真是太无常了！

遇见一只可爱的小猫，我想起这段陈年旧事，并诉诸文字，释放自己灵魂的包袱。对于逝去的人，它只能成为追忆。

2005年2月

▌ 想念点点

那年夏天，我从外地调到上饶。有天晚上去县医院找同学叙
旧，回家路上碰见卫校实习时的带教老师，她和女儿点点从外面
散步归来。我们互相问候闲聊了几句，老师请我去她家玩。圆头
圆脑的点点，大眼睛，双眼皮，一头自然卷发漂亮极了，她拉住
我手仰起头看着我："阿姨，到我家玩好吗？"

老师的邀请纯属客套，但孩子那纯洁无邪充满希望的眼光让
我不忍拒绝，于是跟着她们回家。点点进门就把我拉到卧室里玩
球，她告诉我球必须弹进中间两块地板砖才得分。我们一人站一
头，用手指弹乒乓球，比谁得分多。

一会儿老师叫我们出去吃西瓜，点点玩兴很浓，不肯停下
来。老师只好把西瓜端进来，她边看我们玩球边与我聊天。老师
的丈夫在安徽某部队工作。请了一个不住家的保姆照顾点点，点
点太顽皮、太好动，保姆常被她折腾得精疲力竭，好在下半年可
以送她上幼儿园了。

大概玩了半个小时，点点说要上厕所。她到卫生间后，我跟
老师告辞。点点赶紧出来："阿姨不要走，我不上厕所了，还要
玩！"她两只手撩起裙子，短裤在大腿上，样子很滑稽，逗得我
大笑起来。

"好！阿姨不走。"

老师告诉我点点一般十点左右睡觉，得赶快给她洗澡，叫我

跟点点说洗好澡才能玩。

点点从厕所出来，我问她："等你洗了澡再玩好吗？"

"不好。"

"你身上出了那么多汗，阿姨不喜欢的。"

"那好，你可要等我，不能先走呀！"

老师给点点洗澡，洗好后点点竟睡着了，她安静地靠在老师的臂弯里，长长的睫毛遮住双眼，粉嘟嘟的脸儿，肉墩墩的手脚，一身光洁细嫩的肌肤。我忽然觉得天使就在身边，由衷地对老师说："孩子真可爱！"

国庆节后的一天下午，我去县医院办事，听到身后有奔跑的脚步声，一个孩子突然从后面搂抱住我，气喘着说："阿姨，猜猜我是谁？"

"是不是小点点呀？"我惊喜地转过身。

点点咯咯笑了起来："我远远就看到你了，妈妈还说我看错了。"只见过一面的小点点竟然能记住我的背影，让我感慨不已。她边拉着我的手站在一旁等老师，边告诉我幼儿园的同学谁是爷爷奶奶、外公外婆去接，谁是爸爸妈妈去接。老师走过来，点点要我们一人拉着她一只手，说："等爸爸回家了，妈妈要叫上爸爸一起到幼儿园来接我。我走在爸爸妈妈中间，就像现在走在阿姨和妈妈之间一样，多么好呀！"

老师听了点点的话有些伤感。她说丈夫在安徽几次为她联系好接收单位，她都拒绝了，一直希望他几年后转业回上饶工作。但现在想想为了孩子健康成长，还是尽早结束两地分居为宜。

点点因自己的小手被两个大人的手温暖地握着，一路上很开心，不停地哼着歌，分手时愉快地跟我说了再见。

最后一次见到点点是那年冬天一个阳光灿烂的周末，县医院上班的同学在广场附近的酒店办乔迁午宴。我在酒席结束后到广场的草坪上走了走晒太阳，看见老师带着点点跟几个人走在前面。点点同时也看到了我，她掉头朝我跑过来，老师跟在后面也走了过来。

"阿姨，我跟你在这里玩好吗？妈妈要去打麻将了。"

老师跟我解释几个同事想一起聚下，点点不肯去。我对老师说你去玩吧，我挺喜欢点点的。点点自顾自玩得欢，根本不用我管。她在沙坑里玩了半个多小时后，到树底下捡了一些枯叶子，一片片排在草坪上，又收集在一起，仔细观察每片叶子，再分成两堆，用脚去踩其中一堆枯叶子，边踩边说踩死坏人。踩不烂就用手去撕，弄得稀碎，并把碎屑撒到四处。做完这一切，她来到我身边。我坐在草坪上，她两手从后面搂抱我，头靠在我肩上，非常自豪地告诉我自己杀死了十个坏人。

"你怎么知道好人和坏人？"

"好人没有破洞的，坏人有破洞的。"

"为什么有破洞的就是坏人？"

"做了坏事才会被虫子咬，才会有破洞。"

"做了坏事不见得就是坏人呀。你有时不也要做坏事吗？你把树叶渣乱丢破坏卫生，算不算做坏事？"

"阿姨，我懂了。做了坏事不一定是坏人，做了好事也不一定是好人。对吗？"

"对。点点真棒，真聪明。"

点点的感悟力、思维力、语言表达能力让我惊讶。不知什么时候起，她把两只手放在我头上，不时地抚摩我的头发。从来没有孩子像点点这般亲近我，温情暖意在我周身弥漫，被尘世纷扰的心渐渐宁静而舒坦起来。

老师的出现打破了我和点点轻松愉快的气氛。"你怎么把脏兮兮的手放在阿姨头上？"她担心点点淘气我管不住，不敢陪同事玩得太久，便提前回来了。

我们一起坐公交车回家。点点问是去阿姨家还是去妈妈家。

"那你想去谁家？"

"我想去阿姨家。"

"下次去阿姨家，你现在要回去睡午觉了。"

"我在阿姨家没有花枕头也可以睡的嘛。"

老师说点点睡觉要认枕头、认床，怕给我家人添麻烦，不肯带孩子到我家。看见我下车，点点流泪了，让我有些惆怅。

没多久，同学告诉我老师调去安徽了，当然点点也跟着过去了。那段日子我有一种失落感。

后来的生活中，我接触了不少孩子，没有谁像点点那样亲近我、喜欢我、信赖我。就是自己的孩子，也不敢像点点那样用脏兮兮的手从容地抚摩我。我会时不时想起点点，那个天使般可爱的小精灵。

今年元宵节后，一对母女租住在楼上，女孩读高中，母亲陪读。女孩高高瘦瘦，背有点弓，眼睛近视，一头短发自然卷。我常常躺在床上听到她晨读和下晚自习归家上楼梯的声音。偶尔路上碰到，她会羞羞地点点头招呼一下，总是急匆匆地，走得比我快。那一头卷发自然让我想起点点，屈指算来，点点也到十七八岁的年龄了。曾经如天使般的点点，是否也像楼上女孩一样天天沉浸在紧张的学习生活中？我不忍想象下去，还是她小时候活泼机灵的样子更让我想念。

2006年3月

▌岱山一日

不知林芳将那两千多亩荒山管理得怎样了？3月初去厦门，特意到她的山上看了看。

林芳在厦门经销保健品，两年前她在电话里告诉我，她在老家福建华安县沙建镇岱山村租下两千多亩荒山，准备种茶树、果树、沉香树等。我当时非常惊讶，林芳在江西七二一矿成长，在福建医学院读大学，毕业后曾在市级医院工作过，连与农村相关的生活经历都没有，怎么敢在这方面投资？况且保健品公司的生意蒸蒸日上，有必要扩张投资到种植业上吗？人们随着生活水平的提高，越来越注重身体保养，经销保健品的前景很乐观呀。我调侃她野心太大，问她想赚多少钱？她说不是赚多少钱的事，而是想把事业做大。一句话，让我对她肃然起敬。

下午三点从厦门坐汽车去岱山，到达时六点多，我们两人在一家简易的小店吃晚饭，饭后林芳叫了两个当地男人骑摩托车带我们上山。这条八公里长的山路，是她租下山当年修建的，尚未浇水泥。我们到达山上总部已是晚上九点了。说是总部，其实只有五间砖瓦房——厨房、仓库、接待室及两间卧室。一对五十岁左右的夫妇长期住在这里，看守山林。

林芳跟他们四人在接待室里交代事务，我独自站在房前平台上。这是一个我久违的世界，没有流行的噪声和刺眼的霓虹灯，头顶稀疏的星星点缀着一轮不太圆但很明朗的月亮，前方是被雾霭充盈的丛林和山谷，四周充满了如水的静谧和安详，唯有那只小黄狗对着陌生的我不时发出几声吠叫，划破夜空的沉寂。

林芳悄悄走过来，她提了一个小桶带我去房子侧面的泉水池洗脸，她说池里是天然泉水，无污染，可以直接喝。池中倒映着我们的影子，还有一枚晃动的水晶般的月亮。

"多美呀！"我脱口而出，这么宁静纯美的夜晚是属于童年和梦的。没想到不惑之年的我还可以拥有这样的夜晚，并且是与心仪的朋友在一起。

山上还没通电，我们在窗前点了一根蜡烛，躺在床上聊天。

林芳说她从医院辞职出来，开始是经销药品。那时药品生意前景非常好，钱赚得相当容易，但心里不踏实，良心常常受谴责。一年后她改为经销保健品，不需要医院医生这个中间环节，直接接触消费者。这些年凭着优质的服务和良好的信誉吸引了大批客户，公司规模越来越大，钱是赚了不少，但总觉得缺点什么。一次回老家到山上给外公扫墓，突然萌生出要绿化荒山的念头，就这样租下两千亩山。经专家考察论证，这里除了开展种植业，还可以开发旅游业，详细的设计和规划都有了。今年主要是种茶树、相思树、沉香树等，准备下半年通电，明年完善路面硬化等基础设施建设，争取后年对外开放。从去年下半年开始，保健品公司基本上由丈夫打理，她主要把精力放在山上。丈夫、妹妹有空的话会来陪她，大部分时间是她独自在山上，夜里没事就看书。说到这里她用手指了指床头柜，一大堆与茶有关的书——茶树栽培学、茶树病虫防治学、有机茶的生产加工与管理技术问答等。我说她都快成茶博士了。她笑笑说："我既然决定了要做这件事，就必须把它做好。虽然请了技术顾问，但我自己首先要把它弄清楚明白，做到胸有成竹，不然怎么去发现问题，其实发现问题比解决问题更重要……"

　　林芳先我入睡，她那双极具穿透力的眼睛闭上后，细细的鱼尾纹露了出来，烛光下脸色略显憔悴而忧郁，与白天那种干练自信的形象完全不一样。我轻轻地把她的手放进被子里，明显觉得她瘦了。去年五一假期我们在七二一矿聚会，互看手相，她那厚大的手让我印象深刻。她说一般不把手示人，自认为手大难看。我告诉她手大掌财，她的事业兴旺、财源滚滚是因为有一双充满财气的大手，如今她的手满是骨感。这个执着追求事业、可以独支天穹的女人，除了让我感动和敬仰，又让我怜爱。

　　夜风吹着窗玻璃，声音像乐器的弹奏声，伴我入眠。一觉醒来，天已微亮。晨雾从窗缝里飘进来，丝丝缕缕，像仙女浣纱。我手伸过去挡住，雾从指缝里挤进来，能感觉到它们轻触手心。干脆推开窗户，它们像顽皮的孩子扑面而来，环拥着我，令我精神抖擞，心里有说不出的喜悦。到泉水池去刷牙洗脸，看见一枝芦苇叶背面从叶底到叶尖，均匀地按照大小排列着露珠，简直是大自然的杰作！我赶紧回房拿相机，想拍下这奇妙的景象，可回来后中间两颗露珠却落掉了。有点遗憾，到其他地方边走边看，再也没发现这么美妙的露珠。

　　八点过后，几十个当地村民上山干活，有男有女，分成两组。一组挖穴种茶，另一组给正月种的茶树培土施肥。林芳带我到做事的地方转了转。看见有人种茶的手法不当，她手把手地教。走过前两天培土的茶树，发现有些茶树堆的土过多过厚，把茶树新发的嫩芽遮盖了，她用手指抠掉或用小竹枝挑开泥土，使嫩芽重见天日，同时安排第二组组长到仓库拿几把三齿钳，叫几个人把前两天培土的地方检查一遍，培得厚的地方重新梳理开。看到个别茶叶上有红斑，她搞不清楚原因，马上打电话咨询市林业局的技术顾问。她把茶树当作自己的孩子般呵护着，一旦发现茶树旁边的杂草，会毫不留情地拔掉。近两米高的陡坡，她就那样上攀下跳。我很吃惊，问她什么时候练就的这身本领，比农村土生土长的我还厉害？她笑答自己已经是个真正的农民了。

上午九点半左右，雾基本上消散，四周的山轮廓分明起来。林芳指给我看她租下山的范围，那么辽阔、那么壮观，真让我佩服她的勇气和胆识。在山上吃了午饭，她带我转了几个山头，去规划建宾馆、水库、游泳池的地方看了看，然后返回总部休息。下午五点山上又起雾了，像一朵云跌落在远处山腰间，渐渐向四周弥漫。做事的人正好这时收工，他们一个个头戴斗笠、肩扛锄头，悠然舒缓但秩序井然地从小径往下走，在暮雾和夕阳衬托下，构成一幅意境深远的晚归图。林芳说她每次看到这种收工的场景都会莫名感动。

还是昨天那两个人骑摩托车带我们下山。去岱山小吃店吃晚饭前，林芳带我去看了村里的古榕树和齐云楼。那棵千年古树，树干粗壮得要五六个人才能围住，树冠如庞大的华盖，可以遮风挡雨。它像一名威武的卫士，忠诚地守候在岱山道口。齐云楼是目前所发现的最古老的有确切纪年的土楼，呈椭圆形，高踞于村北的山坡上，有四百多年的历史。我们穿过曲折的村中石径来到它面前，大门已锁，不能入内参观。林芳介绍里面结构两环相套，外环两层，内环平房。楼中天井为两头尖的橄榄形，围绕天井有26个房门，即26个单元。齐云楼除了大门以外，还在橄榄形天井两端呈尖棱的位置，向南开一门，叫"生门"，迎娶媳妇、接生孩子时用；向北开一小门，称"死门"，楼里有人去世出殡时专用。两门一生一死，一红一白，绝对不可混用。经过这么多年风吹雨打，还有战事浩劫，它的外墙仍坚如磐石，不能不让人叹为观止。它像一个饱经风霜的老人，站在高处注视着它的村庄和子民。林芳告诉我沙建镇还有一处古迹——仙字潭，在九龙江汰溪北岸数百平方米的岩壁上，凿刻着许多似字非字、似画非画的图案，早在一千多年前就被发现并记载于史籍，被认为是中国南方最古老的石刻。历代无数文人学者前往观摩、研究，皆不解其意，连它到底是画还是字都搞不清楚，故称之为"仙字"，此处溪流就叫"仙字潭"。

原来这里还有如此悠远、博大、深奥的文化。我在山上还为林芳担心，她建成生态休闲旅游基地后，会有多少游客来观光？现在我知道自己的担心纯属多余，因为一个地方最吸引人的还是它的文化底蕴。

2006年4月

▎谁帮我盘起了长发

我的头发又细又少，中学时留过一次长发，觉得不好看，从此短发的形象一直未改，内心却非常希望自己能有一头浓密的长发。

昨夜梦中，惊喜地发现自己有了披肩秀发，对着梳妆镜自我欣赏了许久。这种飘逸美属于年轻女子，宁静美才与我的年纪相符，我决定把长发盘起来。坐在镜前缠来绕去，却始终弄不好。这时身后来了一位朋友，她说来帮我盘头发。她的动作麻利轻柔，两三分钟就让我变成了端庄淑女。"真美！"朋友俯身亲了我一下，悄然离去。我专注于自己的古典美中，竟没看清这个帮我盘起长发的朋友是谁，但我知道肯定是肖霞、林芳、江红、曹萍、珂珂五人之一，只有这五个最投缘的朋友会走入我梦中。

肖霞是我人生第一个朋友，她是我小姨的女儿，我们读高中时开始书信往来。我那时性格内向，羞于言谈，身边没有朋友，有什么事会写信与她沟通。通过书信往来，我们慢慢了解彼此，话题多了起来。每次到小姨家玩，我们总是聊到深夜还无睡意。感谢肖霞改变了我不爱说话的习惯，让我学会了主动跟人交流。

所有姐妹中，唯与肖霞经常联络。前不久到她家，我们陪她的女儿用扑克牌抽"乌龟"，而我们跟她女儿这般大，到外婆家时小姨陪我们玩这种游戏仿佛就在昨天，可一晃已经三十多年

了。我们在外婆家捉迷藏被阁楼上的棺木吓住，至今仍记忆犹
新。这种可以回忆童年往事，又可聊聊亲戚间家常的有血缘关系
的朋友，实在是弥足珍贵了。

　　我与林芳结缘于我考上卫校她送的那条枕巾。那之前我们没
什么往来，没想到她会送我礼物。我非常喜欢那条纯棉的淡黄色
枕巾，天天枕着它睡觉，出于感谢，我很自然地给林芳写了信。
她那年高考落榜到老家补习，我少不了安慰她、鼓励她。她不在
父母身边，与同学又不熟悉，她感觉到了我给她的温暖。我们的
关系亲密起来是在她考取福建医学院后。高挑秀气的她，魅力无
限，在大学追随者不断。她认为我观察力和处事能力强，经常在
信中问我该如何应对这些事，做到巧妙拒绝而又不伤害对方。那
个时期的学生，收到情书，谈恋爱是很隐秘的，唯有最信任、最
知心的朋友才会如实相告。她大学毕业走上社会，我们联系渐
少。只知道她辞职下海在厦门经营保健品公司，生意做得挺大。
2004 年暑假，我带女儿去厦门玩，很想看看她。见面之前担心
她会一身珠光宝气让我惭形秽，怕自己会永远失去这个曾经相
知的朋友。不承想她一如从前之简朴和善良，去火车站接站，安
排我住她家里，我们一如从前倾心相谈。最让我感动的是离开厦
门那一幕。她带着女儿送我们到了火车站，正是下午两点，温度
最高的时候，我叫她早点回去，她不听，跟我们一起排着队进
站。到了火车站里面，我们上了火车找到座位，看到她背上的衣
服已被汗湿透，我又催她回去，她还不肯走，一直等到火车开动
了，她还站在那里抱起女儿朝我们挥手，我当时热泪盈眶。离别
的场面经历很多，这次特别深刻。我们此后又经常联系了。

　　近年来媒体上经常出现同性恋的话题，复旦大学开设"同性

恋研究"课程，央视《新闻调查》对话同性恋者，《新闻会客厅》聚焦社会学家、性学专家李银河，网络、杂志上有关同性恋的文章也很多，同性恋话题再也不需要"犹抱琵琶半遮面"了。而我读卫校的年代，视同性恋为变态的不健康的行为，我和同窗室友江红曾怀疑自己有同性恋倾向。

正值豆蔻年华的我，对男性一点也不感兴趣，感觉自己就喜欢江红。她为人正直，性格豪爽。我们经常并肩到信江河畔散步，她比我高，有时会把手搭在我肩上，更多时候我们两手十指交叉握在一起。或一路畅谈，或一路静默，感觉是那么美妙温馨。寒暑假我们互相写信，我嫌书信往来太慢，有时会去余江看她。在余江火车站停留的车次很少，那年冬天我晚上七点到火车站去等一趟夜里两点多钟的车，孤独地坐了七个多小时的冷板凳，身上越来越冷却毫不后悔。那真是一段激情燃烧的岁月，现在谁还有那么大的魅力让我如此心动？她家门前是白塔河，暑假到她家，夜晚等那些洗澡的人全离开了，我们就去河里泡澡游泳。"天地间有明月和流水，还有你和我，多好！"多年之后再去余江，她家门前的河已被填塞，竖起两排高楼大厦。往事不可复制，唯有温馨的回忆成为永恒。

那时最担心的问题是我们算不算同性恋？在《读者文摘》上看到一篇《爱情与友情的区别》的文章，我们对照五点区别，竟有四点在爱情范畴。我们内心恐惧，并互相承诺以后会找男友。工作后，我们天各一方，很快找了男友，结婚生子，两人往来渐少。

曹萍是我在七二一矿职工医院外科工作时的同事。我那时刚参加工作，因没有从事自己心仪的职业而心灰意冷，有次稀里糊涂把一个螺旋夹夹在莫菲滴管下面，用来控制患者输液速度，被她挖苦一番：不知谁这么聪明，把夹子夹到莫菲滴管下面，可能这样更科学，夹得下滴得慢？她的嘲笑让我无地自容。

其实曹萍是热心、宽容、有幽默感的人。我们熟悉后提起这事，她说根本不知道是我夹的，否则不会当着我的面来谈这个笑料，给同事面子这点宽容还是有的。见习、实习老师，还有外科的带教老师，都没发现我打静脉针的角度不妥（平角进针），曹萍发现并教给我正确的打针方法，她告诉我平角进针阻力大，进针要选择一定的角度，这样既快病人又不会太痛。她还在治疗室里拿一根橡皮管试验给我看，真正的言传身教。

我俩的家相距不足二百米，上下班经常一起走，听她说话能学到很多为人处世的知识，给刚走上社会的我指点迷津。我在外科只上了三个月班，就调到基层医务所，我们虽然有了距离但关系更融洽。她空闲时会光临我的单身宿舍，我们一起去菜场买菜，用电炉炒菜吃。可惜我们交往不足一年，她就被调去老家江苏淮安了。我们应该算那种有心灵感应的朋友。清楚地记得她快调走之前的一天下午，我跟同学去踏青，走到半路我突然改变主意要返回，弄得同学一头雾水。我也不知道怎么回事就是不想去玩了。回到住处看到窗台上有几枝映山红，心想不会是孩子们随意放的，肯定有人来找过我，估计是曹萍。没过几分钟，果真是她出现在我面前。她说来之前没打电话告诉我是想给我一个惊喜，不想却扑了一个空。她决定到外面转一圈回来再看不到我就打道回府。第二天上午天气晴好，我陪她走路回家，惹得坐车的人、骑自行车的人都好奇地看着我们。近七公里的路程，我们牵手悠闲地走过，我的离愁渐渐淡化释放，以至于几天后能坦然面对她的调离。

珂珂是我在上饶最投缘的朋友。人与人之间确实是有缘分的，一次偶然的相见，她那宁静的眼神就永远定格在我脑海里，我从此记住这个清纯的脸上洋溢着自信的女子，经常会清晰地回忆起她的形象和神态，像忆起远方的挚友一样亲切而温暖。其实我只知道她的姓名，在乡镇上班，其他根本不了解。不承想两年之后她工作调动到县城来了，我们能经常见面聊天。珂珂思维敏捷，对某些事件总有独到的见解。与她交流，让我有"听君一席话，胜读十年书"之感。她也说，思想与思想、灵魂与灵魂需要碰撞，才会激出火花、放出光彩。我们一起喝茶、散步，她孩子气的一面渐渐显露出来，好奇、率性、随意，与我的灵魂是那样相通，我们自然而然成了精神上的朋友。

但我知道梦中帮我盘起头发的朋友肯定不是珂珂。非常奇怪，每次她走入我的梦境，我们都会变成年少不更事的孩子，快乐无忧地玩耍。我套用一句歌词告诉她：最开心的梦，是与珂珂一起回到童年。这个人也不是林芳，梦中的朋友没她清瘦。会是谁呢？其他三个朋友都差不多高，身材也差不多。梦醒后我细细地回忆、辨别，终归徒劳。其实到底是哪个朋友并不重要，重要的是，人生不同的阶段都有投缘的朋友相伴。

2006年7月

▌ 陪朋友去杭州

朋友准备考上海交大公共管理硕士，7月底我陪她去该校设在杭州的教学点报名。我们入住西湖边上的涌金饭店，晚饭后到湖畔散步。

朋友说，南昌也有上海交大硕士班教学点，她舍近求远主要是喜欢杭州这座城市。读大学时第一次来杭州，她坐在西湖畔的木椅上，静静地欣赏湖光山色，山水环绕，那样平和宁静。身边走过的人们，步履从容、言语轻柔。她的心里感到特别舒服，午后暖暖的阳光照耀着，生性敏感的她竟悄悄睡着了。以后的日子她也到过不少大小城市，没有一个地方像杭州这样让她舒心、倍感亲切。高楼与山水巧妙相融，人与自然和谐共处，杭州，这座秀丽清雅、休闲浪漫、文化气息浓郁的现代都市，成了她灵魂的朝圣之地。

我们沿着人来人往的湖堤慢悠悠走着，隐隐听到歌乐声，朋友侧耳细听，说是苏州评弹。循声而去，一棵大树旁的小平台中间，坐着一对身着家常便装的男女。男人手执三弦，女人怀抱琵琶，一唱一和。虽说是自娱自乐的弹唱，他们却那样专注投入，一波三折、绵软婉转，吸引了不少人驻足观看。我是第一次近距离接触苏州评弹，听不太懂唱词，但喜欢那独特的韵味。朋友告诉我，他们演唱的是《西厢记》的片段，并和着曲调哼了起来。她说同是戏曲，跟京剧的热闹喧哗相比，评弹则孤独冷清多了，不显山不露水，但照样让懂它的人如痴如醉。

　　我不想错过更多的西湖夜景，一曲未终，把如痴如醉的朋友拉走，继续在湖堤漫步，来到彩色喷泉路段。湖边挤满了人，我们只得远远地欣赏。喷泉随着音乐节拍跳舞，妙不可言。人们纷纷拍照，闪光灯不停地亮起。朋友突然抬头惊喜地指给我看，怎么杭州上空的飞机也是彩色的？其实我早就注意到了那个彩色亮点，这么久了还停留在那个地方的肯定不是飞机，会不会是信号灯之类的东西？我们决定探个究竟，往那个方向走去。途经一池荷花，朋友心生羡慕说，西湖的荷花是最幸福的荷花，前段时间刚盛开时，被杭州大大小小的媒体登在头版头条报道，比当时的国内大事、杭城时政更重要。除了杭州，哪个城市的媒体会如此偏爱荷花？

　　我们执着地向那个彩色亮点靠近，不一会儿，那个亮点下方出现一排小亮点直至地面，闪闪烁烁，我跟朋友猛然醒悟，原来是有人在放风筝。想不到给我们制谜的人竟是坐在轮椅上童颜鹤发的老者，我们走过他身边时，他一边慢悠悠地摇着线轴下线，一边与几个围观的人谈笑风生。

　　我算是见识了杭州人的浪漫。谜底解开后，我们也感觉累了，便打车回饭店。以前跟同事来过杭州，白天匆匆忙忙去各个旅游景点看一遍，拍一些照片，晚上到大商场购物，想悠闲地逛逛杭州的街道，未能如愿。第二天朋友去学校报名、拜访老师，我正好逛街。受浪漫的杭州人感染，我非常想买一束杭州的玫瑰送给朋友。朋友是我喜欢的人，更是我敬仰的人，在这个浮躁、崇尚享受的年代，工作稳定、安逸的她却能潜心读书。看到她心无旁骛、气定神闲地温习那些厚厚的行政学、管理学、逻辑学方面的专业书时，我不禁肃然起敬。

　　在南山路逛了两个小时，不见一家鲜花店，向一个超市的服务生询问，他说前方一百多米有一家很大的鲜花店。我激动得赶紧前去，却是一家很大的书画店，服务生肯定是听错了。只好打消浪漫的想法留下遗憾，一头扎进书画中，直至朋友来电话催我回饭店吃饭，才依依不舍离开书画店，饭后坐大巴离开杭州。

从杭州回来后的那个休息日下午，我把一些票据送给朋友。路过鲜花店买了两枝玫瑰，以弥补在杭州的遗憾。朋友又意外又惊喜，笑问我情人节给她送玫瑰不怕她丈夫吃醋吗？

我并不知道那天是农历七月初七。一个萌发在杭州的心愿，竟让我在传统的情人节浪漫了一把。

2006年8月

▌ 小河殇

童年的记忆几乎跟河连在一起。

记不清自己是几岁学会游泳的，在读小学之前已经会了。靠河边人家跟我年龄差不多的孩子有十来个，夏日午后我们基本把时间花费在河里。或穿个裤衩，或干脆光着腚，尽情在河里嬉闹。我们一会儿双手击水花打水战，一会儿又像猴子般攀上柳树，接着"扑通扑通"跳下河，比谁闭水时间长，比谁游得快。累了，到对岸的沙滩上，扒开面上一层被太阳烤热的沙子，躺在那里，再把湿湿的沙子覆盖在身上，只露出头和手，闭目养神。若干年后我知道有日光浴时，给这种行为取了一个优雅的名字——沙子浴。沙子浴还没超过五分钟，我们会像突然想起什么似的，一刹那跃起，带着满身泥沙闯入水中继续嬉闹，直到哪家的大人来叫吃晚饭了，才陆陆续续上岸。有人还会抓着树枝荡几下秋千，在草坪上翻几个滚，再依依不舍回家。

岸边的柳树参差不齐，形状各异，有歪脖子的，有弓腰驼背的，有"丫"字形的，还有匍匐着大半个身子探在水面上的，反正由着性子乱长。斜坡上面的草坪倒蛮齐整，不知这种生命力极其旺盛的草学名叫什么，我们村里人称之为"草皮筋"。村里的牛大多在这里放牧，牛的肚子总是吃得鼓鼓的。我奇怪那草怎么总是吃不完，难道被夜里露水一滋润就会萌发新芽？

河对岸的沙滩，是村人天然的晒场，洗好的被子、蚊帐，摊在沙滩上晒，比晒在房前屋后容易干，还没有灰尘。红薯成熟挖回家后，晒红薯干是农家一件大事。红薯洗净，刨皮，切片，煮至七分熟，再挑到河对岸，选一块平坦、鹅卵石大小均匀些的沙滩晒上去。太阳好的日子，晒上三日就可以了，但若碰到夜晚下雨可就麻烦了。我家有过一次这种遭遇，奶奶听到雨声便赶紧叫醒爷爷和我去收，越急越乱，天黑看不清那道隐在水面下的坝，爷爷试了好几次才找到。过河去后，晒红薯的位置又分辨不清，在沙滩上找来找去，直到我脚下感觉踩着有点又软又滑的东西，才算找到了。爷爷说："奇怪了，刚才明明往这里走过去，怎么就看不到呢？"

这次经历让我觉得夜晚的河神秘莫测。不久后的一个下午，我跟小伙伴在野外割猪草玩得尽兴而忘了时间，直到傍晚才去河里洗猪草。记得已经有上弦月了，我们同时发现河里有两枚硬币，我说一人一枚平分，那个年代每一分钱对我们来说都是一笔财富。她硬说是她的奶奶上午洗衣服时掉了的，要两枚一起拿回去还给奶奶。我说不可能，肯定是死人买水的钱（村里有人去世了，会有个请水仪式，亲朋好友家人点着香，将硬币丢到河里为死人买水）。我们就这样争执起来，性格内向的我最后还是依了她，让她兴高采烈地拿走两枚硬币。谁会料到半个月后，她那个行如风、坐如钟的做接生娘的奶奶突然死亡。小时候听过一些水鬼的故事，我怀疑是不是水鬼听了我们的争执把她奶奶捉走，从此对夜晚的河心生恐惧，不敢轻易踏进河里。到卫校学医后才明白，接生娘经常吃胎盘，在那个贫困的年代，她却营养过剩患了高血压。

小学三年级的同桌教给我河里捕鱼的办法：脸盆里放一些饭或蚯蚓，用一块中间开了小口的大纱布包住脸盆，选一清静的河段，在离岸一两米的河里扒个坑把脸盆埋下去，边上压两三个鹅卵石，即可坐等鱼儿入盆了。捕上来的都是一些小鱼儿，在那个有客人来奶奶才舍得买肉吃的年代，小鱼儿算得上美味。小孩子毕竟贪玩耐不住寂寞，连着几个星期天在河边静坐守候让我生厌，终归放弃这项活动了。

非常佩服三叔，村人唯有他能在河里有水草的地方捉到鱼，黄花鱼、棍子鱼居多，有时他捉多了，会送一些给我们家。黄花鱼味道鲜美，棍子鱼肉多刺少，都是我非常喜欢吃的。黄花鱼头上和背上有角，挺锋利，很容易刺到手，三叔却不会伤着自己。三叔还会经常捉到甲鱼，那时甲鱼不珍贵，我也不觉得甲鱼肉好吃，吃它完全是为了剔下壳，拿去药店换几分钱。

如今野生甲鱼几百元钱一斤，但家乡的河里却再找不到甲鱼了，连一般的小鱼儿也看不见。河已不成河，村庄前后四五百米的水域，被捞沙机掏得坑坑洼洼，一堆堆废弃的鹅卵石像一座座坟墓。柳树只剩下几棵，草坪早已冲毁，岸边积满了涨水遗留下的垃圾：塑料袋、农药瓶、快餐盒、旧衣服……无所不有，触目惊心。

十几年前村里开始出现捞沙机时，我曾找村干部提建议："必须阻止在村庄附近河段捞沙。"村干部一副不解的样子反问我："沙子不拿来用，难道还放在那里看？"于是河床逐年被破坏，水位逐年下降，秋冬季基本断流。村人已不再喝河里的水，家里有压水机或水井，也不需把东西晒到对岸去，钢筋水泥的楼房屋顶晒得下太多的东西。没有人想过要修复、保护这条河。

每次回家乡，我都会情不自禁地去河边走一走，面对遍体鳞伤的母亲河，欲哭无泪。

2006年10月

▋ 去舅公家拜年

奶奶每次去舅公家我都陪伴左右，小时候她带着我，长大后我陪着她。

舅公家在炉里村，距我家大约两公里。路不远，但隔了一条河，必须过木板桥或坐渡船。木板桥长约百米，每年汛期前撤掉，汛期结束再重新搭架。坐渡船要收费，奶奶一般不在汛期去舅公家，除非有特别重要的事情。开始去舅公家我不敢自己过桥，都是奶奶抱着我或牵着我过去，后来我敢慢慢过桥了，再后来我敢在桥上捷足健步时，奶奶已经衰老了，她需要我扶着过桥。记得有一年不是木板桥而是钢丝桥，左右摇摆，奶奶的小脚怎么也不敢迈步，我只好背她过桥。

我在外地工作期间，年迈的奶奶行动不利索，舅公不放心她四处走动，隔段时间就到我家看看，姐弟俩叙叙旧。每年正月我休假在家，奶奶一定要我扶她去舅公家拜年，住上一两天，她说，女儿再老，娘家还是要走的。其实我知道奶奶的心思，她盼望见一见那些侄女，她们带上丈夫和孩子，陆续从各地回家，聚在一起热热闹闹，给没有女儿的奶奶一些安慰。

奶奶故去后，我很少回老家，更难得去舅公家。去年清明节给爷爷奶奶扫墓，碰见奶奶的侄子，亦即舅公的大儿子凡炎叔。因我父亲及弟弟在外地，他担心爷爷奶奶的墓没人扫，便前来祭拜。凡炎叔对故去的奶奶一直惦记着，而我却多年不去看望健在的舅公舅婆，对比之下心含羞愧，要了凡炎叔的电话，今年春节跟他电话约好初三日给舅公舅婆拜年。

舅公舅婆虽然子孙满堂，见到我仍然非常高兴，他们还能清晰地回忆起我的少年往事，印象最深刻的是我七八岁那一次。他们刚吃过午饭，我哭得喘不过气，独自一人来到他们家。他们问我怎么回事，我一句话也说不出，只知道哭。他们问是不是爷爷奶奶吵架了，或出什么意外了，我只知道摇头，说不出一个字，把他们急得团团转。还好奶奶及时赶到，说出了原委。那天是星期三，下午不上课，奶奶告诉我她为舅公买了两斤铅石山的茶叶，说好下午带我去舅公家送茶叶。我上午快放学时，奶奶去河里洗菜，她突然心血来潮，叫堂姐等我放学回家时骗我，说她已经去舅公家了，看看我有什么反应。我一听说，丢下书包就往舅公家赶，边走边哭，一路哭到舅公家。奶奶洗好菜回去，听堂姐说我已经哭着去找她了，慌忙追赶来，为舅公买的茶叶都忘了带上。她搂着哭成泪人的我，心疼至极，责怪自己不该开玩笑，责骂堂姐看到孩子哭着走了也不阻拦，也不说实话。奶奶帮我洗净了脸，待我哽咽声平息后，再问我："奶奶哪次丢下你一个人到舅公家了？你也不想想别人说的话是真是假。"小小的风波让我从此多长了心眼。

八十六岁的舅公，平时还要种菜。他腿脚利落，腰板挺直，耳聪目明，牙齿无一缺损。假若没有一脸皱纹和白发，根本不相信他那么高龄了。舅公的好身体可能跟心态好有关。舅公是民国期间祝同中学的高才生，现在还能说流利的英语。他好几个同学后来做了高官，曾多次表示要带他出去工作，他一概谢绝，喜欢与家人相守在农村种田，生活不富裕但满足安宁。舅公一定要带我到储藏间去看看收获的南瓜和红薯，他抱起一个最大的红薯说："称了一下，二十多斤重，你肯定没见过这么大的红薯吧！

我种了一辈子地也是第一次见到。"他那孩子般天真的眼神和自豪的笑容，让我明白了返璞归真的幸福。

舅公的五个女儿，除大女儿远在南昌外，其他的都回来了。大我三岁的香莲姑，小我一岁的五娜姑，是我小时的玩伴，她们见到我也感觉分外亲切。

五娜姑捏捏我的手腕，看看我的头发，说我比从前瘦了，白头发也有了，问我工作是不是很辛苦，叫我想开些，有的吃就吃，有的享受就享受，假如那次子弹爆炸，我们早就没命了。她这么一说，我想起那年我们从泥墙洞里找到一颗手指大小的子弹，当时不知它的危害，拿它撞击麻石玩，正好被凡炎叔发现了。当过兵的凡炎叔看到后冷汗都吓出来了，一把夺过去，睁大眼睛狠狠地凶我们，说我们少不更事，什么都敢拿来玩。

五娜姑还是那么爽直，她接着说："我小时候可吃了你不少亏。我们发生争执时，不管谁有理，我妈总怪我不懂事，说你是客人要让着你，你是比我小一辈的人因此要让着你。我那时不明白你都比我大一岁，怎么会小我一辈呢？"说到这里，五娜姑又用手撩起我的头发，"你才比我大一岁，怎么长了这么多白头发呀？别看乡下妇女没有工资，但活得比你轻松自由，只要老公在外面多挣些钱，他们日子舒服得很，每日下午没事打打麻将……"

五娜姑虽然不了解我，她那番话却让我温暖、开心。我也非常羡慕她能知足常乐地生活。

"四姐也是想不开的人，姐夫做生意挣钱就可以了，自己还要去办个养猪场，折腾了几年，累得半死还亏本。"五娜姑说。

"像你这样做一个整日无所事事、依靠老公生活的人，觉得很光荣吗？"陪我坐着一直没吭声的香莲姑回敬了她一句，姐妹俩有点话不投机。

我看香莲姑有些忧郁，想跟她单独聊聊天。小时候我每次到舅公家，她都会找些小人书给我看。我读初中时，她读高中，我们都对文学怀着极大热情，我常到她那里找书看。记得有次拿了一本《呼家将》小说带到教室看，不慎弄丢了（估计被某个好书者据为己有）。这本书她是借同学的，我红着脸结结巴巴告诉她时心里已经做好了挨骂的准备。没想到香莲姑还宽慰我："丢就丢了，不要紧的，我跟同学解释一下。"后来到她家看到那本《世界抒情诗选》时，我虽然非常喜欢，却再不好意思开口说借回去看了。我把十几首最喜欢的诗抄在信纸上，回家后又把这些诗誊抄在笔记本上。

吃过午饭，我叫香莲姑出去走走，我们不约而同地想去附近的樟宅桥新农村示范点，看看那里是不是真的变成电视上宣传的那样漂亮。

有一年夏天香莲姑曾带我到樟宅桥村看电影，我印象中那个村庄的水塘边堆满了垃圾，臭气扑鼻，蚊子特别多。路上香莲姑谈起这些年的生活状况，她说天天在家玩没意思，又不喜欢打牌打麻将，总得找点事做吧。于是她三年前办了一个养猪场，开始是小规模养了十几头，还顺利，每年挣一万多。去年扩大了规模，养了几十头，没想到遇上猪瘟，没过几天猪全部死掉了，真可惜呀。这几年买了不少养猪的书看，还拜县兽医站技术员为师，学了一些猪病防治的临床知识，猪生一般的小病，配药、打针她都自己处理。没想到去年的猪瘟那么厉害，县里技术员来处理了都没用。

"不要灰心，阳光总在风雨后。"我劝慰道。

"吃一堑，长一智，今后我会更谨慎些，毕竟摸索积累了一点经验，相信以后会更顺利的。你这些年还好吧，还是那么喜欢文学吗？"

"没事的时候看看书写写文章，消磨时间而已。"

"你是有固定工作的人，可以用文学调剂生活，我早就没有文学梦了。"

不知不觉到了樟宅桥村，村里全是水泥路，池塘边种了好些樟树，房前屋后还圈种了花草。原先放电影的坪上安置了秋千、转盘、跑步机等，来此娱乐、锻炼的人可不少，几排椅子上坐满了男女老少，真是一派欣欣向荣的新农村景象。我和香莲姑都露出欣慰的微笑，但愿若干年后所有的山村都变得这样美。

从樟宅桥村回去，香莲姑的心情明显好了起来。告别舅公家，我握着她那双略显粗粝的手，祝愿她做一个成功的猪倌。

2007年2月

▌ 母爱知多少

星期天上午做家务，顺手打开电视，浙江台正在播放少儿节目《母爱知多少》。主持人问一个五六岁的小男孩长大了最想做什么？他回答说要种好多好多七色花，送给喜欢的人，因为七色花代表幸福。

我很想知道这个小男孩还有什么浪漫的想法，没换频道继续看了下去。主持人问他最喜欢妈妈什么，他说最喜欢妈妈做的菜，妈妈做的菜是世界上最好吃的菜，因为妈妈是用心来做的。于是主持人隆重请出男孩的妈妈，问她平时做些什么菜给宝贝儿子吃。不承想她说自己不会烧菜，上班的日子在亲戚家搭伙吃饭，休息天在家以吃速冻食品为主。主持人又问孩子为什么要夸妈妈做的菜是世界上最好吃的，孩子狡黠地笑笑："我就是想吃妈妈亲手烧的菜。"镜头再一次转向年轻漂亮的妈妈，她不好意思了，用手挡住脸说："全国人民看着我不会烧饭很丢人的，以后我一定用心学烹调。"她歉疚地对儿子说："妈妈一定会亲手为你烧最好吃的菜。"

看这位母亲羞于见人的样子，我相信她会尽快将诺言付诸行动，做一个称职的母亲。说不定若干年后她还会像我的邻居邹大姐那样，成为令人感动的母亲呢。

邹大姐早年因工作三班倒，把儿子丢给乡下的婆婆抚养，直到儿子上初中了才带回身边，她才开始关注儿子，发现儿子老是上火，咽喉肿痛。于是邹大姐每天早晨都会花时间煲一锅清凉降火汤，让儿子分三餐喝。儿子上初中后成绩一直拔尖，他夸妈妈煲的汤是聪明汤。邹大姐虽然辛苦，却很欣慰。整整六年早起煲汤，直到儿子去读大学。

儿子高考前两个多月，邹大姐就开始愁那几天伙食怎么安排了。煲汤当然不行了，考试中途上厕所又麻烦又耽误时间；不能吃较油腻的东西，不好消化；不能吃过多，太饱了影响脑供血，影响思维力，但又不能让他在考试中有饥饿感；注意卫生，像空心菜之类有可能打了农药的蔬菜，绝对不能搬上餐桌……她认为我学过医懂得合理搭配饮食，就来征求我的意见。我这人对饮食不太讲究，根本帮不上忙。高考前几天她告诉我食谱已经敲定了：早餐蒸鸭蛋糕，要用乡下买来的土鸭蛋，又营养又降火……因我的孩子离高考还有好长一段时间，没仔细听她说中、晚餐吃什么，只觉得邹大姐作为一个母亲太让人感动了。

儿子去一所重点大学读书后，不用煲汤的邹大姐又为儿子做另一件事情：她每天在电视、电脑上看体育新闻，记录在本子上，再有选择性地通过手机短信发给儿子。她说儿子读书忙，平时没时间上网，她要让迷恋体育的儿子第一时间知悉体坛大小事情。儿子才上了半年大学，她已记录了五本体育讯息。

假如儿子看到母亲戴着老花眼镜，一笔一画在手机上慢慢输那些字，还会坦然接受这份母爱吗？

2007年6月

▍婆　婆

春季开学不久的一天，女儿放学回家兴奋地告诉我，老师把她的作文《我的奶奶》当范文在班上评讲了，说这篇文章写得非常好，事例特别感人。她随即从书包里拿出作文本，读给我听。

"寒假去汪村，奶奶见我回家，忙放下手里的活儿，接过我的背包。我看到她几个手指都缠上了胶布，奶奶的手又裂了，勤劳的奶奶每到冬天手都会裂开……"读到这里，女儿停下来看着我，"听得这么认真，想把我的文章记下来拿去发表？"

女儿的话倒提醒我写一写婆婆。

女儿暑假又去汪村了。我在电话里叮嘱她要自己洗衣服，要帮奶奶做些家务。她无可奈何地告诉我每天早晨醒来，奶奶早把衣服洗净晾晒好，还把稀饭烧好，配稀饭的菜也准备好，到菜地干活去了。

我休息日去乡下避暑，到家时正碰上婆婆从菜地干活回来。矮矮胖胖的她，戴着宽边草帽，背上的衣服被汗水湿透，挑着一担水桶，桶里装着冬瓜、空心菜、长豆角、辣椒。她揭下草帽，晒成古铜色的脸上，有几颗汗珠正往下滴。她坐下喘了一口气，说二十多日没下雨了，不挑些水浇的话，菜要干死掉。六十多岁的人还要这般劳碌，我心酸无语，赶紧给她打了一盆洗脸水。

婆婆匆忙吃了稀饭，择菜、洗菜准备午餐。她拿出一个大冬瓜，切成多块，叫几个孩子分送给邻居。家里平时四个人吃饭，放寒暑假时有七八个，其中三个孩子，都是十二三岁长身体饭量大的年纪，婆婆说每餐至少炒五个菜。烧好午饭后，我们先吃，她则坐在旁边椅子上歇气喝茶，说刚刚炒了菜嘴里鼻子里都是油烟味，吃不下。看着孩子们狼吞虎咽，婆婆脸上露出欣慰的笑容。等我们快吃好了，她才上桌，将剩菜剩汤倒进碗里拌饭吃。我忽然明白婆婆为什么要最后吃饭了。

婆婆身上那种母性的传统美德常让我感动，在我们这一代女性身上是很难见到了。

一个曾经在汪村乡政府工作过的同事有时会聊起我们家，说我公公是个扫帚倒了都不扶的人（指什么事都不管），最佩服我婆婆了，对丈夫、孩子那么宽容，家里家外的事都一人包揽，并且都做得非常出色。婆婆在生产队出工栽禾，又快又整齐，队长常把她栽的田当样板叫队员学习；菜烧得好吃也是出了名的，能将普通的菜烧出特别的味道，生产队加餐都要她掌勺，村里人办酒席也常请她去帮厨。为了供养四个孩子读书，她起早摸黑到粮站打包挣钱，有三个孩子考取学校走出农村，这相当不容易。同事从乡村到县城换过好几个单位，经历过不少人和事，她一直认为我婆婆是她认识的女人中最能干的。

我跟丈夫恋爱时第一次去他家，印象最深的是看见墙壁上贴了好多张婆婆的"优秀共产党员"奖状，还有就是他家未上漆的有点旧、有点泛白却十分干净的八仙桌和凳子，在农村生长的我知道，这种骨子里的洁净不是一天两天能养成的。

我住院剖宫产生孩子，婆婆从头至尾照顾、陪伴我，她并没有因我生了女孩而不高兴，凭这点就足以令我感恩和尊重了。农村人大多有重男轻女的观念，多年后我才知道，婆婆曾为孩子满月张罗酒席备养了四只鹅，公公得知我生的是女孩，竟把那些鹅悄悄卖掉了。宽容的婆婆为此跟他大吵一架，当然回避着我，她怕我知道这件事伤心。

　　婆婆凡事都首先考虑他人，我只觉得她这一辈子太亏待自己了。其实以丈夫四兄妹的家庭生活条件，完全有能力赡养两位老人。几年前曾接公婆到我家住了一段时间，婆婆怎么也不习惯那种清闲的日子，她说离开了亲手种的庄稼、亲手喂养的鸡鸭，一点也不自在，再住下去要生病了。只好让他们回到乡下去。

　　婆婆是否要忙碌到她做不动为止？

2007年7月

▌鹅卵石

小时候，我无数次提个小篮子溜到溪滩，把自己看中的鹅卵石捡回家。最钟爱那些扁平的椭圆形的有波纹的小鹅卵石，它们是女孩子跳格最好的道具。常常逗留在溪滩上忘了时间，奶奶来找我回家吃饭，她一只手拉着我，另一只手摸摸我的头，不无叹息地说："拾这些没用的东西做什么？会不会头脑有毛病？"她担心我四岁那年因急性肾炎高烧烧坏了脑袋。正是这场大病，让奶奶更疼爱我。爷爷对这件事的态度就不一样了。他看到我提着鹅卵石回家，总会凶巴巴地说："吃饱饭不做正经事，拾柴可以烧，拾堆狗屎还可以当肥料，拾石头有什么用？"

被爷爷骂过几次，我学乖了，每次捡了鹅卵石后在回家的路上，会再捡一些柳树、樟树的干柴棍，遮挡在篮子上面。趁爷爷不在家（爷爷白天出工，在家时间很少）倒出鹅卵石，把玩把玩，玩够了，藏在自以为爷爷找不到的地方。无论我藏得多隐蔽，最终都会被爷爷发现，并将之清扫出门。这种鹅卵石最碍爷爷眼了，每年涨水后，自留地上会积留一些鹅卵石，爷爷一副深恶痛绝的样子，把它们捡起来用力丢得老远。就凭这，我知道他肯定不会容忍鹅卵石在家安居的。好在溪滩上有足够多的鹅卵石，我有足够的时间去捡。不知道大人为什么要讨厌它们，小学的时候有很多义务劳动，到溪滩担沙，当时修建校舍需要细细的沙子，筛出鹅卵石丢弃一边。语文老师就地教育我们：做人不要像鹅卵石这样圆滑无用，要做一枚螺丝钉（学雷锋精神），或者做一粒细沙，也为建设学校做了贡献。

上中学后，我偏好捡大的鹅卵石了，注重外形、色泽、图案。大鹅卵石在溪滩上比较少见，它们躲在河床里。每个暑假，我都会花很多时间到河里精挑细选。担心自己的行为被村里人笑话，我只好端个脸盆，假借捡螺蛳之名到河里寻找心爱之物。螺蛳每次都可以捡到一些，自己中意的鹅卵石却很难寻得。每有所获，我便会欣喜若狂，当宝贝似的将鹅卵石摩挲再三，爱不释手。印象中捡到的文字石有"一、二、三、八、之、川、王、井"，还有"老鼠、公鸡、酒杯、树、山"的象形石，更多的是一些自认为好看的鹅卵石，我把它们放在柴火间的角落里。爷爷已经不反对我把鹅卵石搬进家门了，他说留着等我的弟弟长大了盖新房。可还没等到弟弟长大，我上高中时，他老人家悄悄把那一大堆鹅卵石全部处理掉了。我上学早出晚归，直到一个星期天才发现费了几年心血捡来的鹅卵石不翼而飞，慌忙问奶奶，她说爷爷把它们送给邻居家盖房子了。我第一次对爷爷发火，指责他不该把鹅卵石送人。"留着也是一堆废物，云志（弟弟的名字）娶媳妇不用做屋，你们几个女孩子迟早要嫁出去的。"他冷漠地回应我，在爷爷眼里，大鹅卵石只有盖房子才用得上。我求他去邻居家要回来。"送出去的东西还好意思要回来？别给我丢人现眼。"他狠狠地瞪了我一眼便不再理我。我不甘心，悄悄到邻居盖新房的地方去看，哪还有鹅卵石，早垫屋基下了，墙砖都砌得有一人高了。当时心中那份失落，又能与谁说？

那时候，村里的人渐渐有钱了，盖房子的人家多了起来。他们都到河里捡大鹅卵石垫屋基。我后来有闲情再到河里捡鹅卵石时，大鹅卵石已经很少了，根本找不到称心如意的。还好溪滩没变，那些圆滑洁净的小鹅卵石，静静地躺在空旷平坦的溪滩上。

每次来到这里，我都会回忆起小时候对它们的痴迷、奶奶对我的疼爱，还有为了收藏小鹅卵石，跟爷爷玩着老鼠躲猫的游戏。在春秋季有阳光的日子里，我喜欢头枕着双手躺在溪滩上胡思乱想，河水喧哗，鸟儿啁啾，进入天人合一的境界。

记得我怀孕那年，经常做一个相同的梦，梦中的我还是孩子，看到溪滩上有许多漂亮的鹅卵石，我不停地捡，却像猴子掰玉米一样，捡一枚掉一枚，最后握到手里的只有一枚，常常把自己急醒了。我奇怪怎么老是做这样的梦，等我生下孩子满月后回到家乡，走到溪滩一看，傻眼了，溪滩已被捞沙机掏得坑坑洼洼，两架机器不停地作业，将沙子、鹅卵石分离进两个大筐，起重机再将它们吊起倒进卡车运走。

再也看不到有着无数光滑洁净鹅卵石的溪滩了。梦中握着的那一枚漂亮的鹅卵石，应该是一场关于童年的美丽回忆吧。

当年的小学语文老师，哪会想到若干年后，铺路、盖楼房会把溪滩上的沙子、鹅卵石掏光了。被人厌恶、沉寂多年的鹅卵石派上了用场，却让我每次回家乡少了许多趣味。我那沉默耿直、清苦一生的爷爷，若九泉之下有知，他的孙女在河里精挑细选的被他送人的鹅卵石，如今在收藏家眼里是宝贝，在网上标价成百上千过万出售，肯定会后悔。

2007年10月

▌ 走过丽江古城

这些年去过不少地方，从没写过一篇游记。我那种走马观花式的游玩，能对一个地方了解认识多少？又能理解感悟多少？半年前的那趟云南之旅，丽江古城却让我魂牵梦绕。

在古城入口，一个大大的水车，慢慢地不停转动着，一下子让时光倒流，我仿佛走进农耕时代，但四周穿着时尚、肤色各异的游人，又把我召回商业社会。

古城内全是纳西族民居，有平房也有两层的楼房。房屋依水而建，溪流穿街过巷，绕户入墙，使古城别有一番韵味，处处蕴含着诗画的意境。街道均由五彩石铺就，光滑又平整。主街——四方街上，设有古代利用河水清洗街道的装置，房前屋后看不到垃圾，这里早已禁用塑料袋，丽江人与自然和谐相处的意识是深入骨髓的，也是超前的。

流水潺潺，垂柳依依。虽然游人如织，却没有嘈杂声，都在静静地听，默默地看，偶尔有人交流也用耳语，导游的解说也是三言两语。置身如此美妙的人间仙境，语言显得苍白无力，大声喧哗更不合时宜。

古城中的桥特别多，几方石块成了桥，几块木板成了桥。这些桥搭建在每个角落，虽然简陋，却和水边错落古朴的房屋相得益彰。看了这些朴素随意的桥，觉得江南小镇的桥多了点人工雕饰的味道。

沿街的房屋都是店铺，大致分为三类：餐厅与咖啡店；旅馆或客栈；各类工艺品店及服装店。我常常驻足工艺品店，看看有没有喜欢的东西，很多店里的工艺品都是自制的，边做边卖。我看中一款木雕：一厘米厚的椭圆形树板，外圈有完整的树皮，内有天然条纹，刻上一些东巴文字，自然、简单、拙朴。问老板可以便宜点吗？店主没有搭理我，专心刻他的字。走过几个店问过相同的话，结果都一样。他们似乎沉醉在雕刻的意境中，无心做生意。

导游介绍，纳西族男人大多是能工巧匠，他们心灵手巧，想象力丰富，不经意地凿凿刻刻、敲敲打打，竟能化腐朽为神奇，将普通的木头和铜块儿变成图腾神像和铜壶铜盘。他们悠闲自在，种花养鸟、写字画画，或在小巷中闲逛，访友聊天。反之，纳西族妇女的勤劳是出了名的，"披星戴月"是她们生活的真实写照，她们起早摸黑地劳作，将家中所有的脏活累活统统包下。

我在街头一修建房屋处证实了导游的话，两个五十多岁的纳西族大妈把砖背到二楼，每次背三十多块，年轻的小伙子在上面砌砖，旁边有个抱着猴子悠闲散步的男人，也就五十来岁吧。不远处的河沿上坐着一个拉琴的老者，他白须飘逸，一副仙风道骨的样子，琴声苍劲哀婉。

纳西族男人身上与生俱来的艺术天赋，是否得益于他们悠闲的生活？也许是悠闲造就了他们的另一种智慧——艺术的灵感。

我在不知不觉中走到高处，一眼望下去，古城的民居鳞次栉比，如鲫鱼背一般的灰色屋顶，延绵到很远很远。庄重大气，浑然一体，令人叹为观止。游人隐去了，街道隐去了，小桥流水隐去了。我久久地凝视这座中国历史上唯一一座没有被城墙围起来的古城，她蕴含了怎样神奇的魔力，能吸引世界各地无数游人前来观光，并把宁静与繁华完美地融合在一起？

在丽江古城只逗留了短短半天时间，对它的回忆和思念却是永远的。我多次跟朋友聊起它，建议爱好书画的朋友去丽江看看，对创作一定有益处。多次梦见自己又置身它的怀抱，徜徉在熙熙攘攘的人群中，安然地观景购物。真奇怪，一向不喜欢人多热闹场合的我，却对丽江情有独钟。

一个网友告诉我她在丽江的"艳遇"，让我更加惊叹丽江的神奇。她的艳遇发生在工艺品店而不是酒吧里。她跟我一样喜欢带有字画的小饰品，见一个纳西族男人凝神屏气在小挂件上刻兔子，便静静地欣赏起来。男人专注的神态、飞刀走笔的动作都很美。十分钟左右，一只活蹦乱跳的兔子呼之欲出。男人抬头扭了扭腰，网友迫不及待地说："老板，我是属兔的，这件东西卖给我吧！多少钱？"男人知道她在一旁关注很久了，看看她，"喜欢的话，就送给你吧！"网友惊喜地接过挂件，亲了一下男人的手，说声"谢谢"，拔腿逃走。

最近读了于丹的《发现你的心灵》，讲了一件她在丽江古城经历的事情：有一天傍晚，当地电视台的朋友陪她走在街道上。前面三个纳西族大妈走路特别慢，一条路被她们堵塞了，她和朋友过不去。朋友用纳西语跟大妈说希望能借个路过去。有个大妈从夕阳中转过头说了一句话，朋友听后"啊"了一声就停下了。原来大妈说："我们每个人从生下来都在往一个地方去，快走也是去，慢走也是去，干吗不慢慢走呢？"

纳西族大妈的话，让我似乎懂得了丽江。

2007年12月

▌ 家有宝贝

三年前一个周末，带女儿和她两个表弟到德克士用餐，路过步行街，看到卖乌龟的摊子，他们异口同声对我说：买乌龟、买乌龟……不忍拂逆孩子们的心愿，花十元钱买下一只。

女儿曾经养过金鱼、蟹、蚕，总是活不了多久，不知这只乌龟命运将如何？回家把它养在尺余深的陶缸里，开始几天，乌龟一见人就把头缩进去，喂它饲料也不当着我们面吃。后来它大概认得我们了，喂食时不再缩头，会转着乌溜乌溜的小眼睛看看我们，再慢悠悠地吃东西，挺招人喜爱的。女儿每天吃过中饭，要抓它出来玩一会儿，它探头探脑，在客厅乱爬。

买乌龟时送的一包饲料吃完后，丢了几粒饭喂它，不吃。记得卖主说过：乌龟很好养，买了鱼、肉的话，就切一小块喂它，平时撒几粒饭下去也行；十月底以后基本上不用喂，到次年三月才会进食。那时还是夏天，于是买了肉，切了一小块喂它，吃得可欢了。把饭丢下去，它又不吃了。看来这只乌龟挑食，吃荤不吃素。以后每次买了鱼、肉，就切下一些放进冰箱冷冻室。早上洗衣服前，取出来解冻，洗好衣服喂乌龟，这几乎成了我一段时间的惯例。

女儿放暑假回乡下爷爷家，把乌龟也带去了。家里没冰箱，也不可能天天买鱼、肉。女儿跟两个表弟给乌龟找食物可费了不少劲，捉青虫、挖蚯蚓、捞虾……乌龟最喜欢吃小虾了。我回乡下那天去看了他们捞虾。离家两三百米的青龙头有口一米多深的水井，三个孩子各自拿着塑料杯分开蹲在井沿，守株待兔。见小虾游到井边，孩子们悄悄用塑料杯一舀，小虾就成了杯中之物，倒入大茶缸养着，捞了二十多只，收工回家，够乌龟美美地吃上一天了。

乌龟养在大盆里，活动空间有陶缸的三四倍，它在里面游来游去。邻家那个爱哭的小女孩，妈妈哄她因此多了一招："不哭了，去看乌龟演把戏。"把乌龟肚子朝天放，几秒钟后，它伸出一只后脚划划水，再伸出同侧的前脚试一试，这时把头伸出来，弯向一边，用力一顶，身子就翻过来了。小女孩看到此景总是破涕为笑。

不知不觉，乌龟已养了一年多时间，女儿跟我商量再买一只给它做伴。我们又特意去步行街挑回一只，给原先那只取名阿宝，新买的这只叫阿贝。我把阿贝放进陶缸时，阿宝抬头看看我，马上爬到阿贝身边去，用头顶它，于是阿贝把头伸出来看看它，又抬头看看我，不像阿宝初来时那么胆怯。

女儿经常在中午把它们抓到客厅，用手拍拍它们的屁股，两个小家伙亦步亦趋，往前爬到墙边后有点不知所措了，转头四周看看，继而会选电视机柜那边光线暗些的地方爬去，有时也会停在中间抬着头跟女儿一起看电视，可惹人喜爱了。

有了两只乌龟，喂食也添了不少乐趣。肉丢下去，它们会抢，各自咬住不放，拼命地往自己这边拉，阿宝总是更有劲，抢先吃食，阿贝只好抬头看着我，我不忍，于是也丢给它一块。

有时我会把水池蓄起水将它们放在里面。一进水池，它们都很兴奋，急急地先游几圈，用力伸后腿，横冲直撞，比在陶缸里自由多了。有次晚上忘记抓它们回陶缸，正巧那天将拖把搁在水池里。第二天一早起来，阿宝不见了，可能顺着拖把爬出来了。急得我在阳台一阵好找，把那些纸箱、花盆统统移开去找，没有它的影子。女儿听说阿宝不见了，一骨碌起床，我们一同寻找，房间的门背、角落都看了，也没有。会躲到哪儿呢？明知它爬不出家门，但我们还是着急。每个房间又重搜了一遍，原来它在客房的床底下。我终于长长舒了一口气，才知道自己对两只乌龟已是割舍不下了。

去年冬天冰冻低温日子很多，我担心它们受不了，用一条干毛巾把它们包起来，用盐水瓶装上热水放在旁边取暖。每天看几遍，摸摸它们的脚是否冻僵了，最终它们都挺过了严寒。

清明节我去乡下扫墓，捡到几块有图纹的鹅卵石，放在阳台上拍照，准备用电子邮件发给朋友欣赏。顺便把乌龟放出来爬一爬，它们也对那些鹅卵石产生了兴趣，使劲往上爬，阿宝爬上了石头，悠闲地卧在那里，阿贝后脚支撑在地板上，前脚靠着石头，伸长脖子想仔细探个究竟。我觉得挺有意思，拍下了这个画面。朋友看了邮件，说鹅卵石没什么新奇，倒是那两只乌龟蛮可爱。这两个小宝贝，竟然喧宾夺主了。

有一天我心血来潮，洗菜时把乌龟抓进水池，想看看它们听到水流的声音有什么反应，会不会老实待着？阿贝靠在一角不敢动，阿宝无所谓大大咧咧地爬着。我把阿宝抓到池边成站姿，用一块鹅卵石靠着拦住，它的身子移不了了，脚和头不停地伸。这时我惊奇地发现，阿贝慢慢爬到它身边，用后脚去推石头，推了几下没用，又伸头去顶石头，原来阿贝想推开石头救阿宝。我看着看着，感动得眼泪都流出来了。

2008年9月

▎岁月留痕

县中学校园广播常常放一些老歌，最近几天连着播放电视剧《十六岁的花季》主题曲：十六岁的秘密装满沉沉的书包，十六岁的日记写满长长的思考，十六岁的心灵透出疑惑与烦恼……这首歌在 20 世纪 90 年代初风靡中学校园，我当时已离开校园参加工作，还是非常喜欢，感觉特别亲切。它从我耳畔消失好多年了，如今重新听到这熟悉的旋律，感慨时光飞逝的同时，也勾起我对自己十六岁的回忆。

那是 1983 年，我在八都中学读书，高二毕业。这一年高考制度改革，要预考，预考上了线才有资格参加高考。高中前三个学期，我的成绩一直在年级前五名，预考却退到了十几名，但至少是上了线。退步的直接原因是正月来了初潮。那个年代思想封建，我们认为来例假羞耻、见不得人。我每次来例假都诚惶诚恐，担心弄脏了裤子出洋相。

我们学校预考只上线二十来人，县教育局安排这些同学合并到沙溪中学复习，迎接高考。

从我家去沙溪走小路将近二十公里。坐车的话，要先从八都坐到上饶，再转车去沙溪，约四十公里。那时交通不便，班车每天只有三四趟。

5 月初的一天上午，二叔送我走小路去沙溪。他帮我挑着一担东西，一边是装着书和换洗衣服的小木箱，另一边是洋铁桶、盆子、草席和毯子等一些日常用品。二叔带我办好转学手续，安顿好寝室，买好饭菜票，吃了午饭他才放心回家，我看着他离去的背影不知不觉流泪了。这是我第一次离开亲人，独自在外生活。

我的适应能力较差，两个月的沙中生活，是在烦恼中度过的。三餐吃饭不方便，到食堂打饭要排长长的队，乱糟糟、吵吵闹闹让人难受；洗澡及洗、晒衣服不方便，没有澡堂，男生大多在井边冲澡，女生提桶水到厕所冲，或在寝室抹一抹。那口井特别大，我每次去，井台四周都有十几个人，五六个桶同时在井里打水。我傍晚洗了澡去洗衣服，刚换上身的衣服常常被男生冲澡溅湿。那段时间老下雨，闷热，衣服晾在寝室里很难干。寝室外有一丘水塘，几垅芭蕉。我经常半夜睡不着，静听雨打芭蕉声、蛙叫声，甚是想家。

如今能静夜听雨，是一种享受，是诗意的生活。而当年的我，身在异乡，前途未卜，哪有这种心境。出门在外，才知家的温暖，在家根本没这些烦心事。早出晚归的我，衣服都是奶奶洗，没太阳晒的话，奶奶晚上就把它们挂在煤灶上烘，第二天便可穿了。

7月2日上午，拿到高考准考证，结束沙中学习。放几天假，7日至9日在新县城中学参加高考。寝室里有个同学的父亲是铁路职工，她说3日上午带我们免票从沙溪坐火车去上饶。我想到上饶后要转车，转车到了八都还要走两三公里路，又归心似箭，一咬牙，当天下午独自挑着担子走小路回家。

来的路上看二叔挑得轻飘飘，没想到自己却越挑越沉，四十来斤东西虽然不重，但十六岁的我，肩膀还是太嫩了，走一会儿路就要歇一阵。大约走了三分之二的路，突然变天下起雷阵雨。我慌忙撑起那把笨重的油布伞，挡着装书的木箱，深一脚浅一脚在泥泞的山路上行走。剩下的路上没有一个村庄，避雨的地方都没有。越走越难，脸上雨水、泪水交加，只有一个信念在支撑我：每走一步，离家就更近一点。

到了川塘边，看见村里一位大伯往池塘里撒鱼草，他也认出了我，赶忙叫我卸下担子，他把我的东西放进箩筐里挑走，我紧跟其后。他见我老是把伞伸过去挡木箱，问里面装了什么。我说是书。他停了下来，揭下身上的塑料布，把箱子包裹起来，说："读书人，书是命根子。"

我实在不好意思，把伞给大伯，他执意不要，说："我戴着斗笠能挡住头就行了，这把老骨头淋点雨不要紧，女孩子是不能受凉的。"这句朴实的话，至今还温暖着我。

大伯把我的东西挑到家，天都快黑了。假如没碰上好心的大伯，真不知最后的路如何走。回家见到奶奶，我叫了一声"奶奶"便忍不住哭了起来。

在家休整了两天，再去一个陌生地方参加一场决定人生命运的高考。爷爷为我联系了在新县城副食品公司上班的同族堂伯家住宿。7月5日下午，我手持堂伯侄子写的一张便条，坐车来到新县城。下车后一路问了好几个人副食品公司在哪儿，都不知道。看看天色已晚，我心里没着没落，突然眼睛一亮，看到八都中学一个预考上线的同学。我问她住宿安顿好了没有？她说已经在亲戚家住下了，出来买些日用品。我赶紧问假如找不到住的地方能否跟她挤一个晚上？她答应了，当晚我住在她亲戚家。6日上午她陪我一起找到副食品公司的堂伯家，我们又去县中学找考场，找到考场才放心地看书复习。

不幸的是，高考期间来例假了，我担心在别人家里出洋相，便小心谨慎以致失眠。最终我以七分之差落榜。假如我晚半年发育，或者预考后还在原校由熟悉的老师上课复习，说不定当年就考上了。

得知落榜的消息时我在父亲工作的乐安七二一矿，是二叔写信告知的。我早预料到自己要落榜，有思想准备，没有太难过。

父亲 7 月中旬回老家参加双抢，双抢结束后，带我跟小妹到矿里。他打算让小妹转到矿职工子弟学校读书。至于我，若高考上榜了，权当出趟远门见识见识，落榜的话就在矿里补习。他认为矿职工子弟学校教学质量好，高考升学率比地方学校高得多。接到二叔的信确知我落榜要在矿里补习后，父亲写信叫继母来为我们烧饭。

离开学还有十多天，邻居曾阿姨带我去做小工，到二厂推平一个小山包。我们把土铲进板车，拉到百米外的马路边倒掉。干了四天，我的手掌起茧，手臂酸痛，挣了八元钱。父亲说这些钱由我自己支配，我兴高采烈地走向新华书店，买了一本相册、一本《汉语成语词典》和三本文学书，余钱买零食跟小妹分享。

《三寄小读者》在一次搬家中舍弃。都德著、徐吉贵译的《巴黎姑娘》和沉樱译的《女性三部曲》，我在乐安和上饶两地几次转徙都带在身边。《女性三部曲》选了穆特福开的《娴婷》、赫斯登的《断梦》和屠格涅夫的《爱丝雅》，对前两个作家我当时一无所知，买下这本书是看中扉页上歌德的一首诗：

　　　　　一切消逝的
　　　　　不过是象征；
　　　　　那不美满的
　　　　　在这里完成；
　　　　　不可言喻的
　　　　　在这里实行；
　　　　　永恒的女性

引我们上升。

如今这两本书已发黄，但我一直珍藏着，每次看到都会忆起当时买下它们的激动和兴奋。参加工作后买书无数，却不再有这种心情。

写到这里，我拿出《女性三部曲》翻了起来，看到卷首的《沉樱小传》里有几行字画了横线："我不找大快乐，因为太难找；我喜欢那些小快乐。像我爱听音乐，从来没想到做音乐家；我爱画画，从来没想到做画家……我对什么事只有欣赏的兴趣，没有研究的魄力。"原来，我十六岁时已划定人生观，让自己选择淡定、从容的生活。

我离开上饶之前，爷爷还能在田里做农活。我在七二一矿两个多月的时间里，多年过度劳累的他终于撑不住倒下了。10月中旬的一天，父亲神色黯淡，给我念了一封加急电报：父病危，带家人速回。

父亲为我和妹妹请了假，坐火车回家。爷爷躺在床上，眼神木木的，全身浮肿，靠打点滴维持生命。我握着他浮肿、冰凉的手，心里直想哭。他看着我，费力哼出几个字："孩子，爷爷对不住你了。"明知死神会随时降临，我还是违心地安慰他："爷爷，您会好起来的。"眼泪却抑制不住地流出来。

爷爷去世，对我的打击很大。继母和弟妹时常随父亲在七二一矿生活，唯有我常年跟爷爷奶奶在一起，是他们养育了我，还没报恩，爷爷就永远离开了，我突然感到人生的无常。

丧事过后，父亲要回单位上班。他把责任田承包给别人，准备带全家人一起去矿里。奶奶坚决不去，要在家为爷爷"烧七"，我不忍心奶奶一人在家，执意不去补习。父亲最后决定留下我和大妹在家陪奶奶。

每次给爷爷"烧七"，奶奶都要哭上一阵，我也忍不住哭泣。那是一段灰暗、没有笑容的日子。

过年的晚上，我们家像往年一样"请祖宗"，把桌凳搬到天井边，摆上碗、筷、饭、菜、酒。往年奶奶会高高兴兴地站在桌旁说一些话：请祖宗大人慢慢吃，保佑子孙没有病没有灾，不愁吃不愁穿，家庭幸福，人丁兴旺。年夜饭后在桌下生一盆火，跟大爷爷一家人围在一起守岁，聊天吃东西。而这次，奶奶除了说原来那些话，特意提到了爷爷。"老头子，你在阴间要会照顾自己，再不要跟牛一样只知道做事。"她说着说着就哽咽了。我和大妹在这种沉闷的气氛中陪奶奶吃完年夜饭，没有守岁，早早睡了。

初潮，高考，与亲人生离死别，生理和心理上都经受了洗礼。十六岁，是我人生的转折点。

如今年过不惑的我，对大多数年轮的痕迹已模糊不清，而十六岁的痕迹，却清晰烙印在心。正像歌中所唱的那样：十六岁的回忆永远不会衰老。

2009年1月

▌ "新视野"笔会散记

4月下旬收到中国散文学会来函,我的散文《大叔》获第二届"新视野"杯全国文学征文大赛散文类二等奖,邀我参加5月22—25日在北京举办的颁奖会、文学创作交流笔会及"皇城之旅"采风活动。

参观电视剧《红楼梦》(1987年版)的拍摄地——大观园,是采风活动之一。我迫不及待地把获奖的喜讯告诉了一个朋友,因她喜欢史湘云,我答应她去大观园找到湘云醉卧之石再拍些照片回来。跟丈夫说起获奖的事,他怀疑是骗局。真正获奖的话,还用交会务费?并且还要预先寄去?现在陷阱太多,叫我不要去,以免上当。我有点疑惑了,正好4月29日上饶三清女子文学研究会邀请省作协陈世旭主席来讲课,我把《大叔》给他看,问获奖会不会有假。陈主席认为文章写得很好、很感人,获奖是应该的,一般来说,凡是要交纳会务费的笔会最好谨慎一些。

临近报名截止日期,我打电话去咨询,有多少人报名?江西有哪些人参会?对方说报了一百多人,江西只有两人,宜春的易先生和抚州的岩先生,并把他们的联系电话告诉了我。还犹豫什么?赶紧报名,至少此去可以多结交一些文友吧。

5月21日下午坐火车离开上饶,22日上午8点抵达北京西站。按照邀请函上列出的详细路线图,坐公交车到富来宫温泉度假山庄报到。这里环境不错,一幢幢别墅坐落在树木花草间,有假山，有水池。我在池边柳荫下稍做停顿，睡莲静静地开着花，红鲤鱼簇拥着慢慢游荡，是名副其实的乡村花园式度假酒店。

大堂和前台挤满了报到的人，我排队等候，扫视四周，有稚气未脱的年轻人，也有满头白发的老者。一位坐在轮椅上五十出头的女人，由比她更年轻一点的女人（后来知道是她妹妹）推着过来报到。有这么多不同的人群在坚守底层写作，我一阵感动。半个小时后办好了手续，入住 A 区 11 幢 11 室。

我提着行李走出大门，听到一女声问："如果我不住这么多天，提前走的话，会务费可以退一些吗？"

工作人员解释："统一做账的，不能退。"并让她交 100 元押金拿房卡。

"房卡干吗用？"

"开门呀！"

"交了近 2000 元会务费还要交押金？如果我不拿房卡，宾馆不是有服务员开门的吗？"

我转身看了看，是个瘦小的女人，身着一套深蓝色运动服，担心她会跟我同住。果然我到房间洗了脸，她被服务员引进来了，边说："热死了，热死了"，边放下背包慌忙脱掉运动衣，里面是一件针织长袖。

"没交押金吗？"

"能不交吗？他们要提防我损坏房间的东西，我可得小心谨慎些。"

"女士你贵姓？从哪儿来呢？"

"姓吴，来自新疆。"

"坐火车来的？"

"坐飞机，两天前才接到通知，来不及了。昨晚又在北京住，带了 4000 元钱快花光了，可得省着点，不然回去路费都成问题。"

原来她报到时斤斤计较是担心回去路费不够。她接着说自己是第一次出远门，心里一直不踏实，这几天都没休息好，现在终于放心了，要洗个澡好好睡一觉。

突然听见卫生间里"哗"一声响，接着吴大姐惊叫"完了完了"。我以为她摔倒了，推开门一看，浴池挂帘落在地上。她说闯祸了，弄坏东西了，会不会要她赔？我告诉她不要紧的，挂帘本身不牢，掉下来吓着你，应该叫宾馆出精神安抚费才对。

晚餐后，对面12室两位男士邀我们散步。他们是诗歌获奖者，来自广东汕头和山东烟台。我介绍自己是江西上饶人，其中一个人马上说："读过上饶林莉的诗，很美。"而我说起上饶的三清山，他们竟然不知道。去年成功申报世界自然遗产的三清山，秀美的景色经常出现在央视屏幕上，我以为会家喻户晓。他们对林莉表现出极大兴趣，说曾有一期《人民文学》刊发了她的16首组诗，认为她很有发展潜力，是能走出国门、推向世界的诗人。他们希望有机会到上饶我能引荐她，我赶紧告诉他们林莉性格内向，怕见生人。江子有篇文章也写她是一个喜欢静处、怀着善良美好的愿望、不愿被世界打扰的人。我和林莉虽住同城，却只在每年县文联举办的"谷雨诗会"上才相见。今年诗会上我们同桌吃饭，相对而坐。看她一双眼睛扑闪扑闪，像受到惊吓的小兔，又似乎在酝酿什么诗句。她吃饭不多，吃菜更少，一桌菜半数不下筷。她的诗那么纯那么美，跟她自身这种不食人间烟火味是否有关？

山庄的夜晚非常幽静，星光灿烂，蛙声起伏。石凳上、柳树下、池塘边，一群群文学路上的朝圣者，激扬文字，指点人生。假如能携三两好友，到这世外桃源度假，或许更美妙。

吴大姐很开心，她挥舞长袖，扭起了秧歌，说今天终于跟喜欢文学的人在一起了。买书、看书、写文章，在她生活的小镇上，被人不齿。这么多年，她孤独、寂寞又茫然地生活着。

23日上午9点，颁奖会准时开始，全国政协委员、中国作协书记处书记张胜友、中国散文学会会长林非、秘书长王宗仁，以及杜卫东、方文、王兆骞等文学界知名人士在主席台就座。台下所有获奖者对名入座，诗歌二等奖获得者、辽宁的关女士坐我旁边。她穿银灰西装短袖，戴玉白珍珠项链，简朴又精致。只通过只言片语，我便感觉她温暖亲切，思维敏捷。她说自己已经七十六岁了，真看不出来呀！就像六十岁左右的样子。我们一同上台领奖，她挺胸直背，步态轻盈，举止优雅。这个睿智、有韵味的女人让我仰慕，是我在生活中真真实实见到的第一个上了七十岁还这么美的女人。那次在央视《半边天》节目里看到著名女演员秦怡，我曾惊叹她的美，关阿姨无疑可以与她媲美。

同是写作的女人，吴大姐让我怜惜，关阿姨让我向往。结识关阿姨，比我手握奖杯更加喜悦，因为喜悦，我忽略了会场上许多激动、神圣的场景。散会后吴大姐告诉我，她看到好几个人领奖时流泪了，她接过奖杯和荣誉证书的刹那，也是热泪盈眶。她一边用手纸一遍遍地擦拭奖杯，那么庄重，那么谨慎，一边喃喃自语，花了4000元的大代价就是为了拿这个东西，可得小心保管，别摔坏了。

下午、晚上及25日上午的文学讲座，都让我受益匪浅。

王兆骞：文学是一种艰苦的人生，与孤独为伍的书写心灵的方式，不应该成为熙熙攘攘的闹市。生活是产生作品的源泉，有积累，但没有自己独到的深刻的见解，还是写不出好作品。阅读是间接的体验，要有选择地阅读。

林非：散文是一种跟读者平等交流的艺术。作品要有感情，更要有思想。浅薄的感情只能停留在表面，长久流传的感情要有深刻的思想。要广泛地读书，不同的散文家有不同的文风，要知道比较、鉴赏，写出自己的风格。

张胜友：文学创作成本最低（只要纸和笔），门槛最低（不论学历），向社会公开，最公平，所以从事的人最多，竞争也就最激烈、最残酷……别说去读外国名著，至少茅盾文学奖、鲁迅文学奖的获奖作品，我们要认真去研读。多读书，才能提升写作水平。

每堂课都座无虚席，文友们细心听，认真记。同室吴大姐有次课前去了卫生间，裤带搁在脖子上听了两个小时课还浑然不知，我跟她隔开一个位置也没注意，直到下课才发现，她连说"羞死了，羞死了"。每次课后，想与老师合影的人排成长队，我没去凑热闹。

24日的采风活动早出晚归，行程安排得比较紧。参观了清代王府、世界上最大的王府四合院——恭王府（和珅的家），元、明、清最高学府——国子监，等级最高的寺庙、皇权的象征——孔庙，电视剧《红楼梦》拍摄地——大观园，还游览了前门大街、天安门广场、鸟巢、水立方。

我最感兴趣的地方是大观园，因为许诺了朋友要到那儿拍照。大观园的正门外，一巨石耸立——补天遗，进园往左走，依次经过曲径通幽处、怡红院、栊翠庵、嘉荫堂、凸碧山庄、顾恩思义殿等景点，导游只给我们一个半小时的时间，我一心要找湘云醉卧之石，每处都是走马观花，大半个园子走过了，感觉大多数景物是为拍电视剧而堆积起来的摆设，园子尽头几十个穿着宽松绸服的市民在抖空竹，有了一点古时候的迹象。过了紫菱洲、缀锦楼，突然看到一处水井、几垄小麦，才感觉大观园的景物生动了起来。园子都快逛完了，怎还不见湘云醉卧之石？正这么想着，一块写有"湘云醉卧"的石碑出现在眼前，我四周看了看，并没有山，《红楼梦》里写到"她在山子后头一块青板石凳上睡着了"。或许那几块连着的石头就算山了，围着半圈篱笆，中间的石凳又长又宽，称石桌更恰当。"湘云卧于山石僻处一个石凳子上，业经香梦沉酣，四面芍药花飞了一身。"我边幻想这种意境边拍照，听到广播传来"新视野"杯的学员赶快到大门集合的消息，才匆匆离去，也算了却一桩心愿。

　　25日下午离京。我们这些文学爱好者，因获奖而聚，带着不同的感悟和收获离开。

2009年6月

▌动物的母性

看过困在动物园铁栏里的熊的凶猛目光，看过电视上熊捕杀猎物时血淋淋的镜头。我一直认为熊是种令人生畏的动物，最近看了加拿大作家马蒂亚斯·布瑞特的《熊的真相——阿拉斯加棕熊五年写真》一书后，观念才改变了。

布瑞特先生呈现给我们的是一幅幅充满温馨亲情和深切关怀的图画：小熊长着圆乎乎的脑袋，活泼顽皮，母熊宽容地守护着可爱的孩子。小熊大胆安心地靠近人，它们确信一旦有什么麻烦，在附近的母亲随时会提供支持和保护。母熊偶尔也发发脾气，怒吼几声，即便如此，看上去也是憨厚温柔的。最让我感动的是母熊有时要忍着饥饿让小熊美美地吃奶。

熊的母爱让我想起五月《少年文艺》上一组动物母亲节的大头贴：

丹顶鹤——母鹤长长的嘴里叼了一只虫子，转头喂给站在背上的乳鹤；

猴子——母猴坐在树墩上，两手托着小猴屁股，口舌亲舔小猴前额，小猴贴身母亲怀抱，安然入睡；

骆驼——小骆驼依靠母骆驼前肢支撑，背正好抵着母骆驼乳房，母骆驼弯过头亲切地看着小骆驼；

狮子——小狮子踮起前脚，嘴巴对着母狮一侧耳朵，轻轻说着悄悄话，母狮静静地聆听，一脸慈祥；

……

这一幅幅母子情深的画面，比起人类的情感毫不逊色。然而有多少人会在意动物的情感？布瑞特先生愤然叩问：我们凭什么剥夺了别的动物生存的权利和生活的宁静？凭什么以为只有我们才配拥有情感？

我前几天回老家，被一条母狗咬伤。邻居说这条狗生了小狗后，已经咬过三个陌生人了，之前并不咬人。为什么做了母亲要咬人，也许它担心陌生人会去袭击那些尚在哺乳期、没有反抗能力的孩子。有点像人类畸形的母爱。

假如这条狗从没看过人类残杀它的同类，它还会用这种以攻为守的方式来守护自己的孩子吗？《额尔古纳河右岸》里的母熊，也是因为熊仔被枪杀才会攻击人的。

2009年8月

第二辑

栖居的日子

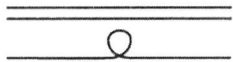
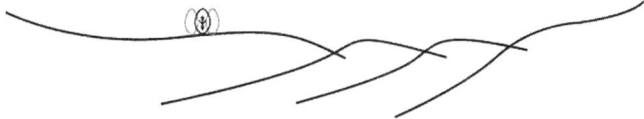

时光滤过的后蒋村

一

最近经常梦到自己十来岁生活在后蒋村的情景，童年的伙伴
夭英老是出现在梦中：夏夜，我们坐在庭院的柚子树下乘凉，数
星星；冬日，我站在大门麻石门槛上，看见夭英在晒谷场的雪地
上奔跑，摔了跟头，我慌忙出去扶她……

我孩童时最喜欢站在门槛上远眺。门前依次是生产队的晒谷
场，两丘稻田，马路，渊坑，学校。那时家里没钟，去上学前，
我要站在门槛上看到有同学去学校了才出发。我更喜欢站在门槛
上观景，最令人兴奋的莫过于发现马路上有汽车开来。我叫上后
屋的夭英一起快速跑出去，站在桥头翘首以待汽车开过村庄。男
孩子还会追着汽车跑上一阵。那个年代，别说汽车，连自行车也
是罕见的。

我和夭英家只相隔一米宽的小弄。她家更矮，前门斜对着我
家后门，左右连着别人的房子，采光明显不好，长年阴森森的。
我家左右都是庄稼地，站在侧门可以看到两里外的邻村。这栋曾
祖建造的两进五直的大院，占地面积四百多平方米。内墙以木
板、木柱拼嵌，没有雕梁画栋。外墙由卵石、青砖及黄泥砌成，
大门两边有简易石雕，门罩下的青石板刻了"勤俭持家"四个大
字，庄重古朴。曾祖父带着大爷爷和爷爷租种客田，起早贪黑，

省吃俭用，积累下钱财，建造了这栋房子。"勤俭持家"，是他们生活的真实写照。爷爷只有两兄弟，我爸又是独子，大院的一半属于我家，平时只有我跟爷爷奶奶在家。夭英非常羡慕我家宽敞明亮、视野开阔。她比较活跃，喜欢走家串户（可能她自己家阴暗待不住），渊坑那边的小孩也认识不少，经常叫一些玩伴来我家跳格、捉迷藏。

我家的天井，是女孩子跳格最好的地方。后蒋村有天井的人家不多，那些天井一般有阳沟，跳格的话，一不小心会把道具踢进沟里。我家天井四周没有沟，只在边上安了个一尺方的雨水算往下厅暗沟排水，一行行麻石铺得很整齐。我们在上面跳格，连线都不用画，更不会弄脏了裤子或鞋子。

捉迷藏其实是一种很简单的游戏，我们却百玩不厌。挑一个人当"老板"，眼睛眯上，伸开一只手，其他人伸出一个食指顶着老板的手掌，"老板"喊着口令"咚——咚——锵"，前面的"咚"字慢慢拖音，最后"锵"字出口快速，手掌及时收拢，捏到谁的手指就算抓到了"猫"。这时"老板"用双手蒙住"猫"的眼睛，看看大家都躲好了，他大声喊口令："一张纸，两张纸，三张纸，放开猫咪捉老鼠。"

院子里能躲藏的地方可真多，四间正房、四间侧房、两间厢房，还有弄堂、厨房、猪圈、牛栏等。有一次夭英当"猫"，我躲在弄堂一担扣着的空箩筐里，她找翻了天也没捉到我，"老板"宣布她不称职，罚歇三轮。她眼睁睁看着我们躲呀找呀，却不能参与。

爷爷在下厅侧房里搭了一个鸡圈，堆了一些木柴，发生过黄鼠狼偷鸡和蛇爬进鸡圈偷蛋吃的事件，胆小的我一直害怕进这间房。我当"猫"时，"老鼠"们喜欢躲到柴火堆后面，他们知道我不敢进这间房。有一次，我用棍子敲敲门，大声说"我来找你们了"，并故意弄出一些声响，假装进了房间，突然一声惊叫——"妈呀，有蛇！""老鼠"们如惊弓之鸟，轰然跑出来。大家虚惊一场后又笑成一片，开心极了。奶奶、大奶奶或大婶看到我们这么热闹，会停下家务活，看我们玩耍。

二

每年开春，燕子约好似的准时飞到家里，在上厅正梁中间筑巢。农村人认为燕子进家吉利安宁。它们进进出出成双成对，叼草梗衔泥团，协力营造小窝。它们飞翔时那轻盈优美的身姿，带给我很多想象，我目送它们从天井飞出去，对着屋顶鱼鳞般的青瓦发愣，等待它们归来。一段时间后，窝边露出几只黄毛黄口的乳燕，它们探头探脑，呢喃细语，好可爱。那些猫不知从哪儿来的，蹿到楼上，对着乳燕吹胡子瞪眼睛，喵喵嗷叫。纵使猫们再有本领，也上不了屋梁。燕子真是聪明，知道选择最安全的地方繁衍后代。

猫在楼上对乳燕垂涎三尺，让我想起自己偷吃米焦一事。正月家里来了客人，奶奶泡茶后，上楼拿芝麻糖、花生和米焦，再到卧室陶罐和铁皮箱里拿炒薯片、爆米花。奶奶备了很多炒薯片和爆米花，我平时想吃就可以拿到。她把花钱买的芝麻糖、花生和制作成本较高的米焦放在楼上石灰缸里。要吃这些东西，只有等家里来客人。有次趁家里没人，我战战兢兢爬上楼梯偷吃，高及胸脯的石灰缸上铺了一层厚厚的麻袋，再压一块重重的茶籽饼，我费力搬开它们，摸索着拿到一封米焦，又费力地把麻袋和茶籽饼还原，战战兢兢地下了楼梯。虽然一口气吃一封米焦痛快，但一想到上下楼梯时脚就打抖，以后便不敢再偷吃。

关于吃的记忆，印象总是特别深刻。过年虽有许多好吃的菜，也只在那个晚上能尽兴吃。正月初一全天吃素，奶奶说信佛的人都这样。她把鸡、鱼、肉放进橱柜上层，等初二以后有客人来拜年才端上桌，油豆腐也要等过了元宵才舍得吃。我天天盼望来客人，可以吃好菜，还可以吃芝麻糖、花生、米焦。

大门前的那棵柚子树，除了满足我们的口腹之欲，还带来精神上的愉悦。四季常青的树叶，招惹喜鹊来做窝，大群的麻雀来了去，去了来，叽叽喳喳欢叫，听不尽的鸟语。花期，清香悠远，百米外可闻芬芳，招蜂引蝶，漂亮的蝴蝶在大门前飞舞；掰下它的刺挑螺蛳；摘下它的叶子做清明粿垫底；半成熟的青柚子，用竹竿打下十几个，剖开，去瓤，泡在水里每天过滤几遍，去掉苦涩味，酱起来，就成了一道下稀饭的特色菜；柚子橙黄熟透，才能收获。年轻小伙三天两头来我家跟奶奶说可以帮忙爬树摘柚子，他们夸这棵树是村里的柚子王，个大汁多味甜。奶奶知道他们想吃柚子，就让他们去摘。一人送一个，大家一起分享丰收成果。

三

我家后面二百多米是饶北河，我们叫大溪。一个在城市长大的卫校同学来找我玩，她惊讶我家的宽阔，更羡慕前有渠后有溪的环境，忍不住称赞："洗东西多方便呀！"那年月，城里普通人家想住上百平方米的三居室，无疑只有极少数人能实现，自来水要定时供应，更要花钱。宽阔的住所，奔流的大溪，带给农村孩子的欢乐，她永远体验不到。

河流、溪滩，是我童年的乐园。渊坑是人工渠，又深又窄，在孩子眼里了无情趣，却深受妇女们青睐，是她们洗衣、洗菜、群聚闲聊的特定场所。我的二婶曾说，一天不到渊坑边，心里就像缺了点什么。小孩子喜欢的是大溪，一条原生态的河流。河水清澈，水位深浅不一，河床有卵石，有水草。溪边栽满柳树，那些柳树留给我的记忆太深刻了，它们跟城里的柳树是完全不一样的风格。饶城信江岸边的柳树，基本上一个模样，像孪生姐妹，依依柔情。大溪沿边的柳树，参差不齐，形状各一。歪脖子的，"丫"字形的，一边倒的……它们由着性子乱长，充满野趣。它们像顽童，像烈妇，像饱经风霜的老人，总之，没有一棵像温柔少女。

春天，柳树发芽了，一群孩子割了猪草到大溪洗净，回家之前一定要做几个口哨玩玩的。用镰刀割下那种节少且直的柳树枝条，把细头的皮削掉一段，每隔三厘米左右划一圈，轻轻地用镰刀棒由粗及细的方向边拍边转动，柳树的青皮会被完整地剥下来，一吹一个响。因口径大小不一，吹出的声音不同，或清脆，或洪亮；或尖细，或粗哑。我们吹着这样的口哨回家，像一支民间乐队。

春秋两季我们会到溪滩捡鹅卵石，但在夏季和冬季几乎不做这种事。村里的小孩，除了冬天不得不穿鞋子外，其他时候基本是光脚走路。夏天鹅卵石烫脚，冬天风大，只有春秋两季气温适宜，光脚踩着鹅卵石，舒服得很。我特别喜欢雨后去捡，淋过雨的鹅卵石更漂亮。对于捡鹅卵石，我比其他小伙伴更痴迷。他们无非捡一些回去跳格、码子，或者拿去河边打水漂玩，而我会提个小篮子装回家藏起来，尤其钟情那种扁平的有波纹的小鹅卵石。爷爷不在家时，我会把它们搬到天井里把玩把玩。爷爷很烦我把它们放在家里，他发现后会毫不留情地清扫出门。更气人的是，他把我读中学期间到河床里精挑细选的一些文字石、象形石，送给邻居盖房子垫屋基。爷爷哪里会知道，若干年后，这种石头成了收藏家的宝贝。

夏天，大溪是孩子们的天堂。我们捞鱼虾、捡螺蛳、游泳、打水战。小孩子在浅水区扑腾，大点的孩子在深水区扎猛子，或爬上岸边的柳树跳水。中午，我们最乐意做的事，莫过于到溪边捕蝉。在那个过年过节才可吃上荤菜的年代，蝉成了我们的美食。在正午阳光的直照下，蝉喜欢待在柳树上"知了知了"乱叫，最易捕获。一群孩子扛着自制的捕蝉网，轻手轻脚地走到柳树下，循着声音寻找猎物，看准了，悄悄将网靠过去，十有八九能捕获。算好平均每人两三只，分了各自回家烤好吃。

奶奶信佛，她不让我在家杀生。我每次都到奀英家烤蝉。剪下蝉屁股和翅膀，用筷子蘸点盐塞进肚子，在煤灶上翻烤，香喷喷的可好吃了。有次奀英爸妈不在家，她偷偷把蝉放在锅里用油炸，又香又酥，难得的至极美味。

捡蝉壳与捕蝉不同，我们需要单独行动。夜里，蝉在柳树上脱壳。我清晨起床即赶往溪边，抢先到可以捡得十多个蝉壳，后去的话仔细找，也可以捡到几个。偶尔在菜地的南瓜棚、豆秆上也会捡到蝉壳，带来意外的惊喜。积上一百个蝉壳，卖给药店，能换回一角钱。一个夏天卖蝉壳可赚得四五角零花钱。小时候总是盼望夏天快点到，慢些走。因为夏天的饭桌上经常出现鱼虾和螺蛳，还有蝉提供的美味零食。蝉是我眼里最可爱的东西，怪不得童年的梦中，自己成了一只蝉。

四

我休产假期间，带着孩子在后蒋村陪奶奶生活了两个月。奶奶把我小时候睡过的摇床、坐过的坐凳找出来给女儿接着用。她常常把女儿跟我小时候对照，说女儿比我胆大，不认生。我小时候看到生人就哭，晚上睡在床上看见月亮也要哭。说女儿的眼睛、嘴巴很像我，脸型也很像我，总之，长相差不多，但性格不同。奶奶漫不经心但充满喜悦地梳理着生命延续的脉络。

为了方便喂乳，我穿着肥大的家居服，出入左邻右舍也没有换。在婆家不敢这么随便，老家都是一些认识熟悉的人，感觉特轻松。

白天孩子睡着了，我会到溪滩走走。这些年家乡发生了太多的变化，童年的乐园已面目全非，大溪断流，溪水混浊（饶北河上游建了几个大型石料场），溪滩被捞沙机掏得坑坑洼洼。

奶奶去世后，我每年基本回后蒋村三次，正月给几个堂叔拜年，清明给爷爷奶奶扫墓，五一假期去老屋看柚子树开花。每次我都情不自禁地到河边走一走，面对遍体鳞伤的母亲河，面对被工业文明俘虏的村庄，欲哭无泪。

今年清明，碰见远嫁的癸英回来给她爸扫墓。因家境贫寒，癸英没上过学，十六岁远嫁他乡，此后我们再未相见。我跟她打招呼，这个童年时亲密的伙伴只是木讷地看看我，躲进房间不愿与我交流。曾经那么活泼的一个女孩，何以变成这样？家人说她的丈夫赌博，输光家产，她气出了病。然而在前几天的午夜我又梦见了癸英，也是十来岁光景，我从大爷爷的牛栏里牵牛去大溪喝水。她在侧门等我，一跃上了牛背。我们成了一对无忧无虑的牧童，把牛绳绑在柳树上，在河边玩沙子。河水还是那么清澈，溪滩还是那么平整……

原始的充满诗情画意的后蒋村是那么让我怀念。

2010年4月

▌ 暮年心事一枝筇

星期一下午，父亲来电话说他在南昌火车站，买了三点多钟的票回上饶，希望我晚上到车站接他。已有六年没回老家的父亲，突然决定回来，是因为小妹的事。小妹近期夫妻俩闹矛盾，她怀疑丈夫变心了，跟别的女人有染，上午给父亲打电话说想离婚。父亲就急匆匆赶回来了。

上饶火车站远离市区，我叫了朋友的车子去接。火车晚八点到站，人群蜂拥而出。远远见一头白发的父亲落在后面，脚步有些沉重滞缓。

父亲看到站前停了好几辆公交车，说早知有公交车，就不叫我接了。他担心晚上没有公交，打的太贵。他上车时，抬脚不利索，有点拖。我清楚地看到了父亲的老态，近几年每见父亲一面都发现他老了一点。

弟弟的不成器，是父亲解不开的心结。三十好几的人，头脑正常，四肢健全，却不成家不置业，混混儿一般，挣钱还不够自己花。父亲无颜面对家乡人问起弟弟，这些年一直没回老家。这次因为小妹的事，他还是急匆匆地赶回来了。

小妹住乡下，在老家乡政府上班。第二天一早，父亲去她那里。我送他去汽车站，待父亲坐上开往老家的班车，我打电话告诉小妹，父亲大概半个小时后到她那里。

星期五，我吃过中饭接到父亲电话，他说已打消了小妹离婚的念头。父亲分别去了两人单位，了解情况，做思想工作，两人都表了态要重归于好。他还到了老屋、堂叔及其他亲戚家和祖父母的墓地。该去的地方都去了，他想到我这里玩几天，好好感受县城这些年的变化。

父亲晚餐喝了一些酒，有种大功告成的欣慰，跟我叙述了是如何劝说小妹的："先抛开离婚对孩子的伤害不说，离婚后还要重组家庭吗？重组的话，你能保证那个男人以后就不会变心？离了婚孩子要不要自己带着？带着的话是否找得到合适的人？找不到的话，孤儿寡母是否有勇气过下去？假若孩子没跟你，你重新组成的家庭对方有孩子的话，你考虑过如何当好后妈吗？对方没孩子的话，你要为他生吗？马上四十岁了，还敢不敢再生孩子……这些问题你想过没有？老公变心要找原因，你自己有没有哪里做错了？这么大的人了，做事不去想前因后果。"说到这里，父亲自责起来，他长叹一声："唉！也怪我从小娇惯着她，没有让她受过委屈吃过苦，以至于现在遇事不冷静，不会妥当处理问题。"

我和大妹从小跟爷爷奶奶生活在农村，家务、农活没少干，吃苦受累磨炼出了生活能力。我们求学、就业、成家，从不用父亲费心。小妹和弟弟在父母身边成长，父亲把父爱加倍给予他们，曾为小妹上大学、找工作费了好多心血，对弟弟尤其宠爱。很多职工子弟高考落榜去读技校，毕业后回矿做工人。父亲觉得矿里工人干的活又累又脏，让弟弟自费读了当时热门的计算机应用专业，指望他毕业后能找到轻松舒适的工作。哪知弟弟从此误入歧途，沉迷于网络电子游戏。父亲后悔莫及。特别是这次回老家，看到堂叔几个比弟弟小的儿子都婚育了，父亲心中更是隐隐地痛，他说着说着就哽咽起来。父亲在我面前失态，或许是喝了酒的缘故，他一直是坚强隐忍的人。我不知如何安慰他，只好叫他早点休息。

一觉醒来，父亲就不愿再跟我谈那些烦人的家事了。刚好周末，我陪他去森林公园、市民广场看了看。公园牌楼上两行篆书对联吸引了父亲，他仔细观看揣摩，说一定要把它们认出来。父亲年轻时学过书画，对篆书略知一二。他根据上下连贯、左右对称的规律，最终完整认出了这副对联——江水有情偷围三面绿，朝霞无语带上一片红。他认出后那开心的样子充满了孩子气。我也算爱好文学的人，无数次到森林公园，却从无闲趣研究这两行字。

市民广场那么美丽宽敞，城区新增那么多高楼大厦，马路上那么多车子川流不息，都是他难以想象的，他感慨小城这些年变化实在太大了。

正是栀子花开时节，我住的小区外面，马路两边种满了栀子树。父亲说老家的栀子花比这儿的香多了，我也感觉如此。搬进小区那年，清晨我在窗前还能闻到栀子花的香气，下去买早点，一路花香扑鼻令人陶醉。那时它们开得正盛，一片白色浮在面上，次年则次之，几年后它们已经不成片，只是零星地开了。别说楼上闻香，就是靠近它们，要吸吸鼻子才可闻到淡淡的香。而我老家屋后的栀子树，多少年本色不变，香飘四邻。

父亲跟我谈论起植物来，说植物长了眼睛是有灵性的，他举了一个自己种长豆角的例子：豆苗长成尺把长插豆扦，即使随意插不讲究，两三天后它们都会缠绕上豆扦。他还说城里的植物真可怜，天天听噪声吸尾气，每年还要遭修剪之罪，不能自由生长，没有个性。假如植物长了脚，估计它们打夜工也要逃到乡村去。

"何以见得？那么多乡村的人喜欢来城里生活。"

"植物跟人不一样。人往高处走，水往低处流，不同类不可比。"

　　父亲玩了一天改变了主意，要赶回去。他说小妹的事处理好了，老家也去了，县城也逛了，还是早日回家自在。他现在空闲了，我执意留他多住几天。父亲说了实话："在家附近找了一份工作，替一所学校打扫二百多平方米的运动场，每天干个把小时，权当锻炼身体一样，不累的。每月能有300元收入，抽烟喝酒的钱解决了，省得你继母唠叨戒烟戒酒。因这份事活儿轻、工资低，便没告诉你。"

　　从事汽修的父亲退休后一直在江苏、福建等地打工，他曾说："做得动不去做，一身修车的本领就可惜了。"父亲快七十岁了才告别他的汽修专业，长时间弯腰屈膝钻车底，年纪大了吃不消。但父亲还是闲不住，玩了不到半年，便到一些单位去找守大门看工地的活。有次被我同学碰上，同学打电话告诉我。我问父亲怎么回事，他说闲着就难受。正好我漳州朋友的茶厂需要信得过的人管仓库，父亲便去漳州做事了。做了一年，他以吃不消熬夜为由辞职了。回家也好，一个老人孤身在外我终究不放心。这次他跟我说起辞职的真正原因："茶厂除了四季做茶有事，平时没什么事。每季做茶只要一个月时间，朋友却每月发他1500元的工资，他觉得受之有愧。"

　　我为父亲买了星期天下午的车票。父亲说还有一个愿望，想去我单位看看。上午，我带他到单位，爬上四楼进了办公室，有空调，有电脑，站在窗口可以远眺灵山睡美人。父亲说还不错。然而窗子右边二百米外正在施工，挖掘机"突突突"，推土机"轰轰轰"，响个不停。我告诉父亲那里原来是山。县城已无空地可开发，开发商的眼光转向城区周边的山。我挺喜欢那座山的，在办公室久用电脑，常溜去那里放风。山上树不多，遍野的茅草，我在草丛中乱走，看鸟儿惊飞，或坐山冈乱石，遥望田野村舍和静静流淌的楮溪河。

美好的回忆被连着几声剧烈的轰击打破。房子似乎在颤动，我和父亲都感觉到了。一直在窗前吸烟默默听我诉说的父亲若有所思，语出惊人："难怪地震这么频繁发生。土地也是有生命的，人类应该用珍惜、尊重的态度来使用，不能这般毫无顾忌地开发掠夺。昨晚看了看，城区那些高楼大厦，半数以上没有灯光，说明好多房子是空着的。"

父亲的话让我吃惊，更让我吃惊的是，父亲接着跟我交代他的后事，他说百年后要安葬在爷爷奶奶墓地的下方。父亲是第一次跟我说起他临终后的问题，是因为他感觉自己老了，还是灾难频繁发生让他觉得生命无常？

满头白发的父亲斜靠着窗台，手里夹着烟，眉头深锁，一脸愁容的形象，深深定格在我心里。

2010年6月

▋ 放　生

　　今年开春后，两只乌龟小宝贝经常早晨醒来，爬陶缸壁发出吱吱吱的响声。我以为它们饿了想找东西吃，赶紧到冰箱取食喂养。它们吃过后仍然不停地往壁上爬，大概是长大了嫌陶缸活动空间太小。

　　我跟女儿商量为小宝贝放生。这两只乌龟，是女儿读小学时买的，小宝养了六年，小贝养了五年。开始那几年，女儿很喜欢两只小宝贝，喂食，逗它们玩儿，读初三后，学业紧张起来，少了养宠物的闲心，基本上没时间照顾它们。陶缸放在阳台，与女儿的房间一墙之隔，每天一大早吱吱吱的声音常把她吵醒，女儿非常赞成将它们放生。

　　放小宝贝去哪里？信江河肯定不行，天天有人在河边垂钓，说不定放下去几天，就被别人钓上来吃掉。听说市郊南面那座寺庙有放生池，一个周末我特意去看了看，小池塘的水浅又混浊，游在水上的乌龟看起来有气无力，一些乌龟待在池边，木头木脑的，有几只脖子伸出来都是干瘦的皱纹。这几年精心喂养的小宝贝，长得肥壮润亮，不忍心把它们放进这样的地方，有虐待之嫌。

　　寻寻觅觅，终于为小宝贝找到一个满意的去处——龙潭湖公园，这里山清水秀，闲适静美。湖边水草丰满，虫蛙众多。湖周竖着好几块"禁止垂钓"的牌子，管理严格，我多次来此散步，从没发现垂钓者。

约朋友陪我到龙潭湖放生，朋友问养了多年的宠物怎么舍得丢掉？我说不是丢掉，而是给它们更好的归宿，就跟女儿长大了找个好人家嫁出去是相同的道理。乌龟养在家里，不愁吃却没自由。或许动物跟人一样，相对于物质，更向往自由。

来到栈桥上，从提篮里抓出小宝贝，轻抚它们表示告别，抛入离桥一米多远的湖中，它们旋即欢快地向前游去，一会儿转身游到桥边，抬头看看我们，继而朝湖心游去……

放走了小宝贝，内心空荡荡的。朋友宽慰我："你把宠物放进龙潭湖，你跟龙潭湖的渊源就更深了，每次来散步就会多一个念想，看看两只宝贝乌龟。龙潭湖便成了你心中无可替代的独特的风景，拥有这样的风景多么幸运呀！"

话虽这么说，开始那段时间，心里还是放不下。好几次在家剥青豆，我习惯性把剥出的小虫收起来，想留给乌龟吃。又突然明白过来，乌龟已经放进龙潭湖了，我会怔怔地失神片刻，不知不觉向龙潭湖走去，站在栈桥上等待良久，并没有看到小宝贝，但我相信它们还活着。

秋天的一个上午，我陪外地客人逛龙潭湖公园，站在栈桥上欣赏音乐喷泉，发现湖心有东西朝栈桥呈直线潜水而来。我开始以为是水鸭子，离桥约十米远，它们抬头浮在水面上游了，原来是两只乌龟，它们一前一后游到栈桥边，继而沿着栈桥游到我站的地方，双双抬头看看我。惊喜不期而至，就是小宝贝，清楚可见小宝右眼下方"川"字白纹，小贝两眼间那条弯曲的白线。它们停留片刻，同时潜入水中……

半年不到，它们长大了许多，身体更壮实了，从潜水划出有力的波纹可见一斑。它们生活在这里，除了自由，还能听音乐（据说每天上午和傍晚有音乐喷泉），太好了。我很欣慰，告诉客人小宝贝原先养在家里的一些趣事：它们会陪女儿看电视，会表演翻跟斗，遇到困难还会互相救助。客人听着觉得不可思议，说小宝贝简直是神龟。

　　在我眼里，龙潭湖公园正是神仙待的地方，小宝贝在这里倒成了另一种意义上的神龟。

2011年12月

▌天　籁
　　——摘自一位母亲的孩子成长手记

袜子看得到

　　买洗发露送了一瓶指甲油，闲着没事，把悠悠十个手指甲涂上。悠悠说好漂亮，她脱下袜子，伸出脚给我，让我把脚指甲也涂上，我不想涂了，就说："指甲油涂在手上，别人可以看到说你漂亮，脚上穿着袜子鞋子别人又看不到，就算了。"

　　"不，袜子看得到，袜子会说漂亮。"悠悠理直气壮。

藕在唱歌，雨在跳舞

　　周末带悠悠去乡下父母家。父母家有庭院有屋檐，悠悠每次来都喜欢在庭院里玩泥沙。每次走时都会叹息着说，我们家能跟外公外婆家一样就好了。可惜今天毛毛雨下个不停，悠悠只好搬个矮凳坐在屋檐边看着庭院，等待雨停。她连午饭也不愿到厅堂的餐桌上吃，让我端一把椅子放在旁边，把她喜欢吃的蘑菇、藕等夹在饭碗里放在椅子上。我离开没过一会儿，悠悠高声叫道："妈妈，妈妈，你快过来听，藕会唱歌！"我觉得有趣，来到她身边，她郑重其事夹了两片藕放进嘴里，叽呱叽呱嚼了起来，嚼烂了咽下，然后问我是不是听到藕在唱歌了？我点点头，悠悠接着说："妈妈，你以后也做会唱歌的藕好吗？"我又点点头，以前我喜欢用藕和排骨煲汤，以后我也学母亲将藕片炒得脆脆的，激发孩子诗意的想象。这时雨大了起来，屋檐开始滴水，我劝悠悠到厅堂去，悠悠像发现新大陆一样激动："妈妈，你看，雨在跳舞。"原来只是屋檐水滴在青石板上向四周溅起的水花。

孩子眼里，一些平常的事都能变得那么美妙。

鼻子还在

今晚悠悠洗澡的时候，她从澡盆里跳出来，跑去冰箱拿棒冰吃，结果打滑摔跤撞到鼻子，便坐在地上哭了起来。我吓唬她："鼻子撞没了，变成丑八怪呢，再哭就更丑了。"她立马爬起来，跌跌撞撞去照镜子，挂着眼泪的脸笑了："妈妈，鼻子还在！"

电视里的叔叔阿姨叫我了

最近，电视里经常放尹相杰和于文华合唱的《纤夫的爱》。有天中午，悠悠在客厅看电视，她跑进厨房告诉我："妈妈，电视里的叔叔阿姨叫我了。"继而又好奇地问，"他们唱歌怎么会叫我呀？"我告诉她叔叔阿姨唱的歌词里有字跟她名字同音。她似懂非懂，以后几次，她听到《纤夫的爱》这首歌，总会说："电视里的叔叔阿姨叫我了。"

今天（星期一）下午去幼儿园接悠悠，她一见到我就兴奋地说："妈妈，坐我后面的琦琦告诉我，她昨天也听到电视里的叔叔阿姨叫我了。"

月亮是妖怪

中秋节晚上，叫悠悠到阳台上赏月，她不愿意。我和丈夫准备在赏月时教她背几句有关明月的古诗词，诸如——

"举头望明月，低头思故乡。"

"明月几时有，把酒问青天。"

"明月松间照，清泉石上流。"

我们觉得赏月是美好高雅的事情，一定要叫悠悠到阳台上参与。

"不去看，月亮是妖怪。"

"为什么？"悠悠的话让我们大吃一惊。

"月亮有时圆，有时弯，变来变去，就是妖怪，我害怕，我喜欢太阳公公。"

难怪，有月亮的晚上，我们带悠悠出去玩，她总是不愿意自己走路，要我们抱或者背着。

小树脸裂了，更要搽香香

买来小叮当牌嫩肤霜给悠悠搽脸。第一次她挺乐意的，大概以为脸会漂亮起来，搽好就去照镜子。第二次就不愿搽了，她双手捂着脸，说不要不要。我开导她，天冷了风大，不搽香香，脸会皲裂的，要求她每天早晚洗了脸坚持搽香香。听我这么说，她就配合了。

今天晚上，悠悠洗脸后，我按惯例打开嫩肤霜的瓶子，才用四五次的嫩肤霜竟只剩下一点点了，我担心她闻着香偷吃了，这还了得，赶紧问悠悠怎么回事。她倒无事，不紧不慢地说："阳台上的小树脸裂了，更要搽香香。"

我到阳台上一看，那盆金钱松的枝干上，涂满了奶白色的嫩肤霜。

就是喜欢

这个冬天给悠悠买了一顶兔耳朵造型的帽子，从此她戴着这顶帽子不肯脱，睡觉也要戴着，脏了也不肯换其他帽子。一天夜里，我趁她睡着了悄悄换掉，第二天一早她竟跑去翻洗衣桶，直到翻出这顶兔耳朵的帽子来，两眼发愣了一会儿，反应过来后把头上的帽子抓下来一丢，又戴上这顶脏兮兮的兔耳朵帽了。

我真拿她没办法，问她："这顶帽子很漂亮吗？"她摇摇头。"这顶帽子戴起来很舒服吗？"她又摇摇头。"那你为什么喜欢这顶帽子？"悠悠说："就是喜欢。"

看来真正的喜欢是没有理由的。

2012年2月

▌浪漫大连行

　　夜晚十点，江西团二十人从蓬莱港上轮船去大连。我和珂珂坐二等舱，不足十平方米的房间，拥挤地摆放着上下铺和一桌子一沙发。轮船行驶海上的波涛声，如舒缓的小夜曲在耳畔荡漾，虽置身狭窄压抑的空间，内心却轻松宁静。一时无睡意，珂珂靠坐沙发，我斜躺下铺，轻言细语闲聊，直抵灵魂深处的亲近和安逸。隔壁舱不时传来鼾声，珂珂看看时间，凌晨一点多了，她说休息吧。

　　轮船六点到岸。大连导游皮特在码头接团，引领我们坐上小中巴，便脱口而出他的导游词：欢迎各位江西的朋友来到浪漫之都——大连。"浪漫之都"这一称号是2000年国家旅游局领导来大连考察时认定的，并非大连人王婆卖瓜——自卖自夸。大连的浪漫首先体现在城市风貌上，大连地跨黄、渤两海，蓝色的黄海像豪迈的男人，黄色的渤海像温柔的女人，蓝色和黄色海水交错，这么浪漫的海唯大连才有。大连的建筑不同于中国传统城市的方方正正，它是一百多年前俄国人按照巴黎的城市格局修建的，罗马式、哥特式……大连的浪漫还体现在人的个性上，大连人特别喜欢热闹，举办樱花节、赏槐节、服装节、烟花爆竹节、国际啤酒节、国际马拉松邀请赛，试问中国还有哪座城市可以举办这么多的活动？每年七八月，很多俄罗斯美女来大连的海滨浴场裸泳，让男人一饱眼福，男人们戴着墨镜遮挡自己的馋相。车上的先生不要后悔自己来错了时间，我推荐你们去看大连的女子骑警，从模特学校招来的美女，个个英姿飒爽，让你心神荡漾。旅游就要抛开烦恼，放下工作，出来浪一浪，找点乐趣，玩得开心……

从码头到市中心的车上，皮特不停地介绍大连，风趣幽默，不觉得饶舌。我们在宾馆放下行李用过早餐，开始了大连一日游。

上午参观了老虎滩海洋公园，还去了海兽馆、极地馆、珊瑚馆。

海兽馆的外观是充满童趣卡通味十足的海盗船，色彩鲜艳，造型怪异。馆内地下一层，地上两层，生活着五十余只海狗海狮海豹，可以从水下、水上和高空不同的角度来观赏它们的生息百态。很多游客在一旁购买小鱼喂食，享受它们的抚吻，体验与海洋动物亲密接触的快意。一些吃饱了的动物，身子在海水里，头仰在岸上休息，它们互相依偎，安然厮守。

在极地馆，通过 360 度的水中通道，可以看到白鲸、海象、北极熊、企鹅等珍稀极地动物，还有高脚蟹、叶海龙、水母、鹦鹉螺等奇形怪状的生物。"水中美男子"白鲸，模样可爱、声音动听，静观它们，赏心悦目。可惜北极熊形单影只，默默地坐卧冰山一角，不免有点孤寂。馆内的动物表演非常精彩：海狮的三米高台跳水；海象持续一分钟的仰卧起坐；海豚倒立顶球，和着音乐跳华尔兹；白鲸随着驯养师的手势不断变化做出不同的动作，一个高难度腾翻后弯成弧度，驯养师悬空垂立，手托着白鲸头部，双脚夹住白鲸尾部，互相亲吻定格成半月状。优雅浪漫的"海洋之吻"迷倒所有观众，掌声、喝彩声经久不息。表演结束后，两只海豚在岸上围成心形供游客合影留念。

珊瑚馆里，一百多种色彩斑斓的珊瑚让人眼花缭乱，唯有感叹自然的神奇美丽。馆内有个长达 25 米的大型潜水表演池，池中有珊瑚礁和海草，成群的鲨鱼在不停地游动。讲解员说表演项目有水中梦幻婚礼、水中芭蕾、水中漫步等，大连很多新人在这里举行梦幻婚礼，新娘新郎穿上婚纱礼服，在水中拥抱接吻，交换戒指，让亲朋好友和游客见证别开生面的婚典。我们没遇上这么浪漫的场面，只看到有人戴着特制的头盔体验"水中漫步"，在水底自如地行走，与鲨鱼共舞。

下午去星海广场和滨海路。星海广场总占地面积 176 万平方米，原是星海湾一个废弃的盐场，为纪念香港回归修建，是目前亚洲最大的城市广场。广场中心竖立着 19.97 米高的汉白玉华表，纵轴线是千米长的中央水景大道。北面是葵花广场，南面是城雕广场。生活在南方小城的我觉得它漫无边际，受参观时间限制，我选择了往城雕广场方向去。城雕由一个书形广场、一组圆雕和一组浮雕组成。书形广场的内弧面形似一本翻开的书。圆雕则是两个天真烂漫的孩子正在海滩上玩耍，举手指向大海，憧憬美好未来的场景。长达 80 米的铸铜脚印浮雕，收集了大连建市以来各界代表性人物的千双足印。我沿着这些铜脚印走向书形广场，站在书的边缘，面朝大海，心潮澎湃，感慨万端。

去滨海路的车上，皮特问我们有没有看到大连人骑自行车和摩托车。没有吧。因为大连属于丘陵地貌，上下坡多，大连人很少骑车，上坡累死人，下坡急死人，拐弯摔死人，这么折腾谁吃得消呀？皮特接着介绍，滨海路又叫情人路，中段有座北大桥又叫情人桥，是 1987 年为纪念日本北九州市与大连市缔结友好城市而建的悬索吊桥。大连有个习俗，新人举行婚礼后，都要走依山傍海的滨海路，象征海誓山盟，手牵手过北大桥，以示百年好合。滨海路四十多公里迂回环绕，我们在大连的时间有限，只能坐车游一圈。我们看到很多新人拍婚纱照，也有不少情侣漫步。

惊涛拍岸，海鸥飞翔，车览海景山色也不错。车子在北大桥前停下，皮特叫大家下车走过大桥。突然下雨了，皮特说："江西的朋友运气真好，大连一年不到十场雨，就被我们遇上一场。新人走过情人桥时都希望有风雨相伴，寓意未来能风调雨顺、风雨同舟。风无时不在，雨却要天赐，所以要好好珍惜这份天赐。夫妻、情侣一定要手牵手走过桥，不是的话临时搭配一下，最好成双成对走过去。"大家一阵哄笑，一对小夫妻牵手走在前面。我和珂珂只带了一把伞，我说情人手牵手，朋友就肩并肩走吧，于是我们并肩在风雨中走过二百多米长纪念友谊的北大桥。

游完滨海路，留下半小时自由活动。有人去商场购物，有人去中山区女骑警基地参观，我和珂珂去了俄罗斯风情街。我对商铺里琳琅满目的俄罗斯风格工艺品没兴趣，却被"尖式""塔式"的建筑吸引，每幢建筑造型都不同，既厚重又浪漫。我从不同的方向欣赏，想象里面的设计更是各具个性，充满异域风情。我漫步在俄罗斯风情街，好似踏上异国他乡，也好似走进梦里的天堂。

晚上七点，我们到铁路文化宫和平大戏院观看东北二人转。工作人员为每位观众发了一对塑料手掌，轻轻一摇便有鼓掌声。除了一个杂技、一个舞蹈，其他节目都很搞笑，将幽默俏皮、滑稽风趣、夸张新奇等特性演绎到极致。珂珂像个孩子般兴奋，把一对手掌摇得啪啪响。近三个小时的演出，掌声笑声一直不断。回到宾馆，珂珂说很久没这样畅快淋漓地笑过了，晚上肯定会睡不着。我的睡眠质量一向都好，玩了一天很累，不久便沉沉睡去，半夜醒来见珂珂还在看无声电视。早上我起床后，领队催着退房，珂珂却在深睡中，脸上溢着孩子般纯净的笑意，我不忍叫醒她，吻了吻她的额头，摸了摸她的鼻子。过了一会儿她睁开眼，说梦到蚂蚁在脸上爬。

　　早餐后到周水子国际机场坐飞机离开大连。等候安检时看到一个男人与妻女离别的场面，那男人进去安检前俯下身亲吻两个四五岁的双胞胎女儿，再站起来与妻子拥抱。女人一只手牵一个孩子，在外面目送他通过安检走向候机区。男人边走边回身朝她们挥手。女人与孩子的脸上都露出不舍的神情，但没有流泪。男人已经走远，女人对两个孩子说："宝贝回家吧，爸爸过一个星期就会回来看我们的。"大连留给我最后的印象是这样一场既凄美又浪漫的离别。

2012年5月

▌ 栖居的日子

8月底开始装修房子。单位事务不多，领导同意我请假回家休养。丈夫说装修的事他能扛下来，我有腰疾不能劳累，干脆安心静养。我乐得自在，心安理得看书喝茶闲逛。

装修期间借住小妹的房子——阳光花园北区6幢。小妹在乡镇上班，平时住乡下，周末偶尔来县城住一住，家里没宽带网，也没有线电视。我到新华书店淘书看：刘震云的《一句顶一万句》，刚获第八届茅盾文学奖，著名出版人安波舜评说：这样平视百姓，体恤灵魂，为苍生而歌的小说，是"五四"以来的第一部；杨耀文选编的《文化名家吃茶记》，讲述了老舍、冰心数十位文化名家的茶情茶趣、茶品茶道，让好茶的我爱不释手……买了一大摞书回到住处，泡杯茶坐下，翻开《文化名家吃茶记》，首篇老舍的《戒茶》，诙谐有趣："烟酒是男性的，粗莽、热烈，有思想也有火气。未若茶之温柔雅洁，轻轻的刺激，淡淡的相依。茶是女性的。有一杯好茶，我便能万物静观皆自得。"我将这些文字写成短信发给一位茶友，正巧那天她生日，以为是我特意为她生日编写的，特别高兴。

住在这里买菜非常方便，小区门口百米长的人行道两边便是菜市，一大早就有菜买，上午十点来钟收市。除了三四家荤菜摊子，其他的都是周边老百姓自家种的时鲜蔬菜瓜果，装在箩筐、簸箕、篮子里，有的青菜干脆用稻草或棕丝捆起来，一把一把卖，省去称的麻烦。有次我看中一位大妈的腌白菜，问她多少钱，她竟然不好意思，解释说腌多了家人吃不完再放就太酸了，自己是第一次来卖菜不知道行情，问我一块钱一斤可以吗？我说大妈你真善良，白菜都卖一块了，腌菜至少一块五，你的腌菜品相好，可以卖两块一斤。她说那还是卖一块五吧，直夸我是好人。有次跟一大爷买芋头，我不要有节痕的，随口说这种生了孩子的芋头煮不烂。大爷一听，脸上皱纹乐开花，爽朗地说："照你这么说，那种（他指指另一箩筐的芋头母）就更老了，我只能挑回去喂猪喽。"这些卖菜的人大多六十岁上下，或站着或蹲着，也有在地上垫个塑料袋坐着或坐在扁担上的，不吆喝，也不还价，没生意时相邻的拉拉家常。他们很像我的父老乡亲，朴实憨厚，生活简单轻松却不乏智慧。我每天早上在菜市慢慢磨蹭，很多菜沾着泥土，滴着露水，即使不买，看看也满心欢喜。这是去大菜场不可能有的感受。那里太多宰杀家禽和鱼的摊位，整个菜场弥漫着血腥味，我每次去那里总是匆匆买好菜赶紧离开。

去买早点买菜时，常常遇上十几个中老年人在小区中心广场上练太极拳。领队的是一位老人，他清瘦俊朗，白色丝质的衣裤飘逸在身上，纵放屈伸劈打推压，轻灵柔缓圆活自然，一招一式都透着美感。我会停下脚步欣赏片刻，这时便想起那首写白鹭的诗：一些事物远去了／而白鹭却离我们越来越近／低低地飞起又轻轻地落下／缓缓移动，成为一种慢／单脚入定，成为一种静……

我自己的房子，比邻学校和街道，孩子们的读书声喧闹声，车子喇叭声，商贩吆喝声，还有铝材五金店铺里切割机、电钻高分贝的噪声。住在这里，对噪声早已习以为常。如今的住处庭深院静，偶尔有一两声啁啾的鸟声。午休时常有错觉，以为置身世外桃源，下午又不用上班，便睡得很放松，一觉醒来就是三点了，穿着居家服在小区内转转。大概有半个月的时间，那批晨练的中老年人每天下午在排练大合唱和木兰扇。太极拳的领队，合唱时变成打拍子的指挥，矫健儒雅。有次队伍中一个六十多岁的女人对他说："某某公司二十周年庆典我一定要上台的，以前有演出你总是不让我知道。我演出能力还行，会给大家丢脸吗？"他解释说："每次演出人数都是主办方定的，人也是对方来挑的，我又做不了主。""这次我一定要上台的，反正你叫我来练了，我就要上台表演。"指挥笑了："我尽力给你争取上台的机会，假如我能做主，一定让你上台并且站在第一排中间，你唱歌确实不错！"老人这么宽容慈爱，难怪能当领队。

小区右边三排别墅间的林荫道上常有鹁鸪出没，它们悠闲地在树底下踱步、觅食，人扰不惊，好几次见一妇人撒玉米喂它们。我喜欢在七、八幢楼房间那株桂树下的石椅上闲坐，秋风微起，月白的花瓣细细落下，桂香萦绕，陶醉其间。突然几声清脆婉转的鸟叫，让我从游离飘忽中清醒，看到两只形似燕子的鸟儿栖息在旁边的石榴树上，一只乌黑，一只棕褐，通体羽毛油光发亮。又一阵响亮的鸣叫，它们交颈嬉啄，在我眼皮底下肆无忌惮地调情。有人说桂花飘着爱情的香味，它们被桂香迷住了吗？

我常在胡思乱想时接到铱人的电话。铱人是一所高校教授，这学期下午没课，我们在独处时煲煲电话粥。铱人属能够为文字燃烧的人，茅奖揭晓第一时间，她在博客上挂出消息要立即到当当网订购所有获奖作品，张炜的《你在高原》，450万字10册，她也毫不犹豫地买了。真让我咋舌，我不愿啃这样的鸿篇巨制。近期，我们都在看《一句顶一万句》，先说些阅读心得，说着说着话题就扯开了，按书中的话算"喷空"。铱人每次都会把她近作中的得意之句读给我听："一条河将一座山和一座城抛在南北两岸，三座桥又把山和城连接起来。这里动词用得妙吗？""茨威格用灵魂的嘴喃喃自语，他笔下极端的爱情方式，犹如数学中的正无穷和负无穷。这个比喻妙吗？"我能想象她此刻满脸放光双目如炬的神采。我却缺少这样的激情，总是安静地读书，安静地写作，不强迫自己每天要写多少字，有了灵感才动笔，也不管那些没有激情的文字是否有人喜欢。

我们家搬来住的时间正好是县中学开学的日子，我老是下午在小区内转悠，丈夫因装修常把自己搞得灰头土脸，所有这些，让邻居们认准我们是为了陪女儿读书从乡下来县城租住的。他们感叹出卖苦力供孩子读书真不容易。我不予置否。有邻居介绍一些做花串珠子的事给我做，有邻居说带我去打小麻将，输赢不大，打发时间。我笑着谢绝邻居们的好意，对他们心怀感激，此后尽量不让邻居看到我的闲妇形象。天渐凉，我正好不太愿意到外面转悠了，下午便在家里喝茶。

我把那些飘落在身上和石椅上的桂花捡起放在阳台上晾干，拌在一盒陈年绿茶里。上好的上饶白眉，当年储存后忘了，这次搬家无意中发现，泡了一次喝，白眉的绿润色、清幽香全无，丢掉可惜，便搁在茶几下没理它。不知用桂花调制成花茶效果怎样？封了几天再尝试，香气醇厚，回味隽永。喝得我口齿生香，神清气爽。桂花竟然"妙手回春"，沉睡的上饶白眉被激活，从清纯少女变成韵致少妇。太奇妙了！我立马打电话给茶友，约她来分享好茶。她正闲着，一会儿便到了。我故弄玄虚，用紫砂茶具泡茶，看不到茶的形、色，也不知道要她品的是什么茶。她细品慢呷了两小杯，说口感香气都不错，有点像桂花茶，但桂花茶回味没这么好，更像清香型铁观音。我不作声，继续泡茶，第四泡了，香气韵味犹在，茶友确信是清香型铁观音无疑，因花茶第三泡便寡淡无味了。我告之实情，掀开茶盖让她看。她嘴巴和眼睛同时张得老大，真的？想不到陈年的上饶白眉与桂花搭配会这么奇妙。茶友此后隔三岔五来找我喝茶闲聊，一壶清茶伴我们度过那些恬静而安适的冬日午后。

鲁迅说，有好茶喝，会喝好茶，是一种"清"福。我就这样过着"有客清茶待，无事乱翻书"的享福生活，以至于丈夫说房子装修完毕准备乔迁新居，我竟没有一丝喜悦之情。至少不能像这样悠闲地在家休息了。

作别阳光花园北区，有着少年鲁迅从百草园到三味书屋同样的不舍。

2012年8月

▌父亲的归程

去年 8 月初，我去南昌，一进家门便发现父亲瘦了许多。他吃饭时要打嗝，要隔好一阵子才顺过气来，再吃，再打嗝。我对此隐隐不安。父亲对自己的状况觉得无所谓，他说是多年的老胃病，已经戒酒了，又天天吃药，应该会慢慢好起来。第二天一早，我执意带他去二附院做胃镜检查。医生说，癌变的可能性很大，要待病理切片出来才能确诊。我忐忑不安，在家默默陪伴父亲。几天后，拿到检查报告：胃贲门低分化腺癌。

我先打电话告知丈夫，他竟然没有听出我的声音。控制情绪后，我打电话给大妹，叫她尽快赶到南昌。父亲曾说过真正得了"恶病"就不必花钱治疗，我跟继母和弟弟商议，先不让他知道，以"胃梗阻"的病由叫他去住院。我给父亲解释胃梗阻了吃东西胃会堵，就要打嗝，必须住院手术。不然梗阻越来越严重，只能吃流质，慢慢连流质也吃不下。于是父亲同意住院。住进去全面检查，腹主动脉边缘有两个淋巴结，医生告诉我们刚开始转移，属于扩散早期，手术是最佳选择，但手术风险很大，因为父亲身上还有一大堆毛病：高血压、肺气肿、右心室钙化、房室传导阻滞等。家人商量还是手术，不忍眼睁睁看着父亲死亡。

8 月 10 日上午，医生通知我们手术时间定于 13 日，医院用血紧张，硬性要求手术病人的亲属先献血。我的献血证没带在身上，坐中午一点多钟的火车回家取献血证。12 日上午返回南昌，在上饶火车站等车时，父亲的电话不停打来，叫我别去南昌了，他决定不做手术，叮嘱我女儿现在高三补课，要好好照顾她。我骗他已经坐上火车了，他才没说什么。是不是医生护士没隐瞒住，父亲知道了自己的病情？ 10 日上午他还挺乐观的，护士打针时说他皮肤黑，他笑哈哈回应说是天天劳动晒的，男人这样结实呀！这两天大妹一直在医院陪护，我打电话问她父亲为什么反悔了？大妹说 10 日下午父亲右边病床的中年男人做肠道手术出来，人昏迷不醒，身上挂着几根管子，父亲便犹豫了，多次说不做手术要出院。大妹劝他等我来了再定。我到医院后，父亲还是说不做手术，他的意思是不管什么病，顺其自然吧，一大把年纪了，承受不住手术。父亲是畏惧了，邻床术后三天状况仍然很差，父亲有精神压力。下午麻醉师又来告知我们父亲的肺气肿很严重，术中很有可能呼吸困难要切开气管。家人再三商量，最终尊重父亲的选择放弃手术。父亲倒是轻松了，面露喜色说明天上午出院。

我却轻松不起来，回上饶后好几天说话语无伦次。其后便常去南昌看望父亲。我的散文《栖居的日子》获上饶市委宣传部主办的文学征文比赛一等奖，11 月中旬我把作品给父亲看，他好高兴，站在窗前，双手捧着，逐字逐句读了起来。父亲读完说："人呀，物质生活的富足只是表象，精神上有所寄托和追求，内心才会充实安定。"看到父亲精气神还好，每天下午绕着院子慢走半个小时，我还侥幸地以为，癌细胞在老年人身上会转移得慢一些。

然而一个月后，父亲的变化就很大了。父母 12 月中旬来上饶决定修墓的事，父亲从火车站走出来时已是力不从心，我发现他鼻翼左侧有块蚕豆大小的黑斑，难道死亡的阴影已爬上脸了？我内心难受至极。他们在我家住了几天，父亲每晚睡前要端个盆子放床头，夜里会呕酸水，他不知道自己患了胃癌，以为呕酸水是受了凉，每天叫继母泡艾叶汤喝。我们又不忍说破，心痛地看着他受折磨。父亲每天把吃饭当作艰巨的任务来完成，早餐稀饭牛奶，要不就是馒头包子，中、晚餐肉饼汤煮面条，打嗝，停下顺气，再吃，再打嗝，再停下顺气，每餐超过半个多小时，菜冷了要用微波炉重新加热。看到我每天早上五点半就起床为女儿做早餐，父亲有些不安，说我要上班要照顾孩子还要侍候他，太累了，他不想给我添麻烦，要去老家。我知道陪伴照顾父亲的机会有限了，再三挽留他们。当父亲听亲戚说老家卫生院一个中医师治疗噎食有良方时，立即背起行囊去老家找那个医师看病。老家房子常年失修，只好住亲戚家。我叮嘱父亲，先吃三剂，有疗效再继续吃，没疗效就不要再吃了，是药三分毒嘛。我联系上那个中医师，跟他交底，父亲已是胃癌晚期，要慎重用药。父亲第一次找他看就要求开五剂药。吃了五天中药后告诉我感觉好些了，还想再喝。我问继母是不是好些了，她却说照旧打嗝，不但夜里呕酸水，白天也呕一两次。我担心父亲每天两碗药汁喝下去更加重胃的负担，便说中药主要用于平时的保养调理，劝他找西医打吊针。父亲没听我的，又去开了五剂中药。元旦假期，我到亲戚家，看着父亲除了艰难地吃饭，还要艰难地喝药，真想告之实情，又害怕他彻底崩溃。继母跟我商量想请人收拾一下老屋，回自己家去住，生病住亲戚家不太好。父亲不想住老屋，他说老屋再收拾也漏风，等墓做好了就去南昌，回去看病可以报销。继母只好依着他。

父亲回南昌后先在门诊打了几天针，听老同事说省人民医院消化科技术好，要弟弟送他去省医院住院。其间进食已经很困难，靠输液维持生命。医生建议做食道支架手术，不然会活活饿死。我咨询了肿瘤医院的同学，她说胃癌病人食道支架手术意义不大，最后吃下去还是要吐出来，可能会多延长一段时间的生命，多几天，几个星期，几个月，不过都不确定。我叫弟弟在适当的时候告诉父亲实情，省得他瞎折腾。然而父亲并不相信自己患了癌症，他说看过患胃癌的同事会发烧会疼痛，他都没有。我赶去省医院，本想劝父亲别冒险做手术，他一见我就说问了医生，有的病人做了手术后能多活两年，如果不放支架，肯定支撑不到过年。我还有什么可劝的，跟弟弟一起在手术单上签字按手印。医生说做这种手术一般要一个小时，我们送父亲进了数字胃肠镜室后，便坐在走廊上等待，看着时间一分一秒过去，45分钟后，数字胃肠镜室门突然开了，我一惊，以为出了意外。接着医生出来说手术很顺利，叫家属进去扶病人，我才缓过劲。术后第二天，父亲吃东西不打嗝了，继续观察了一天，情况稳定可以出院回家。不用再输液了，每天吃流质半流质食物，少食多餐。父亲很欣慰，庆幸自己做了正确的选择。

春节假期，我和丈夫、公公、婆婆一起去南昌。父亲人虽消瘦，精神尚可，他劝我公公少喝酒、戒掉烟，养成健康的生活习惯。他说生病后才知道健康多么好，身体多么重要。婆婆无意中说觉得我最近半年老了许多。父亲听到这话便怪自己生病让孩子们经常来去奔波操心，我不想让父亲愧疚，跟他解释像我这样快到更年期的女人，突然衰老是正常现象。

过了半个月，弟弟来电话了。平时弟弟不主动跟我联系，都是我打电话问他父亲的情况。父亲想住院，想手术，病情有明显的变化，弟弟才来电话。每次看到弟弟来电，我都有一些惊恐，不知又有什么不好的事发生了。弟弟说这两天父亲吃了东西过不了多久就吐。周末我又去南昌，到家一会儿，父亲从社区卫生室打了针回来，弟弟扶着他，像幽灵一样慢慢移动。我叫了他一声，他叹息说："这里有你弟弟照顾，你就不要来了。女儿读高三，你要安排好她的饮食起居。你腰不好，来来去去坐车多累人。"父亲在客厅坐了几分钟，他的脸削尖，耳朵干皱，头垂着，问我深海鱼油可以软化血管吗？他想买点来吃。卫生室的医生说他血管又脆又硬，不好打针，希望他去住院。他不想再去住院，做各项检查太麻烦太花钱了。我明知道这个时候吃深海鱼油没有任何作用，还是如他所愿买来给他吃。除了坐在客厅吃东西，坐在卫生间呕吐，父亲基本上睡在床上。床头放了盆子，父亲白天要呕吐的话，会硬撑着起床去卫生间，因我们常在房间陪伴他，他不想让房间里有呕吐物的气味。我劝他去住院，该花的钱还是要花。他说吃下去的东西不会全吐掉，至少吸收四分之一，再去卫生室输点液，补充身体必需的能量就可以了。

几天后，卫生室的护士给父亲扎了几针血管都破了，拒绝他到门诊打针。父亲只好去住院，放留置针。住了一个多星期，3月29日一大早，父亲给我打电话，说住了这么久没一点好转，要出院。继母希望他清明节后再出院，因为老家有一种说法重病难逃时节（尤其是清明、七月半、冬至三个"鬼节"），在医院更有保障一点。父亲说在医院也是等死，执意要回家，他已察觉到自己患了癌症。

清明前一天，女儿学校放假，我就去南昌了。父亲躺在床上，说话都没力气，看到我只是摆摆手。父亲吃东西要靠人喂，喂给他的稀饭、牛奶，几分钟后全吐出来。父亲上厕所要下床，继母或弟弟扶着他坐起，父亲头靠在他们身上像个无助的孩子，待缓过劲来才下床。我到超市买了尿不湿，叫继母给父亲换上，省得他每次起床消耗体力。我告知两个妹妹父亲情况不妙，尽快来南昌。我估计父亲拖不了多长时间，晚上父亲房间的灯开着，继母睡在他身边，我在隔壁房间，提心吊胆，挨到天明。

父亲睡了一个晚上有点精神，问今天是清明节吗？他叫弟弟今天不要玩电脑，陪着他。继母问他想吃什么，他摇摇头，说泡点茶喝。他跟我说腿脚麻，让我倒点白酒擦一擦。我把父亲的裤脚往上卷，他的腿已是皮包骨头，不及我手粗，膝盖显得大而突兀。我默默地用手巾沾了白酒帮父亲擦拭，顺手按压他的脚底，隔着袜子，也能感觉到硬邦邦，毫无弹性。等到父亲说好了舒服多了，我赶紧躲进另一房间，任泪水横流。擦干眼泪，我回到父亲身边，他连说两句"我已经满足了"，继而闭起眼睛不再言语。父亲所谓的满足，应该是指我们几个孩子孝顺，他生病期间凡事依着他，继母尽心侍候他。然而我知道，弟弟没成家没固定职业，是父亲最大的遗憾，他将带着遗憾离世。作为长女，每次来到父亲身边，都以为他会有让我关照弟弟之类的话交代，但并没有。父亲大概不想让我为难，他知道我为这个家能做到的事，不用他交代也会尽力的。十点来钟，父亲开始张嘴呼吸，他说了句"上呼吸机"，我跟他说社区门诊部没有呼吸机，要不叫弟弟背去输点氧，他摇头。我告诉他妹妹已在来南昌的车上，要坚持住等她到家。父亲用力睁开眼，说："含一片参。"继母到厨房切了一片高丽参，塞到父亲嘴里。他说让我们看着时间，声音细若游丝。妹妹十二点到家，十分钟后，父亲咽下最后一口气。

安息吧，父亲！

2013年5月

▍逝者如斯

单位是我人生中待的时间较长的地方，虽然跟大多数同事除工作外没有往来，但每听到一个同事的死讯，我都心生悲戚，觉得人生脆弱无常。

江建峰，公费医疗改革之初从药政股抽调到医保办，一个清瘦俊朗的年轻人，为人谦和，做事踏实，业余爱好打球爬山。有次办公室人员周末加班，到一座乡镇中心小学年检医保手册。我带着女儿一同去，孩子长时间在教室里看我们做那些机械无趣的事厌烦了，闹着要回家。江建峰便带她到学校操场去玩，不到十分钟，女儿高高兴兴地回来，一直到我们做完事，回家的车上她还要坐在江建峰身边。我不知他用了什么法宝哄孩子开心。我们同一办公室共事时间不长，后来药政股独立成药品监督所，隶属市药监局管辖，他就调离了。我认为他会前途无量，也相信女子嫁了他会享福一辈子。再后来他到玉山县药品监督所当副所长，我从此没再见过他。突然有一天听原医保办的同事说，江建峰患了肝癌到上海做了手术，人瘦得跟条藤样。我本想去看望他，但不忍目睹他病中的惨状，直到他去世也没再见一面。三十出头，风华正茂的年龄，他却抛下娇妻幼女手足双亲，如此生离死别何等残酷？

从县委平调到卫生局任副局长的聂志福，当时身患乙肝，虽然他经常吃药，但不像一般患病的人那样消沉。他穿着笔挺，头发梳得整整齐齐，瘦小的他精神饱满、干练、热心。同事有困难，他利用自己的人际关系，骑着自行车跑前跑后帮忙。

卫生系统专业性较强，聂局长不想做门外汉，参加了江西医学院的函授。凭这点我十分敬重他。后来多少没学过医的领导来卫生局任职，谁会想去补充医学知识呢？"非典"时期闹了一个笑话，县委书记来卫生局检查工作，座谈会上他说："仔细看了你们印发的预防'非典'宣传单，觉得这个病怎么这么奇怪，体温正好38℃，37.9℃、38.1℃就不是这个病？"局长和分管局长都非科班出身，没有注意到这个细节性、常识性的错误。分管局长对照了市里的宣传单，便解释道："市里的宣传单写的是38℃，我们便照抄了。"此时一位学过医的领导纠正："体温应该是38℃以上，我们工作疏忽了，掉了'以上'两字。"不知聂局长是否看到这一幕，只记得他当年春夏之交调去县交通局，后又提拔到市人事局。然而他的乙肝也慢慢发展成肝癌，四十来岁就去世了。

我和同事后来每一次提到聂局长都唏嘘不已，惋惜他英年早逝。

汶川地震募捐期间，听说老崔死于脑血管意外，我大吃一惊，几天前他到我办公室捐款还是好好的，还问我需不需要他来做志愿者帮忙。

老崔比我晚几年调到卫生局，他不苟言笑，看上去有点严肃，基本上不跟同事往来。有一年卫生局工会建了阅览室，订了十几种杂志和报纸，我兼着其他工作，平时不在卫生局院子里上班。领导安排我找一个责任心强的人守阅览室，我立刻想到了老崔，他在改水办较闲，上下班又守时。征求他意见，他一口答应下来。于是他每周一、三、五上午坐在阅览室，登记同事借、还杂志。我每周一去送新杂志，要在阅览室待一会儿，坐下来翻翻报纸，看看同事喜欢借哪些杂志。我发现老崔烟瘾特别大，一支接一支地抽。我去把窗子推开，说："抽烟不但有害自己，还让身边的人被动吸烟。"他即刻熄了烟："那我就不抽。"此后老崔见我到阅览室会主动熄了烟，烟瘾来了就到室外抽。老崔这般尊重我，让我感动。有一次，他兴高采烈地说："我在《上饶日报》上看到你的文章了，真美！听说你写了不少文章，能给我拜读吗？"我随口答应了他。以后每次碰面，他都提起这事，开始几次我以忙没空整理打印找托词。其实我的文章大多属自娱类写作，除了几个朋友一般不给别人看。没想到老崔这么较真，问得我实在不好意思，挑了几篇打印出来给他，顺口说多提宝贵意见。一周后，他果真写了一百来字的读后感，多是褒扬的话，具体内容记不清了，但他那横是横、竖是竖，刀削样的字让我印象很深。一个人的字或多或少表现出他的个性，可见老崔的耿直和认真。订阅下年度的杂志，老崔提了一些建议：《知音》和《婚姻与家庭》，《读者》和《青年文摘》，没必要一起订，内容重复，各订一种就可以了。另外可订一些图片鉴赏类的杂志，如《收藏》《云南画报》等。采纳了他的建议，云南风光、名家字画、陶瓷精品让我大开眼界。我由此认定老崔是个内心大气、品位高雅的男人。因工会经费问题，阅览室只办了两年。我跟老崔此后很少见面。如今提笔写他，一个曾经对我那样尊重的人，竟然想不起他的名字，内心满是愧疚。

离休干部周斐琳的去世，让我体验到人生的苍凉与无奈。周老生前是中国盆景艺术家协会会员，上饶市花卉盆景协会副会长。他的"怡苑",在卫生局西北角去公厕的路边。记得第一次到怡苑赏花,一条黑狗守在门口,冲我直叫,周老摸摸它的头:"乖,是客人,别叫。"于是那条狗温驯地在前面引路。周老边走边给我介绍花的品种和特性。一棵母铁树,有人出价过万元他也舍不得卖,说年久生情了。那些盆景造型别致美观,价格几百上千元,粗略估值十多万,那时我的月工资近二百元,不无羡慕地说他是富翁艺术家,了不得!满头银发的周老爽朗而笑:"养花是一种雅兴,不能以金钱来算的。"他送了一小钵茉莉花给我作见面礼。此后,我空闲时常去怡苑,看看那些赏心悦目的花卉盆景,可以缓解工作的疲劳,还能消除生活的烦恼。怡苑一度成了我心灵的憩园,周老对我的频繁打扰只看不买总是笑脸相迎。这么可亲可敬的老人,说走就走了。怡苑从此无人打理,周老的孩子只好把花卉盆景或贱卖或送人,黑狗也送人了。听同事说好长一段时间,那条狗常常找回来,在怡苑门外徘徊低吠。

如今怡苑已荒芜,门口堆满破碎的杂物,看着揪心。卫生局南面两排十多棵四季常青高大挺拔的柏树也不见了,拓展成一个停车场。二十年前我调来时全局只有一辆吉普车,现在公车加上同事的私车有二十多辆,停车场便应运而生了。

2013年7月

▌ 悠然见南村

　　说起来惭愧，大妹师专毕业后分配到乐安县南村中学教书二十多年了，我还是第一次去南村。前段时间，我请了公休假，先去南昌办事，顺道从南昌坐车到乐安再转车到南村。此前大妹曾多次邀请老家的亲人去南村做客，我没一次去成。有年五一节，我到了她在乐安县城的家，也没去她教书的南村看看，大妹有些失望，可我当时不以为意。

　　南村距县城大约二十五公里，小中巴在公路上颠簸了一个多小时。正是午后，我迷迷糊糊睡了一觉。到了南村下车，街道两旁大多是一两层的老房子，很少看见新房，几乎看不到四层以上的高楼。村庄外围尽是稻田、菜地、树木、山冈，没有丝毫工业化的痕迹。一个乡政府所在地还这么原生态，感觉回到了20世纪八九十年代我的老家。

　　南村中学在村庄东北面，几幢青砖灰瓦的旧房，两个篮球架和两组高低杠散落在宽阔的操场上。里面最显眼的是树木，枫树、柏树、樟树、梧桐树，高大蓊郁，还有茂密的翠竹林。学校只有初中部，每个年级两个班，三百多个学生，十几个老师。大多数老师住县城，像大妹和妹夫这样常年住学校的寥寥无几。大妹说学校鼎盛时有一千多个学生、几十个老师。

　　大妹及家人住在闲置的教室里。儿子在外地读书，收养的女儿在南村小学读三年级。他们去上课了，我一个人细细打量这个家：卧室的窗户玻璃有裂缝和缺口，衣柜的门也坏了两扇，门上贴着夫妇俩的课程表，每周有十五节课，课程表旁边有一张种菜的时序表，记录一些菜从种子入瓮、发芽、移栽的时间。家里比较现代的东西只有小彩电。厨房里除了煤气灶还有柴灶，看来柴灶经常用，草木灰积在屋外一角，是种菜不可缺的肥料。大妹好几次在电话里跟我说她最喜欢种菜了，但我没想到她种得这么认真，日常生活这么简陋。

下午课后，大妹带我去菜地，她说大大小小的地种了二十多垅，平时吃的蔬菜基本不用买。她的女儿马上接嘴："妈妈除了上课就知道上菜地。"我是既羡慕又担忧，自家种的菜，不用害怕农药、除草剂、转基因，吃得安全放心。然而大妹患有心肌炎，不能劳累，种这么多菜身体吃得消吗？大妹说真是奇怪，到菜地做事一点不觉得累，倒是住县城四楼，空手上楼梯还气喘吁吁。现在亲戚陪读住在家里，大妹不用想着给房子通风，周末假日都不去县城了，没事就到菜地看看。

大妹麻利地挑起尿桶，我扛着锄头提着篮子、空桶跟在后面。她说每天晚上放两只空桶在男生寝室门口，早上提回柴火间。哪天遇上桶里装满了尿，她会像发了财一样高兴。那些菜地分散四处，一处在厨房后面，其他三处离学校三四百米。我们先去远的地，它们都靠近溪流，浇菜方便。溪水湍急而清澈，两岸长满芦苇和许多叫不出名的野草。有两处地是村民送给大妹种的，她种出了兴趣，担心哪天村民收回地，就开了一处荒。先挖杂草，再捡石子，花了一星期时间，整理出一大块像模像样的地。大妹说起这些，脸上充满大功告成的喜悦。菜的品种繁多，葱、生姜、辣椒、白菜、萝卜、青豆、刀豆、丝瓜、芋头，等等。松土、除草、施肥，大妹有条不紊地做着，我当然不能袖手旁观，摘了半篮青豆，坐在溪岸的石头上剥。夕阳映照溪水，波光粼粼。树木花草庄稼田野，尽收眼底。我沉醉在大自然中，漫不经心地剥着豆，大妹惊喜地呼唤我："姐，你看！"她拿着一棵萝卜跑过来。这棵萝卜长得特别，一胞五胎，好像一只指头捏拢的手。太奇妙了，大妹给它取名"群英荟萃"。我听后一笑，告诉她赵丽蓉老师的小品里有句经典台词：乍看起来"群英荟萃"，仔细一看却是"萝卜开会"。大妹也大笑，那不行，要给它取过名字。我想了想，不如叫"五谷丰登"，更有寓意。

太阳下山时，大妹打理好临溪的菜地，转战厨房后面。她先把青豆、萝卜带回家给妹夫烧，叮嘱他"五谷丰登"要留着，顺手拿出一个菜篓，到地里摘白菜秧。绿油油的菜秧，看着都诱人。大妹说每天早上都要来捉青虫，不然叶子早被吃光了。我在菜场看到这么嫩绿的小白菜，担心打了农药，总是想买又不敢买。今晚有口福。小白菜从菜地到餐桌，不到十分钟，又鲜又嫩。还有清炖猪肚，是平时有钱也难买到的土猪肚，闻到气味都要流口水，吃起来鲜嫩润滑。

夜晚，我与大妹像小时候一样，抵足而眠。回忆往事，我们一起砍柴、放鸭、捡螺蛳、割猪草、拾稻穗、捉迷藏，那段岁月贫寒却充满快乐。大妹的家乡话时有生涩，说着说着会冒出一两句普通话。白天听大妹跟同事、丈夫、孩子说着顺溜的南村方言，我曾惊讶，终于知道她是把南村方言变成母语了。大妹淡淡地说以后县城的房子给儿子，她和丈夫决定退休后就在南村养老。也许是劳累，也许是心无杂念，十点钟不到，她便安然入睡了。我不敢想象老了还住在这么简陋的房子里，冬天怎么取暖和洗澡。也不知道他们的孩子在这么单纯闭塞的地方成长，如何面对外面纷繁复杂的世界。从内心来说，大妹是没有变的，她依然过着简朴的生活，对未来的期望也是过简朴的生活。变了的是我，想着理财投资，向往高品质生活，期望到一个气候适宜、环境优美的地方养老。太多的欲望诱惑俗事纷扰，让我不可能回到从前。

次日一早，有班上的学生送来几小捆藤状的草药。大妹说妹夫前些天骑摩托车不慎受伤，常有学生带些鸡蛋和草药来，这是七里香，能活血化瘀。房间里飘溢着植物特有的芳香，真好闻。上午，大妹及妹夫均有课，我独自到南村街头巷尾闲逛。中学出来不远是菜场，菜场不大，一眼可看到边。一大半摊位卖猪鱼牛羊肉，一小半摊位摆着素菜。看来南村人基本上自家种了菜，素菜没什么市场。几条狗懒洋洋地躺在菜场里，看到陌生人也不叫一声。我不经意踩到一条狗的尾巴，那狗一激灵站起来，摇摇尾巴换个位置继续躺下。按说上午九点左右的菜场是人多喧闹的地方，这里却很安静。一箩筐小拇指大的红得发紫的野果引起我的兴趣，问老农："野果多少钱一斤？可以尝一个吗？"他听不懂普通话，面露歉意摇摇头。回去后问大妹，才知那是酿酒的，她说野果酒比葡萄酒喝起来更醇厚。

听妹夫说小学后面有邓小平旧居。我找到小学问一个老师，他很热情，带我从学校的侧门过去，便见一栋普通民房，大门上方写着"邓小平同志旧居"几个鲜红大字。门关着，不能进去参观，有点可惜。

"平时不开放，里面也没什么可看的。"

"南村人生活在伟人生活过的地方，是一种幸福和荣耀。"

老师笑笑："朱德也在这里打过仗。"

"南村可以开发红色旅游嘛。"

老师又笑笑："邓小平在这里才住了十来天，朱德南征北战去过无数地方，有什么可游可看的。"

小学老师的纯朴实在，让我心生敬意。

离开邓小平旧居，走过一座石拱桥。在桥头，我居高临下，看到旁边院子里妇人在剁猪草。下了桥，走过女人身边，她心无旁骛剁着猪草，却不知自己成了一道风景。一旁的椅子上，猫在安睡，发出轻微的鼾声。剁猪草有节奏的"嚓嚓"声，成了猫的催眠曲。

不知不觉间，我走进了南村老街。大妹说过她没有课的日子常到老街走走，非常喜欢老街的氛围。

街两边全是老房子，一边临溪。房子外墙有青砖和鹅卵石砌的，也有木板拼嵌的。铺路的鹅卵石，光滑洁净，有形有色，都是我眼里的宝贝，恨不能据为己有。看到一块石头很像腌过的肉，肥肉层有发黄的斑点，精肉丝丝纹路清晰可见。我起了私心，找来一根竹棍，将四周泥土撬开，还是很结实，没一点松动。我歇口气，抬头看到古老的周公祠，这块"咸肉"正对着大门，我马上打消了偷石头的念头。南村的先人选一块"咸肉"嵌在祠庙门前，大概为了永远的供奉。我小心翼翼地把泥土还原，在心里默念如有冒犯，请多包涵。

老街的布局很像乌镇，两边密集的房子可见往昔的昌盛。而今房门大多关着，偶尔开着的也不见年轻人和孩子，只有中老年人。他们默默地喝茶，用竹制的长烟杆抽黄烟。临街的墙上挂着一串串大蒜、红辣椒，屋檐下放着手推车石磨。庭院里男人劈柴、女人喂鸡，鸡的鸣叫是街上最响亮的近乎唯一的声音。我好像置身一部无声电影中，既是观众又是演员，又好像走在历史画廊上。老街的安详包容，让我倍感亲切。我忘却凡尘俗事，一步一步往前走，不知走了几个来回，只觉得身心纯净，轻松得忘却了一切烦恼。

电话响起，把我拉回现实中，大妹叫我回去吃午饭。下午就要离开南村，去乐安七二一矿看望同学。我明白上次到了乐安没来南村大妹为何失望了，她是替我可惜呀。好在南村这些年像世外桃源一样深藏着，没什么变化。下次我要多请一些假，来住一段时间，好好感受南村的恬静安适，让内心多一些纯粹的喜悦。

2013年10月

▍一曲时代挽歌

——读《兄长》有感

梁晓声老师的小说我看过很多，但印象最深刻的还是他的亲情散文《兄长》。我在 2011 年第 4 期《三清媚》上读到《兄长》时，那种心灵的震撼，是难以用语言描述的。

那个年代，中国大多数家庭被贫穷这把利剑击中。"父亲舍不得买食堂的菜吃，自己买点儿酱买几块豆腐乳下饭，二分钱一块的豆腐乳，他往往能吃三天。""母亲最常干的是连男人们也会叫苦不迭的累活儿脏活儿，只要能挣到份儿钱，再苦再累再脏的活儿，她也会高高兴兴地去干。"

哥哥为了改变命运，从读初中起成了拼命三郎，将学校当成家，为考大学而不断刻苦努力，始终保持全校尖子生的成绩。"妈妈以为只有那样（指考上大学），才能更好地改变咱们家的现状。"哥哥考大学前，远在大西北工作的父亲回家探亲，他以最严厉的语句责骂哥哥，不让他考大学，要他为家庭及弟弟妹妹做出牺牲，高中一毕业就找工作。而最终，哥哥没有屈从父亲，他遵从母命，放弃了几所保送大学，考取唐山铁道学院。"哈尔滨当年有不少俄国时期留下的漂亮的铁路员工房，母亲认为，只要哥哥以后成了铁道工程师，我家也会住上那种漂亮的铁路房。"

哥哥带着对家庭对父亲和弟弟妹妹深深的内疚去上了大学。

父亲不与他通信，不给他寄钱。哥哥靠几元助学金艰难度日。为了让母亲放心，他写信撒谎说父亲每月给他寄 10 元钱，假期因为没钱买车票回家，他又撒谎说要留在学校勤工俭学。然而说谎话骗人在他看来又是极可耻的，他就这样背负着沉重的包袱，承受着物质和精神的双重压力，终于在第二学年患了精神病。哥哥被大学老师护送回来，他不记得回家的路，但对中学母校的路熟如家。他被"我"领着往家走时，不停地问："父亲是不是已经饿死在大西北？母亲是不是疯了？弟弟妹妹们是不是成了街头孤儿……"哥哥哪怕疯了，不记得回家的路了，仍在关注着家里的亲人。

读到这里，我也跟梁老师当时一样，泪如泉涌。

哥哥经历了反复生病的生活。他精神病复发后，哈尔滨精神病院人满为患，住不进去。全家人都看管不住哥哥，经常一没留意，哥哥就失踪了，不得不四处找他，他回来又整夜整夜地喃喃自语，吵得家人不能安睡。哥哥很可怜地对母亲解释，他不是自己非要这样折磨人，而是被别人用仪器操控的结果。母亲泪流不止，全家人的精神都备受折磨，"我"怕母亲哪天也精神崩溃了，为了母亲、弟弟和妹妹的安全，"我"暗自祈祷让他早点消失在人世吧！而当哥哥在精神病院度过了四十多年，成了一个木讷自卑的老人时，祈盼他健康成了"我"最大的心愿，祈祷他起码不病不瘫地再活十年。

梁老师毫不掩饰自己对哥哥的恨与爱，这样的赤子情怀，也是让我震撼的。梁老师希望再等两三年退休了，把哥哥从精神病院接出来跟自己一起生活。2013 年 9 月，梁老师来上饶有个文学讲座，我很想问一问他的哥哥是否已离开精神病院，过上了较自由的生活。大家问的都是文学方面的问题，我担心自己的问题不合时宜，终究没问。

哥哥曾经儒雅清秀，品学兼优，德才兼备，却生不逢时，不幸患了精神病，酿成人生悲剧。梁老师用最朴素平实的语言，讲述了家庭里那些辛酸往事，让我们品读出亲人间血脉相依的爱。

2013年11月

怀念一棵柚子树

记得老家大门口，先后种过柚子树、桃树、梨树、板栗树、橘子树。不知什么缘故，桃树、梨树、板栗树都"早夭"了，橘子树倒长得蛮好，却很少结果，可能离屋檐太近，光照不好，偶尔结了几个橘子，不待成熟变黄便掉落地上。唯有靠近晒谷场的柚子树，年年生长健康，四季常青，枝繁叶茂。

我读五年级时，柚子树结果了。之前两年开过花，我翘首盼望过无数次，未见柚子。奶奶怀疑它是棵只会长个、开花不结果的公树，因为村里好几棵已经结果的柚子树比它还矮。

我和大妹、堂妹喜欢在柚子树底下码子玩耍，看蚂蚁搬家。一次，我不经意抬头，发现几个比我拳头还大的柚子，即刻飞奔进屋告诉奶奶树上长柚子了。"真的？"在厨房剁猪草的奶奶放下菜刀急忙走到大门前，她用一只手在额头挡住太阳光，顺着我手指的方向看了看，露出欣慰的笑容，接着她用另一只手摸摸我的头："终于结果了，今年有得吃了。"

知道柚子树结了果，我进出大门都要抬头仰望一番，盼望柚子快点长大。问过无数次奶奶要等多久才能吃。她总是耐心地说："莫急，等果皮从碧绿变成黄绿色就差不多了。"有一天下午，大人不在家，我看着柚子都长得比我两个拳头合起来还大了，偷偷拿竹竿打了一个下来给几个姐妹尝鲜，结果又苦又酸实在难以下咽。我记得大妹和堂妹咬了一口后，同时皱起眉头，嘴里发出"唏——唏——"声，随即吐出来，并把手里剩下的柚瓣甩在地上。此后我不再关注柚子了，秋收后的一个周末，大姑二姑带着孩子来走亲戚。午饭后，奶奶站在大门前对着柚子树左看右看，她把一根竹竿头绑上镰刀，割下五个柚子，切开给家人客人品尝，每人两三瓣就把五个柚子瓜分了。二姑对着我们几个女孩子说："你们长大后结婚压箱子的橙不用愁了。"我正是对什么都好奇的年龄，问二姑为什么要用橙压箱子。她说："橙是本地土话，普通话叫柚子。结婚时女方陪嫁的箱子里要放两个柚子，谐音'有子'，表示嫁过去会生孩子。"又是结婚又是生孩子，我听得羞红了脸，躲到一边去吃柚子。记不起好吃不好吃，但当时的心境情景忘不了。

每年五一前，柚子花开，蜜蜂、蝴蝶闻香而来，围着花朵飞舞，喜鹊、麻雀看到它们，立在枝头比平常叫得更欢。近一个月的花期，是我嗅觉和视觉的盛宴。芳香洁白、小巧玲珑的花朵落在地上，我小心翼翼地捡起，包在手绢里，白天放进书包，夜晚放在枕边。相对于栀子花、茉莉花，至今我还是更喜欢柚子花的香味，或许潜意识里把它当作家的味道、故乡的味道。

柚子结果逐年多起来，鼎盛时期有七八十个挂在枝头，树都压弯了。中秋节前后，奶奶就会叫小伙子爬上树摘下一半，分一些给左邻右舍酱柚子皮吃。这种半成熟的柚子，瓣又苦又酸，不能吃，但皮酱起来口感很好，鲜嫩爽口。熟透的柚子皮酱起来就不好吃了，咬着像棉花般。因我家的柚子个大汁多，每当柚子成熟，附近几个小伙子老在我家大门前转悠。奶奶便叫那个瘦点的男孩爬上去摘柚子，给他们每人一个带回家。家人对奶奶的大方有怨言，奶奶说："他们心里一直惦记着，白天不让摘，恐怕他们夜晚就来偷。夜里漆黑，万一被柚子树上的刺伤到眼睛怎么办？土生土长的东西，又没花钱花气力，有什么舍不得？让邻里乡亲都尝一尝丰收果实才更有味道。"

除了那几年在七二一矿工作，我五一假期基本上要回一趟老家，后来奶奶不在人世了，我仍然要回去的。堂叔堂弟陆续盖了新房，离开老屋，老屋最终闲置了。我在老屋四周走走，在柚子树下来回踱步，等到午饭时间，去堂叔或堂弟家蹭饭吃，饭后再去面目全非的溪滩看看。不知为何，每年柚子花开时节，不去老家的话，心里好像有东西堵着。去看看那棵柚子树，闻一闻花香，人便舒坦起来。其实住所周边及我经常散步的公园里，有好多柚子树，只是这里的花香解不开我的心结。而当柚子成熟，堂婶打电话叫我回家吃柚子时，我倒无所谓了。

四十岁以后还做过两个跟柚子树有关的梦，梦中的我都是年少时。一次是我看到满地落花正想去捡，一阵旋风过来，那些白色的小精灵随风起舞，它们有序地组成一条白丝带，盘旋上升，我一直看着"风持白练当空舞"的情景，直至它们消失在遥远的天际。还有一次是在夏夜，我和闺密搬了一条板凳和一把竹椅子在柚子树下乘凉，玩"剪刀石头布"的游戏，牵手并排坐在板凳上，小脚搁竹椅上，仰头看星星，愉快地唱着童谣。我沉浸在童趣中，一个枯柚冷不丁地掉下砸在头上，惊醒梦中人。

分田到户后老队长买下大门前生产队的晒谷场时，我家的柚子树还长在自己的地盘上。队长在晒谷场上盖了一层平房，我家的柚子树慢慢长高长大，一些枝丫旁逸到他家屋顶。老队长家里有多余的肥料时，会匀一些在柚子树根上，感激柚子树给他家屋顶遮阴。前几年，队长的小儿子把老房子拆了重建四层楼，我家的柚子树开始遭殃了。先是长在他们地盘上空的那些枝丫被砍掉，由于面前的高楼遮挡了阳光，柚子结果一年比一年少。慢慢地，叶子泛黄，根部发霉。今年清明节回去扫墓，发现情况更严重了，好多树叶掉下来。我上网查柚子树的树龄，至少能活五十年以上。据说这棵树是继母种的，算起来到现在还不足五十年，还不应该枯老。五一节，我回了老家，想去看看柚子树是否开花。离老屋百米远，我就失望了，已没有往年的花香。走近柚子树，不见一朵白花，满地的落叶，树根以上一米都糜烂了，陆陆续续生长着黑色木耳，告慰我迷茫的眼、悲凉的心。

我站在柚子树下挪不动脚，看着黑木耳发呆。记得父亲去世那年，有人劝继母把柚子树卖给远泉苗圃，说是家人不在这里，每年的柚子都被别人吃掉，不如卖几百元实在。我和小妹不同意，这棵柚子树见证了我们的成长，有我们许多共同的回忆，是用钱买不到的。不承想，柚子树最终还是死了。

然而，在我的梦里，老屋门前的柚子树，依然枝繁叶茂，花香扑鼻。

2016年6月

▌ 外婆家的药房

一条鹅卵石铺就的街道横贯煌固村，村民人为地把它分成上、中、下三节。外婆家在煌固村下节街，面对街道。大门由传统式的门板拼合而成，白天一块一块卸下来，街道上的人们对整个厅堂一目了然。一尺多宽一米多高的柜台把厅堂分隔成左右两边，右边是药房。

小时候，外婆家最吸引我的地方是药房，一个个装中草药的小抽屉，一个个装药丸的棕色小瓶子，让我充满想象和猜测。其他房间我会无所顾忌地进进出出，唯药房不敢造次，总把它跟商店联在一起，商店柜台内是不许随便进去的。那时，药房成了我可望而不可即的地方。

药房只有两名营业员，从我记事起，大舅的大女儿彩贵姐一直是营业员。她为人取药时，脸上露出柔和的微笑，动作利索。我从内心喜欢她、敬重她。那个时候，商店的营业员都是一副目中无人的面孔，特别对小孩更是冷漠不搭理。我被商店里一营业员谩骂，现在仍记得真切。幼小的心灵承受了巨大的恐惧，我一贯讨厌逛商店的缘由大概于此。而彩贵姐不论老少陌熟，均笑脸相迎。有些小孩买甘草、宝塔糖、山楂片等，她会友善地询问钱的来源，经过父母同意拿的钱，就卖给他们；若是偷家里的钱，则不卖，叫他们交回去，并告诉他们父母挣钱不容易，不要乱花。小孩子大多没学会撒谎，几句话就会露底。我曾亲眼看过两个小孩羞愧地执钱而去，他们受到的教育和启发一定不比我少。

大概因父母离异之故，我对外婆家有种生分感，除了过节拜年，平常很少去玩。母亲改嫁在德兴县，我随着年龄的增长，越来越担心在外婆家碰上她。不知为什么，母亲在我印象中是可怕的人物。十一岁那年的正月初三，我的担心成了现实，与母亲不期而遇。我吓蒙了，闹着要回家，外婆、大舅母等人再三挽留也没用。母亲见我这样，到商店扯了几尺花布送给我，她问了几句话我一点也没听清，这是我懂事以来第一次见到母亲。听奶奶说，我四岁时也见过她一次，那年我得了肾炎，奶奶抱我去看中医，到药房抓药时，正巧母亲在煌固度假。奶奶说我一见她就哭了，把她给的饼干丢了一地。我对此是毫无印象了，唯有对那颗晶莹剔透的童心感慨不已。

这次风波过后，我似乎长大了，觉得母亲并不可怕。往后的那些年，倒希望在外婆家能碰上她，特别是上了高中，进入青春期，胆小的我，对女性生理变化忧心惶恐，我真希望同母亲联系，得到她的开导。母亲是生理卫生教师、生物教师，从她那里肯定能学到女孩子成长的知识。读高一那年春节过后，我到外婆家玩了两天，正准备走，母亲及小姨到了。在众目睽睽之下，我羞红了脸，抬头朝她笑笑。母亲也笑着问我："是小文吗？长这么大了，读高中了？"还问及爷爷、奶奶的身体生活状况，我们一问一答，有种跟课堂上回答老师提问一样的感觉。此后我们就有了书信往来。因年轻气盛，涉世不深，我在信中同母亲发生了争执，深深伤害了她，我们的关系维持了一年多就搞僵了。青春期遇上更年期，发生争执在所难免。

我在七二一矿职工子弟学校读书那年，收到小姨寄的包裹，其中有一双鞋，她说是彩贵姐为我做的，我感动至极。接到高考录取通知书后，我到外婆家去了一趟。彩贵姐送了十几个鸡蛋祝贺我，并硬塞给我一些钱，我再次被她的真情感动。在我跟母亲关系闹僵后，母亲这边的亲友们仍然关心着我。从小姨、表姐身上，我看到人性美好的一面，她们给了我在逆境中生活的勇气，是我健康成长的重要因素。

大概从我读初二起，到外婆家的次数增多了，那时大舅的四女儿晓斌跟我同在一所中学读书，我们比较谈得来。我跟晓斌玩熟后，才胆敢进入药房。只可惜童年的好奇已消失，药房跟其他房间一样普普通通，药屉、药瓶在我眼里均成为实实在在的东西，引不起任何联想。很为童年的自己感到好笑，童年的梦中，我曾变成一只知了，飞到药房，飞进每一个小抽屉，看那些不知名的中草药，找到甘草、山楂，开心地吃了起来，在蝉壳的抽屉里，我还脱了一个壳。这是我童年一个最美的梦。

读卫校不久，晓斌出嫁了，我去外婆家的次数又少了。每次去拜年，陪外婆在厅堂烤烤火，晒晒太阳，吃顿午饭便走。外婆在四十来岁时摔跤致髋骨骨折，伤及腰椎，当时没治好，从此走路离不开拐杖。以前我怕外婆这种走路的样子，更怕她那双深凹的眼睛，从来没有仔细打量过外婆，直到陪外婆坐在厅堂里，我才发觉外婆很美，恍然大悟几个表姐为什么都长得那么漂亮。煌固人曾说金家四姐妹是村里的四朵金花，几个表姐的美貌，应是外婆年轻时的真实写照。外婆年逾古稀，却没有什么白发，脑后的髻高高绾起，少有皱纹的脸上，把往昔的秀丽、娴雅与今日的凝重、庄穆融为一体。外婆寡言，偶尔会和我谈及她以前苦难的生活，中年丧偶，老年丧子，人生三大不幸，她历经两者。她说话时，脸上没有任何表情。外婆的眼睛，不只是深凹，更是深奥，这是一双能看透一切并能忍受一切的眼睛，唯有从这双深奥的眼睛里，我才能读懂外婆一生的风风雨雨。外婆在腰不疼、天不冷时是闲不住的，她会从内屋到厅堂把桌椅抹得干干净净，靠着柱子为鸭、鹅切青菜，拌鸡食，还要照看表哥表姐的孩子。外婆的记忆力惊人的好，我十岁、二十岁的生日，她都清楚记得，买了礼物给我，给我莫大的惊喜。每次我拜年回家时，她会准备好一些软糖、蛋糕捎给我奶奶，令老人家感激不已。

我怀着极大的虔诚来写外婆，人生一次又一次重大的打击，没有使她屈服，仍然以她那半残的身躯，发出微弱的亮光，点燃一颗颗爱心。

有一年夏天，我去探望外婆。吃了午饭后，彩贵姐搬了把竹椅放在药房西门，说这儿很凉快，叫我休息一会儿。

我惊奇地发现另一片天地，门外一条长长的窄窄的小弄，对面一堵青砖残墙，虽年代久远，却线条分明，似乎每块长方形的砖都是一幅空白的画布，任你去涂抹，任你去联想。药橱的背面，紫绛色的漆斑驳脱落，头顶是古铜色毫无光泽的樟木楼板，古色古香，使我如临返璞归真的境界。一时间，鲁迅的三味书屋、陶潜的桃花源、爱丽丝的兔子洞许多奇妙的想象连成了一片……夏日的午后，坐在这儿打个盹，或是睡一觉，该有多美呀！

如今，外婆家的旧屋早已拆除又盖了新楼，药房更是不复存在了。但无论怎样，童年时美丽的梦及我在外婆家感受到的人间真善美，是不会泯灭的。外婆家的药房，将在我记忆中永存。

2017年3月

（注：适逢小姨七十岁生日，翻出旧作，略做修改，谨以此文献给小姨及关爱过我的亲友们。）

▎村里有个石匠会喝彩

以前农村建新房，上梁和归屋要喝彩，一则喜庆热闹，二则为了驱煞避邪、迎吉祈福。在没有钢筋和水泥的农村，建房材料以木质为主，栋梁、柱头、桷椽、门窗、墙壁、楼板、楼梯，都用的木头，因此木匠比石匠的地位更高，唱主角喝彩的是木匠。据说学木匠手艺的人，必须跟师父学会喝彩。

我小时候在村里看过几栋新屋上梁、归屋，喝彩的人却是石匠仕龙师傅，木匠反而成了配角来衬托他。

仕龙师傅喝彩，没有专门拜过师，年轻时听过几个木匠喝彩，把他们的唱词综合起来，有了一套自己的喝彩歌。他中气足，声音洪亮，很快就代替了木匠做主角喝彩，加上他的砌房手艺好，从泥瓦房到砖瓦房，村里人盖房子都请他，那是他最风光的时候。到了钢筋水泥的楼房时代，慢慢不流行喝彩了。仕龙师傅年纪也大了，不便爬高，就退出了这个行业。

我家老屋因成了空心房危房有损秀美乡村形象，要求必须拆掉。老屋建于民国期间，占地四百多平方米，是两进五直有天井的四合院。我在这里度过人生的前二十年，留下太多纯真美好的回忆。现在要拆，万般不舍！在挖掘机推倒老屋的两个多小时里，石匠仕龙师傅自始至终坐在一旁观看，他的眉头打结，脸上写着与我一样的表情。他说："二甲片（老家后蒋村以渊坑为界分成二甲和樟树塘两片）最后一座四合院就这样没了。"他凄然的语气让我差点流泪。他说这栋房屋的石匠、木匠活都很精细，他曾多次到里面观摩感悟。他的手艺比别的石匠好，就得益于在这里找到的灵感。

原来如此，为了排解这个年近八旬老人的忧伤，我们请求听他喝彩。

仕龙师傅即刻答应了，他到堂叔的屋里坐下，喝一口茶润润喉，唱了起来。他叫我们在旁边应和，先唱上梁的彩词：

福也！（众和：好哇！）
手上拿起鲁班斧，新修房屋找梁柱。
此斧是那非凡斧，鲁班先师给我一把金刚玉斧也。
头上四角方，口上两寸半，连头带尾一尺八寸长。

福也！（众和：好哇！）
带领三千旧弟子，各色刀斧上深山。
东边砍倒黄木杉，南边砍倒金丝楠。
中间砍倒桫椤树，一起放在紫金山。

福也！（众和：好哇！）
走水路，九龙盘江。
走旱路，八抬八扛。
风光一路，到了贵府堂下。

福也！（众和：好哇！）
小师傅扒树皮，大师傅量尺寸。
斧子砍来叮当响，刨子刨得放金光。
不短不长，正是一根好栋梁。

福也！（众和：好哇！）

手接东家一把壶，杜康先师造酒酿。

寅时造起卯时香，石匠师傅先来尝。

平时拿酒敬贵客，今朝拿来浇栋梁。

福也！（众和：好哇！）

浇在梁头，万里诸侯。

浇在梁腰，玉带飘飘。

浇在梁尾，发财添丁。

福也！（众和：好哇！）

家有主梁，金玉满堂。

家有主梁，福寿安康。

上梁大计，万事如意。

仕龙师傅唱着唱着，眉头渐渐舒展开，脸上也有了神采，接着又唱了一段归屋的喝彩：

福也！（众和：好哇！）

手上拿起金钟鸡，身穿五彩花毛衣。

此鸡是那非凡鸡，王母娘娘孵的鸡也。

孵起金鸡来报晓，四更五更咕咕叫。

福也！（众和：好哇！）

皇帝听了金鸡叫，急忙起床穿龙袍。

农夫听了金鸡叫，犁耙耕耖田间跑。

此鸡今朝无他用，鲁班弟子拿来出煞用。

福也！（众和：好哇！）
请到鲁班先师，赐我一把金刚玉斧。
从前斧子砍木材，今朝拿来开鸡冠。
开了鸡冠出宝血，出了宝血赶走一百零八煞。

福也！（众和：好哇！）
一打天煞归天府。
二打地煞归地藏。
三打凶神恶煞。
逢山山过，不可损害树木。
逢水水流，不可损害桥梁。
见龙龙戏珠，见凤凤朝阳。

福也！（众和：好哇！）
鸡血点在东，代代儿孙做国公。
鸡血点在南，代代儿孙出状元。
鸡血点在西，代代儿孙穿朝衣。
鸡血点在北，代代儿孙做贵客。
鸡血点在中，九亲六眷长寿翁。
荣华富贵与天长，吹打先师闹洋洋。

我小时候听不懂喝彩的唱词，感兴趣的是喝彩之后的"抛馒头"，匠人在屋顶之上，将馒头、水果糖和粽子抛进人群，让大家去争抢。我们举着筲箕或竹篮，仰头看着仕龙或其他石匠木匠，见他们手往哪儿撒便挤向哪儿。在那个年代，难得有零食吃，遇上"抛馒头"，是多么开心呀。

　　仕龙师傅说他后来做屋，除了传统的喝彩，还要根据东家的实情再编一曲，这样东家欢喜，听众也觉得有新意。他接着唱了自己编的仕兴家归屋的喝彩词：

> 黄泥地曾经是一个墩，现在变成了新农村。
> 好多年轻人晓不得，后蒋仕兴最早在这里开辟。
> 仕兴做的瓦屋不作数，小鬼挣钱拆了又做过。
> 仕兴虽然不太作声，生个小鬼确实蛮有本领。
> 学会补胎挣大钱，拆了瓦屋改做小别墅。
> 补胎收入不太够，仕兴打零工耕田挣点凑。
> 家里堂客养猪搭搭边，一年下来也有上千。
> 男人挣钱女人积，积起做屋好风光。
> 做起新屋红通通，过个年把闹新房。
> 添丁发财步步高，荣华富贵代代传。

　　仕龙师傅回忆起这场喝彩，兴奋不已。他说当时在场的人每听一句，都发出"哇、哇"的惊喜称赞声，并热烈鼓掌。这段喝彩词，不但顺口，还把仕兴开创黄泥地、一家三口的功劳全部概括了。好多年后，村里人还记得仕兴家归屋的喝彩。他说自己过了六十岁不愿干活了，仍有好多人惦记着他，请他做事。此时，仕龙师傅眉开眼笑，把我家老屋拆除带来的忧伤抛到九霄云外。他说一个农村手艺人，活到这份儿上很知足。

　　不知世上有多少人，老了能像仕龙师傅一样坦然无愧于人生。

2018年7月

▌秋至苏家坞

苏家坞是老树的老家，在汪村的东南角，靠近山边，十几户人家，分散在一个小山凹里。常年生活在这里的以老人居多，年轻一代挣了钱，都愿意去汪村街道两旁盖房或去城市买房。

我每次回家，总是远远看到婆婆在大门的廊檐下，她在那里择菜，剥豆，拌鸡食……

房子右边十来米，有棵板栗树，秋天正是板栗收获时期。这棵板栗树越长越高，近几年没人敢爬上树采摘，用竹篙打也够不到，只有等待板栗自然成熟掉落下来。婆婆坐在廊檐上，看到或听到板栗掉下来了，就走过去捡。她穿着胶鞋，先踩着板栗在地上前后碾几下，外层的刺壳便脱落了，再弯腰捡起栗子。两三天可以煮一次吃，煮熟的土栗子特有的芳香，让人闻着就想吃，吃了还想吃。有一天刮风下雨，雨停了我们去捡，一地都是板栗，当天就煮了一大锅。从来没有想过，刮风也有好处的，可以缩短我们等待的时间。

房子左边那栋老的砖瓦房，住了一对年近八旬的老夫妇。他们的大儿子在市区有别墅，小儿子在汪村街道也盖了宽敞的楼房。他们宁愿住在老房子里自食其力，也不去儿子家享清福。他们在院子里养了鸡、鸭、鹅，还有猫、狗和八哥，种了柿子树和茶叶树。柿子树挂满了果，树都压弯了。茶叶树零星开着花，蜜蜂在上面飞来飞去嗡嗡叫。他们春天采茶做茶，一季春茶好几斤，足够喝一年。柿子能卖则卖，卖不出去就切成片晒干，留着慢慢吃。

国庆假期，几个同学跟我来苏家坞玩，她们看中了老人的柿子，每人买了几斤，晒在院子里的黑芝麻也被她们抢购一空。男主人官兴大爷经年累月在地里劳动，还直腰直背，挑着上百斤的东西完全没问题。我们这些上班族，不是腰椎病就是颈椎病，别说担水浇菜了，就是弯腰拔个草都吃不消。常常看到官兴大爷从我家门前经过，有时挑着一担塑料桶，有时挑着一担簸箕，放着锄头和弯刀，每次他家的两条狗都摇头摆尾跟在后面。他家大门前，两块竹篾筛搁在一张生锈的钢丝床上，红辣椒、南瓜干、豆豉果换着晒，还有两个三叉码上架了一根长长的竹篙，他收割回来的芝麻、大豆等都挂在上面。我见证了他把芝麻连秆带叶收割回来再蜕变成一粒粒黑芝麻的所有步骤。先把芝麻秆扎成一小把一小把，两小把连起来放在竹篙上晒，晒了几天，有一些芝麻的蒴果开裂了。老人放一块竹篾筛在地上，再摊一块塑料布，然后小心翼翼地从竹篙上拿下芝麻，在塑料布上方用棍子拍打，芝麻粒和枯叶同时掉下去。老人看看差不多了，蹲下去捡起面上的枯叶。细碎的枯叶与芝麻粒混在一起，用手捡是没用的，只好倒进簸箕里轻轻地筛，碎叶与芝麻粒就分离了。看似简单的操作，虽不用重力但要用巧力，不然碎叶怎么也筛不出来。碎叶在外，芝麻粒在里，用嘴一吹碎叶就飞到地下去了。做完这些活，老人又把芝麻秆重新放回竹篙晾晒，因为还有好多蒴果没裂开。一般要重复晾晒、拍打三次。我问老人为什么不等所有的蒴果都裂开了一次性完工。他笑哈哈回复我：想偷懒是不行的，每根芝麻上的蒴果裂开有先有后，等到所有的都裂开了，先裂开的芝麻粒早就蹦到地上去了。

原来还觉得十几元一斤的黑芝麻不便宜，看了官兴大爷弄芝麻的烦琐过程，才知物有所值。他从下种到收割，还不知要付出多少艰辛呢。老人在庄稼地上种的东西根本就吃不完。婆婆说他们今年卖出一百多个小南瓜，每个四元钱还很抢手，一摆在马路上就被人买走。加上卖辣椒、茄子、丝瓜、芋头等，每年卖菜收入能有两千多元。婆婆摔跤前自己种的菜也吃不完，她觉得几个孩子都有工作，去卖菜会遭人闲话，总是送给邻居和亲戚，现在常有邻居送菜给她。婆婆身体康复后只种了离家最近的一块地，我们不让她种更远的地。她说不种菜的话，大把的时间不知怎么打发，需要种菜来活动活动筋骨。

　　我有时会跟婆婆一起去菜地，感受种菜的辛苦和喜悦。一次去地里挖芋头，一锄头挖下去，竟然有蚯蚓钻出来。好多年没有看到蚯蚓了，近几年叮嘱婆婆不要用除草剂和化肥，只用菜籽饼和农家肥种菜。地质已有明显改善，蚯蚓重新回来了。农家肥种出来的芋头和老南瓜，很容易煮烂。我在超市买的芋头，要先用高压锅压一下，不然很难煮熟。有时我陪婆婆坐在廊檐上，择菜，剥豆。好几次看到一只灰褐色的斑鸠，它总是趁猫狗和鸡不在院子时来觅食，咕咕叫几声，探头看看我们，确认不会受伤害，再低头寻找食物，待不了几分钟就飞走。它慢悠悠踱着步、淡定从容的样子，是麻雀、燕子不曾有的，留给我很深的印象。有时我到二楼看看书，更喜欢站在窗前发发呆。后面房间的窗户对着山上的竹林，微风吹过，群竹摇曳生姿，竹叶簌簌作响。我静立窗前良久，聆听诗意的竹涛声和鸟儿清脆的鸣叫声，渐入忘我之境。前面房间的窗户正对着桂花树，这棵桂花树的树龄将近三十年，未经任何修剪，形状却像一把撑开的大伞。每年秋季开两次花，今年9月下旬第一次开花，先看见花再闻到香，一周时间就谢了。10月上旬又重开了，这次正好相反，前两天隐隐闻到香味，第三天突然就绽放了，满树桂花开放，黄灿灿得耀眼。

花香比上次浓郁，在几十米远都闻得到。花期持续了二十多天，我月底的周末回家，还有桂香萦绕。感觉桂树开花好似演一幕舞台剧，经过一年的酝酿，先排练试演一下，再正式登台进行精彩的表演。

大门前有近千平方米的废墟，是苏家祖先开族建宅之处。二十多年前我初来乍到时，这儿还有几间破败的房子，住了两户人家。还可以看出深宅大院的原型，有两个麻石砌的天井，青砖砌的墙，石柱、石磴都残留着。而如今，这些早已不见，杂草丛生，开着紫色、白色、黄色的花。三百年前，苏氏始祖由福建浦城迁移至此，筑屋安居，繁衍生息，至今已有十几代子孙。人事的兴亡盛衰，繁华凋敝，都成了过眼云烟。始祖米召公的相貌与身世，还有哪个苏家子孙知道？而他在村口种植的两棵樟树，依然高大挺拔，生死相依。

我晚上沿着废墟转圈走了一个小时，可以天马行空胡思乱想，这是在县城没有的好处。在县城，晚上出去走，过马路总是提心吊胆，走到哪儿都是人。这里的老人坚持日出而作日落而息的生活规律，晚上便早早闭门安寝了。经过右边官仁大爷的窗口，劳累了一天的他已发出轻微的鼾声。他养的十来只鸭子，大概不愿意这么早就被关在笼子里，不时嘎嘎叫几声来反抗。官仁大爷今年八十五岁，老伴几年前被牛撞伤至今腿脚不便，家里家外都是他在操劳，要照顾老伴，还种了好多庄稼。他种的菜也吃不完，常把多余的菜送到几个儿子家。官兴大爷家的两只狗安守在大门两边，屋里传出京剧唱腔，不知是电视的戏曲频道还是听唱机发出的声音。我转了几圈后，唱腔就停了，万籁俱寂，唯有草丛里秋虫拖声拉调在鸣叫。

生活在苏家坞的这些老人不看新闻，不知道中美贸易战，外面的世界与他们无关。只希望风调雨顺，庄稼有个好收成，人和家畜不要生病，如此便安好。新农村建设给他们门前浇了水泥路，安装了路灯，他们感恩戴德。《生命中不可承受之轻》里有句话："只要人生活在乡下，置身于大自然，身边拥簇着家畜，在四季交替的怀抱中，那么，他就始终与幸福相伴。"他们亦然，知足常乐，每天享受着简单的幸福。

2018年11月

▌ 情归自然，光照人间

一

时隔十六年，我仍然清晰记得，朋友林芳打电话告诉我她在老家岱山租下两千多亩荒山准备种茶树时，声音中饱含的兴奋与激动。我当初的惊讶与不解，同样至今难忘，以为她是酒后胡言乱语。林芳说她没喝酒很清醒，种有机茶，是经过半年多的市场调查和实地考察才和丈夫雷龙做出的决定。

我国茶叶按卫生质量标准分四个等级，依次是普通常规茶、无公害茶、绿色食品茶、有机茶。有机茶级别最高，生产过程中不能使用任何化肥、化学农药和食品添加剂。

林芳的老家在福建省漳州市华安县沙建镇上坪村岱山自然村，她三岁就离开了这里，跟随父母到江西一大型国企生活，直至读完高中，考入福建医学院医学系。大学毕业后分配在一市级医院，后来下海经商创办了厦门恩泽商贸有限公司。她的丈夫雷龙是河南人，东北大学自动化专业硕士，先后在集美大学教书和厦门一外企任高管。从他们夫妇仅有的简单的履历中，根本看不出投资农业的优势。他们的恩泽公司以经营保健品为主，代理了国内外几家知名保健品公司的产品，有稳定的客户，在东南亚有自己产品的销售网络，生意蒸蒸日上。人们随着生活水平的提高，越来越注重身体保养，保健品市场潜力巨大，前景乐观。这个时候，他们不在保健品行业做大做强，却转移投资到山上搞种植，这到底是为什么呢？

放下电话，我为林芳的转行担忧起来。记得那是 2003 年春节前，随后的电话交流中，我得悉了她种有机茶的缘由，也知道了她执着走这条路遭遇的艰难困苦。每隔两三年，我就会像教徒朝拜圣地一样，去一趟岱山，感受茶园一步步的变化，见证了光照人有机茶的一个个奇迹。

岱山茶园的官方申请注册名：漳州光照人茶业有限公司和漳州光照人有机农场。"光照人"和"3H-Sender"是公司的注册商标。"光照人"意为"光明照耀人间""传承光明和温暖的人"；"3H-Sender"意为"为社会送去（Send）健康（Health）、幸福（Happiness）和希望（Hope）的使者"。

二

林芳天生就是过敏体质，自小对花粉、鸡蛋、海鲜及一些化学物品过敏，经常生病吃药，经历了很多病痛折磨。她发誓长大当医生救自己，找到过敏根源。林芳从医学院毕业后，在医院工作，成为一名心脑血管科医生，她又对消毒水过敏。长期吃抗过敏的药物，导致心律失常。有一次给病人看病时，自己晕倒了，反被病人七手八脚抬去急救室。林芳很失望，当医生也救不了自己，她更担心万一给病人看病时自己再次晕倒，岂不耽误了病人的救治时间。林芳不得不选择离开自己挚爱的医疗事业，辞职下海经商，创办公司经销保健品。她想用保健品调理自己的身体，也给其他身体亚健康者带去福音。然而，保健品的调理，只能改善她的过敏症状，不能根治她的过敏体质。

2002 年夏天，林芳到马来西亚旅游，经朋友引荐，拜访了一位非常有名的老中医。这位老中医告诉她喝有机茶可以治好她的病。

"《神农本草经》里有句话: '神农尝百草, 日遇七十二毒, 得荼而解之。'荼就是茶, 亦即自然状态生长的茶, 现在称作有机茶。常喝有机茶, 回归食物最质朴的本源, 你的过敏病症就会痊愈。"

林芳离开马来西亚前, 几个华人朋友也委托她在国内买一些有机茶。回到福建, 她立刻去为自己也为朋友购买有机茶。走遍厦门、漳州、福州的茶叶市场, 满大街都是茶, 竟然没有一家销售有机茶。

接着, 林芳马不停蹄到乡村种茶基地去寻找, 她告诉茶农, 有机茶的种植, 必须完全使用未受污染的有机肥, 并采用自然方法防治病虫害, 就是回归传统的种植方式, 不能用除草剂、化肥、杀虫剂。

"你这个上哪儿去找? 这都是理想化的说法, 不喷药, 虫子早把茶叶吃光了。""如今不施化肥、不打农药哪能种出茶? 不用除草剂, 谁有那个闲工夫去拔草?"那些茶农都用异样的眼光打量个子高挑、皮肤白净的林芳, 觉得这个不识人间烟火的书呆子简直是痴人说梦, 异想天开。

花了几个月做市场调查, 疲惫不堪的林芳又忧又喜。忧的是没有找到有机茶, 喜的是看到了背后的商机。在她看来, 有市场没产品, 就是一个绝佳的机会。

一旦决定就勇往直前的林芳, 在网上搜索查阅有机茶的各种资料, 把福建农林大学茶学系本科四年的教科书全部买回来, 像高考冲刺般争分夺秒啃这些书。在理论上对有机茶的园地选择、种植环境有了初步了解后, 她租下老家华安县沙建镇上坪村2380 亩的岱山。这座海拔 500 米—800 米的深山, 峰峦绵延, 空气清新，水源丰沛，常年云雾缭绕，远离城市、工业园、交通干道，周围也没有农田、果园、常规茶园等，正是最佳的有机茶种植基地。

三

2003 年春天，林芳请来师傅，用挖掘机推开了一条八公里长的山路。摩托车、手扶拖拉机终于可以开上岱山了。

通路后，林芳请来专家勘察规划。专家预测，至少要投入千万资金，至少要三年时间才会有产出。这个估算，远远超出他们夫妇的想象。那个时候，他们的全部家底只有五百万元，原是准备在厦门买别墅的。他们商量找合伙投资人，林芳请来有投资意向的马来西亚商人上山考察，这个富商原本计划出资一千万做有机茶事业。从厦门机场到华安县沙建镇上坪村，四个多小时车程的颠簸让他疲乏，从上坪村到岱山，弯曲的黄泥路让他心生不安。偏僻的荒山，一切从零开始，遥远漫长的盈利之路，希望太渺茫了，他失去信心，选择退出。马来西亚商人走后，林芳夫妇又游说生意圈里几个有钱的朋友来山上投资。车子开到岱山脚下，必须徒步上山，或坐村民的摩托车、三轮车上山。有人望而却步，转身离去；有人勉强坐村民的摩托车上山看了看，面对不通车不通电的荒山野岭，看着瘦高单薄的雷龙、白净柔弱的林芳，朋友好心劝他们放弃，及时收回租赁合同，只会亏一点点钱，要知道改造荒山是无底洞，到时会倾家荡产的。

虽然对有机茶只有一些理论上的认知，但种植有机茶的目标，林芳夫妇非常一致。原以为可以把厦门的公司转让，夫妻齐心协力在岱山开创新天地。在找不到合伙投资人的情况下，他们有了新的思路，投资农业不能急，得慢慢来，可以分批开垦荒山。他们也有了明确的分工，雷龙继续打理厦门的公司，盈利用作茶山后期的投入。林芳把主要精力放在山上，她会说当地方言，更容易跟村民沟通。

具体落实到种植有机茶的第一步——深挖茶园上，夫妻间暴发了相识以来最大的一次争执。雷龙看别人开梯田都是用挖掘机挖的，那样又快又省钱，便联系了挖掘机开上山准备挖茶园。林芳对着雷龙发火了。她只知道用挖掘机开垦的梯田，水土容易流失，不能做永续的种植，与她的理念不符，但是她又不知道有机茶园到底应该怎么开垦。

林芳到漳州市林业局请教林业专家，得到的答案是："高山有机茶园不能用机械开垦，最好是用人工来挖。用挖掘机的话，地表会受到很大的破坏，要不了几年就塌陷了。"

林芳上网搜索高山梯田的图片，她被贵州的梯田吸引了，那种梯田是人工一锄一锄挖出来的，那种一层层垒起来的田埂，才是她想要的。林芳动用了她所有的关系，最终跟贵州一个偏远的山村取得了联系。

2004年春天，林芳派人从厦门开了一辆大巴车去贵州，带回38个民工。他们在山上安营扎寨，住在简易的板房里，起早贪黑，埋头苦干。沉寂的岱山热闹起来，满是灌木丛的荒山，一点点变化着，渐渐呈现出梯田的模样。他们一锄一锄地挖，一层一层地垒，用一年半时间开垦出380亩茶园。当然，这也让林芳夫妇体会到种有机茶的高投入。算起来，用人工开垦一亩山，大概花费两千多元，而用机器开垦的话，二三百元就够了，并且机器开垦时间短、速度快。

在民工开垦茶园的同时，当地的村民在山上种树。种下沉香、降香黄檀、相思树、金丝楠木等珍贵树种。

种茶之前先种树，这个方案也是漳州市林业局的专家提出来的。多一些植物相生种在一起，形成良性生物链，吸引各种鸟类、青蛙、瓢虫等有益生物，为茶园驱避虫害。另外，名贵树木也为茶树提供精华，令产出的茶叶更具营养价值。

开垦茶园，建设灌溉系统，种树，几乎同步进行。山泉水作为灌溉用水，可以四通八达引向茶园的每个角落。

种茶之前，要先施基肥。林芳在当地收购了一些猪、牛、羊粪等农家肥，拿去检测，竟然重金属超标。当地的猪、牛、羊，主要吃饲料，很少放养吃野草。这种饲料，可能含有重金属、农残，也可能含有转基因的东西。猪、牛、羊吃了后，通过粪便排出来，这样的肥料会造成污染。林芳只能舍近求远，又动用她所有的关系，与遥远的内蒙古大草原牧场联系上，长期购买那里的牛粪羊粪做肥料。内蒙古的牛羊，吃大草原的草，没有任何污染，其排泄物中的有机质含量更高、更丰富。这些肥料，一路来之不易，先用大货车从内蒙古运到天津码头，换船，从天津码头运到漳州码头，卸下来，再用大货车运到山下的沙建镇，再换三轮车或小拖拉机拉上山。这样的长途跋涉而来，运费比买肥料贵多了。

茶园的完美生态环境建成后，才于2006年正月种下第一批茶树。

四

功夫不负有心人，2006年种的茶，2007年春天就可以开采了。采茶之前，林芳、雷龙更是忙得不亦乐乎。他们租下沙建镇粮管所的房屋及大院，按照有机茶加工厂的标准进行改造，采购做茶的一整套设备，聘请有经验的做茶师傅……所有这些，都必须在4月上旬之前安排妥当。

采茶，做茶，经过近一个月的忙碌，终于收获了第一季茶。林芳从此喝上自己种的茶。

望着丰收的茶，夫妇俩很欣慰。可是，当时市场对有机茶的认识还不充分，他们想把茶批发给茶叶店，那些茶叶店的老板看了他们的茶，都不敢接受，问道："你的茶怎么这么怪？颜色怎么是黄的？别人的茶都是绿绿的。"茶叶店的人品茶，主要闻茶香不香，看茶绿不绿，他们认为这个茶肯定哪个环节没做好。

耗费了大量的人力物力，种出真正的有机茶，却得不到市场的认可，经济一下子陷入困顿。但是他们还得咬咬牙，一步一个脚印，按有机茶的必经之路走下去。

福建农林大学茶学系的教授告诉林芳，有机茶不是自己说了算，必须经过国家指定的机构认定，颁发认定证书，在包装上要注明"有机茶"，还要贴有机茶、有机食品专用的防伪标签。他们请来国内最专业、最权威的有机茶认证机构——中国农科院茶叶研究所有机茶研究与发展中心（又名杭州中农质量认证中心）的有关人员，对"光照人"有机茶进行认证。通过了认证，就算获得了官方的认可。

2007年7月，漳州光照人茶业有限公司出品的铁观音茶，顺利通过了杭州中农质量认证中心的有机茶认证。

获得有机认证后，得到了有识人士的认可，销售量逐渐上升。随后不久的一天，茶厂来了一位不速之客，这位老先生提出的要求，在雷龙与林芳间掀起了一场风波。

"你们两个傻孩子，不要去找什么市场了，卖茶很难的。干脆全部卖给我，什么条件你们提。一年多少产量多少钱，我把钱先给你们，然后把你们的厂房重新修缮。"

说这番话的是一家知名的大型茶企的董事长，老先生对茶园环境、管理都很满意，他非常看重"光照人"获得的国内有机认证。老先生的话一说，林芳心动了。如果答应了这样的条件，雷龙不用去外面开拓市场，可以在山上帮忙管理种植。她就可以腾出身来，多跟孩子生活在一起。

相对于林芳的激动，雷龙倒冷静得多。"这个不行。我们做有机，是投入了大成本的。我们的肥料，是从内蒙古那边运过来的，那么远，成本很高的。如果哪天告诉我们，行情不好，价格压得很低的话，怎么办？我们又没有别的客户。"雷龙说他也累，但想做真正的有机茶，必须高投入。一旦压低价格，就没办法实现真正的有机，就违背了他们夫妻这么多年付出的初衷。

"我们再挺一下吧，再挺一下就挺过去了。我有信心让消费者越来越多了解我们，相信我们。"雷龙拥着林芳，安慰她的声音几近哽咽。在最困难的时候，雷龙一度靠借高利贷维持公司的周转。

为了打开销路，雷龙开始参加全国各地的茶叶展销活动。他从河南老家叫来妹妹帮忙，把保健品公司全权委托给妹妹经营。

五

古谚云："春茶苦，夏茶涩，要好喝，秋白露。"秋白露，就是秋茶。

白露时节，秋茶临近采摘，是虫害最凶猛的时候。根据害虫具有的趋黄性、趋光性等特点，林芳安排员工在茶园内插上黄板和悬挂太阳能灭虫灯，还买来大量的红辣椒，捣烂，浸泡成辣椒水，用来喷洒。灭虫灯、粘虫板、辣椒水，一样样都试过，还是控制不了虫害。林芳电话咨询技术顾问，得到的答案也是这些。众所周知，有机茶种植最大的困难就是驱除病虫害。林芳白天站在茶园里，哭又不敢哭，晚上一个人的时候，躺在宿舍床上翻书，又找不到答案，她泪流满面，痛哭流涕。深夜，她手足无措，默默向上帝祈祷。

"林芳，你是不是把问题想得太复杂了？很简单啊，对付这个虫子用药一喷就可以了。"员工比林芳年长，不叫她董事长，而是直呼其名，有话直说不绕弯子。林芳当然不能听从员工的话，她坚持不用杀虫剂，只得安排人工捉虫。林芳一直在给员工灌输有机的理念。

林芳还从严要求做茶的人把手洗干净，把外衣、鞋子换掉，女孩子到茶厂做事时不能用化妆品、香水。很多员工认为她太较真，对她有意见，周边的乡邻也对她有意见，因林芳怕自己做有机茶的设备被污染，拒绝了他们借机器做非有机茶的请求。面对这些，林芳不以为意，她说："我一旦决定做有机茶，就要做到极致，用最好的方式完成它。"

因不打农药，茶园里带虫眼的茶叶很多，直接影响了茶叶的采摘量，产量不及春茶高，但品质让林芳相当满意。秋茶收获后，劳累了二十多天的林芳，终于可以放松一下。国庆节，她去福州参加医学院的同学聚会。

"一看满桌的海鲜，我傻眼了，心想糟糕，明天肯定满身起包。奇怪，第二天一切正常。同学聚会，我还喝了一点酒，怎么没有一点过敏症状？聚会结束回到厦门，我把自己以前一碰到就过敏的东西全都买回家，亲自操作，煮了一大桌，试验一下是否会过敏，结果没过敏。我高兴得大哭。"

自己耗费了五年心血种出的茶，居然真的治好了自己的病。林芳感受到一种从未有过的欣喜，她迫不及待地要把这份健康的礼物送给更多的人，她与雷龙就下一步如何生产、如何销售、如何推广做了详细的规划。

林芳希望自己的"光照人"有机茶能够给社会带来正面的影

响和号召力，像一盏灯一样告诉所有人有机的方向是对的。在林芳夫妇的带动下，一些家庭种茶户也开始用太阳能灭虫灯、粘虫板等有机的办法来控制病虫害。

六

曾有人到雷龙办公室推销他们的高科技新产品，说他们的产品非常畅销，加在茶叶中，农残检测不出来，他们还有添加剂，可以让茶汤又好看又好喝。

雷龙深恶痛绝这些自以为聪明的商人，他们蒙骗消费者，让人真假难分。不欢而散时，推销人员讥讽雷龙："你真傻，太落后了，信息闭塞，不懂变通。"

在雷龙看来，有机这个行业最应该是透明的和正义的。他提出了一个概念叫"有机销售"，就是遵循自然规律，靠产品的高品质和优质的服务来赢得顾客，而不是靠广告吹牛、贿赂、玩乐去赢得顾客。"有机"不是一门生意，而是一种价值观。"做一束亮光照亮别人。虽然很微弱，但至少是黑暗中的一束亮光。"雷龙说，之所以把品牌取名为"光照人"，正是出于一种自我激励。

山上通电后，雷龙陆续引进国际上最先进的可视农业技术、RFID 物联网溯源体系和防伪技术，消费者可以在全球任何地方通过网络登录光照人官方网站对有机农场进行实时监测。

从采青到加工、包装、销售的每个环节都严格按照标准和规范操作，每个批号都有详细记录，确保了"从茶园到茶杯"的全程质量跟踪和控制。

在澳门展销会上，雷龙认识了一位很有实力的香港茶叶代理商夏先生。香港有很多免税商场超市代理国内外有机食品，夏先生正是这些有机食品的总代理。

2008年春夏之交，夏先生相约到岱山看茶园。在这个多雨时节，岱山用暴雨来迎接夏先生，他在山上摔了好几跤，身上都是泥巴。雷龙担心这场暴雨冲走夏先生代理有机茶的信心。不承想夏先生看了茶园后很开心，他说这几年一直接触有机农产品，但有机农产品真假难辨。他到光照人茶园来考察，看中的就是这一点。他发现这里是真正的有机茶园，这让他很高兴。马上签约代理了光照人有机茶，在香港销售。

然而在香港商场上架不到三个月，9月的一天晚上，夏先生电话告知光照人茶叶下架了。因为中央电视台报道三鹿奶粉公司为了在检测时提高蛋白质含量，把三聚氰胺加入婴儿奶粉中，香港商场里中国大陆生产的食品全部下架，进行抽样检测。

一个月后，香港方面的检测结果出来，光照人的三批茶样全部合格并且符合有机标准，产品被重新上架。此后销量大增，坏事变好事。

2009年5月在西安茶博会上，雷龙把光照人的有机茶和资料摆出来。有一个欧洲人逛到光照人的展区，看到有机茶，眼前一亮。"噢，有机，organic，very good！"他对雷龙竖起大拇指，态度非常尊敬。那一刻，雷龙受到非常大的鼓励，他想应该让产品走向国际。

外国朋友对有机茶的热爱，让雷龙喜出望外。要想把自己的有机茶卖到国外，最好的方式就是要取得国外的有机认证。雷龙首先申请了欧盟的有机认证，因为是第一次申请国外认证，雷龙并没有做什么准备，认证人员检测的就是他们茶园最真实的状态。欧盟有机认证机构对光照人产品先抽样，再拿到全球著名的瑞士IMO有机认证中心进行检测。包括对182项农残和除草剂的检测，全部未检出。2010年1月，光照人有机茶获得欧盟有机认证。雷龙、林芳乘胜追击，2010 年 11 月获得美国有机认证。2010 年 12 月获得日本有机认证。2010 年 12 月取得出口自主权，光照人有机茶销往全球三十多个国家。

　　欧盟、美国、日本有机认证的获得，让光照人有机茶在国际市场有了知名度。2011 年，雷龙受邀参加第 17 届世界有机大会。世界有机大会每三年举行一次，是有机行业最高级别的会议。第 17 届于 2011 年 9 月 26 日至 10 月 5 日在韩国首尔召开，由国际有机农业联盟和韩国政府共同举办。"作为中国的农场主代表，参加这样的会议，成为特邀嘉宾，就只有我一个人。到济州岛下了飞机，就有专车来接我。那一刻我很自豪，觉得做有机农业得到了重视，得到了尊重。"雷龙关于有机茶园的论文被大会录用。此后在土耳其伊斯坦布尔、印度新德里召开的第 18、19 届世界有机大会，雷龙都应邀出席了。在第 19 届世界有机大会上，光照人农场作为全球有机茶的领军企业受到表彰，雷龙在会上做了典型发言。

七

　　林芳没有止步于光照人取得的荣耀，不断思考研究，慢慢探索出一套切实可行的种植管理方法。

　　林芳仔细看了茶园的四周，觉得奇怪，员工可能疏忽了角落里，没有把草拔干净，那里的茶叶有一点点被虫吃过的痕迹，反而长得很好。有了这个发现后，她想把青草留下来，当除虫帮手。林芳决定用一部分茶园做对比，不让员工去拔草，看看茶叶能否长得更好。然而，她的这个决定遭到很多人反对。员工都是当地人，纯朴善良，又有很丰富的种茶经验，他们担心草会吸收营养，茶没有收成，总是背着她偷偷摸摸去拔草。因为这件事，林芳和员工争执过很多次。雷龙也很反对，他说："我要经常带客户到茶园，这乱七八糟的草长得都看不见茶了，你到底是在种茶还是种草？客人问起，我都不知该怎么回答。"

面对里里外外的压力，林芳还是坚持自己的观点。在林芳的坚持下，后来达成一致：只留一个山头做实验，员工不去那个山头拔草。那个山头的草留了下来，林芳一有空就往那个山头跑，细心观察，并亲自咀嚼茶和草的嫩叶进行对比，终于弄明白了茶叶的头号害虫茶尺蠖，吃草不吃茶的原因。虫子爱吃植物的汁，而且特别爱吃植物嫩叶的汁。茶的生长周期要两个月至两个半月，草的生长周期短，各种草生长速度不均匀，总是有嫩草长出来，虫子有嫩草叶吃，自然就把茶叶冷落在一边。草分散了茶丛里的害虫，茶叶就长得又绿又亮。试验成功后，全部茶园不再人工拔草，省下人工费，茶叶的产量还更高。后来又在茶园散养了上千只鸡捉虫，再也不需要插黄色粘虫板、悬挂太阳能灭虫灯、喷洒辣椒水了。

林芳在有机茶加工制作中，也不断进行探索和研究，除了有传统的清香型铁观音和韵香型铁观音，她还用铁观音茶叶做出了红茶，这在国内是首创。她在网上搜索出滇红、祁门红、正山小种等几种红茶的制作工艺，仔细研究，吸取各自优点，结合铁观音茶叶的特性进行改良，一次次试做，尤其对发酵的时间、烘焙的温度进行反复调试，终于得到了恰好的数值。出品的光照人有机红茶，入口清甜，韵味足，回甘好，久泡不苦涩。熟读《本草纲目》的林芳还古为今用，参照书上蜡茶的制作方法，将春茶用冬天的蜂蜜炒制，制作出一款冬蜜茶。空腹喝下这种茶，有很好的调理脾胃功效。

CCTV-2《生财有道》节目推出"从深山走出国门的有机茶"和"生态山水间的有机财富"，CCTV-7《科技苑》节目推出"种树、留草、放鸡进茶园"，CCTV-9 纪录片《守望》，2012 年开始，央视持续深入对光照人茶园进行播报。此外，《中国经济周刊》《法治周末》《有机慢生活》等报纸杂志都专题报道了光照人有机茶园。2011 年，光照人公司被全球有机行业权威认证组织——国际有机农业运动联合会（IFOAM）接收为会员单位。2012 年，中国科协、财政部和妇联、科技部、农业农村部，分别授予光照人农场"全国科普惠农兴村先进单位"和"全国巾帼现代农业科技示范基地"荣誉称号，林芳当选为福建省政协委员。2013 年，公司成为福建省农业产业化省级重点龙头企业。2014 年，林芳获得"全国三八红旗手"荣誉称号……

<h2 style="text-align:center">八</h2>

　　这些年来，林芳通过各地经销代理商反馈，了解到有很多慢性病的消费者，喝了光照人有机茶后病症慢慢消失了。每次听到这样的消息，林芳都很高兴，欣喜之余，她想到自己的过敏症和女儿的哮喘病，都是通过喝有机茶调理好的。有机茶真能治病吗？

　　带着这个疑问她查阅了很多古籍，发现茶最早是为药用。华佗、张仲景、孙思邈和李时珍等古代名医都用茶来治病，《神农本草经》《千金方》《本草纲目》等医学古籍中，都记载了茶叶的功用，主要有生津止渴、清热解暑、安神益思、消食解腻、和胃止泻、利尿通便、明目洁齿、杀菌解毒等功效。唐代大医学家陈藏器在《本草拾遗》一书写道："诸药为各病之药，惟茶为万病之药。"足见茶之药效卓著。茶叶有普遍的防病、治病功能，所以饮茶成了中国人居家过日子的"开门七件事"（柴、米、油、盐、酱、醋、茶）之一。林芳决定将传统茶文化发扬光大，做茶疗的传承者和践行者，给人类带来健康。

山上接待中心建成后，浙江大学有机文化研究室副主任、中国有机公益推广第一人胡删女士，在光照人有机茶园举办了为期十天的"有机生活·爱的希望"公益学习班，有几十个癌症患者来参加活动。他们在这里吃有机果蔬，喝有机茶，呼吸新鲜纯净的空气。学习班结束后患者感觉良好，他们买了有机茶带回去继续喝，并坚持吃光照人农场配送的有机蔬菜。三个月后去医院检测癌症指标甲胎蛋白，有人下降了很多，有人甚至恢复到正常值了。

有机茶对人类健康有这么神奇的效果，而一些中药的疗效却不尽如人意，林芳反思这个问题，觉得是中药材种植使用了化肥、除草剂的缘故。现代农业所用的化肥、农药，给土地带来太多的伤害，使农作物农药残留、重金属超标。研究发现，重金属和农药残留将导致人体细胞衰退、变异，变异的细胞会形成癌细胞，如果变异的细胞生长过快、生成过多，就会形成癌症。

"有机茶对人体的修复和帮助，让大家反思一个问题，中药必须回归有机种植，种在干净的土壤里，吸收真正的有机质，才能形成它有效的营养物质，才会有好的疗效，我国中医才有光明的未来。所以有机茶的意义还在于，不仅重新发掘和回归茶的药用价值，更重要的是带动中草药材回归有机种植。这是一个使命，让政府、民众有这样的意识，吃的五谷杂粮、喝的茶，要有机种植，治疗疾病的中草药材，更要有机种植，才可以使人类有序维持生命健康。

"事实上，这些年来我们已经积累了几千个帮助病人恢复健康的案例。有些已经被医生放弃了的病患，通过喝有机茶重新唤起了生的希望。这些真实的案例让更多人受到启发，愿意尝试用光照人有机茶来解决身体的困扰。

"茶本是药用的，治疗疾病和帮助恢复健康。陆羽的《茶经》把茶从药用引导到日常生活礼仪待人接物上来，怎么煮才煮得好喝，怎么煮才色香味俱全。我现在把茶的药用价值发挥出来，是非常有意义的。不是为了礼仪，也不是要好的口感，而是用茶来维护健康的需要。"

这是林芳在接受媒体记者采访时说的话。说起这些，林芳相当笃定，眼神含着自信的光芒，流露出专注、执着、坚毅和果敢。像林芳这样执迷于"神农氏时代的茶"，将茶还原帮助人们恢复身体健康，应用、发挥到极致的，目前世上还没第二人。

"奋斗新时代，致敬改革开放 40 年，致敬企业家！"2018年，国家精选出 100 名优秀中小企业家予以隆重表彰，光照人公司是大健康领域、生态有机农业唯一的企业代表。11 月 23 至 24 日，林芳应邀到人民大会堂参加第 13 届全国中小企业家年会，并接受表彰。同样可喜的是，光照人有机茶被推选为本次大会伴手礼，将爱与健康传递给每位与会代表。林芳在颁奖大会上发表了精彩演讲。

成就如此辉煌，林芳在人民大会堂接受表彰时，却是那样谦逊："现在的成绩，只代表对我们过去努力的肯定，今后要把有机农业做得更好，让更多人受益，才不辱使命。光照人将致力于大健康产业方向不断前行，把健康之光、幸福之光、希望之光传递给更多的人，让有机之光洒满人间。"而她的丈夫雷龙更是质朴低调，记者问他："把一座名不见经传的荒山，改造成闻名全球的有机农场，有什么感想？"雷龙淡淡地说："只是觉得我们夫妻十几年来还是做了一件正确的事，学会尊重自然，感恩自然。"

2018年12月

▌ 养蜂的叔叔

舅公家在煌固镇炉里自然村，屋前有池塘，屋后靠青山，真正的依山傍水。他家侧门两边悬挂着圆木桶，附近的菜地和杉树林里摆了几只方箱，蜜蜂飞进飞出。我小时候去舅公家，总是好奇又畏惧。看到蜜蜂扑在桃花、梨花、油菜花间采蜜，我也偷偷采下那些花儿躲进屋里吸吮，并没有蜜。我很奇怪为什么蜜蜂吸吮了就能在蜂房里酿出甜甜的蜜来，很想看看蜜蜂怎么酿蜜，又怕近距离被蜂蜇，每次都在纠结中留下小小的遗憾。然而让我欣喜的是，到舅公家能喝上一碗蜂蜜水，在那个白糖都要凭票供应的年代，这是多么难得多么幸福的事。

舅公的三个儿子，只有老大凡炎叔叔跟他学养蜂。叔叔年轻时当过兵，从部队回来后在基层工作。退休前试着养了十来箱蜂，收获的蜂蜜供家人食用或馈赠亲朋好友。叔叔退休后，除了养蜂，还养猪。养猪的收益不错，只是污染环境。这些用饲料喂养长大的猪，他自己都不吃，后来就干脆关了养猪场，一门心思养蜂了。

叔叔借鉴舅公多年积累的养蜂经验，扩大养殖规模，精心培育新的蜂群。几年下来，已有六十多箱蜂。有次我到叔叔家，他正站立一箱要分群的蜂旁边，准备收捕。他清楚地观察到分蜂王台即将成熟，估计当天就会分群。我们正聊着天，突然那只箱里的蜜蜂一窝蜂涌出来，在箱口旋转了十几秒，抱团飞逸。叔叔赶紧端起一头绑了细密网袋的杆子，去追随那群蜂，六十多岁的人像十六岁少年般敏捷，跳跃，奔跑。我和几位亲友顺着叔叔奔跑的方向走了十来分钟，见他站在山坡的矮树丛中喘气，那群蜂已被他收进网袋。回到蜂场，叔叔看见网袋里有蜂王就安心了，抖进事先装好巢脾的蜂箱，让它们重新安家。

我周末回老家，喜欢去叔叔家走一走，学点养蜂及鉴别蜂蜜的知识，也听叔叔讲讲在乡政府工作期间的往事。叔叔做了多年的基层领导，处理过很多棘手的事情。他那些处事方法是书本上学不到的，让我受益匪浅。

2020年5月，叔叔得知外地的蜂农因为疫情没有转场到大茅山，他雇了大卡车，在一个深夜把所有的蜂箱拉去大茅山安营扎寨。这里有大量野生的山乌桕、山杜英，还有黄荆、栀子、扶桑等，是初夏非常好的蜜源。从5月下旬到7月中旬，叔叔和婶婶一起驻扎在大茅山，取蜜那些天请了好几个帮工。收获蜂蜜近三百斤，破了夏季收获纪录。这一年，很多人都过得不容易，而养蜂的叔叔却顺心顺意，收获满满。秋冬季连续多日天晴，蜂场周边山上的枥木花和茶树花开得很好，叔叔又收获了一百多斤冬蜜。他说如果全部摇出来，应该有二百来斤，留下一些蜜蜂过冬食用。已有五年没收获冬蜜了，这几年秋冬时雨时晴，蜜蜂只采了少量的蜜，刚够过冬食用。前些年收过十几斤冬蜜，都舍不得卖。冬蜜是上等好蜜，以前是南方的贡品，给皇帝享用的。

叔叔空闲下来，常陪舅婆到户外看看风景。他这个已做爷爷和外公的老人，推着母亲闲逛时，还露出少年般快乐而羞涩的笑容。舅婆今年96岁，舅公在93岁那年去世，两人是村庄里唯一一对"90岁"夫妇。他们的长寿，是否得益于经常喝蜂蜜？

节假日，叔叔的子女带着孙辈回村，一家四世同堂。舅婆坐在靠背椅上，叔叔的女儿给她梳头。叔叔含饴弄孙，冲泡蜂蜜水给孩子们喝，他蹲下来让小孩子亲他的脸。我很少见到这么其乐融融的场景，好生羡慕。退休生活的理想状态，莫过于叔叔这样吧。

2020年12月

▌ 漫步饶城

上饶是个有山有水的小城。城区东南部的云碧峰森林公园，面积有一千多公顷，森林覆盖率达 85% 以上，古木参天。穿城而过的信江河，碧波荡漾。我们漫步在山水相依的饶城，流连忘返。

暮春的小雨淅淅沥沥下着，微雨的江畔该别有一番意境吧？我们相约去信江河畔看看。

走上步行桥，放眼一江雨幕，烟波缥缈，两岸的建筑鳞次栉比，一虚一实，相得益彰。各色花伞在桥上舒缓舞动，有种飘逸和浪漫的美感。

平常在江畔娱乐、锻炼身体的中老年人不见了，有点冷清，我隐隐听到了雨丝与树叶摩挲的声音。岸边一排樟树，一排柳树，延绵几千米。我曾跟外地的朋友谈起它们，说樟树像男人，威武挺拔；柳树像女人，婀娜婆娑。二十多年前我在上饶读书时，它们就存在了。后来种植的这些观赏花草树木，则像孩子围着它们，争奇斗艳，各具风采。朋友听了开心大笑："有机会去上饶的话，一定要去看信江岸边的'男人''女人'和'孩子'。"

一阵风吹过，樟树叶子你追我赶地飘落下来，我们不由得停下了脚步。

"一地落红，满树新绿。这些叶子多像去赴一场盛大的狂欢舞会，在生命的最后一刻，它们还是这般辉煌和快乐。"

我以前看到樟树在春天落叶，总有一丝悲怆之感，似乎看到男人在哭泣。你诗一般的语言，让我醍醐灌顶。

那天下午，我正在看讲述普通人初恋情感故事的纪实文学作品集《我的初恋》，想从这些原汁原味的故事中受点启发，为构思中的小说女主角安排一场完美的初恋。

你来电话约我傍晚去森林公园登山。欣然应允，我喜欢呼吸山林里纯净的空气。如约来到森林公园门口，我们携手上山。上去的人没几个，下山的倒不少，有一伙人看看我们，其中一个小声说："这两个女子蛮胆大，天快黑了还敢往上爬。"

暮色苍茫，清风飘逸。你很喜欢这种氛围，夏天登山还是傍晚更好，早晨人太多了。

鸟语寂寂，山林悄悄。我们用沉默替代未尽的语言，而你常常能在我的沉默中读出更真切的信息。

"想什么？又在构思文章了吧？"

我笑笑不置可否。

"别想那么多，出来了就好好放松。"

这时脚下的山道从石阶换成了木阶，你建议我们脱掉鞋子赤脚走。

"据说这些台阶每平方米造价至少五千元。"

"那我们更应该脚踏实地感触这么昂贵的东西了。来，比谁走得快。"

于是我们手里提着鞋子，赤脚快步往上赶，终于累得喘不过气，靠着蘑菇亭的柱子坐下休息。喝了点水，缓过气来，你突然起身，伸开双臂，嘴里用力大呼"啊——"这个时候，年龄从你身上消失，你像一个顽皮的孩子，不曾也不会老去。

"跟你在一起感觉真好！"

"下次我们结伴去一座陌生的城市旅游怎么样？"

"行呀，最好是文化气息较浓的城市。"

"我们找一处洁净的小旅店住下，买一份地图，敲定要走的线路，于是我们没有目的却很有方向地在陌生的城市边走边看，驻足书摊画廊，流连精品屋服饰店。累了，找个咖啡馆或茶庄，坐下来谈谈一路的观感，毫无顾忌地评价这座城市。我们不定行程，兴止而归。"

"对，我们去过了，看过了，然后离开，就像徐志摩诗里写的：悄悄地我走了，正如我悄悄地来，我挥一挥衣袖，不带走一片云彩。"

我们沉醉在这么潇洒又浪漫的幻想中。上弦月淡淡的清辉弥漫在四周，树叶瑟瑟作响，和着一两声蟋蟀的微鸣，松影摇曳，山谷幽远。

你问我跟你在一起有没有冒险的感觉？我摇摇头说没有，我想告诉你有种初恋的感觉但没有说。

忽然明白小说中女主角的初恋该怎么写了。初恋不一定会有结果，但可以用来回忆和珍藏。

那个深秋的周末下午，我们到双塔公园散步。双塔公园依托奎文和五桂两座明清古塔，沿江建有一千五百米的景观带。

从奎文塔边的圆形门进入，那些枫树，片片红叶簇拥着，鲜艳夺目。曾经多次来过这里，枫叶正红还是第一次遇到，真的很美！那棵银杏，树上挂着稀疏的青黄相间的叶子，更多的叶子落在修剪过的草坪上，似一幅天然去雕饰的图画，又似一只只飞累了的蝴蝶在休憩。落叶，没有萧条之感，却有宁静之美。

游人三三两两。一对头发花白的老年夫妇，坐在木椅上眯着眼听越剧，太阳照在他们脸上，安详得近乎神圣；两个小女生靠在一起看《最小说》，她们吃着零食，果壳丢进自己带来的垃圾袋里；摄影师为拍婚纱照的新人取景；年轻的母亲扶着孩子学步；还有下棋的、钓鱼的，更多的人像我们这样只是随意走走。

"你看，那几棵光秃秃的树，参差不齐的树枝像铺了霜一样呈银白色，简朴而凝重，很有韵味。"

"你看，这些麻雀竟然不怕游人惊扰，在竹丛里翻腾得多欢！"

十几只水鸟一字排开，轻盈的身子掠过江面，一晃从视野中消失，正如"惊鸿一瞥"。

两个从公厕出来的外地人说："上饶公园连厕所都这么干净，真不简单。"

我们不知不觉走出了双塔公园，你约好还要到茶厂路看望一个生病的初中同学。时间尚早，我便陪你一起去了。

你说初中毕业后就跟这个同学失去了联系，只是听别的同学说他原先在深圳打工，或许工作压力大，得了精神分裂症，现在家休养。学过医的你觉得应该去看看。一个近二十年没往来的同学生病了还让你牵挂，我突然有些感动。

你仔细询问了同学的情况，认为他的症状很典型，叮嘱他一定要按医嘱吃药，不能随意减药、停药；注意饮食，忌吃辛辣；远离拥挤嘈杂的地方……担心他记不牢，你又把这些话写在本子上，一并写下自己的联系电话，还把电话告诉他的母亲，说假如同学发病需要帮忙可以跟你联系，毕竟你对医院更熟悉。

临走，你的同学说："我以前一直以为医生骗人，吃药时断时续。既然学过医的老同学也确认我得了精神分裂症，那我就不用怀疑了。"他释然地笑笑。

回家路过绿野春天小区，我看见水渠里一朵睡莲悄然绽放。它是居住在水乡泽国的仙女，被视为圣洁、美丽的化身。身边的你多像这朵洁白的睡莲。

我们一致认为，滨江西路的名典咖啡语茶，是休闲的最好去处。曾经去过赣东北大道、信江西路和步行街的一些休闲娱乐场所，唯有名典让我们一见倾心，最喜欢在冬日午后走进名典。

坐在靠窗的像秋千一样的吊椅上，一江风景尽收眼底。将身子搁在钢琴曲流动的空间里，感觉自然舒适。一壶人参乌龙茶或两杯现磨的蓝山咖啡，足够品尝茶的甘醇、咖啡的浓香，放牧心灵、交流思想。

"最近跟同事去了一趟南平，开车在市中心转了一圈，吃饭的地方都找不到，市政府、市医院附近竟然没有餐馆。最不适应的是那些高楼间距逼仄，在街上走不敢抬头，不知南平的市民心里会不会压抑。办完事赶紧打道回府，到上饶正好是饭点，江畔那么多小吃店，随便走进一家都有可口的饭菜。南平也是地级市，也有山有河，却跟上饶没法比。"

"这么喜爱家乡？可我在网上看到一些本土文人学者感叹我们的城市缺乏自己的文化标志，陆羽泉、稼轩宅第已无处可寻，娄氏理学宗祠、信江书院也面目全非。一千七百多年的历史渐渐销声匿迹，上饶文化很有可能断代。对这些问题你有什么感想？"

"其实普通老百姓是不关注上饶历史文化延续的，只要环境优美，治安良好，宜居宜业，日常生活诸如买菜、上学、看病方便就可以了。"

……

一聊就是大半天。窗外夜幕降临，江面上水光与灯光交相辉映，对岸两幢二十多层的高楼倒映在江中，流光溢彩，让我不知今夕何夕。离开名典，沿江畔走一圈，夜色中的饶城，因信江而更生动妩媚。

2010年1月

▎ 在田园牧歌露营

一群文学会的女会员借采风之名，在初秋的周末，来到三清山田园牧歌游玩。用"如诗如画"来形容距三清山金沙索道口不远处的田园牧歌乡村风光旅游区，一点不为过。

慢慢转悠的水车，牧牛农耕的铸像，泥墙、木门、瓦顶的农舍，一进景区就看到乡土自然的风光。

水池里，一群群红鲤鱼往岸边游，恨不得跳上岸来欢迎我们；荷塘里，田田的荷叶轻扬曼舞，频频向我们"送秋波"；餐厅后园的竹棚下，三三两两的葫芦向我们点头致意；还有凉亭、廊桥，一切都是那么美，处处充满诗情画意。

江南古董、猎人小屋、深山人家，三座造型独特的小木屋，古朴、简约、幽雅，太美了！外看看，里瞧瞧，东摸摸，西拍拍，我们流连忘返，争着站在屋檐下留影。

隔开九牧堂、水上乐园，依山而建的桂花居、红枫居、红豆居三栋风情木屋客房，正好与三座小木屋相映成趣。它们错落有致，曲径通幽。住在这种散发着天然木材芳香的地方，呼吸着森林里自然清新的空气，静心养神，天人合一，这是多美的享受呀！

七点半古戏台民俗风情表演正式开始。有木偶戏、黄梅戏、越剧等。五音不全的我，观看片刻便离座了，到太白醉、陆羽轩两处景点走了走。接待我们的王经理，大概以为女人对饮酒品茶不感兴趣，下午没带我们参观这里。太白醉已熄灯闭门，门前随意摆着几尊石凳，东倒西歪，却逼真地描摹出人醉酒后的神态。陆羽轩门是开的，却没有客人，服务员说客人都看戏去了。我看着几座精美高雅的茶具空落落摆在那儿，突然有种美人迟暮的感觉。

九牧堂的篝火晚会八点半开始，观众中除了我们这群女人，还有来自上海的二十多位游客。阿瓦族少年的玩火表演惊心动魄，阿瓦族歌舞赢得阵阵掌声，最后演员观众一起围着篝火载歌载舞。整场表演确实好看，看过之后我却想，上饶的民间舞蹈（如婺源傩舞）、曲艺（如鄱阳渔鼓）、传统戏剧（如弋阳腔、横峰傀儡戏、玉山班演艺等），都是原生态有地方特色的，在上饶三清山旅游区的演出，为什么不展示上饶本土的文化？

篝火晚会结束，我们迫不及待到古戏台前搭帐篷。大多数人是第一次体验这种野外露营生活，新鲜好奇就可想而知了。刚搭好，天公不作美，下起了雨。老天见我们玩得太开心了，泼了点冷水。我们又拆了帐篷，搬进一个大约五十平方米的房间里重搭。三个女人一台戏，二十多个女人那是多少台戏，唱歌、朗诵、讲故事、猜谜语，你方唱罢我登场。

娇娇那首意境优美的言情诗《我在竹林等你》，被人恶作剧改成《我在帐篷等你》，顿时嬉笑声遍地。有人大叫起来，"天啊！拜托别乱改了，快把肚子给我笑痛了。""露营要的就是这种气氛，我们已经把田园牧歌演奏成《欢乐颂》交响曲了。"

2010年9月

生活，在西城

比邻县中

那年我跟丈夫商量购买阳光花园的房子，是考虑其离县中学近，方便孩子读书。住进来后，慢慢发现好处远不止当初想到的这一点。

站在阳台上，县中一万多平方米的运动场（塑胶跑道、人工草皮球场等）尽收眼底。西城早已挤满钢筋水泥建成的高楼，自家阳台上有这么空旷的视野，实在难得。幸运的是近处没遮拦物，还能望见几千米外一段信江河流，以及连绵起伏的远山。

运动场上的学生，踢足球、打篮球、跑步、跳远，生龙活虎，青春飞扬。我心向往之，加入了晨练的队伍，去运动场最靠边的第八道上倒走。我患有腰椎间盘突出，医生建议坚持倒走。

晨练的人，大多是县中体育特长班的学生，还有少数像我一样是"入侵者"。我开始并没有把自己定为"入侵者"，一次去晚了，场内已无人，我想这下好了，可以"横行霸道"。走着走着，那个平时在场内捡垃圾的中年男人过来催我离开，他说学生训练结束要锁门了。

我原来还在心里嫌学生多，碍着我不能放开手脚散漫而行，其实却是沾了他们的光，才能在这么平坦舒适的地方锻炼。从此，我心怀感恩，把每个误踢过我身旁的球拦住踢回，他们总会说一句"谢了"！我还自告奋勇帮一个突然小腿抽筋的女生按摩放松，此后好几个女生遇到我都会点头微笑。我的晨练就这样充满温情暖意，腰疾多亏了这有规律的锻炼，也不用去医院做治疗了。

有一次倒走时，见面前两个跑步的女生突然停下，她们张大嘴巴同时惊叹："哇，日出真美呀！"后面几个男生也放缓了脚步凝视前方。我转身，顿时震惊！那轮红彤彤的朝阳，在两幢高耸的楼间熠熠生辉，鲜艳夺目。这种"艳遇"是可遇不可求的，我退到一旁观看，过了一分钟，太阳便成了平常的样子。

路上偶遇

天气晴好的日子，我会提早半个小时出门，慢悠悠地走去单位上班。

旭日大道上一个超市老板养的狗非常特别。初见时我以为它是玩具狗，它站着面对马路不动又不叫，圆脸，较憨壮，全身米黄色卷毛。后来多次看到它在超市附近悠闲漫步，很有绅士风度，它从不关注也不吓唬行人，像个超然物外的思想者。突然有一天，它的形象大变，除了耷拉着毛茸茸的耳朵，身上卷毛全没了，原先雄壮的身体变得纤细许多，走起路来也是另外一种味道，像留着两根辫子的腼腆少女。我几乎不敢相信自己的眼睛，老板证实了是同一条狗。真有意思，原先觉得这条狗像男人，现在却觉得它像女人。或许人也一样，换一个形象，会换一份心情，最终换一种生活态度。

旭日大道右拐进入凤凰大道，远远看到"足外"渔具店的戴老板把几盆兰花搬出店面。走近跟他打招呼，他乐呵呵地说："让这些花出来见见阳光。"戴老板较有生活情趣，他在店门口摆一小茶几，常与人对弈、品茶聊天，偶尔也躺在藤椅上看看书，真正碰见他做生意的时候倒不多。结识他是因为兰花。那次经过渔具店闻到阵阵幽香，我驻足自言自语："鱼食这么好闻，鱼儿哪能经得起诱惑不上钩。"戴老板看看我，指着墙角几盆兰花笑笑说："不是鱼饵香，是兰花开了。"在我眼里，兰花非常娇贵，曾养过几次，每次买回家养了不到半年就死了，根本别指望它开花，我因此对年轻的戴老板刮目相看。一次见他给兰花换土，他蹲在墙角，把发酵过的家禽粪和山泥搅在一起，用手细细地捻碎，均匀地铺在花株四周。忽然明白自己养的兰花为什么会死掉，我何曾如此细心呵护过它们？

过了渔具店五十多米有个斜上坡，转入后畈巷。我常在这条巷里遇到一个穿旗袍的女人。她或走在路上，或在巷口等车。个子高挑、身材略显丰满的她穿旗袍确实好看，凹凸有致，线条分明，走起路来婀娜多姿，站在那里也足够吸引人。我来县城十多年了，从没看过她穿其他式样的服装。这个独一无二的女人，让崇尚自由、穿着随意的我肃然起敬。我想，她这身不变的旗袍，不单单是追求唯美，可能是纪念某段刻骨铭心的生活或者怀念某个朝思暮想的人吧。

我幻想着旗袍女人的故事，耳畔传来了二胡声，理发店的师傅一大早又在自娱自乐了。这间简陋得连名字都没有的小店，只在门口竖一个"理发2元"的木牌，不过二胡声引起了我的关注。师傅年过花甲，顾客都是些老人和小孩。我每次经过，师傅不是在理发便是在拉二胡，拉的都是轻快抒情的曲子，其中有我熟悉的《回娘家》《军港之夜》等。虽然偶有跑调，还是改变了我对二胡的偏见，《二泉映月》的如怨如泣，曾让我认定二胡是表达悲伤的乐器，原来二胡也可以演奏这样轻松欢快的曲子。有些时候这个小店可热闹了，一大伙中老年人，三四把二胡一起合奏，听众和拉的人都神采飞扬，陶醉其中。看到这种情景，我会想起一位信基督教的朋友与我探讨人生时说过的话：当温饱无虞之后，人的快乐和幸福，往往取决于物质财富以外的一些因素。

不知不觉走进单位院子，上班的铃声响起，我来到四楼办公室，推开窗户，面对着曲线柔和、神态安然的灵山睡美人，开始一天的工作。

从阳光花园到阳光花城

珂珂是我一见倾心的朋友。有一次她来我工作的单位办事，那淡定从容的气韵、宁静悠远的眼神深深吸引了我。我追随着她的目光，相识相惜，此后我俩经常在夜晚一起散步、喝茶。

我们喜欢约在阳光花园和阳光花城间的凤凰名都小区见面，见面后再决定往哪儿散步。有时往凤凰大道东走到楮溪河畔，有时往凤凰大道西走去经济开发区。更多的时候，我们就在小区内走一走。这里仿英国名宫温莎城堡的建筑充满立体感和韵律感，平缓起伏的草坡，精致的景石雕塑，在夜幕的灯光下美轮美奂，让人赏心悦目。我有个同事住在里面，经常看到同事带着小外孙在游乐园玩耍。有次他们荡秋千笑得咯咯响，我们看看游乐园没其他人，也心血来潮在秋千上荡起来，像是重拾了一段童年时光。那个小男孩喜欢给我们唱歌："我去上学校，天天不知道，爱学习，爱劳动……"同事纠正："不是'天天不知道'，是'天天不迟到'。"小男孩加大声音反驳："是'天天不知道'哟。"弄得我们眼泪都笑了出来。珂珂说："要求小孩子天天不迟到太难了。"

有时，珂珂被读小学的孩子缠住不能出来，便邀我去她家喝茶。她说同一种茶，我泡的就是更好喝。其实我只是会用心泡茶，掌控好水量和泡的时间。想着朋友等我去泡茶，我也不去看凤凰名都的美景，心无旁骛走捷径，以最快的速度到珂珂家。用电磁炉烧水，冲洗那套鱼木石茶具，到橱柜拿出光照人有机红茶。我反客为主做着这些事，就跟在自己家一样随意。珂珂搬了两把椅子到阳台，我们喝茶闲聊，她的孩子做作业，她的丈夫上网。

我平时难得去别人家，在别人家会拘束。不可思议的是，每次到珂珂家都轻松自如。从阳光花园到阳光花城的那条路，我走了无数遍，仍然乐此不疲。

龙潭湖公园

一个休息日下午，我邂逅了龙潭湖公园。当时的惊喜，任何文字都难以描述。

中式仿古的路牌、景观灯，卵石铺砌的通幽小径，简约雅致的湖边廊亭，古色古香的湖心栈桥，还有那碧波荡漾的湖水，太符合我的审美情趣了。苇、蕨、竹，松、杉、樟，这些原生态的植物，让我倍感自然亲切。游步道两旁，生长着水龙茎、泥鳅草，还有鸡毛刷、狗尾巴等，这些乡村田间地头的卑微生命，竟然立身在一座有着五星级宾馆的公园里，让我欣喜又感动。

尤其令人高兴的是，龙潭湖公园离我工作单位很近，步行二十分钟就到。上班的日子，我常常吃过中饭后不午睡去溜达一圈，放松身体，放牧灵魂。栈桥北岸，有棵松树像拱桥一样，游人来往须从它身下穿越；百龙亭边的松林，很多是"连理枝""三人行"；林下空间景观里，有两棵"五胞胎"的樟树……如此张扬着自然的个性和生命力，怎能不让人感慨？有朋友或同学约我散步，我答应后马上反问去龙潭湖公园可以吗？她们总是迁就我的情有独钟，陪着我一次次去亲近那保留着许多原始风味的真山真水。

晚春，一个雨霁的午后，珂珂给我发短信：想不想我陪你去欣赏雨后龙潭湖的别样之美？这正是我的意愿。两个四十岁左右的女人，各自从工作单位逃脱，怀着小学生逃课的窃喜，奔赴我们的约定地点。

刚下过雨的龙潭湖公园游人稀少，静谧安详，空气清新，花香淡雅。树叶缀着雨珠娇嫩滴翠，野兔从我们脚边一蹿而过，变色龙趴在石阶上晒太阳，两只野鸭子快速掠过湖面，消失在远处的光晕里，一小群白鹭静立湖边，假寐、休憩……

我们环湖漫步，漫不经心说着话。离山水间的豪华宾馆几十米远处，一个流浪汉斜躺在靠椅上，他敞开外衣，露出圆滚滚的肚子，一只手捋着胡子，两脚交叉搁着，上面那只脚时不时抖一抖。这种陶醉满足的心态，是一般人不常有的。近几年餐饮业繁荣，废弃的食物将好些乞丐养得腰肥体胖。我甚至怀疑有些人选择行乞不是生活所迫，而是选择一种适合自己的生活方式，就像《约翰·克利斯朵夫》里的高弗烈特舅舅，他不喜欢在一个地方定居下来，而是选择做流动的小商贩，从一个村子游走到另一个村子……

结束了流浪汉引起的话题，我们在湖边木亭小坐，闲看鱼儿觅食，蜻蜓点水，直到脸上映着落日的余晖，才依依不舍离开龙潭湖公园。这时游步道上出现一幅四世同堂的画面：年轻女人搀扶着银发的爷爷，中年女人怀抱着粉嫩的婴孩。他们迎面走来，那隔代相拥的甜蜜，欢欣陶醉的神情，是那么和谐完美。珂珂不由得感叹太美了，太幸福了！

我回家后给珂珂发了短信：生活的地方，有你这个倾心的朋友，已经很幸福了，还有倾心的风景，就更幸福了！有倾心的朋友陪着我去看那处倾心的风景，那简直是三生有幸呀！

2011年5月

▎ 怀念葛源豆腐

我一贯对饮食不太讲究。跟团去旅行，好多人带上腌辣椒豆豉果，以防外面的菜太难吃。我从来不用这么麻烦，到哪儿胃口一样，什么菜都能下饭，也没有什么菜特别喜欢。有些人对外地的小吃情有独钟，我是尝不出特别味道的。然而那次去横峰葛源采风，在葛源镇政府食堂吃的豆腐，却是回味无穷。一盘普通的水煮豆腐，洁白清香、细嫩润滑。那盘煎豆腐，更是色香味形俱全，一片片煎成金黄的豆腐，面上撒了红的碎椒、绿的葱花，配上白的瓷盘，简直成了艺术品。吃进嘴里，外脆里软，鲜美爽口，香味浓厚。

葛源豆腐为什么这么好吃？我问横峰的朋友里面是否加了葛粉（葛源是葛粉之乡），朋友说加没加葛粉不敢胡乱猜测，但葛源豆腐是有故事的。当年闽浙赣省苏维埃政府移驻葛源，方志敏下去视察工作在群众家吃派饭，他拒绝鸡鸭鱼肉招待，只吃青菜豆腐。豆腐店的姐妹听说此事，做豆腐便格外用心了。方志敏才华横溢，英俊魁梧，是她们敬仰的领袖，更是她们心中的英雄。为这样的人亲手做豆腐，那是怎样的欢喜啊。选豆、浸泡、磨碎、泡汤、过滤、烧浆、点卤，每一个步骤，她们都怀着喜悦的心情。葛源气候、水质俱佳，当地豆腐本身口感好，再加上精心制作，味道就更美了。周边村庄的人都慕名到葛源买豆腐。方志敏离开葛源后，豆腐店的姐妹没有荒废了手艺，她们知道怀着喜悦精心制作的豆腐味道更好，并一代代传承下来，所以我们今天才能享受到这样的美味。

饭后我跟食堂师傅取经，好看又好吃的煎豆腐怎么烧，师傅自豪地说：首先是葛源豆腐工序拿捏得好，不是随便什么样的豆腐都能煎的，太老太嫩都不行。老了煎出来硬邦邦的，嫩了会煎散掉。其次才是诀窍，要有耐心，煎时只能用文火，大火急火会让豆腐焦煳。油到八分热时，切成薄片的豆腐一块块入锅，用锅铲慢慢翻面，否则会粘锅，破坏了形状……

食堂师傅一席话，让我想起小时候家里来了客人，那年头鱼肉很少，奶奶拿出两角钱叫我去买豆腐。我端着铝碗，钻小巷，过拱桥，沿着渊坑边一路小跑，到村里唯一的豆腐店买了四块豆腐。回家路上我双手捧着铝碗走得相当谨慎，豆腐摔了捡不起来，挨骂是小事，我怕辜负了奶奶的信任，她从来不放心叫妹妹去买豆腐。奶奶用一块豆腐打蛋汤，三块豆腐切开煎。奶奶煎豆腐是不嫌麻烦的，家里烧石煤，火候不好控制，又不是平底锅，奶奶要将锅轮流朝四个方向斜放，一角一角地煎，至少半个小时才能做出来。邻居闻香来串门："来客人了？烧什么好吃的？"奶奶客气地叫邻居尝一尝刚出锅的煎豆腐。香喷喷的煎豆腐端上桌，奶奶私下交代那是客人吃的，我不敢轻易下筷，再馋也只能忍着口水，客人走后才可一饱口福。后来物质条件改善，能吃上鱼肉，豆腐干、油豆腐也方便购买，奶奶就懒得煎豆腐了，然而那诱人的香味却挥之不去，那是童年的味道、家乡的味道。只可惜奶奶已故去多年，家乡已面目全非。

很想再去葛源，尝一尝那里的豆腐。

2011年11月

▌ 去沿畈看荷

我的家乡上饶县煌固镇沿畈村，是全省新农村建设示范村。今年省、市、县领导多次到沿畈视察，村里五百多亩荷田频繁在电视上露脸，迷倒无数爱莲者。同事、朋友常邀我做向导去沿畈看荷。

5月中旬，小荷才露尖尖角，几个同事就迫不及待地出发了。路上T问我村里有人在省城做高官吗，不然全省的村庄数量过万，为什么选沿畈做示范点？我告诉她是因为沿畈的山好水好，村民生活富裕、民风淳朴，村里并没人在省城做高官。

车子进了沿畈地界，行驶在两公里长笔直宽敞的村道上，两旁便是荷田、河渠、村舍。河渠四五米宽，深不见底，碧波荡漾，贯穿沿畈、东山、后蒋、唐家等自然村。村舍大多是三四层的楼房。荷田里荷叶挨挨挤挤，有嫩绿的，有碧绿的，含笑迎风，轻摇曼舞。荷花含苞待放，像一支支小火炬挺举着，阳光下神采奕奕，有种奋发向上的美感。我不由得想起毛主席说过："你们青年人朝气蓬勃，正是兴旺时期，好像早晨八九点钟的太阳，希望寄托在你们身上。"

毕竟荷花尚未开，同事在河渠边田埂上走了走，照了几张相后便叫我带他们爬铅石山。铅石山屹立在村庄东面，怪石林立，山峰险峻。上了半山腰，可见一丛一丛杜鹃花开得正艳。T不时惊叹："这里的杜鹃怎么还在开？怎么这样红？"我们在一座寺庙里喝山泉水解渴，T又惊叹："这里的水口感真好！"登上顶峰，绿色的田野，逶迤的河流，尽收眼底。几个男同事大声向四周叫喊"啊——"以此表达他们的心旷神怡。T在下山时说，她走过的村庄无数，同时拥有好山好水好路的村庄却难得一见，沿畈村成为示范村是理所当然的。

文学会的女人天性浪漫，定要选个雨天去看荷。著名散文家张晓风在《雨荷》中写道：可是，看那株莲花，在雨中怎样地唯我而又忘我，当没有阳光的时候，它自己便是阳光。当没有欢乐的时候，它自己便是欢乐！或许大家也想感受"雨荷"卓而自立，始终如一的恬淡心境吧。

7月初的周末，天如人愿下起了雨，Y邀了几位会友，请我带路去沿畈看荷。Y那年过七旬的母亲听说我们去看荷，也一同前往。雨幕中那满田满畈的荷花映入眼帘，犹如仙境，Y选了一处有桥有亭子的地方泊车。一个个撑起伞带着相机冲向荷田，H边走边说太好了太好了，想当年特意去杭州看荷，如今本地这么大片的荷看起来更有气势。荷叶清一色碧绿，荷花已经盛开，红的娇媚，白的素雅，花苞也有很多。

此时的雨较大，我们在田埂上拍了一些荷花的照片，便陆续躲到亭子里。不知何故，亭子边沿几无荷花开放，荷叶则显得英姿勃发。雨点汇聚在荷叶中心变成晶莹的水珠。一阵风吹来，荷叶侧身，积水倾泻而下。Y提议用诗句描绘我们看到的景象，可引用也可原创。她先道："铅华洗尽依丰盈，雨落荷叶珠难停。"H接着吟诵："雨过荷叶不留痕，风吹清香入闲亭。"Y的母亲说："大珠小珠落玉盘。"我一时想不出贴切的诗句，倒觉得荷叶借着风吹侧身，荷叶中的雨水顺势流下的过程，像女子撩起裙子上厕所。在场都是女性，我便把这想法讲了出来。众人一阵哄笑，我也笑："赏荷嘛，就要雅俗共赏。我的话不算原创，洛夫的《一朵午荷》里已有类似的描述。"

嬉笑声中，雨不知不觉停了，我们又带着相机走向荷田。蜻蜓立枝头，青蛙荷上坐，蜜蜂扑花蕊，一一捕入镜头。

农历七月半是沿畈人一大节日，每家主妇蒸七层糕，烧羹饭祭祖。在上海工作的童年伙伴 F 回家过节，我 16 日去沿畈与她相聚。F 原准备中秋节回来的，几次听我在电话里说起家乡的荷花，心动了，担心中秋时最佳赏花期已过，便提早一个月回来。这时的荷田，荷叶大多碧绿，偶有枯黄枝秆却依然坚挺，有种不肯折腰的风骨。花苞、花朵和莲蓬三者平分秋色，我们看到了荷花的全景图，也看到了荷花完美自足的世界。

晚餐，F 母亲精心制作了一道特色菜——荷叶糯米蒸排骨，晶莹的糯米，鲜嫩的排骨，浸润着荷叶的缕缕清香，油而不腻，软润可口，芳香四溢。我们大快朵颐后，去村道散步。初秋的夜晚，凉风习习，圆月当空，一对童年伙伴回到家乡，享受荷香月色。如此良辰美景，人生能有几回？朱自清先生《荷塘月色》里的美景，在朗月下的沿畈荷田，全都可以欣赏到。

通往东山村的路口，有三百多平方米木板搭的戏台，一群妇女伴着音乐跳舞，老人坐在周围看热闹、闲聊，孩子们在四周玩游戏奔跑。我和 F 驻足观看，跳舞的女人面容大多陌生，教舞的老师声音很耳熟，像教我小学音乐的春仙老师。我向一旁的老人打听，真的是她。六十多岁的她显得这么年轻，舞姿柔韧娇美。趁一曲结束，我跑过去惊喜地叫"春仙老师"，情不自禁地拥抱了她，由衷地夸她身体真好，舞跳得真美。旁边的女人告诉我春仙老师是村里老年腰鼓队的队长，她打腰鼓扭秧歌的照片还上过省报呢！我为老师老有所为、老有所乐而高兴。又一曲音乐响起，几个女人在等着，我不忍耽误大家时间，离开老师回到 F 身边。F 说她发现了一个奇怪的现象，戏台周边的荷叶没有一片枯黄，荷花也开得更好。我仔细去看果真如此。都说经常听音乐使人心情舒畅健康长寿，难道音乐对荷也有同样的效果？

F感慨："变化真大呀，上次回来还是荒田，这次就变成了赏心悦目的荷田。只可惜村庄西面的饶北河坑坑洼洼，河水断流。假如饶北河还像我们童年时那样，河水清澈，河床平整，河滩布满鹅卵石沙子，河岸长着杨柳树青草，我们的家乡绝对称得上中国最美的乡村。"

期待有一天，饶北河能还原成从前的模样，沿畈成为最美的乡村吸引八方游客。

2012年10月

▌ 嵩 峰

下午三点多到达广丰县嵩峰乡，第二天吃了午饭就匆匆离开。时间不足一天，思念却无尽，一次次我在梦里又走进嵩峰的山川田野。

我曾经跟着电视的介绍到处寻找最美乡村，老是失望而归。我也一次次回到家乡，全省新农村建设示范村，小桥流水民居荷田，看起来美丽动人，然而我总觉得缺少了一些东西。在这样的寻寻觅觅中，我来到嵩峰，路经十都、双溪、六石岩等村庄。青山掩映，溪流环绕，溪水清澈见底，鸭鹅嬉游其间。媒体宣传"寻找可游泳的河"，想不到这里随遇的河都可以游泳。山边的土地，种着红薯大豆高粱玉米，溪边的田里是清一色水稻。戴着斗笠的男人女人，分散在田间地头劳作。这种接近土地流汗劳动的生活场景，是留在我记忆深处的乡村画卷，这样的画卷已在视野里消失多年。

今年夏天干旱少雨，好多地方稻田禾苗枯死。让我喜悦的是，嵩峰的丘田里水泱泱，禾苗绿油油。天公的垂青，可能跟这里没有泛滥开发，水土保持良好有关吧。过了双溪有一处自然天成的野风景，文友称之"情人谷"。通往情人谷只有一条鹅卵石铺就的田埂路，一米来宽、一千多米长。这样的路，我小时候在家乡走过无数次，长大后在梦里也走过无数次。今天久别重逢，我光着脚与鹅卵石亲密接触，走着走着，热泪盈眶。文友以为我扭到脚痛得流泪，我懒得解释，谁又能明白我此时此刻的心情。

我虽然在县城生活了二十多年，却不能融入城市生活，不习惯高楼噪声，更害怕车水马龙。于是乎这些年我像个不知疲倦的跋涉者，一个个村庄游历寻找。看到田地荒芜、河水断流我心痛，看到别墅成群、繁花似锦我惊艳。每走过一个村庄，我心里都有一种不踏实感。只能在梦里，回到童年的家园，回到那个本真的原汁原味的村庄，我才心安。

而今来到嵩峰，就像回到童年的家园一样恬静安逸。夜晚，一群文友在十都小学的操场上联欢，我偷偷逃了出来，坐在河边的石头上，看繁星在天宇闪烁，听青蛙小虫们大合唱、河水有节奏的淙淙声。我情不自禁拿出手机，拨通童年的伙伴，我说找到了一座心灵的憩园，想与她一起分享天籁。

2013年8月

▌印象石塘老街

铅山县石塘镇，曾有"武夷山下小苏州""江南纸都"之称。我和一群文友慕名到此，沿着官圳参观那些古建筑。大夫第、松泰行、天和号……庭院用不同颜色的小鹅卵石铺缀成铜钱、凤凰图案，直径四五十厘米的原木柱子，长两三米的整块青石，雕梁画栋，门窗也精琢细刻，处处彰显当年纸业发达商贾云集的富贵奢华。只是如今已人去楼空，天井墙壁长满青苔，空气中弥漫着陈腐之味，让人感慨万千。唯有官圳的流水，见证了石塘的繁荣喧嚣，也亲历了石塘的衰落颓败，依然缓缓流逝，清澈如初。

走过一弄堂，文友们被断墙上碧绿的结满果实的薜荔吸引，纷纷说起童年时采摘薜荔制作凉粉的趣事。我也有两次到村里废弃的水碓采摘薜荔的经历，却都不令人愉快。一次是爬上泥墙没来得及摘果实就摔下来，手臂破了，出血很多。还有一次是跟小伙伴一起去的，他们爬墙摘，我在地上捡。冷不丁地从乱草中钻出一条花蛇，我吓得惊叫一声丢下果实就立刻逃回家，语无伦次地跟奶奶说起，不但没得到安抚，反而挨了骂。奶奶说水碓破屋是招神惹鬼有邪气的地方，警告我下次再去玩耍就要打断我的脚。我一贯胆小，从此不敢走近水碓。非常佩服邻里小兄弟，他们竟敢夜晚到水碓碾坊的墙角下抓蟋蟀。他们摘了薜荔制好凉粉，偶尔会给我一碗尝尝，暑天能吃上用泉水制的凉粉，真的无比享受，那年代我们是没钱买棒冰吃的。村里的水碓早已倒塌消失，我也多年不见薜荔的影子，今天在石塘遇上了，顿时勾起儿时鲜活真实的记忆。我又想起前不久看的一篇名家散文，其中写道：薜荔的疯狂攀爬，往往因为墙内人家的长年未归或一去不返，它的茂盛率先表达时光的推移，从而成为一种荒凉破败、前尘旧梦的意象……

我陷入沉思走在文友后面，出了弄堂拐上老街，大家自由活动。不知道这条街的名字，应该是石塘三条主街之一。我随意走着，看到一座院子里几只鸡围着古旧的有栅栏的鸡食盆啄食。我停下观望，有种亲切感。拌鸡食是我儿时必做的家务，鸡鸭鹅颈子伸进盆子去抢食，狗在一旁舔舌头干瞪眼，这样的场面让我有抑强护弱感，很自豪。中学时读到鲁迅的《故乡》，知道这种盆子叫"狗气杀"，我会心而笑，觉得这三个字又贴切又传神。现在乡亲们已不用"狗气杀"拌鸡食了，大多图方便用塑料盆，也因为狗的地位日渐提高，以吃肉和骨头为主，对鸡鸭们吃的糠饭，由垂涎三尺变成不屑一顾。而石塘老街上的人家，仍旧在使用这种木质的笨重的器具，也许跟我一样，属于怀旧的人。

老街上，有我们平常可见的饮食店、服装店、鞋店、百货超市，还有难得见到的箍桶、打铁、做篾的店铺，很像一个民俗博物馆。

箍桶店里，斧、刨、凿、尺、锯、钻、墨斗，一应俱全，靠墙放着。中间一个大十字架扎马，一旁堆着锯好的木料。这样的环境让我既熟悉又陌生，父亲是个无师自通的木匠，家里的床、衣柜、桌椅、箱子，都是他亲手做的。我在七二一矿那些年，多次看到父亲在柴火间娴熟地摆弄那些工具，他告诉我每件工具的名称和用途。还记得十年前他搬家到南昌，无奈地跟我说起他那些做木工活的工具，想带来又用不着还占地方，只好送给当地的朋友。这间店的师傅五十多岁了，我问他生意好不好？他说隔三岔五会有人来定制饭甑或脚盆，水桶、尿桶之类的早已被淘汰了，忙的时候要做几十个脚盆，没生意时会做些矮凳方凳放在门口卖。隔了一会儿，他又说，混口饭吃罢了，钱是挣不到的，还好店面是自家的不用租金。儿子儿媳都在外面打工，孙子孙女留在了家里，他和老伴当然要守着家，有生意的时候就接下，不至于使手艺荒废了。打铁店的主人不在，屋子正中放着火炉风箱，旁边一个大铁墩，钳子大锤丢在地上，打好的菜刀、剪刀、柴刀、锅铲摆在门口的桌上，像一张老照片，也像一幅静物写生画。记得小时候，村里桥头有家打铁店，我每次经过都看到火炉通红，两个师傅轮番锤打，铁星四溅。天冷时，我羡慕他们与火炉为伴，天热时又担忧他们会不会中暑，铁星会不会溅到皮肤上。似乎一夜间，打铁店的小房子不见了，我站在桥头怅然若失，此后再没看过打铁的场景。这次走过石塘老街，我对打铁店的印象又丰富了起来。

最让我难以忘怀的是老街那家竹篾店。我在店里待了半个小时，看师傅蹲在地上编织竹筛子。他低着头，双手那么灵巧，又长又薄的篾片，随着他手动翻飞起舞，像表演行为艺术。不一会儿，筛子初具雏形。师傅停下来抽烟，他脸上没皱纹，头上没白发，他说自己年近古稀了，我怎么也不相信。他从十几岁开始学艺，做竹篾用品至今已五十多年了。20世纪每户农家都要做竹床、竹席、竹篮、箩筐、筲箕，他一年忙到头，辉煌风光时，请他上门做竹篾用品要提前十天半个月预约，还有好菜好酒招待。随着时代进步科技发达，竹制品逐渐被冷落。他现在主要做些果盘花篮，外地一个竹编厂定期来收购，再做一些椅子、筛子摆在门口卖。师傅抽完一支烟，端起篾刀破竹。只见他用刀轻轻一钩一拍，毛竹的口子就裂开了，他又顺势往下推刀，噼啪噼啪，一下就裂开好几节。此时师傅拿下刀，两只手抓起竹子两边，一抖一掰，稀里哗啦，竹子全裂开一分为二。所谓的"势如破竹"，就是如此吧。师傅年近古稀还这般麻利有力，我对他竖起大拇指直夸好功夫。师傅笑嘻嘻地说："多年破竹使我明白一个道理，做事要顺势而为。手工做篾，大多数同行早已歇业改行，年轻人不再学这门手艺，也是这个道理。"他的坚守，只是因为喜欢，看到竹子经过自己的手变成赏心悦目的器具，会有一种成就感。家里孩子都挣钱了，不需他为生计发愁，老来做些喜欢做的事，这叫"顺喜而为"。

在石塘老街随意走走看看，就遇上了生活的智者，老来能"顺喜而为"，这样的人生多美好！

2014年5月

▌ 行走在婺源段莘

庆源古村

一直以为，只有油菜花开时才值得去婺源。6月下旬我们到婺源县段莘乡采风，主要是被五龙源漂流吸引，顺便到周边的庆源古村走走。

这一走，彻底颠覆了我之前的观念。

庆源，段莘乡的一个自然村，与安徽休宁隔座五龙山，与浙江开化隔条马金岭，是三省交界地，四面峰峦叠翠。高山怀抱中竟有如此开阔地，可谓奇特。

几十个撑着油纸伞的女人，缓慢行走在蜿蜒的田埂上。粉红、鹅黄的伞，田里绿油油的禾苗，不远处白墙青瓦的徽式民居，分明就是一幅层次清晰、色彩鲜艳的油画。田埂上青石与野草相间，于我而言，这样的路更适合赤脚行走，便脱了鞋子提在手上。走过古亭，几个村妇在此闲聊，一人惊问我鞋子走坏了，需要穿拖鞋吗？我领略了庆源人的纯朴与善意，赶紧穿起鞋子，以免再有误会。

一条十米来宽的小溪把庆源村分为东西两岸。詹导游在东岸桥头迎接我们，他给我们讲述庆源村一千三百多年的历史，带着我们参观明清古宅。那些鸿儒名流、巨商富贾的旧居，虽人去楼空，却气韵犹存。庆源村在大山深处，古时交通极不便利，却走出了高至翰林大学士的文官武将数十人，可见当地对文化教育的重视。难怪这里有"段莘茅屋书声响，放下扁担考一场"的民谣。

詹导游是本地人，六十多岁，精瘦硬朗，嗓音洪亮，语气中充满自豪和对家乡的热爱。他一边如数家珍进行解说，一边指导大家取景拍照。他对村庄的角角落落、一草一木都了然于心，打开了我们的多元审美空间。小桥古树，弄巷屋檐，鹅鸭在溪流中嬉水，云雾在山腰间起舞。行走在如诗如画的风景中，很容易让人忘却凡尘俗事，不知今夕何夕。我在人群后面走着走着就跟队伍走丢了，直到东西两岸转了一圈，去村民家里吃饭，才碰到大家。

一盘盘新鲜出炉的庆源传统美食糯米子糕，被我们抢食精光。有两个孩子靠着墙翻看一本厚厚的书，他们掩嘴窃笑，不知是书中的内容好笑，还是笑我们不雅的馋相。狼吞虎咽的女人，捧书阅览的孩子，在物质丰富信息发达的今天，这样的场景实在难得一见。

在庆源，随时都会有即兴的风景，让你感慨，让你怀念。可以赤脚漫步，可以陶醉其中，可以……

阆　山

如今去阆山已有一条硬化水泥路，可以通车。但段莘乡工会方主席要让我们一路感受母系氏族遗风，走的是石阶古道，约八千级石阶，需攀登三个小时。

我们迎难而上，边走边休息。山涧清泉叮咚，林中蝉鸟鸣叫，在山腰间眺望远处群山绵延，俯视脚下石壁悬崖。我们一边欣赏风景，一边听方主席讲阆山女人的故事。

方主席说，每个阆山女人都是家里的顶梁柱。家里要盖房子，每一块砖，每一片瓦，每一包水泥，每一粒沙石，都是女人用竹筐或背篓从山下经这条路背上去的。至少背一年时间，才能备足盖房子的材料。阆山女人力大是名不虚传的，家里男人在山下喝酒醉了，女人便背他回山上。有一次乡里组织文化下基层到阆山演出，有件道具近二百斤，村主任先叫两个男人抬上山，他们半途而废，实在抬不动了，只好又叫个女人把它背上山。我们中有从事医疗工作的人，马上诘问那不会把女人压得子宫下垂吗？方主席说她们天天背东西，不但没压出什么病，还长寿呢。我们听得直汗颜，空手爬几级石阶，都要气喘吁吁歇息一阵。不知道阆山女人历经怎样的磨炼，才练就了这般本领。

终于登上阆山，白云之巅，天空辽阔，顿感飘然与喜悦。同行中一位五十多岁的老师，在石块上躺下，双脚一踢，鞋子飞出去老远，像小姑娘般俏皮可爱。不知道阆山女人每次在这里放下沉重的背包时会有什么感受？估计她们会有一种征服感和成就感吧！方主席说，在阆山，家里的事是女人做主。她们用艰辛的付出赢得了权威和地位。

山上的季候大概比山下晚一个月，山下的辣椒早已成熟食用了，这里的辣椒苗个头矮小，开着花，零星地挂着果。方主席告诉我们这是非常有名的阆山朝天椒，个小色红，奇辣无比，吃上三口就会被辣出眼泪。阆山女人跟阆山朝天椒一般，貌不惊人，却劲头足、个性刚烈，若发现男人在山下有相好，那是绝对不能容忍的。

听方主席说以前这里的女孩子从小就干活，没机会读书。我特意去阆山小学看了看，三间教室，每间都有男孩女孩，便安心了。我问一个女孩中午怎么不回家，她说家离学校太远，带了午饭到学校吃，下午放学才回家，班上很多同学都是这样的。相信这些女孩子长大后，她们不会像上辈女人那样吃苦受累了。

方主席希望我们秋天的时候再来阆山，那是阆山一年中最美的时候，成片成片的枫树林火红地燃烧着，热烈地绽放着。每年这个时节，都有很多摄影家慕名来拍枫叶。我想象着夕阳西下时，红透了的枫叶随风飘舞，将生命结束的苍凉演绎成极致的浪漫，多美呀！

五龙源漂流

我约了江苏的曹萍来五龙源体验极限漂流。她是我年轻时结识的朋友，我们是那种可以相隔许久不联系不见面，一旦见了面仍有许多话题的朋友。

6月下旬，段莘多雨。其他文友见天公不美，便在五龙源景区山庄室内朗诵娱乐。我和曹萍多年未见，心有灵犀，撑起伞逃进雨中，沿着漂流峡谷旁边的马路往上探寻。除了我们，路上没有其他行人。上游的雨下得更大，马路变成一条浅溪，水漫过脚背。我们把鞋子脱了挂在一棵树上，赤脚蹚水，一边说着悄悄话，一边享受天然雨水的冲洗涤荡。偶尔心血来潮，脚板用力击地拍出一些水花来，像两个无忧无虑的孩子在玩水。

曹萍把我们赤脚蹚水的照片发微信朋友圈，她的同事以为这里涨水把我们鞋子冲走了。因为她们那里只要下雨，路上就是脏水，不会故意赤脚走在雨水中。她的同事想象不出五龙源的路上雨水这么干净，赤脚行走也其乐无穷。

峡谷两岸，悬崖峭壁，林木郁郁葱葱盘根错节，岸上飞泉千姿百态别有风情。谷底水流时急时缓，有急浪险滩，有静水幽潭。即使不下去漂流，沿途观看风景，也赏心悦目。

老天爷为了圆我们的漂流梦，把雨赶走，让太阳隐约露脸。

我们回到景区山庄，大家已经更衣换鞋，准备去漂流了。

全长 8.6 千米，首尾总落差 298 米，其间最大落差 28.8 米，多处"S"形回旋弯道，漂程两个半小时左右。说心里话，我们有点恐惧，但被年轻人澎湃的激情感染，不由自主地跟着换了行装，坐车到上游起点，穿上救生衣，戴上安全帽，工作人员把我们的皮划艇推进溪流。

跌宕，起伏，冲浪，回旋。激流里，险滩处，尖叫声此起彼伏，原来漂流是如此畅快淋漓又惊心动魄。我们忘掉一切，紧握小艇的两个抓手，与水共舞，尽情释放……

我和曹萍都是第一次体验漂流，以前从未有过这么惊险刺激的经历。上岸后互相打趣，我们老了写回忆录，要把今天隆重地记上一笔，你我人生第一次最惊险刺激的体验是一起在五龙源漂流。

2014年7月

▌ 去长溪，不只赏枫

枫叶红了，摄客驴友涌进婺源县赋春镇长溪村。大山深处的长溪，村庄后面有二百多株高大连片的古枫树。火红的色彩延绵数里，让人心醉情迷。

2006 年，《深秋，长溪枫叶红了》一文在网络上走红，长溪红枫从此名噪四方，每年都有无数游客去赏枫。2010 年 10 月，人民网旅游频道评选全国最具人气赏枫地，长溪名列榜首。

今秋，我与文友慕名来到长溪，停驻在向阳人家客栈。客栈的主人戴向阳就是《深秋，长溪枫叶红了》的作者，同是文学爱好者，大家一见如故，向阳兄还热情地当了我们的向导。

一条五六米宽的小河流过村庄，河床河滩上缀满大大小小的鹅卵石。浅浅的清澈的流水，不时有两三寸长的鱼儿游过，还有石螺吸附在卵石上。石螺又叫清水螺，对生长环境相当挑剔，必须是无淤泥有活水的河流，水质无污染，河床上还得有沙子卵石。我原以为这种小精灵已在江西境内绝迹，没想到还在长溪的河流里自然生长着。

遥想当年，我家后面也有这么清澈干净的河流，河里也有小鱼和石螺。夏季的每一天，我和玩伴都要到河里捡石螺。总是捡不完，今天捡了明天又冒出来。石螺外壳坚硬，肉质却鲜嫩，用紫苏、辣椒炒，非常下饭可口。捡得石螺多了，炒时少放点盐，可当零食吃。若有人夜晚睡觉磨牙或晨起眼角有眼屎，把石螺清炖了喝汤，这两种情况便好了。石螺还有一个好处就是干净，当天捡来就可烧着吃，不像田螺塘螺，捡来至少养两天吐泥，我们小孩子性急是不愿等待的。长溪人真是有福了，至今仍在享用大自然的恩赐。

村庄到对岸的枫树林有两座桥，一座木桥，一座石桥。石桥由四块长条青石架成，每块青石长约三米、宽约半米，河中间砌了一个石礅支撑。我们从石桥上过去，青石上刻有"乾隆四十三年建"字样，着实令我吃惊，两百多年前，长溪不通公路也没有机械设备，这四块巨石是如何搬运上来的？桥头，有老农挑着担子等候我们慢悠悠过了桥，他才上桥。我在心里感叹，长溪人真是纯朴厚道。

过了石桥，上一个山坡，就到了枫树林，却不见一片枫叶。向阳兄解释说，前几天刮风下雨，火红妖娆的枫叶随风而逝了。满山枯叶，所谓盛极而衰，不过如此吧？生命的沧桑，让我们对大自然心生敬畏。在枫树林放眼四望，蓝天白云青山，小桥流水人家，好一幅和谐美好的画卷。村庄建筑全是白墙灰瓦的徽派风格，极具恬静和谐之美。

在树林中发现了野柿子，挂在枝丫上，红通通的像一个个小灯笼。有人摇了摇树干，掉下来几个，接在手里撕了皮吃，比水果摊上买的柿子清新甘甜。有动作敏捷者爬上树采摘。向阳兄告诉我们，野柿子看起来红透了，但捏着硬硬的还不能吃，涩嘴，要放一段时间变软了才好吃。

向阳兄准备了一顿丰盛的午餐，弥补我们没看到红叶的缺憾。回客栈的路上，我们已闻到农家菜特有的郁香。野栗子炖土鸡、粉蒸小河鱼，还有自酿的糯米酒。

几杯酒下肚，向阳兄言语多了起来，他除了喜欢写作，还喜欢收藏、上网。他家最多的东西就是书和报纸，他在 2000 年买了村里第一台电脑，那时没有宽带，他就用电话拨号上网。通过网络推介长溪自然风光，吸引四面八方游客。通过网络把长溪绿茶推向世界，爱尔兰主流报纸的记者曾专程到长溪，了解中国绿茶的制作工艺。向阳兄说村民都喝自制的绿茶，好的饮食作息习惯和好的生态环境，让村民健康长寿，小小的村庄，有四十多个耄耋之年的老人，近十年村里出过两个百岁寿星。向阳兄现在是长溪村村委会主任，他最大的愿望就是带领村民共同富裕，让长溪一年四季都有游客，春赏桃花踏青采茶，夏捡石螺漂流钓鱼，秋赏红枫采摘野果（野栗子、野柿子、野杜果等），冬赏雪景滑雪溜冰。

其实，我也觉得不论何时来长溪都是适宜的。感受纯朴的民风，呼吸山林里纯净的饱含负氧离子的空气，有益身心健康。能在这种世外桃源般的山村停留几天，那是人生的福分。

2015年11月

▍铅石山

正月初一，在微信朋友圈里看到老家的亲友晒出一组爬铅石山的照片。

铅石山位于上饶县煌固镇沿畈村东面，海拔389米，面积约3平方千米。山间树林茂密，泉水清澈，山顶怪石林立，危崖峭壁。石僧背尼、石僧晒腹、石笋撑天、神仙洞、鹰嘴峰……一个个自然景观神形兼备，妙趣天成。

春节上铅石山登高望远，是沿畈村民多年的传统。在我小的时候，每年正月初一（若遇天气不好便延期），大爷爷领头，带着家族子孙爬铅石山，那浩浩荡荡的场面至今让我记忆犹新。

大爷爷是走村串户弹棉花的手艺人，他读过私塾，能识字断文，更会讲故事。每次上铅石山，大爷爷都要带我们到神仙洞面前，指着两个锅状坎讲一个古老的传说：从前，神仙洞每天夜里一边流油，一边流盐，清晨装满两个锅状坎，不多不少，刚够庙里和尚吃。和尚们每月轮流到这儿取油和盐。轮到一个贪心的和尚，他想若把坎凿大点，装更多的油盐，每天积攒一点油盐，一个月下来可以拿去换钱。于是他取了油和盐之后把坎凿大些。此时突然电闪雷鸣，炸裂了装油的坎，也炸断上神仙洞的路，那个心怀杂念的和尚当场被雷劈死。神仙洞不再流油了，流出的盐慢慢堆积，风化成岩石，最终将上神仙洞的路连接上后，便不再流盐了。大爷爷告诫我们：做人不要贪心，贪心，不但害了别人，也害了自己。

讲完了故事，大爷爷让姑姑、婶婶等人去寺庙休息，朝拜祈福，他鼓励孩子们爬神仙洞，爬上去有奖，他和几个叔叔在下面保护。三米多高几乎垂直的峭壁，有的地方只容得下半只脚，我总是望而却步，只有胆大的男孩敢爬上去。有一次大爷爷硬要我试试爬上去，他说爬上神仙洞会得到神仙庇佑，人更聪明，读书成绩也更好。他嘱我不要怕，几个大男人在下面守着，万一摔下，他们也会接住我。我于是脱下鞋子，小心翼翼地先找好握手的地方，手抓牢了，再挪脚，手脚都在颤抖。大爷爷指点我左手抓哪里右手抓哪里，先移左脚还是右脚。终于爬上神仙洞，手脚都是汗，那一刹的欢畅与激动，无以言表。我和几个孩子赤脚在里面又蹦又跳，大声欢叫，石壁传出长长的回音。两个洞口直径约三米、深约四米，越往里空间越小，两洞尾部相通，我们在里面钻来钻去。玩耍了一会儿，大爷爷唤我下去，指点我一步步怎么挪。我有惊无险地站在大爷爷面前，他当场奖给我一个硬币，表扬我比别的女孩子勇敢，鼓励我长大了做事也要敢于尝试，别被困难吓倒。

爬了神仙洞，我们跟着大爷爷上金顶。站在铅石山最高峰，放眼四望，村庄、田野、山林、河流，一览无余，尽收眼底。灰山坞、后蒋、沿畈、东山、塘尾、樟宅桥、煌固、八都、五村、黄塘，这些原八都公社属下村庄的村名及位置，大爷爷一一告诉我们。铅石山东面有铅岭、宋宅和沙溪，孩子们乐意等待的话，大爷爷愿意陪着一起等待一列经讨沙溪的火车。其实两地距离那么远，根本看不清火车什么样，只看到它慢慢移动，听到几声轰鸣：呜——呜——呜——此时大爷爷脸上露出神圣的光芒，他摸摸几个孩子的头深情地说："你们长大了可以坐上火车去外面看世界。"

我记忆中，十岁之前，到过最远的地方是两公里外的公社所在地——八都村。跟着大爷爷上铅石山，我才开阔了视野。他每年不厌其烦地讲述神仙洞的传说，让我长大了懂得远离贪婪，知足常乐。多年以后读《论语》，觉得大爷爷的行为跟曾点如出一辙。点言其志曰："暮春者，春服既成，冠者五六人，童子六七人，浴乎沂，风乎舞雩，咏而归。"在一年之始，大爷爷带领家人上铅石山，登高望远，接受心灵洗礼，这是多么快乐美好的事情。

正月初六，天气晴好，我和妹妹去老家拜年，堂弟带上孩子陪我们去爬铅石山。三米多宽的盘山公路，取代了当年崎岖的石阶，开车、骑摩托车都可以到达主峰谷底的寺庙。我们选择步行，既锻炼身体又可慢悠悠地欣赏沿途风景。那处石僧晒腹景观，无论从哪个角度看，僧人都是神态安然双目微闭的样子，两手交叉放在胸前，静静地躺着，悠闲从容地享受阳光。石笋撑天景观则不一样，从不同的角度看有不同的效果。这耸奇石，从半山腰拔地而起，在阳光照耀下，闪闪烁烁。从东面看，感觉它摇摇欲坠，担心随时会倾倒，而从西面看，它却稳如泰山，像坐镇指挥千军万马的大将军。同是铅石山的景观，却有如此不同的观赏效果。

我们上了金顶，春风拂面，心旷神怡。几个大人像孩子一样无所顾忌，向四周大喊大叫。村里孩子再不用为了看火车在金顶等待一两个小时了，高铁经过八都、煌固、塘尾等村庄，每天几十趟，火车对他们来说早已司空见惯。下山的路上，陆陆续续碰到上山的人，基本上是村里的男人带着孩子或客人，也有不少的男女青年和情侣。

时代变迁，村容村貌发生了翻天覆地的变化，三四层的高楼取代了泥瓦房，田畈里种植荷花取代了水稻，村民的娱乐方式也多种多样。令人欣慰的是，铅石山依然完好无损地屹立在沿畈村东面，春节期间村民爬上铅石山，登高望远接受心灵洗礼，这一传统习俗至今未变。

2016年2月

█ 芳 村

　　群山环抱的芳村，因灵山大峡谷景区的开发而被外人所关注。

　　二三十栋民居，全是土石墙青灰瓦的房子，依山傍水，错落有致。几棵梨树高过屋顶，花儿盛开引来蜂蝶翻飞。一堵断墙爬满碧绿的薜荔，被茂密的叶子覆盖着，看不清是土夯的还是石砌的，却成了女性游客的最爱。她们用一条红丝巾做道具，靠着墙手舞丝巾拍照留影，宁静与飘逸被她们随意而完美地组合在一起。

　　断墙上方有户农家，院子围起竹篱笆，左右交叉出一个个菱形，疏密得当，古朴轻盈。母鸡带着一窝毛茸茸的小鸡，慢悠悠地行走觅食，不时发出"咯咯咯""叽叽叽"的欢叫声。蓝天白云、青山绿水、田野庄稼，尽收眼底，与儿时的故乡何其相似。我在院内停留了许久，坐在那把被时光浸润成绛红色的竹椅上，安静地发呆神游，感觉熨帖亲切。

　　层层的梯田上，紫云英和油菜零星开着花，永远不要指望这里成为花海，村民说种植它们不是给游客看的，而是为了积肥。过不了多久要翻耕梯田，它们将化作肥料沤田。芳村的梯田，一年种一季水稻，让稻谷丰收才是这些梯田的使命。

　　我和友人在田埂上、山涧边摘野菜，野葱、鱼腥草、扫帚菜、水芹菜，应有尽有，我们采摘得不亦乐乎。田坑里冷不丁爬出一条近尺长的黄鳝，我惊叫以为是蛇，不远处做事的男人应声而来，随手一捉，说是黄鳝。他经常在山涧田头捉鲫鱼、泥鳅、黄鳝，雨过天晴的时候收获最多，不施化肥、不打农药，原生态的环境才会有泥鳅黄鳝随地乱爬的现象。我不无羡慕地说："生活在芳村真好啊！"然而这个六十开外的男人却面露惆怅，他感慨年轻人不留在村里，他们在外打工挣了钱，想方设法去县城市区买房子，最不济的也要把房子盖在望仙乡政府所在地，说是为下一代读书、前途考虑。或许若干年后，芳村就荒芜了。他说完皱起眉头，一脸与年龄不相称的茫然。我轻声地安慰他："芳村在灵山大峡谷极限漂流源头，以后游客越来越多，在外面的年轻人可以回来做生意，慢慢地，芳村就兴旺起来了。""但愿如此吧！"男人转身返回自己的田地。

我和友人朝湖泊走去。其实，我内心不希望芳村的年轻人回来盖钢筋水泥的楼房，破坏村庄原生态美。我甚至有着"不怀好意"的想法，如果芳村真的荒芜成一处野风景，或许更受游人青睐。

梯田下方的湖泊，碧波荡漾，与其他深山丛林中的湖泊并无二致，只是湖中那棵硕大的身上长满蕨类植物的老树，显示了芳村湖泊的与众不同。老树歪歪斜斜，疏枝朗叶，像幅水墨画，尽显古拙美。不知它是什么树，奇怪的是它长年湿身，也活得这般好，还能滋养寄生蕨。

树底有两排竹筏，却不见艄公。我和友人想坐竹筏游湖，便在湖堤上等待。我们坐在石凳上，将一袋子野菜倒出来，边择菜边闲聊。在我们等待的间隙，两只白鹭掠过湖面，它们并肩在湖中飞翔一圈，优雅地落在竹筏上，安静地伫立在一起，喙与喙相接与脖子连成心形。

我和友人久久地屏息凝视它们，为之怦然心动。在春日的暖阳下，它们、我们一起沉醉在芳村的美好中。

2016年4月

黄沙岭听蝉

几年前的夏天，网上有篇文章让我触目惊心——《永康人一天吃蝉五吨，炒蝉成了酒席必备菜》。文中写道：一位做蝉批发生意的商人说，在永康，平均每天卖 2000 斤蝉，最多一天卖过 8000 斤蝉。货源来自周边山区人工捕捉的蝉，背后有完整的蝉供销链。永康人称蝉为"知了"，市区街道随处可见知了馆。当地人认为招待客人如果没有一盘知了，那就太不够意思了。蝉不能养殖，是高蛋白低脂肪的野生物，价格不菲。

食蝉之风会向全国蔓延吗？如此毁灭性地捕食，蝉的种族还能存世多久？蝉繁殖十分缓慢，在树下产卵后，卵子吸食树木根部的液体，在泥土里孵化三年。其间，要抵御狂风暴雨等自然灾害的袭击，还要躲过美化环境的地面水泥硬化，才有可能在某一天成为蝉蛹破土而出，凭着生存本能爬上树，脱壳成蝉。

我忧心忡忡地走在上饶街头，看到树荫下有个捕蝉的成年男人，问他为何捕蝉？他说卖给馆子店，一元一只，每天能赚一二百元。原来饶城也在食蝉了，怪不得听不到从前那种众蝉齐鸣的咏叹曲，偶尔有几声尖细的蝉叫，带着些许寂寥。曾经响彻炎炎夏日的蝉鸣声，或许是大众耳中的噪声，于我却是悦耳动听的天籁，能勾起童年的美好回忆：和闺密捕了蝉，趁她父母不在家，偷偷用油炸蝉吃，吃得满口留香，美味至今难忘；每年夏天捡蝉壳卖给中药店，换得几毛钱，拿到钱后立刻去商店买冰棒、水果糖、笔和本子等，直至花光最后一分钱，感觉自己像富翁一样阔绰；还做过一个变成蝉的梦，飞进药店，找到甘草、山楂的抽屉，进去美美地吸食，饱食后找到装蝉壳的抽屉，脱了壳飞回家变回自己。

在文学会跟几个会员聊天时说起蝉，不明白如今食物这么丰盛，为何还要食蝉？我们小时候难得吃上肉，才在夏天打蝉的主意，过一下肉瘾。我感慨饶城的蝉在逐渐减少，已经听不到众蝉大合唱了，很怀念那充满生命力的欢快响亮的声音。老家在上饶县黄沙岭乡的 W 说："黄沙岭的蝉声依旧热烈悠扬，何不一起去听蝉鸣。"黄沙岭的蝉，因辛弃疾的《西江月·夜行黄沙道中》而出名。名蝉后裔的鸣叫，听起来或许更有感觉。

我欣然答应，倒不是因为名蝉后裔，而是一代文豪游历、居住过的地方，早已心向往之。一个周六炎热的午后，我跟 W 坐上开往黄沙岭的中巴车，准备在乡村住一晚，寻找辛翁夜行黄沙道的感觉。

我们来到黄沙岭乡麻墩村 W 的伯母家。麻墩村依山傍水，清澈见底的溪背河，蜿蜒流淌在村庄和田野间。河上有几座石拱桥，桥两边爬满粗壮的青藤，斑驳的青石板彰显了桥的历史悠久。田野尽头是树木葱郁的月亮山。

W 的伯母家，一座两层砖瓦结构的简朴小院，与溪背河只隔一条村道。院子里柚子树、梨树果实累累，麻雀喜鹊在枝头欢叫，几只芦花鸡在院子里咯咯觅食。我想找一找树上有没有蝉，W 笑道："螳螂捕蝉，黄雀在后。"麻雀喜鹊占领的地方，螳螂和蝉哪敢来？蝉喜欢待在河边的樟树和柳树上。我从小生活在农村，这个潜规则其实也是懂的，因此我和小伙伴都到河边柳树林里捕蝉、捡蝉壳。

　　七十多岁的伯母，慈眉善目，热情好客，早已做好红薯粉蒸肉、手工圆圆粿、煎小河鱼、麻婆豆腐四个菜，等待我们吃晚饭。伯母的子孙辈都在外地工作，她不愿远离故土，一直留在老宅。无论样貌，还是不愿远离故土的心思，她都很像我的奶奶，让我倍感亲切。一恍惚，还以为是我带着 W 来到我的老家。从前，我好多次带同学、朋友到老家玩，奶奶每次都给我们做好吃的。

　　晚饭后我和 W 沿着溪背河散步。上弦月映照下，隐约可见田野里绿油油的水稻正在扬花抽穗，树丛里偶有蝉的鸣叫，待我们走近，便悄无声息。最热闹的是青蛙，呱啦呱啦叫不停，一声高过一声，完全不理睬我们的闯入。印象中七八月间正是割稻插秧的农忙双抢季节，W 说因大多数青壮劳力外出务工，这里只种单季水稻，夏天反而成农闲季了。可以想象辛翁那个年代，这里也种单季水稻，不然稻花香和蝉鸣声能同时出现吗？

　　明月别枝惊鹊，清风半夜鸣蝉。稻花香里说丰年，听取蛙声一片。
　　七八个星天外，两三点雨山前。旧时茅店社林边，路转溪桥忽见。

　　纯粹的白描，没有比喻和夸张，没有华美的辞藻，有的只是自然、清淡、简素。我们似乎看到辛翁在一个风清月明的夏夜，不紧不慢地独行于黄沙道中，一会儿看看明月，一会儿听听蝉蛙鸣叫，内心一片澄静润朗，没有任何纤芥怨艾，悠闲自得融于天地间。虽然他遭弹劾免职，宦途失意，理想抱负没办法实现，胸中还有诸多愤懑愁苦，但美好安宁的乡村夜晚让他忘记了所有的不快，挥笔写下恬淡闲适的《西江月·夜行黄沙道中》。

我们沉浸在辛翁描述的情境中，感觉穿越八百多年时空，追随辛翁其后，神游黄沙道，只是茅店社林了无痕迹。不知不觉来到了七星桥上，Ｗ说村人相传此桥有一千多年历史，当年辛翁途经此地，常在桥上歇息。她每次回老家都要到桥上走一走，沾一点辛翁的文气。然而有次一位懂建筑的朋友来此考证，断言此桥不足五百年历史，是后人纪念辛翁修建的。她知道真相后虽有失落，但每次回老家仍然情不自禁到七星桥走一走，默诵辛翁词篇，重温经典陶冶自己。Ｗ接着声情并茂朗诵《清平乐·村居》《西江月·夜行黄沙道中》《贺新郎·把酒长亭说》。唯美动听的声音，让我如痴如醉，似乎置身实景剧场。几声狗吠打断了Ｗ的朗诵，我们离开七星桥回Ｗ的伯母家。一路上，Ｗ又娓娓道来《贺新郎·把酒长亭说》的创作背景及辛弃疾和陈亮之间肝胆相照的友情。

没想到平常不太言语的Ｗ这么博学，她回到童年生活的地方，竟变得如此健谈多情迷人。此前我跟她并无多少交集，突然就有了亲近感。在黄沙岭宁静的夜晚，我们敞开心扉闲聊，几乎一宿无眠。

周日上午，Ｗ带我参观村里的"翁氏宗祠"。这座祠堂外观跟别的祠堂并无二致，但它"金屋藏娇"，里面大厅上悬挂了两块牌匾，一块是光绪六年，由光绪皇帝亲笔题写的"钦赐翰林院"，另一块是曾当过同治和光绪两位皇帝老师，堪称"近代教育第一导师"翁同龢赠送的"硕德永年"牌匾。宗祠里有文字详细记载了牌匾的来历，我就不再赘述了。经专家考证，这两块牌匾是货真价实的。小小麻墩村，竟然藏有国家级文物，历经岁月洗礼，依然完好保存下来，实在不易。离开翁氏宗祠，想去黄沙岭与尊桥两乡交界处，那段保存完好的古道走一走。在路旁等了许久，未等到载人的三轮车，太阳已火辣辣的灼人，便回Ｗ伯母家，溪边传来此起彼伏的蝉鸣声。

午饭后，我和W上二楼，临窗而立，高亢激越的蝉鸣声，划破长空而来，也有低沉婉转的和弦声入耳，稻花飘香，溪水喧哗。青山田野小桥流水人家，都在视野范围内。我们静静靠在老式木窗前，安享大自然的馈赠。伯母上楼说碰巧村里有人家的孩子过百日，叫我们去喝百日茶。W离开村庄多年，很多人都不熟，她说不愿去凑热闹，宁可在家听蝉叫。伯母便说那就好好听听知知咧（黄沙岭方言）的叫声，城里不见得听得到，老人走近窗前告诉我们：知知咧要在阴暗的地下承受一千多个日子的煎熬，才有一个多月的生命，这是何其绵长的痛苦的修行。它们了悟岁月苦短，珍惜来之不易的生命，不分早晚竭尽全力鸣叫欢歌，用嘹亮的声音展示自身的存在。这种顽强拼搏的精神，非常值得年轻人学习。说完老人款款走下楼梯去喝百日茶，那件宽松的咖啡色丝质短袖随风飘逸，恍若得道仙人。

我吃惊一个农妇能说出这么睿智的话，问老人身世。W说伯母是不识字的文盲，但多年的生活积淀，让她像知书达理的人一样通透。这又让我想起奶奶，她不识字，也没见过什么世面，但有思想明事理，处理事情像见多识广的人一样考虑周全，故去多年后，仍有村人念着她的好。伯母的话又让我觉醒，人生与蝉相似，历经千辛万苦的磨难才得以实现自身的价值。

此后几年，我和W仍无太多往来，但每年盛夏的某个周末，我们都要相约去黄沙岭听蝉，在乡村住一夜。我们把积聚了一年的话题集中释放，彻夜长谈。W说与我一起听蝉有特别的味道，而我觉得平常淡然的W回到家乡健谈了许多，尤其月夜下坐在七星桥石阶上朗诵辛翁词篇的形象让我着迷，我会想起牛郎织女鹊桥相会的故事。还有午饭后我们站在二楼老式木窗前，像扑进画框一样看风景、听蝉鸣，总是回味无穷。今年元宵节，W发信息问候我节日快乐，顺便告知我她已离开饶城去广东谋职了。我一怔，原以为和 W 可以一年一度安享那些美好，此后只能回忆了。我不知道，没有了 W 的陪伴，今年夏天我还会去黄沙岭听蝉吗？还能享受慈祥睿智的伯母亲人般的招待吗？

2016年5月

■ 那些与沙溪有关的往事

我五岁时，第一次知道有个地方叫沙溪。

那是 1971 年，我患急性肾炎，必须无盐饮食。奶奶曾试着做一些不放盐的菜给我下饭，根本就吃不下。为了不让我缺乏营养，奶奶便将菜切碎，煮粥，拌糖给我吃。那个物资极度匮乏的年代，布、糖、煤油等很多日常用品都按人口供应，凭供应证购买。每年每人白糖二两、红糖三两。全家的供应糖还不够我一人吃，奶奶四处托人打听，哪里可以不用供应证购买糖。有一次从邻居的沙溪亲戚那里得到信息，沙溪街上有红糖卖，不需供应证。爷爷硬是半夜三更起床赶去沙溪，抢购了一些回来。他回到家一身是汗，贴身的衣服四处都是白色汗斑。爷爷还买了肥皂和黄烟丝，他感慨沙溪街上吃的用的东西真多！怪奶奶给的钱少了，不然还可以多买几样东西回家。小小年纪的我，由此认定沙溪是个好地方，对之充满向往与憧憬。

从七岁开始，每年春节，我和几个邻居的孩子跟着大爷爷去爬铅石山。大爷爷喜欢给我们讲故事，还会给爬上神仙洞的孩子奖励一两个硬币。铅石山是煌固和沙溪两个乡镇（当时称公社）的分界线，站在铅石山最高峰，放眼四望，村庄、田野、山林、河流，一览无余，尽收眼底。孩子们乐意等待的话，大爷爷愿意陪着等待一列经过沙溪的火车。其实两地距离那么远，根本看不清火车是什么样子，只听到几声拖着长腔的轰鸣，隐约看到它慢慢移动。此时大爷爷脸上露出神圣的光芒，他摸摸几个孩子的头深情地说："你们长大了可以坐上火车去外面看世界。"从此沙溪成了我心中的梦想和远方，我不知道自己长多大才能踏上沙溪的土地，才能从沙溪火车站出发，去看外面的世界。在我有限的阅历里，上饶只是个空而大的概念，远没有沙溪美好。

1976年冬天，为了给弟弟周岁和我十岁生日筹办酒席，爷爷和奶奶商议先把家里的大猪卖给八都食品站，用卖猪的钱去沙溪购买小猪崽和酒席用菜。爷爷决定在办酒席前的那个星期天带我去沙溪赶集。我听说后兴奋得立刻一蹦三跳跑出去，把这个消息告诉同学及玩伴。邻居一大妈为此笑话我："这么喜欢沙溪，长大了嫁到沙溪去。"

终于盼到去沙溪的日子，奶奶天没亮便叫醒我，她已炒好鸡蛋饭，叫我和爷爷趁热吃。奶奶灌了一铝壶山楂茶水，放在爷爷挑的箩筐里。起程时天刚微亮，冬日清晨，寒气逼人，我却毫不畏缩，欣喜雀跃地走在爷爷后面，内心早已狂奔，想象着沙溪集市的模样。

一路经过的村庄，跟我生活的地方大致相似。收割过稻子留下稻茬的田野，偶尔有一两个稻草堆突兀其间，参差破败的房屋，村口有老樟树，有水塘或溪流，鸡在田野刨食，鸭在水里游玩。通往沙溪的路实在平淡无奇。我一路不停地问爷爷还要走多久？爷爷总是说快到了，过了铁路就到。

走了小半天才来到铁路面前，即将有一列火车要经过，我和爷爷被道班拦住，须等火车开过了才能过去。我有生以来第一次近距离看到了火车，傻傻地盯着一节节绿皮车厢呼啸而过。爷爷说我运气好，第一次到沙溪就看到坐人的火车，他来沙溪许多次了，也是第一次见到这种火车，以前遇上的都是拉货的火车，车厢大小颜色都不同，乱七八糟没这么漂亮。站在高出地面许多的铁路上，视野里出现连成片的房屋。沙溪村庄之大，房屋之多，远远超出我的想象。

我们加快步伐走向沙溪街，挤进熙熙攘攘的人群，爷爷牵着我的手，生怕我走丢了。我像刘姥姥进大观园一样，东瞧瞧西看看，街道长得看不到尽头。布店、药店、理发店、竹篾店、农具店、木工店、打铁店、菜场、供销社遍布街道。爷爷在菜场和供销社选购了一些东西，他挑着箩筐在人群里穿梭实在不便，只好把箩筐放理发店旁边，叫我守着。爷爷再三叮嘱我不要乱走，一定要等他回来，他还要去另一个供销社买些东西。理发店旁边有个图书摊，看一本书收一分钱，爷爷给了那个头发花白的守摊人一钱，我从上百本图书中挑了一本小人书，拿了小矮凳坐在箩筐边看。小人书看完放回去时，我站在书摊前迟迟不愿走，目光在那些书上游移。守摊人见状说："小姑娘，还想看别的书就自己拿，不再收你的钱了。"我惊喜地拿了一本接着看，都忘了说谢谢。直到爷爷背着那个鼓鼓囊囊的青色土布袋走过来，我才不舍地把书归还。爷爷从袋里拿出几个包子和馒头，我们用山楂茶配着包子和馒头当午餐。好心的守摊人说："天这么冷，喝冷茶不好的。"他主动去理发店里给我们加了热水。

吃过午餐后，爷爷带我去另一条街买小猪，我记不清那个地方是兽医站还是食品站，院子里摆着一笼笼小猪，纯白的，纯黑的，黑白相间的，这只叫一声，那只哼一句，真像小猪在开会。爷爷像个行家一样，拍拍这只屁股，捏捏那只耳朵，选定一只纯黑的过称付钱。一只箩筐放小猪崽，一只箩筐放鱼、肉、笋、香菇、粉丝、豆腐干等，爷爷挑着满满的收获，雄赳赳地打道回府。我走着走着就跟不上爷爷的节奏了，爷爷便放下担子边歇息边等我。我后来实在走不动了，爷爷只好把小猪崽和菜放在一只箩筐，把我抱进另一只箩筐，挑着我回家。我坐在箩筐里没一会儿便睡着了，回到家才醒，身上盖着爷爷的棉袄。奶奶已经做好晚饭等我们了。

我第二次踏上沙溪的土地是高中毕业那年。5月初，八都中学预考上线的同学集中到沙溪中学复习，迎接高考。二叔送我去沙溪，他帮我挑着一担东西，一边是装着书和换洗衣服的小木箱，另一边是洋铁桶、盆子、草席和毯子等一些日用品。二叔带我办好手续，安顿好寝室，买好饭菜票。二叔吃了午饭回家，我看着他离去的背影，情不自禁地流下眼泪。

这是我第一次离开家人在外生活，走在沙中宽大的校园里，内心空落落的。寝室附近没有自来水，只有一口特别大的水井。每次去洗衣服，井台四周都有十几个人，五六只水桶同时在井里打水。我打水的技术实在太差，七晃八晃，结果吊上来还不到半桶水，每次洗衣服都不顺利，那段时间老下雨，闷热，衣服晾在寝室里很难干。寝室外有一丘水塘，几垅芭蕉。我经常半夜睡不着，静听雨打芭蕉声、蛙叫声，想家。身在异乡才知家好，在家根本不用愁洗晒衣服的事，衣服都是奶奶洗，没太阳晒的话，奶奶晚上把它们挂在煤灶上烘干，第二天便可穿了。

在沙中读书最美好的回忆，是有几个周末跟同学去逛街。从学校大门往右走三百多米，就是繁华的主街道。用"人山人海"来形容街上摩肩接踵的人，一点不为过。街道两边的房子都是店铺，除了我当年看到的那些店，还有皮鞋店、服装店、裁缝店、钟表店、美容院等，店铺外摆满了小摊，商品琳琅满目，让人眼花缭乱。不是亲眼所见，绝对想象不出沙溪街这么繁华。我十岁时被这条街震撼，没想到几年后来到这条乡镇街道又一次被震撼。同学说，只要你有钱，沙溪街上没有你买不到的东西。可惜我们身上的钱太少了，每次只能买两三样东西满足口腹之欲，麻花、桃酥、油煎饼，还有一些叫不上名的沙溪特色小吃，是我们的最爱。我们沿街坐下享受美食，把小贩的叫卖声和顾客的讨价还价声当成音乐。每上一次街，嘴巴、眼睛和耳朵就像享受了一次奢华的旅行。

语文老师是沙溪本地人，他有次在课堂上讲起沙溪的渊源：沙溪距今有两千多年的历史，立名于汉代，唐代武德年间已出现店铺，素有"饶东古镇""江南麻埠"之称，是上饶县（1993年沙溪镇划归信州区）唯一的古镇。地处三县交界，信江河穿镇而过，上饶、广丰、玉山周边二十多个乡镇的村民来沙溪买卖交换手工艺品和土特产，得天独厚的地理优势，造就了沙溪的繁华。1935 年，沙溪开通火车，火车站替代了水运码头，加速了沙溪的商贸发展，此后沙溪生意人遍布全国各地，全国各地的生意人也涌向沙溪。改革开放后，市场经济的繁荣，把沙溪的商贸推向鼎盛时期。

两个月的沙中生活结束，我从此离开沙溪，心中却念念不忘那里的美食，沙溪街的繁华，似一幅色彩鲜明的油画，刻在脑海里经久不衰。此后我再没去过沙溪，但结婚时跟沙溪有过一次交集，当然不是邻居大妈说的嫁到沙溪去，而是在婚礼上，我穿着奶妈从沙溪买的棉袄。那时乡下没有电话、手机，婚期前几天的一个下午，我去奶妈家告诉她举办婚宴的具体时间，正碰上她从沙溪帮我选购结婚礼物回来。那么冷的天，她竟然走得一身汗，脚也肿了。她说本想让别人顺便带的，怕挑得马虎，放心不下，就亲自去了一趟。她早上五点出发，来回走了十多个小时，真让我感动。她挑选的棉袄朴素古典，水红色绸质面料，银色喜鹊尾花纹，立领、对襟、盘扣。我认为那是最珍贵的礼物，隆重穿在婚礼上，唯有此才不负奶妈的心意。

其实在 20 世纪 90 年代初期，沙溪周边乡镇的年轻人购物已不流行去沙溪了，首选上饶市区。唯有老一辈人还惦记着沙溪，只要走得动，每年都要去一次买点东西。其实他们也不是为了买点东西，而是像探访老朋友一样去沙溪街走一走看一看，怀念曾经的辉煌，见证彼此的衰老。

不久前，看了文友去沙溪采风的游记，才知沙溪老街早已繁华落幕，长街上，只有十来家诸如寿衣店、打铁店在营业。街道两旁那些雕梁画栋的豪宅，人去楼空。我不禁感慨万千。不过令人欣慰的是，沙溪镇现已建成"秀美乡村"特色古镇，从320国道沿线的东风、青岩两个村绵延的"秀美东风新干线"，融合了白墙、青砖、灰瓦、马头墙、廊檐多个元素的赣派民居风景，吸引了南来北往的游客。还有现代农业示范园，占地一万平方米的智能温控大棚，无土、立体栽培，集供给、采摘、示范、科研等多功能于一体，谱写了古镇农业观光休闲游新篇章。

好想再去沙溪看看，感受沙溪新的风采。

2017年6月

▮ 印象中的铅石山八大景

上饶市广信区煌固镇沿畈村东面的铅石山，海拔389米，面积约3平方千米。为怀玉山余脉，山形如狮，奇石林立，危崖峭壁，无数自然景观形神兼备，妙趣天成。

《沿畈章氏宗谱》记载："铅石山萃然起于苍莽之中，船岩垂象，鼻孔著形，金顶巍峨，向石人似拱秀。猫头苍翠，对灵岫而争峰，祀庇人等咸以为有仙气象。并有铅石生辉，数如八龙之称。而金顶白云、瓜坪清泉、石僧卧云、石僧负尼、鼻孔岩、猫头峦、船岩、石笋为铅石山八大著名景观。"清代贡生章甫（曾在同治年间聘修县志）就八大景各写五言诗一首，寺庙里现有其部分碑刻。山上的小景观就更多了，有老道迎宾、石马上山、神猴探头、神龟守门、老虎岩、石兔子、牛角尖、一线天、官帽石、大石磨、石门槛……

现在有些景观已经无法窥见。三十年前，八大景均可观赏。我年少时，多次从不同线路上铅石山采茶、砍柴、游玩。对八大景依稀有印象，现逐一梳理。

从沿畈上铅石山有三条路。一条往水带田自然村上，可观赏石僧负尼（又称"和尚背尼姑"）和石笋；一条往灰山坞自然村上，可观赏猫头峦（又称"鹰嘴峰"）右侧面；还有一条往白山岭岗上，可观赏猫头峦左侧面、船岩和瓜坪清泉三大景观。往白山岭岗上的路没有石阶，路程最长又比较险，很少人往那儿走。

　　铅石山是煌固镇沿畈村与沙溪镇铅岭村的分界线。从铅岭村上山，可以远观主峰上的鼻孔岩（又称"神仙洞"或"鼻子窟窿"），还可近看小金顶上的官帽石和牌坊石。后两处景观虽不在八大景之列，但形象逼真，很值得观赏玩味。

　　所有上山的路都通往主峰大金顶的谷底，也就是寺庙所在的位置。从谷底上金顶只有一条路，在谷底，主峰上的石僧卧云景观清晰可见。

　　石笋在山的东北面，这尊奇石，在半山腰拔地而起，高20多米。从不同的角度看有不同的效果，东面看，感觉它摇摇欲坠，担心随时会倾倒；而从西面看，它却稳如泰山，像坐镇指挥千军万马的大将军。石僧负尼也在东北面，就是两座山峰重叠在一起，像一男一女的头像。说是大人背小孩也行，可说成是和尚背尼姑，更具浪漫色彩和想象力。

　　猫头峦在山的西南面，山壁上突出一块形似猫头鹰的巨石，尤其鹰喙很神似，表面光滑。我小时候常往白山岭岗的山上砍柴，对这一景观已司空见惯，听大人说每到傍晚，这里便有猫头鹰在叫。一次下山晚，果然听到"咕咕、咕咕"的叫声。山色暗淡，加上这种似哭非哭的叫声，我和小伙伴内心恐惧，敛声屏气挑着柴火快速走过那一段路。20世纪90年代初，山上采石人将麻石滚下山时，出了意外，麻石不走寻常路，误撞了猫头峦，撞断了猫头鹰的头部。现在看这个地方，再有想象力，也联想不到猫头鹰了。

　　船岩在山的南面，是长五十多米、深十多米的怪洞。洞中有池，泉水不竭。明朝大学士夏言游铅石山时，曾在此洞休息过。每遇战乱，附近乡民拖家带口来船岩及老虎岩躲避。两岩相隔二百多米，分隔在山路的两边。上了白山岭岗，往主峰方向走五百来米，可以远眺两岩。铅石山通公路后，这条路基本就荒废了，荆棘丛生。

瓜坪清泉也在山的南面，大块连成片的麻石，叫西瓜坪坦，麻石上人工开凿了一个池子，清泉汩汩涌出，水质上乘，入口回甘。周边石板上泉眼众多，丝丝泉线细流，并长满青苔。

石僧卧云、鼻孔岩、金顶白云三大景观在主峰上。石僧卧云，在主峰的南面，站在谷底看上去造型非常逼真。小和尚双目微闭，两手交叉放在胸前，神态淡然，安静地躺着，从容地享受阳光。上金顶的路又狭窄又陡峭，行至石僧卧云旁边，看到的只是悬崖上的几块凹凸不平的石头而已，属于只可远看不可近观的风景。过了石僧卧云，山道分了两支，一支斜行往上直达大金顶，另一支往右侧通往正东面的鼻孔岩。

鼻孔岩是两个天然岩洞，洞口形似鼻孔，直径约3米、深4米多，越往里空间越小，两洞相通。洞口下方有两个锅状坎。从右侧往鼻孔岩的路根本称不上路，有些地方只容纳下一只脚，穿鞋子是走不过去的，必须光脚，手脚并用，手扶稳石壁再挪脚。眼不能往下看，那是万丈深渊，看了只会望而却步。

往金顶攀登，经过两个"S"形斜坡，到达顶峰。村庄、田野、山林、河流尽收眼底。不论天晴下雨，始终有一大片白云，白天停在金顶上，夜晚在铅石山上空飘游，亦即铅石山的第一景——金顶白云。有了白云滋养，铅石山的茶成了云雾茶，汤色嫩绿明亮，口感鲜香甘醇。登上顶峰，山风拂面，空气清新。仰望蔚蓝天空，白云清晰可见。

早年金顶上只有几棵茶叶树和成片的茅草，在顶峰可以放眼四望。站在东北面可以看到近处的石僧负尼和远处的石笋景观。如今金顶上长着密密匝匝比人更高的灌木，东北面过不去。石僧负尼和石笋两处景观，只有从水带田方向上来才能看到了。听当地人说，现在一路遍布杂树和荆棘，从这里上山非常困难。犹记得我年少时，和小伙伴从水带田上铅石山，看到的石僧负尼景象，像极了两张微笑的脸。

自从蜂窝煤、煤气取代了木柴做饭，周边村庄的人不再上铅石山砍柴。2012 年，政府投资在山上修了水泥路，水带田、白山岭岗上山的路便无人问津了。从灰山坞上山，有台阶，路程短，比较好走，还是有不少人选择从这条路攀登。爬了近千级台阶，豁然开朗，眼前一片开阔的茶园。站在这里可以看到金顶，四周群山起伏，不禁生出"一山放出一山拦"的感慨。

2017年8月

▋ 上泸红区林场的午餐

　　多年前的央视春晚上，李琼演唱了一首《山路十八弯》。这首歌的歌词已忘得差不多，但那山路一层层弯弯曲曲的画面，至今还是让我印象深刻。

　　初秋时节的周末，我跟随上饶县作协采风团走进上泸，了解古镇的历史文化和乡情民俗。中午时分，一行十多人驱车前往红区林场吃午饭。翻山越岭，拐过一道弯又有一道弯。从车窗往外看，这里与《山路十八弯》的背景何其相似，我甚至怀疑，那组画面是在这里拍摄的。

　　途中遇一农用车下山，窄窄的山路根本不可能两车交会而行。农用车装满毛竹，不能退行，我们几辆车只得小心翼翼地往后倒，让农用车前行到拐弯的地方。拐弯处路更宽些，农用车停在一边，让我们的车子能缓慢通过。当然，这只是司机们的事，我和几个文友下车往前走，站在山冈上边等候边看风景。辽阔的天空下，山林连绵起伏，一畈畈稻穗青黄相间。零星有村民在田间劳作，他们面对丰收在望的景象是否满怀喜悦？村庄里那些气派的楼房，成了山川田野的点缀。村民若是仰望山岗上的我们，也会感觉我们小如蝼蚁吧。"这里的山路十八弯，这里的水路九连环。"我数了数，眼下的山路已不止十八弯，泸溪河的水路却没有九连环，多处成了浅滩，甚至断流。古时的泸溪河是上泸的交通要道，流经铅山石溪、信江、鄱阳湖，汇入长江，每天客商船运往来无数，谱写了古镇曾经的繁华。如今看来，可谓岁月悠悠，沧海桑田。

重新上车后，肚子咕咕直叫。不知前面还有多远，也不知为何要翻山越岭到林场吃饭，在山下找个小餐馆或农户家将就一餐，又省事又省心。我默默祈祷不要再遇到下山的车了，以便尽快赶到林场。

时近一点，才抵达红区林场林祖金书记家。林书记站在大门前迎候，他满脸笑意："欢迎欢迎，你们辛苦了！"林书记个子不高，肤色黝黑，一看就知是长年干体力活的人。他转身三步并作两步，进屋去泡茶。林师母早为我们准备好了饭菜，好几个菜热在大铁锅里，见我们到了，一份份依次端上桌。林书记招呼大家喝茶，懂茶的文友刚品尝就夸这茶好喝。林书记不无自豪地说："自己种的高山有机茶，又用山泉水泡，肯定好喝。"有人问他有茶叶卖吗？他笑着摇摇头："今年的茶早卖完了，只留下几斤在家待客。"我好奇地问这深山老林里茶叶怎么卖出去？林书记告诉我，他的媳妇是南昌人，在南昌一所学校教书。她会在网上发一些这里的茶山、采茶和制茶的照片，她的同事和朋友很快就把一百多斤茶叶抢购一空。今年茶叶每斤定价 500 元至 1000 元，总收入超过 70000 元。我又好奇地问他："你媳妇是南昌城里人，寒、暑假来这里能习惯吗？"林书记又笑了："不但她自己习惯，还常带一些朋友来度假呢。他们说这里山好水好空气好，是天然氧吧。我盖这么高这么宽的房子，就是要方便他们来这里有住的地方。"

在我刨根问底时，林师母把做好的菜全端上桌，宣布开饭了。白玉豆、空心菜、竹笋、丝瓜、芋头、鱼、鸭子、肉皮、红烧肉。林书记说除了肉和肉皮是山下买的，其他都是自家种的，自家养的。菜品原料纯正，加上山茶油、柴火灶烧制，每道菜都是美味。大多数人此时已饥肠辘辘，每道菜都吃得精光，有的菜连汤也喝光了。林师母又从鸡窝里拿出几个蛋，用韭菜炒了一大盘鸡蛋。同时让来帮忙的隔壁邻居，到自家菜地采些小白菜。五分钟不到，邻家大姐手捧一大捆小白菜回来，蹲在后院的水池边清洗，又五分钟不到，菜已做好上桌。我本已吃饱放下碗筷，经不起鲜嫩翠绿的小白菜诱惑，又拿起筷子吃起来。这年头，能吃上这么天然新鲜的小白菜，也算一种幸福。林师母忙碌完毕坐在客厅歇息，慈祥地看着我们的馋相。有人突然反应过来，他们夫妇还没吃饭，怀着歉意让他们赶紧吃饭。林师母解释道："请了匠人在楼上装修，在你们到来之前，跟匠人一起吃过中饭了。"我们夸她手艺真好，她竟露出羞涩的样子，忙不迭地解释："山里的菜都是自然生长的，接受阳光雨露的滋润，味道肯定好呀！你们若是春天来，喝到这里的野生红菇汤，那才叫真正的鲜美。"林书记又接着说："冬天的黑山羊肉烧冬笋，也是顶级的美味哟，欢迎到时候来品尝。"

　　来的路上，我还在心里嘀咕，有必要翻山越岭到红区林场吃顿饭吗？没想到，红区林场的午餐，不但给人留下了舌尖上的美味，更让人感受到大山深处一对夫妇的纯朴热情，还有什么不值得呢？

2017年9月

▌ 楮溪之秋

立秋之后，气温仍然居高不下，没有一丝凉意。楮溪公园里的草木也不知秋之降临，一如夏日的碧绿茂盛。倒是虫鸟们更敏锐，夜里的鸣叫跟之前有了些许不同。草丛里的蟋蟀，溪岸边的青蛙，树枝上的蝉鸟，像约好似的，鸣叫声从焦躁短促变得从容悠长。

只要在上饶，我每天都去楮溪公园走一走，或白天或夜晚。这样的习惯已坚持半年多时间了，此前常去的是龙潭湖公园。当我发觉一天行走超过 150 分钟脚踝下方会酸痛时，便把路线改为离家更近的楮溪公园了。从家到这里来回约 100 分钟，加上走路去菜场或去单位，差不多是我走路的极限了。

楮溪公园出入口很多，春江南大道上有五个，稻花路上有两个，桥下村有座桥也与其相通。主入口在稻花路上，正门上方题了"楮溪湿地公园"几个镏金大字，古韵十足。门口常有几群跳舞的人，音乐震天响，让我不敢从主入口进出。公园核心区域面积占地 92 公顷，不足两米宽的弯弯曲曲的石板路延伸到园内各个景点。里面植物繁多，仅我认识的就有三十多种，还有更多物种，我不认识或不在视野所及。楮溪河在园内分成三条支流，环绕草坡、山丘、树林流淌，出公园又汇聚在一起。

过了处暑下了一天雨，从春江大道第一个口子进公园，便发觉栾树和合欢的叶子还算青绿，里面的芦苇、河柳、水杉、喜树的叶子有点泛黄，银杏和无患子的叶子黄意更明显。木芙蓉悄然绽放，紫薇的花瓣则撒落一地。一场秋雨，竟催生了这么多新景象。是否一经雨水涤荡，植物便露出了本真面目？

连着两天晚上，有一个高大的中年男人，借着上弦月与路灯的微光，在溪边的荒地上除杂草捡石头，开垦出几垄菜地。种了白菜、萝卜、莴苣、菠菜等。白菜是移栽的，其他都靠播种。几天后，种子陆陆续续发芽了，有点疏密不匀。嫩芽长到两寸来长时，那个男人蹲在地上，耐心而又细心地用筷子将密处的菜秧撬起，移栽到疏处。后来还有一次见过他捉虫子，也是蹲着，也是用筷子将虫子夹进矿泉水瓶里。此后没有遇上他。如今那些菜已生长得绿油油、水灵灵。

9月初，园丁开始用割草机除草了。当天割下的草被太阳晒过，有种特别的芳香，我尤其喜欢。是否割下的草会分泌一种物质，与阳光进行光合作用，才会释放出这么美妙的气味？那段时间，我下午下班直接去楮溪公园，站在新割的草堆前，眯起眼睛，吸气吸气再吸气，深纳芳香于肺腑。那个时候，园丁收工了，公园里也没有游人，我可以随心所欲地在里面发呆发傻。直到黄昏，香味渐渐淡去，才拔腿回家。正好那段时间女儿和丈夫都不在家，我不需要尽家庭"煮妇"之职，尽情享受着独处的妙处。园丁割草的活儿干了一个多礼拜，这期间每天阳光灿烂，我每天去追逐那融合了天地之精华的芳香，用"香迷心窍"来形容那时的自己一点也不为过。

草香味的诱惑刚结束，公园里桂花又隐隐约约飘香了。不论白天夜晚，整座公园都弥漫着桂香。于我而言，花的好处不在形而在味，我总是从嗅觉而非视觉去审美，柚子花、栀子花、茉莉花犹如古典美女；花香过于浓烈的木兰、蜡梅等，像艳丽美女；桂花介于它们之间，兼具两者的美妙。

中秋节次夜，几个文友相约到楮溪公园赏月，在临溪的观鸟屋喝酒吟诗拉小提琴。明月、清风、桂香、琴声、欢声笑语，他们玩到半夜还舍不得散。我在乐安参加外甥的婚礼，错过了这次难得的雅聚，只能遥想当夜楮溪公园的诗情画意。我从乐安回来的当天，小憩之后再无睡意，情不自禁地往楮溪公园走去。夜已深，路上难得碰上几个人，公园里更是冷清，只有一对如漆似胶的情侣走在我前面，构成一幅恬美的情景画。我跟他们保持五十米左右的距离，静静地欣赏这幅"画"。走近观鸟屋，隐隐听到哭声。凉亭里真的有个女人，抱着宠物狗（也可能是猫）靠着栏杆呜咽。我一时不知如何是好，停顿片刻继续往前走。不必去惊扰，让她尽情释放吧。不知她为何独自在深夜哭泣，但愿花好月圆的楮溪公园能抚慰她的忧伤。

今年秋天难得下雨，桂花的花期尤其长。10月底了，园子里还飘着淡淡的桂花香。从开始的幽香，到盛开的郁香，再到凋零的清香，我一路沉醉，以至于忽略了园中其他风景。

桂香消失于一场秋雨。雨过天晴后，嗅觉先行的我，闻不到喜欢的气味，才使用耳朵、眼睛的功能，却发觉公园里蟋蟀、青蛙、蝉都销声匿迹了，唯有鸟儿的叫声此起彼伏，似乎比早秋叫得更加愉悦。植物有了明显的晚秋色彩。芙蓉花盛开，乳白、粉红、玫红，色彩各异，娇嫩鲜艳；青黄的芦叶弯着腰，灰白的芦花依然昂着头，有宁死不屈的风骨；银杏、无患子的叶子金黄，一半挂树梢，一半落地上；乌桕的叶子像一面面小红旗，在树枝上招展。楮溪公园的红叶来自乌桕而非红枫，让我意外又惊喜。我小时候最厌恶家门口那棵乌桕树，经过树底下常有毛毛虫掉身上，马上奇痒起红包。曾缠着爷爷砍掉门口的乌桕，只因乌桕的籽可以卖给供销社换点钱，爷爷舍不得砍。因为厌恶，我从来不愿抬头多看它一眼。没想到秋天的乌桕叶子红得这么艳美，灿若火烧云。

约了珂珂周末来楮溪公园赏秋。许多年前，我们会在气温适宜的中午到户外活动，相约行走楮溪公园。我们把它当作一个空旷又清静的载体，在里面天马行空神聊，迸发奇思妙想，一圈走下来还意犹未尽，不得不匆匆忙忙各自赶去单位上班。走了多少次，也不清楚里面有哪些风景。那个时候，中午不休息照样精力充沛，白天走了楮溪公园不过瘾，晚上还要去走龙潭湖公园，一天不停地走也不会脚痛。一晃我们已从生命的夏天走到秋天。下午三点，珂珂如约而至。我们沿着楮溪河岸边走走停停，边赏景边聊天。"落霞与孤鹜齐飞，秋水共长天一色。"这句出自王勃《滕王阁序》的名句，也可以用来描写我们看到的风景。离春江大桥不远，河边有棵枯树，横倒在水中，造型像一个人站在船上，船在水中行，倒影清晰，水面波光粼粼。"孤帆远影碧空尽""李白乘舟将欲行"，我们用李白的诗句来形容此景，感叹一棵枯树可以营造出这么美的意境，生命老去又何足惧。

因是周末，公园里游人较多，或闲逛，或慢跑，或坐着听音乐晒太阳。廊亭里有六七个女人唱戏，可能在排练一个剧目，旁边还有一伙人围观并喝彩。听不真切唱词，只觉得唱腔明快、爽朗、豪放，也许是赣剧。我们往那条有许多琴丝竹的小径走，撞上躲在角落里说悄悄话的女孩们。我们又绕到桃花岛，有一对中老年人在练太极，他们刚柔相济、舒缓自如的招式，气定神闲、悠然自得的表情，都非常有美感。我们站在一旁默默观赏。

晚秋午后的阳光，白亮煦暖，映照着他们，也映照着我们，安静而美好。

2017年11月

殿山云雾茶，养在深闺人未识

　　弋阳县旭光垦殖场洪山分场，位于弋阳县最南端，辖洪山、朱家、高桥、汪家坪四个自然村。境内总面积约 1900 公顷，森林覆盖率达 95% 以上，拥有弋阳县第一高峰殿山，海拔 1271 米。这里山深林密，峰峦叠嶂，红豆杉、罗汉松、银杏随处可见，穿山甲、猕猴、锦鸡时常出没。峡谷、溪流、瀑布众多，峡谷沟壑纵横，涧水流淌其间，积聚、汇合，注入悬崖峭壁，像一条晶莹剔透的玉龙，湍急奔腾。比较出名的有米筛潭、花花蛇、密丝塘、杨梅坞、梨树坞、马鞍坞、桐子坪、老虎坪等瀑布。

　　人烟稀少、水源充沛、植被丰富、千亩草甸、万亩竹海，常年云雾缭绕，洪山绿色原生态的自然环境，为茶树创造了良好的生长条件。生长在海拔 900 米以上的殿山云雾茶，汤碧、味醇、香高、甘爽清亮，是茶中珍品。据《弋阳县志》记载，洪山人张景江于 1929 年将自己采摘并用传统工艺制作的殿山云雾茶，送往巴拿马万国博览会参展，并获得优质奖。赣东北当代文化名人张景江先生，精通多国语言，著文立说，擅书能画，有著作《琅琊吟》存世，其绘画作品珍藏在杭州博物馆。曾在江西、浙江两省任教，担任过江西省文史馆馆员，资助过中华人民共和国成立后的江西省首任省长邵式平就学北师大。殿山云雾茶，因有了张景江先生的传播，渐被外人知晓并受到青睐。

　　洪山分场郑仕明场长给我们介绍洪山的"五美、五宝、五怪"。五美——山美、水美、人美、云美、茶美。五宝——茶叶、冬笋、茶油、蜂蜜、野生香菇。五怪——蚊子没牙齿、夏天盖被子、喝茶如同炒盘子、茶高人矮搭梯子、手工不如机匣子。每一项都有茶叶上榜，可见茶在人们生活中的分量。

洪山人喝茶很有讲究，要配上很多好吃的东西下茶，如炒年糕、炸藕片、冻米糖、南瓜干、茄子干、红薯片、花生、瓜子等。尤其是逢年过节来了客人，左邻右舍也来添个热闹聚在一起，桌上摆满一盘盘点心果子，喝好茶、品美食、拉家常，大家其乐融融，喜悦溢于言表；茶高人矮搭梯子，是因为多年的老茶树没有修剪，长得比人还高，必须搭梯子爬上去，才能采到茶树顶上的嫩芽。手工不如机匣子，指手工做的茶没有机器做得好看好喝，机器可以自动控温、控时，有扁形、针形、曲形等不同的成形设备，制成的茶叶外形美观。手工炒茶制茶，稍有不慎，火候没掌控好茶便老了。殿山云雾茶，来自海拔 900 米以上不施肥无污染的茶树，茶青的品质是绝佳的。但再好的茶青，做工不好，也出不了好茶。若把这么好的茶青做坏了，等于暴殄天物。他希望做茶师傅用心做出好茶。

旭光乡党委、政府把殿山云雾茶作为发展壮大村集体经济的一个新增长点，近两年为茶厂购置了全新的设备，送茶厂工作人员到福建、浙江学习，还专门从婺源大鄣山请来制茶大师传授工艺。推出了特级茶、一级茶、公务用茶和手工茶等多个品种，全新的理念、工艺、设备、包装，提升了茶的品质。沉寂多年的殿山云雾茶在市场上重新有了知名度，只可惜产量太少，年产仅250 千克左右，每年早早脱销。

扩大种植面积，为分场赢利也为老百姓增加收入，成了乡、场领导一致的奋斗目标。近年有一些外地商人来洪山垦殖分场考察，与当地领导商谈承包开发高山种茶。把殿山云雾茶做大做强，当然是好事，但必须在保护生态、造福百姓的基础上，不能只为了眼前的利益，破坏了青山绿水，污染了这方净土。当地领导提出两个条件，一是有机种植茶树，二是让利当地百姓。有机种植，就是不用除草剂、不施化肥、不打农药，只能人工除草，使用未受污染的有机肥，采用自然的方法防治病虫害。也许有机种植的成本会高很多，但几年后茶叶产生的收益，那是不可估量的。高山有机茶，除了好喝，还可以解毒防病治病。《神农本草经》记载：神农尝百草，日遇七十二毒，得茶而解之。这个"茶"，就是自然状态生长的茶，即现在的有机茶。这样的茶，可以卖出高价，也很有市场前景。做成生态旅游观光茶园，收入更是可观。

因价值观和对茶叶发展的理念不同，洪山分场至今未与一家客商签约进行开发，旭光乡党委、政府本着对老百姓负责的态度，宁缺毋滥。洪山分场，是一块未被开垦的处女地，殿山云雾茶，像一个养在深山的闺秀，静待有远识的有缘人来牵手。

2018年9月

▌ 新篁山村里的味道

在横峰县新篁办事处崇山村白果园，我遇见了久违的绿豆腐。崇山峻岭中的白果园，几百年树龄的枫、樟、槐、银杏比比皆是。上饶作家采风团一行来此观赏古树。在那棵近三十米高、三个人才能围抱的千年银杏树下，蜂场女主人江兰香早已摆好桌子和凳子，备上绿豆腐、蜂蜜、碗和勺子，等候大家到来。

乍见翠绿晶莹的绿豆腐，我惊喜地叫了起来："哇，神仙豆腐，我小时候的美食。"有些人是初次见到绿豆腐，他们问是用绿豆做的吗？江兰香笑着摇头："不是，是豆腐柴的树叶做的，属于山中野味噢。"一碗绿豆腐配上一勺蜂蜜，鲜嫩，润滑，回甘，我们吃得口齿生香，吃了一碗又添一碗。有人想知道到底是哪种树叶这么神奇。江兰香小跑到她家养蜂场后面的山上，采了几片叶子过来。果然是我小时候采过的同一种树，村里人叫它神仙树，做出的豆腐叫神仙豆腐。江兰香接着介绍绿豆腐的制作方法：将采摘的豆腐柴的叶子放进纱袋里搓揉，挤出汁液；再用稻草烧灰，冲泡滤出灰碱水，将两种液体混合充分搅拌，静置十几分钟，便结冻成绿色胶状物。知道了绿豆腐的制作原料和方法，他们啧啧称奇："想不到晶莹碧玉般的绿豆腐，竟然来自柴树叶汁与稻草灰水的融合。"

纯天然原料，纯手工制作，不添加任何化学的东西，这绿豆腐与我记忆中的完全吻合。夏天，村民到河对岸的山上采摘这种树叶回家，制成绿豆腐解暑解馋。在当时物资匮乏的年代，享用不花钱不费粮得来的美食，内心无比欣喜愉悦。只可惜没几年工夫，河对岸山上的灌木丛被砍，开垦成菜地，再后来又盖上一栋栋房子。神仙豆腐的美味，成了留在舌尖上永远的回忆。没想到四十多年后，我在新篁又遇上家乡已经绝迹的美食，重温曾经的美好。

横峰县的文友介绍说，江兰香和丈夫邓鹤云，除了养蜂，还租下几百亩山林种植果树。第一批已种下枇杷、柚子、板栗、桃、梨等五千余棵树苗。他们年轻时双双去广州打工，开始一个月没找到事做，天天吃家里带去的干粮，喝自来水。打了五年工，有了一定的积蓄，便创业开公司，做过家电维修和电信工程，员工多时达百余人，一年可以赚一套广州的房子。经商二十多年积累了雄厚的资金，中年回归故里，没有选择享清福，而是搞起养殖和种植业。

看不出江兰香竟然在大城市打拼过，曾经她所有吃过的苦、受过的累，现已风轻云淡地融化在她那纯真质朴的笑容里。

两天时间，我们走进早田、山田、平港、乌石头、崇山、篁村、槎源等多个自然村。每到一处，都喝了甜茶。甜茶色泽像红茶，口感微甜，有回甘。村民说，这是一种野生茶，采摘春天的嫩叶，隔水蒸一会儿，或用开水浸一下，放在太阳底下晒干即可。我从来没听说过甜茶，用手机上网搜索：甜茶树，生长在高山陡壁杂树丛中，不易种植，以自然生长为主。树叶味甜，但不含糖分，据科学实验测定，该甜味物为二氢查耳酮，甜度为蔗糖的 300 倍，热量仅为蔗糖的三百分之一，营养丰富，有防治心血管疾病、预防中风、预防牙齿疾病、防癌等功效。这么多好处，村民不完全理解，他们只知道甜茶可以降血糖，常年喝甜茶，村庄里找不到高血糖的病人。我却发现甜茶预防牙齿疾病的功能很强大，在山田村五月雪驿站等候用餐时，十多位当地女人，小的五十来岁，大的七十多岁，坐在廊桥的长凳上，还有两位在荡秋千，她们像一群孩童般纵情嬉笑，个个露出满嘴好牙。她们身边，放着几个竹篮子，装有茶叶、笋干、霉干菜等，每种物品都用白色塑料袋包着。驿站老板说她们是出来卖山货的，却不吆喝不主动招揽生意。有游客问起，她们才会讪讪地回答这个多少钱那个多少钱。

在五月雪驿站，我第一次品尝阳山吊锅。炭火上方吊着一口铁锅，里面一层层叠放着美食，底层排骨，中间有山芋片、竹笋和几种菌菇，上层油豆腐、腐竹和佐料，满满当当一大锅，热气腾腾，香味扑鼻。吃起来鲜美无比，根本停不下筷子。撑得我只能用"好吃得不得了"这么俗之又俗的话来赞美它。还有乌石头古村落陋室居民宿的豆浆，也是我新篁之行念念不忘的美味。男主人姚长生用在自家山坡地上种的黄豆，手工石磨，高山泉水制作出了这么原汁原味、纯正醇和的豆浆，市场上永远买不到。一文友说："在乌石头喝到这么地道的豆浆，被这里的蚊子咬几个大包又算什么。"

早田村民蒋金春，曾在义乌做了十多年生意，因父母身体原因和孩子上学问题，选择了回乡创业。几年前开了"山村里的味道"网店，利用直播平台，直播山里的风光和美食，直播山货采摘、制作的全过程，比如采茶，做茶，挖竹笋，晒笋干，摘山茶籽，榨山茶油，等等。从开始的无人关注，到现在粉丝量近两百万，成为知名的网红。他的山货成了粉丝们的抢手货，把新篁特色农产品销往全国各地。去年，笋干、甜茶卖了近千斤，野生猕猴桃销量过万斤，霉干菜、葛粉、茶油销量也不少。通过蒋金春粉丝的传播，到新篁的游客越来越多，当地的农家乐、民宿忙得不亦乐乎。

　　平常一有空闲，蒋金春就开着三轮车到周边山村收购老乡家的山货，为老乡创收，自己也从中赚点差价。村里有年轻人想仿效蒋金春开直播卖山货，他手把手地教。他还在横峰县电商产业园授课，将自身直播经验分享给更多的人。在 2018 年第五届世界互联网大会上，蒋金春作为江西唯一的面孔出现在会场，他要让全世界知晓新篁山村里的魅力。

2019年7月

▌ 煌固采风归来

近几年，我很少跟随三清媚外出采风。两鬓斑白，站在一群年轻人间不和谐。灵感又似乎被白发驱逐，采风稿十天半个月也写出不来，干脆就不去了。而这次采风，是到我的老家广信区煌固镇，哪怕再无颜见江东父老，我还是要与三清媚去走走看看的。

塘里，古溪湾，丁宅，沿畈，煌固，黄塘，后田，八都……一路走过这些村庄，我印象中的模样，早已旧貌换新颜，到处都是崭新的事物。山美水美，物美人美，引得大家文思泉涌，几天工夫，一篇篇美文在采风群与文学会公众号发表。古建篇：煌固七幢屋，沿畈章氏家祠，黄塘徐氏宗祠；人物篇：中国软件首富王文京，中国畜牧养殖业领军人物邱继红，两弹一星功勋丁声耀，南宋状元徐元杰；风景篇：古溪湾，铅石山，八都一河两岸夜景；写企业的尤其多：博宏箱包厂，软籽石榴、红心猕猴桃、太空白莲、菌菇、白耳黄鸡、稻虾等种植养殖基地。我再去写，都有画蛇添足之嫌了，还是说说自己采风归来的思与行吧。

首先，为沿畈村名的回归本真感到欣慰。自我读书识字以来，"畈"就一直写成"坂"。我查字典，坂只有一个读音：bǎn，我们村庄却叫：沿 fàn，问了几个年长的叔叔，他们也不知为什么是坂而不是畈。小学，大队，后来的村委会，都写成沿坂。我查阅 1985 年出版的《江西省上饶县地名志》和 1993 年出版的《上饶县志》，里面是沿畈，原来是我们自己把官方规定的地名搞错了。直至去年10月，上饶县撤县设区改为广信区，各级政府的牌子由区里统一定制，沿畈村的名字才被纠正过来。

而那个古溪湾，我却一直以为是葛溪湾。小时候多次听说过这个地方，大爷爷带我们爬铅石山，在顶峰，他教我们认周边的村庄，指向葛溪湾，他说大溪在这里拐了一个弯，风水好，会出人才。大爷爷识字，是走村串户弹棉花的手艺人。我十来岁时爱刨根问底，有次站在铅石山顶峰问大爷爷："那个风水好的地方，地名怎么写，出了什么大人物？"大爷爷指着大溪说："这条河，我们平常叫大溪，官话叫葛溪，葛粉的葛。葛溪湾出了科学家，在首都北京搞科研。""科学家""首都北京"，在十来岁少年心中多么神圣，所以我当时印象非常深刻。有次我陪上饶市农行退休干部唐嵩先生上铅石山，他介绍说，饶北河发源于灵山北麓和小更尖东南麓，流经郑坊、石人、临湖、汪村、煌固、灵溪等乡镇，汇入信江。此处最早叫灵溪，传说有一年闹瘟疫，在三清山修道炼丹的葛洪仙人下山普济众生，在灵溪流域采集草药，为百姓免费治病。人们为了记住葛洪的功德，把灵溪改叫葛溪或葛仙溪。唐先生还在山上的寺庙里找到碑刻古诗，印证这一说法。那首《香林聚杞》有诗句：户外灵山凭梃秀，门前葛水任流长。当地的领导说，村名历来如此，从未更改过。我心存疑惑，又把《地名志》和《县志》搬出来查阅。《地名志》没写古溪湾有别称，《县志》记载，饶北河又称"灵溪"，没有葛溪之说，两本典籍都没提到葛溪，不知大爷爷和唐先生所谓的葛溪，在哪儿有记载？想起文学会毛会长曾说过，国家一级作家李春雷来上饶采风后，说上饶太有文化氛围了，希望找到"文革"前出版的上饶各地的《县志》，带回去研究。是否"文革"前保存的史料更真实更详细？"文革"前出版的《上饶县志》是否有葛溪及古溪湾又叫葛溪湾的记载？不管真相如何，反正这里是风水宝地不会错，丁声耀、邱继红就来自这里。

在黄塘，三清媚走进徐氏宗祠，听八十多岁的老人讲述状元的故事。不少妇女小孩也来到宗祠，没想到他们都会背诵徐元杰的《湖上》一诗。

花开红树乱莺啼，草长平湖白鹭飞。

风日晴和人意好，夕阳箫鼓几船归。

有人说，徐氏家训，亦即黄塘徐氏宗谱里的十条讲义，是状元留给后代的为人处世准则，上过央视和中纪委网站。有人说，《湖上》这首诗是状元陪皇帝游西湖时触景生情，即兴吟下的，还得到皇帝的赞赏呢……

我想借来徐氏宗谱，研读探究。多方打听，得知原八都中学教师徐孚杰收藏了一套宗谱，徐老师正好住在城区信美路，于是我找到他，借来宗谱里两卷遗文集。普通家族的宗谱，只记录一代代子孙的繁衍生息，状元家族宗谱却有两卷厚厚的遗文集，收录了本族历代读书人一些诗文，还有与状元同代文人写的与黄塘有关的文章。

三清媚要把沉睡在故纸堆里的文化挖掘出来，通过杂志、网络加以传播，让徐老师非常高兴。得知这是一群业余文学爱好者，一个没有财政拨款的民间社团，他又非常钦佩，希望通过我们的行动引起政府文化部门的重视，让优秀的本土历史文化发扬光大。

几年前，我在微信朋友圈看过中纪委推广《南宋状元徐元杰家训》的文章。十条家训：孝悌、立志、习静、笃实、求知、研几、正心、改过、不息、主敬。

　　只有二十字的纲领性提要，并没详细条文。我一页页翻阅宗谱，查找家训。遗文集一卷140多页，没有目录，没有标点符号，还有很多繁体字。下卷26至34页，记录了家训的条文释义，有3500多字。打印出来研读，似懂非懂。有的繁体字根据上下连贯来猜测，大部分繁体字要查字典才能确认。花了几天工夫断句，我的古文水平有限，断句差错难免，准备请中学语文老师把下关。想到文友汪茶英的先生是高中语文老师，征得同意，把徐氏家训带给他们。聊天时，我说起对《湖上》一诗的质疑。起因是这样的：这首黄塘妇孺皆知的诗，我竟然不知道，正好家里有上海辞书出版社1986年出版的《宋诗鉴赏辞典》，我想查找《湖上》的创作背景，是不是如黄塘人所说的那样。实在没想到，这本1500多页收录了1200多首宋诗的辞典，竟然没有徐元杰的《湖上》。我就奇怪了，即便没陪皇上出游西湖，也算得上名人美文，作品一问世将会广为传诵，载入史册一代代传承。我于是怀疑，这首诗是徐元杰考取功名前的作品，与他的很多山水诗一样，写的是上饶周边的风景。徐元杰三十六岁（《上饶县志》和网上记载他1196年出生，若按《梅野集》里记载1194年出生，就是三十八岁）才考取状元，之前曾在铅山鹅湖书院求学，后又师承福建浦城真德秀。宋代上饶境内的带湖、鹅湖都非常有名，《湖上》是否写的就是这两湖之一？茶英鼓励我大胆设问，小心求证。

　　我找到对宗谱较有研究的32代状元后裔徐孚鹰探讨。徐孚鹰是《梅野集》译注工作委员会成员，他说《湖上》的创作背景，家谱中只字未提，他从《宋史》和《千家诗》译注中寻找线索，也未能获得证据。状元公陪皇上游西湖时，触景生情写下《湖上》，只在家族里口口相传而已。从末句"夕阳箫鼓几船归"来看，他觉得写上饶境内的湖可能性不大。我们这里没这个雅兴，最多是湖中有几只捕鱼小船，哪还有箫鼓玩乐在船上？

名家注评本《千家诗》（长江文艺出版社）上，注释箫鼓指代音乐。泛舟江湖饮酒吟诗弹唱，在宋代很常见，宋诗词中对此有很多描写。《宋诗鉴赏辞典》里，章甫（江西波阳人）的《湖上吟》写道："谁家短笛吹《杨柳》，何处扁舟唱《采菱》？"所以我觉得，"夕阳箫鼓几船归"完全有可能出现在上饶的湖上。

我继续翻阅徐氏宗谱，尤其对里面的诗词多加留意，竟然在上卷发现了徐元杰题《灵溪八景》五言、七言律诗各十六首。八景分别是：贞白流芳、灵溪鱼化、睦州古迹、潭汇龙吟、东轩夜读、西山牧唱、南坂春耕、北岭樵歌。我仔细对照了两组诗，其他七景都差不多，《南坂春耕》有首七言诗写到平湖，而五言诗里没有。

草满平湖水满畴，东风薄暖试春牛。
当年桔橰南阳事，鼓舞讴歌大有秋。

《灵溪八景》七言诗之后，接着是《又湖景》一首，就是大名鼎鼎的《湖上》。我猜测：徐元杰写下八景的五言诗后，感觉没写灵溪南边的平湖颇为遗憾，就在七言诗中加进去了，但还是觉得不够分量，干脆再写一首《又湖景》，成为灵溪第九景。诗中的平湖，就是带湖。因平湖狭长的湖面如宝带，辛弃疾隐居于此，称之"带湖"。

灵溪的睦州山今犹在，而排在第一景的王贞白，网上已注释为江西广丰人了。不能因为在唐代，灵溪划归永丰（今广丰）县管辖了几十年，就认定王贞白是广丰人吧。同理，也不能因西湖有平湖秋月之景，就把徐元杰的《湖上》认定是写的西湖。哪怕网上、教科书上把它定性为写西湖，本着百家争鸣的精神，我也可以说出自己不同的见解吧。

煌固的古溪湾，是否又叫葛溪湾？徐元杰的《湖上》，到底是写西湖还是带湖？期待研究上饶历史文化的学者做进一步考证。

2020年6月

悄然至秋途

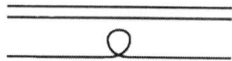

▊ 悄然至秋途
——五十自述

一

1

小姨多次提起，我出生的那年冬天很冷，到处的屋檐挂着长长的冰凌。小姨是我生命最早的见证人，母亲生我时难产，读高中的她因学校停课，一直在医院陪护。缘于此，小姨对我多了一份牵挂和怜惜。

1967年冬至，住进上饶专区医院待产、肚子痛了三天的母亲，终于在凌晨生下了我。母亲之前给父亲发了两封电报，告之预产期催他回来，却一直不见他的踪影。她不知道，远在国营七二一矿（所在地江西乐安县）的父亲，成了"保皇派"，出行受管制。母亲1960年考取江西农学院，她是中华人民共和国成立以来上饶县煌固籍第一位女大学生，毕业分配在上饶林科所工作。女人在生孩子这件人生大事上，缺少丈夫在身边，内心的悲伤与失望，是我自己成为母亲才懂的。不知此时的母亲，是否萌生了要与两地分居的父亲离婚的念头？外婆和奶奶都是大字不识的乡下小脚女人，要她们到十五公里外的专区医院照顾母亲几无可能。幸亏有小姨在陪护，一次小姨到外面买馄饨给母亲吃，回来时却被门卫拦住不让进。当时医院外面两派人在武斗，医院守卫森严，出得去进不来。小姨向门卫求情，几乎哭着诉说："姐姐难产非常危险，身边没人照顾。"门卫叫里面的人去妇产科问了确有这么一回事，才放小姨进去。

在那动荡不安的年代，母亲给予我生命是多么不容易呀！

我这来之不易的生命，四岁时因急性肾炎险些夭折。假如我是胆大的孩子，也许就不会遭此一劫。起因是这样的，那年中秋，爷爷带我到奶妈家过节，吃过晚饭，爷爷驮着我回家，我用比爷爷更高的视野打量村庄和田野，既惶恐又好奇。明月的清辉笼罩着四周，金铃子唑唑鸣叫，池塘波光粼粼，远处的山林黝黯模糊，神秘莫测。路过一块墓地，有只鸟冷不丁地从耳旁掠过，一声尖叫让我打了个寒战。我再不敢东张西望，双眼闭上，两手抱紧爷爷的头。回到家，奶奶从爷爷肩上接下我，她说娜妮怎么不说话，眼神也是木木的，会不会受惊吓了？她责怪爷爷不该贪吃晚饭走夜路，接着便站在大门口为我叫魂。叫了魂后，又泡苏梗茶喂我喝，她认为也有可能是吃过荤菜受风寒感冒了。第二天，我有点发烧，脸也有点肿，奶奶带我到大队卫生所看病，连着吃了两天药，没一点效果，全身发烫。当时的我迷迷糊糊的，老是想小便，每次小便都痛，尿中有血丝。奶奶慌了，抱我去八都公社卫生院看病，医生确诊为急性肾炎。医生对奶奶说："这孩子病情很严重了，我们尽力医治，能不能治好只有听天由命。"

此后便是漫长的打针吃药，无盐饮食。两边屁股打得硬邦邦的，晚上睡前奶奶用毛巾给我热敷。有天下午，我见锅里煎着中药，已经连着喝了几天中药，每次都恶心。我突然想逃避，悄悄躲在弄堂一担扣着的箩筐里。煎好药后奶奶大声唤我，在屋前屋后左邻右舍四处找，不见我的踪影。奶奶吩咐大家去远一点的地方找。我不吱声，坐在箩筐里面听得一清二楚。爷爷去奶妈家，叔叔婶婶去田野溪滩寻找。他们同时出发陆续返回，毫无音信。
"娜妮，你去哪儿了？"留在家中的奶奶哭了，她边哭边让爷
爷、叔叔顺着溪边再找一遍。我家屋前有渊坑，屋后有大溪（饶
北河），奶奶担心我去玩水被淹了。我不知道自己躲起来会让奶
奶如此焦虑悲伤，赶紧掀开箩筐哭着出来。奶奶听到我的哭声急
忙来到阴暗的弄堂，一把抱起我，她以为我爬进箩筐玩睡着被他
们的声音惊醒了。"娜妮，睡着醒来不要怕哟。"奶奶紧紧抱着
我，她没想到一贯老实听话的我会逃避吃药。为了早日治好病，
可以吃上有盐的菜，再苦再涩的药，我也要咽下的。

那些日子，我每餐喝粥。奶奶曾试着烧一些不放盐的菜给我
下饭，根本就吃不下。为了不使我缺乏营养，奶奶便将菜切碎，
煮粥，拌白糖给我吃。那年头白糖很紧缺，按人口供应。家里来
了尊贵的客人，才会泡白糖茶招待。有次听说沙溪有不用供应的
高价糖，爷爷硬是天没亮就赶去沙溪，到供销社抢购了一些回
来。他回到家一身是汗，背上的衣服结起白色汗斑。好心的邻居
也会把白糖的供应指标让给我奶奶去买。在我治疗期间，先是在
公社卫生院打针，后来病情控制了，医生体谅奶奶一个小脚女
人，每天抱着孩子来回走那么远的路太艰难，开了药让奶奶带回
村卫生所给我打针，每周带我去一次公社卫生院就可以了，因为
每周要尿检一次，观察病情进展。

每次去公社卫生院，奶奶都要把头发梳在脑后绾成髻，换上
浆洗过的衣服才出门，不知道的人还以为她要去走亲戚。奶奶非
常注重自己的形象，她说衣服破了有补丁不要紧，但要干干净净
才能穿出去。从卫生院回家，隔了大半天没喝茶的奶奶，首先泡
杯茶慰劳自己。平常的时候，她上午去菜地干活或去大溪洗衣服
前，要泡杯茶晾在那儿，做了事回家，先坐下歇息喝几口茶，这
几乎是她固定的生活方式。其他的东西可以省，铅石山的茶叶，

她每年一定要买两斤的。直到年老垂暮，喝茶都是她每天坚持的习惯，大概也算她清苦了一生唯一奢侈的享受。

奶奶因我生病又操心又劳累，不说别的，单是给我煮粥，她要把胡萝卜白菜或其他东西切碎切细，锅至少要洗两遍，锅里稍有盐味，我的病情就会反复。那时农村一般家庭没有高压锅钢精锅，我家只有两口铁锅，一口生锈的煮猪食，另一口好的锅用来蒸饭、煮粥、做菜。奶奶在那期间最明显的变化是头发白了许多。我每次打针都哭，不愿走路，要奶奶抱着，常常近距离看到她的头发，所以印象非常深刻。

我的病彻底好了是在第二年夏天，记得清明节只能吃甜的粿，端午节就可以吃咸的粽了。

左邻右舍的大人，常以我为例，教训孩子夜晚不要出去乱走。他们认为夜晚有邪气，孩子撞上了会生病。我小时候也相信这种说法，从来不敢一个人走夜路。读初中后觉得这是迷信的说法，但又不知自己为何在夜晚吓出肾炎。内心一直为此困惑，读卫校学了中医后，才知道成书于春秋战国时期的《黄帝内经》上，就有"恐伤肾"一说。原来惊恐会伤害肾脏，不是迷信而是有科学依据的。

现在的人，只要有什么不知道的，到百度上一搜索，答案就有了。他们永远无法体验20世纪，农村书籍的稀缺和信息的闭塞。后来我在网上查阅资料，看到一句话：肾的主要生理功能是藏精，主生殖与生长发育，开窍于耳，其华在发。我又在想，自己听力一直不好，三十出头就生白发，是否也跟小时候得过肾炎有关呢？

2

我读小学二年级时，已略识日常用字，喜欢在家里翻箱倒柜，找到有文字的本子书籍，总要细心阅览，当然一知半解居多。一个冬日的下午，我在大衣柜中间的抽屉里，翻出一本泛黄起毛边的跟作业本差不多大的户口簿。里面第一页记载，户主是我的爷爷章光永，次页是我的奶奶徐七菊，第三页是章文峰，与户主关系是孙女。这应该是一本过期了的户口簿。我以前看过一本红皮作业本一半大的户口簿，里面有爷爷、奶奶、继母、妹妹和我的名字。

章文峰出生时间与我相同，难道我以前叫这个名字？便去问奶奶。

奶奶戴着老花眼镜在挑豆种，八仙桌上放着一簸筛黄豆。奶奶将一粒粒饱满光滑的黄豆捡进葫芦瓶里，对我的问话毫无反应。我爬上桌子摘下奶奶的眼镜，重复问了一遍，并把这本泛黄的户口簿给她看。

奶奶先"哎呀"一声，接着说："你爸妈离婚后，你妈交代过孩子读书时要用这个名字，我怎么就忘记了？"

"爸妈为什么要离婚？我为什么要改名呀？"我接着问。

奶奶被我问得愣在那儿，她擦擦眼睛盯着我，看了好一会儿才说："小孩子别问那么多，不要到处乱翻，去复习功课。"奶奶拿回眼镜戴上继续挑豆种，她抓了一把黄豆打发我去煨起来吃。美食的诱惑让我不再刨根问底，赶紧把黄豆倒入铁盒子，埋进火熜里煨。

爷爷奶奶都是勤俭之人，平常不让孩子吃零食，更是舍不得把黄豆拿来闲吃，因为黄豆用处很多，供销社要收购可以换钱，可以榨油，逢年过节磨豆腐，地里的菜不够吃时浸发豆芽。喷香的煨黄豆实在太好吃了，冬天家里备着火熜，我常趁大人不在家，偷了黄豆煨起来吃。煨黄豆留下的余香，还有陶缸里黄豆渐少，爷爷奶奶肯定知道我偷偷拿了黄豆，只是不揭穿而已。怪不得爷爷每年都把装豆种的葫芦瓶悬空挂在横梁上，他怕我不小心把豆种偷吃掉。

时隔四十多年，我仍然清晰记得奶奶那次盯着我的复杂的眼神，当时只觉得那眼神怪怪的，随着岁月的增长，慢慢领悟那里面含着惊讶欣喜，同时也有酸楚无奈。那之前，我似乎是个不会思考的人，很少问奶奶问题，更没有一个接一个"为什么"冒出来。奶奶总担忧我因患急性肾炎留下后遗症。我小学一年级的功课，尤其是算术成绩差得一塌糊涂，多少佐证了奶奶的担忧。我突然提了几个问题，奶奶认为能独立思考提问的孩子，应该不会笨到哪里去，便有了惊喜。为什么又有酸楚无奈呢？父母离婚，在那个年代，农村人的观念中离婚是不光彩的事。曾经有几年时间，我听到有人说我"爹和娘离了婚的"，就跟听到"爹和娘做贼打抢"一样无地自容。奶奶大概认为我尚小，不懂其间缘由，更有可能，她自己也不明白他们为什么要离婚。至于我的改名，奶奶是一个文盲，更是不明白了。我后来才清楚，"小文"是我的乳名，老家方言"文"和"红"读音一样，那年代祖国山河一片红，有次换户口簿，经办人没看老本子，理所当然将我的名字写成"小红"，这是我读书之前的事。我读小学四年级时又改了一次名，春季开学我领了新书，父亲休假在家，帮我包书皮，说长大了还用"小"不好，就改成"晓"，他把改了的名字用毛笔写在书皮上，从此这个名字沿用至今。以前改名字竟然这么容易！

读一年级时，我有一个军黄色书包，是小姨买的。虽然我成绩很差，这个书包却让很多同学羡慕。经常有同学目光追随着我的书包，痴痴地看好久，他们以前只在电影上见过城里孩子背这种军黄色书包。大多数同学的书包是由七拼八凑的布头缝成，整块的布非常珍贵，用来做衣服。有人连这么简易的书包也没有，书和本子用麻绳捆着，笔和橡皮擦用手拿着，就这样去学校读书。拥有军黄色书包的优越感，抵消了我成绩不好的自卑。小姨后来还给我买过文具盒、钢笔之类的学习用品，在我幼小的时候，她每年都要买些食品、玩具，到后蒋村看我，带给我惊喜和温暖。虽然父母离婚后我被判给父亲抚养，小姨对我的关爱依然不变。

那些年，继母带着妹妹两地居住，一般是在父亲的工作单位七二一矿住半年，老家后蒋村住半年。继母生性多疑爱计较，不易跟人相处，在后蒋村住久了会跟奶奶和邻居发生争吵。这或许是她两地走动的原因之一。我见过她多次跟奶奶争吵，她的东西一时找不到便怪奶奶偷偷拿了，于是骂人。有时跟奶奶争吵是因我而起。一次新娘子给了奶奶几包冰糖，奶奶随手给我，我全吃了。继母知道后，跟奶奶大吵大闹，怪她对我好，对妹妹不好。在那个物资匮乏的年代，又是贪嘴的年龄，五六个玉米粒大的冰糖哪够打牙祭，我哪会想到要给妹妹吃一半。妹妹又不知道我吃了东西，完全是继母挑起事端吵架。有次吵了架之后，继母觉得在大家受了欺负，去娘家叫了几个人来评理撑腰。她的娘家人看见爷爷脸被抓破了，再看到奶奶一双粗糙的手，反而劝继母要善待老人。虽然继母没直接打骂过我，我却非常怕她，她在家而奶奶不在的话，我便不敢待在家里。所以我小时候就像奶奶的尾巴一样跟着她，去河里洗衣服，去菜地摘菜，去田野割猪草……有次奶奶要去更远的地方剪青蓬，无论如何不让我跟去，担心我走不了那么远的路，硬是狠心用杉树刺打我，才阻止了我这个跟屁虫。奶奶剪了青蓬回家看到我腿上的刺痕，又心疼得流泪。

现在想来，我小时喜欢跟着奶奶，其实是内心没有安全感。不在和睦健全家庭成长的孩子，哪有安全感可言。所以当我女儿幼小的时候，我对婚姻纵然不满，也没选择离婚。

3

1975 年春节后，继母和两个妹妹又随父亲去七二一矿了，这次住的时间最长，整整一年半。这期间，我跟爷爷奶奶过着和和美美的生活，不用担心家里人吵架，也不用担心继母在家而奶奶不在家。我不再胆小怕事，会跟小伙伴一起玩耍，也敢于独处，还会帮忙做许多事情，锄地、播种、施肥、拔草、捉虫、收割……爷爷在溪滩上开垦了许多块自留地，他白天在生产队出工，起早摸黑侍弄自留地，一大早把我叫醒，跟他去自留地干活，我为此耽误了许多早读。有些时候做了事回到家，要赶早读的点名，早餐也不吃就跑去学校，下了早读跑回家急匆匆喝碗粥，好在学校离家近。放假的时候，我大多数时间是在自留地做事，一个暑假下来，晒得黑不溜秋，让奶奶心疼。她经常在午餐时蒸个鸡蛋犒劳我，帮我剥了壳，看着我慢慢吃下，她似有愧疚地说："假如你爸妈不离婚，两个人领工资，我们家生活就不会这么贫苦，你就不用这么受苦，你爷爷也不需这么劳累。"

其实我并不觉得在溪滩自留地干活是苦差事。清早去溪滩，晨雾缭绕，美妙神秘。我和爷爷常常是最早去做事的人，我们喜欢沿着溪边走，偶尔会捡到水鸭蛋，带来意外的惊喜。村里人养了许多水鸭，在大溪放养，早出晚归，个别夜不归宿的鸭子把蛋产在溪边。爷爷说来得早还是有好处的，捡天财也要早，所以人要勤快。

每当朝阳从铅石山顶升上来，爷爷总会停下手头的活，站着对太阳行注目礼。他习惯性地把手放在衣服上擦几下，挡在额前，自言自语："日头是好东西，万物生长全靠它。"我静立观望朝阳的时间比爷爷更久，我不像爷爷对太阳怀有敬畏和感恩之心，只觉得刚出山的太阳像个魔术师，从红彤彤变成黄灿灿，照得我眼冒金星。

看到亲手播下的种子发芽、长叶、开花、结果，每次变化都会带来喜悦，比在学校读书有趣多了。收获的菜籽、黄豆、芝麻，可以榨油换钱，每年都有村里村外的人到我们家买油。家里的日常开销、人情来往，还有我的学费、购买学习用品所需的钱，全靠卖油所得。那时候，父亲基本上没钱寄回家，他可怜的工资，维持矿里几个人的生活都很困难，爷爷还要把他们的口粮——生产队分的稻谷，用花车推到八都公社粮管所换成粮票，再寄去七二一矿。继母和妹妹的户口都在农村，七二一矿不供应粮食。

那时的溪滩，依次是大溪、柳树、卵石滩、泥沙滩、草皮滩、堤坡、田野，那浑然天成的自然风光，若完好保留至今，绝对是休闲旅游的好去处。

每天早晨，村里人到大溪挑水，倒在水缸里供家人一天饮用。那时村里没压水机，也没人家里有井。有两口公用的井，附近的人在此取水。井水冬暖夏凉，夏冬两季用井水的人家会多一些。溪水清澈见底，浅水区河底有大大小小的鹅卵石，螺蛳吸附在卵石上，成群的小鱼儿游来游去。我和小伙伴经常来捡螺蛳、捕小鱼改善伙食。深水区河底有沙子淤泥，绿油油的水草随波招摇。夏天，我们潜到水底拔水草喂猪。村里的人和禽畜都受大溪的恩泽。

溪边的柳树，带给童年无穷乐趣。春天柳树发芽后，我们用镰刀割下那种节少且直的枝条，剥下树皮做口哨，唯有发芽不久的柳树皮才能做成口哨。夏天，我们爬上树抓知了、玩跳水。螃蟹最喜欢待在柳树根下，捉螃蟹有讲究，要对准它前面两只脚下手，若捉其他地方，则有被它前面两只脚钳住的风险。偶尔也会有甲鱼在树底下爬，我还捡过几个花生米大的甲鱼蛋呢。本想带回家让奶奶蒸起来吃，几个小伙伴好奇，看来看去就裂了，弄得一手腥味。

卵石滩在大人眼里一无是处，却是孩子们的乐园。我们挑拣一些扁平的小石块，用来打水漂、跳格，光着脚在上面奔跑追逐，无意中按摩到了足底穴位，起到强身健体的作用。除了我得过肾炎，村里孩子很少生病，伤风感冒都少见。

大人们青睐的是泥沙滩，可以开垦成一块块自留地种农作物。在泥沙地上种庄稼，全靠老天眷顾，若涨水，歉收是肯定的，也有可能绝收。每次涨水后，地上总会留下一些乱七八糟的东西，必须清理掉，庄稼或东歪西倒，或连根拔起。他们对天灾造成的损害坦然接受，只要能保到种子，浪费一些力气无所谓。他们认为涨了水，地更肥，有利于种下一季农作物。

草皮滩纵横交错长满一种我们称之为"草皮筋"的草，除了冬天太冷，不让牛出门，其他时间生产队六七条牛基本上都在这儿放牧。放牛的男孩（有男孩的家庭才有资格领养生产队的牛）不用牵着牛绳看守，任牛儿在草皮滩上悠闲吃草。他们在草皮滩上翻跟斗、玩游戏，有时坐在堤坡上唱野调（编一些骂人损人的顺口溜当曲唱）。他们是我爷爷眼里的坏孩子，唱不堪入耳的脏话，偷自留地上的红薯、豆子，点燃干牛粪煨起来吃。牛粪煨的红薯，有一种特别的香味，每次闻到都要流口水。我在家吃过蒸、煮、烤、焖、用柴火煨的红薯，都没这么好闻的香味。我太羡慕这些坏孩子了，他们的生活是多么幸福有趣呀！我更敬畏草皮滩，不知它用了什么魔法让草皮筋的生命力如此旺盛，每天都能生长出来给牛吃。而我们种的庄稼，哪怕牛不吃它，只踩上几脚，就半死不活了。我在自留地干活累了，休憩时总把目光投向草皮滩，那是我心中最美丽神圣的地方。

我三十多岁后有了电脑，一直喜欢用微软的"蓝天白云草地"这幅经典的图像做桌面，也许是潜意识里对童年时代溪滩的怀念。

4

1976年夏天，我们家的大部队从七二一矿回到后蒋村。他们一年前离开时四个人，返回时有五个人，我多了一个弟弟。父亲早已写信告知了回家的时间。那天傍晚，奶奶在厨房里忙着准备晚餐，收工回家的爷爷带着我走上马路迎接，刚到村口就碰上他们。不苟言笑的爷爷，从父亲肩上接过弟弟抱进怀里，嘴里含混不清地发出持续单调的嘿嘿声，不知是笑声还是逗弟弟玩乐。继母这次回家，不打算再去矿里了，因大妹下半年要读书。大妹七岁，二妹四岁，弟弟云志只有半岁多。弟弟手脚一节节跟藕一样，肥嘟嘟的讨人喜欢，农村很少有这么胖乎乎的孩子。村里人初次见弟弟，都夸他像年画里的小孩，询问继母喂了什么东西给孩子吃。继母满脸笑容说："奶水早不够了，就吃米羹，有时米粉调个鸡蛋一起蒸。"继母还把两只肥大的母鸡也带回来了。邻居采菊奶奶看看云志，又看看两只母鸡，啧啧称赞："七二一矿真是好地方，养人人壮，养鸡鸡壮，我养了一辈子鸡，没一只这么肥大。"后来我明白，其实是鸡种不同。

这年冬至，我十岁生日，弟弟满周岁，家里摆了两桌酒席庆贺。我当时顽童一个，亲戚来了也不懂招呼，在大门外的晒谷场跟一帮孩子玩游戏，跑来跑去，那么大冷的天却额头冒汗。游戏结束，我擦擦汗回家，看到厢间床上放着一些篮子，有鞋子、袜子、布料等。

这些东西对我诱惑不大，我馋的是厨房里弥漫的鱼肉菜香。那时村里物资相当匮乏，家中冬季吃的菜基本上这么安排：白菜、萝卜每天都有，甘蓝头、胡萝卜和秋收贮藏在家的老南瓜、芋头轮流上桌。不知为什么,像花菜、甘蓝头这些冬季当令的菜都没有,偶尔才有炒鸡蛋、煎豆腐之类的好菜。为了办酒席,爷爷前几天特意去沙溪赶集,买了鱼、肉、香菇、粉丝、笋等。

　　客厅里两张八仙桌已摆上碗筷,我数了数客人将近二十个,心想自己是没资格上桌吃了,真委屈呀。可以选择的话,我宁愿不要那些生日礼物,只想坐上桌好好吃菜。那年月有亲戚生日或结婚,跟着大人去吃酒是最幸福的事,足够回味一年半载。我待在厨房里舍不得走,闻闻那些菜的味道也让我够馋。厨房里临时搁了一块门板,好多菜做成半成品放在上面。爷爷烧灶,奶奶掌勺。快开席了,奶奶叫爷爷把卧室里她平时做针线活用的小方桌搬进厨房,安排我们三姐妹在厨房吃。锅里的菜盛了两盘后,剩余的或多或少就装进碗里供我们享用。奶奶问我们,味道怎么样?会不会咸?我们边吃边点头说好吃。奶奶看着我们自言自语:"这样做酒席给客人吃,还是头一次,心里没底。你们父母结婚,都是请厨师来做的。你们姐妹过周岁,也没请这么多客人。"听这话我就明白,弟弟是家里的男丁,他的出生、满月,因在七二一矿,都没有通知亲戚,所以就隆重给他过周岁,我十岁生日那是附带的。果然后来大妹十岁生日就没有请客。奶奶抽空走去客厅,问大家味道怎么样?她解释说是第一次做酒席,做得不好让大家别见怪。有人夸味道好得很,不咸不淡正合适,抵得上专业厨师了。奶奶被夸得不好意思,迈着小碎步急匆匆回到厨房,叫爷爷把柴火烧旺些。红彤彤的灶火,映照着爷爷憨憨的笑脸,在灶前忙碌的奶奶也是一脸笑意,他们为子孙辛苦操劳而又心满意足。我们三姐妹围着小桌子暖意浓浓,吃得满嘴流油。这个场景至今清晰如初,令人怀念。

5

不知为什么，我十岁以后读书突然有了悟性，成绩很快提高上去，特别是数学，从倒数几名跃进前几名。小学四年级，我遇上铭记并感恩一生的语文老师蒋希荣。蒋老师那时年近半百，个子高瘦，背微驼，戴副老花眼镜，其中一只镜脚还是坏的，用粗铜丝绕着。他这么节俭，却用自己的工资为我们订了《小学生报》和《小学生作文通讯》（名称有点不确定，反正是报纸和杂志各一份）。蒋老师家离学校较远，他中午不回家，在学校吃午饭，他跟班上同学说想看报纸和杂志的话，午饭后去他办公室拿。我家离学校近，常常中午较早去学校，每期报纸和杂志，我都看了。报纸容易损坏，我们又不懂珍惜，一周传看下来就破烂不堪。蒋老师也不责怪我们，也许担心我们受了责怪再不敢去他那里借阅。那时课外读物稀缺，我四年级前没真正读过课外书，只看过几本连环画。写作文不知从何下笔，都是读高年级的堂叔辅导我。四年级时，蒋老师除了给我们看课外读物，还带我们走出课堂，到沙滩田野草地竹林游玩，带领我们观赏大自然的生灵万物，鸟儿啼鸣、蜂蝶飞舞、草木花开、竹笋拔节……从此，我学会了观察和思考，自然而然地会写作文了，并渐渐喜欢上阅读与写作。

我从四年级开始每学期都是三好学生，在沿畈小学读完初一以名列前茅的成绩考取八都公社中学读初二。之前村里有初中，那年一刀切，初中学生集中到公社中学。班里近五十个同学只考上十几个，没考上的只好失学了，要不重读五年级，第二年考公社中学的初一。没一个重读，谁会这么傻呢？我们在生产队出工算半个劳动力，有两个考上初二的同学因家庭困难都没有选择继续读书。

我十岁以后很少去自留地干活和割猪草，由大妹做这些事了。我的主要任务是为家里准备柴火。除了夏天，其他季节家里早上都用柴灶煮粥。冬天的时候，三餐都可能烧柴。柴火基本上由我负责。爷爷腰不好，砍柴要弯着腰，他吃不消。那些年家里弥漫着一股中药味，村里土郎中让爷爷吃当归杜仲炖猪腰子治病。我小小年纪就有一种责任感，根本不需大人安排，自觉在星期天和假期找伙伴上山砍柴，笓油茶树叶。上学的日子下午放学后，就到溪滩连根挖杂草，笓柳树叶（柳树是禁砍的）。每年过冬前，看到柴火间堆得满满的，有一种成就感。冬天有柴烧，对家庭主妇来说是好事，不用一大早冷冰冰发煤灶。烧柴的好处很多：天冷可以烤火，柴灰可以当肥料，还可以省钱。煤在当时是要用钱买的，河流对岸山上有几个小煤窑，小孩去挑五分钱一担，大人去挑十分钱一担。为了更划算，我下煤窑去挑，挑出来让继母或爷爷接回家。同样的钱，我挑两担总比他们的一担更多。现在还记得第一次下煤窑的恐惧，从通道进煤洞，两眼一抹黑，什么也看不见。只好求前面的人等等我，拉着他的畚箕，战战兢兢往里面移，移了十来步，隐隐约约看得见路，才敢独自行走。拐弯的地方会点一盏灯，人在里面说话瓮声瓮气，冷不丁会有水滴落在头上、身上。后来我总结出经验，在进洞口前停下，把眼睛先闭一会儿，再睁开进去就会适应里面的黑暗。有一次煤窑塌方压死了人，奶奶便不让我们去挑煤了，从此家里烧八都煤。八都有人做煤生意，专门拉煤上门卖，当然贵了很多，奶奶毫不含糊说这种钱不能省。

奶奶没见过什么世面，处理事情却高瞻远瞩。

我高考落榜后，爷爷又去世，我不想去七二一矿职工子弟学校补习。奶奶坚决不同意，为了让我安心学习，从未出过远门的她离开家乡，跟我一起长途跋涉到七二一矿。如果没有奶奶的坚持，我肯定不再复习参加高考了，命运会跟农村大多数女孩子一样，或学裁缝靠手艺自立，或早早出嫁依靠男人生活。不管走哪一条路，都不可能像现在这样闲适自由。

6

一直以来，都是爷爷在生产队挣工分养家，分田到户后，爷爷更是家中的主要劳动力，父亲在"双抢"时会休假回来帮忙。1983年的"双抢"结束后，父亲带我去七二一矿。我都高中毕业了，还未到过他工作的地方，从未坐过火车，他觉得应该让我出去走一走长长见识。假如高考落榜，便留在矿职工子弟学校补习，因那所学校教学质量好，高考升学率高。我走的时候，爷爷还是能四处走动的，才三个月时间，就接到爷爷病危的加急电报，我回到老家简直难以置信，躺在床上的爷爷，脸色蜡白，全身浮肿得像个木头人。我叫他，他慢慢睁开眼，眼神是散的，接着又闭上。我握住他冰凉的手，听到他从喉咙里哼出的声音："爷爷对不住你了。"我顿时泪流满面，逃离爷爷的房间，不敢面对将要逝去的亲人，我不知道失去爷爷以后该怎么生活。父亲的工资被继母管着，到她手里讨钱用是很难的，我在矿里两个月已领教了她的苛刻。家到学校有段路凹凸不平，我上晚自习走夜路看不清，想买只手电筒，继母硬是不肯，她说有路灯干吗还要手电筒。我想买高筒雨鞋，她又不肯，叫我穿她那双去学校，她的脚比我至少大两三码，怎么穿呀？以前爷爷种了土特产去卖，奶奶有多余的钱，我正当的需用都会满足。

爷爷去世后，我考虑最多的问题是如何养活自己。由于从小跟父亲疏离，没指望他养育我，其实他养育我是理所当然的事。家里的责任田还种吗？犁耙耕耖，爷爷样样是能手，何时下种何时收割也一清二楚。我只会插秧、耘田、割稻子，肯定是种不了田的。农村做裁缝的人很多，手艺一般的没什么生意，学了裁缝不见得能养活自己。那时老家还没有人到沿海地区打工，我不知道以后的路怎么走，很担心家里让我与一个陌生的男人相亲结婚。事实上，父亲并没有推卸他的责任，料理好了爷爷的丧事后，他把家里的责任田租给别人，要带全家人一起去七二一矿生活，要我继续补习。奶奶不去，她说做不到老头子尸骨未寒就远离家乡，要按农村的风俗给爷爷"烧七"，每七天祭奠一次，七七四十九天，一共要祭奠七次。于是，我和大妹留下陪伴奶奶，大妹读初三，转学的话比较麻烦，必须在老家参加中考。

每次"烧七"都临近傍晚，奶奶叫我搬出小方桌放在客厅靠近天井的空处，她现做了三小碗菜摆在桌子中间（不能用我们中午吃剩的菜），再放上一双筷子、一杯酒、一碗饭。奶奶点燃小蜡烛，放在桌子一角，再点香招呼爷爷回家过"七"。然后，奶奶搬一把竹椅靠着天井那根柱子坐下，她看着小方桌像聊天一样跟想象中正在喝酒吃饭的爷爷说话，说着说着就哭了。哭诉她跟爷爷的一些往事，后悔在爷爷生前没好好照顾他。我也忍不住跟着奶奶一起流泪，听着奶奶痛哭，也听出了爷爷奶奶那平淡而又真挚的情感。我从小跟爷爷奶奶睡，不论白天黑夜，很少见他们交谈，几乎没有亲昵的言语和举止。我一直不明白奶奶满腔的话，为什么要憋到爷爷去世后才说。每次我都想劝奶奶别哭，爷爷的魂灵回来享用美食，这么哭哭啼啼哪吃得下，但我总是不敢说出口。我也不明白为什么每次都在傍晚烧"七"，是不是爷爷生前与奶奶的约定？天色暗淡，烛光摇曳，香雾缥缈，我感觉诡秘迷茫，盼望这种仪式快点结束。

大奶奶总是等奶奶哭了一阵子后才来劝她："七菊，不要哭了，哭久了伤身体。孙女快放学了，读书人容易肚子饿，赶快做晚饭吧。"后屋的采菊奶奶也会来劝奶奶，她说话直白："老头子死都死了，哭也没用。想开些，保养好自己身体多活几年，等孙子孙女长大了享享清福。"奶奶的哭声渐渐平息，她站起来点燃一串百子鞭送爷爷走，转而去厨房做晚饭。

我吹灭蜡烛，把饭菜端上大桌子，把小方桌搬回卧室。每次搬桌子，都会想起十岁生日的酒席，我们三姐妹围着它在厨房开怀大吃，记忆中很少有这么愉悦的场景。

那个时期我喜欢到溪滩游荡。冬日寒风刮脸，却挡不住我的脚步。溪滩空旷悠远，油菜、麦子尚且趴在地上，却充满生机，长得绿油油的。我常在自家的自留地边停下，默默看一会儿，好几块地已荒芜，奶奶只在最近的那块地种了萝卜。爷爷不在了，我们种不了那么多。每天不到溪滩走一圈的话，心里就闷闷的。

奶奶叮嘱我没事在家看书复习，一次高考失败别灰心，第二年接着考，村里有个男生考了三次才考上。我对第二年的高考没有信心，因为这一届县中学高考生，初中跟我同届。当年中考分数高的到县中学读三年制高中，分数低的到乡镇普通中学读两年制高中。他们本来成绩就比我好，还多受一年教育，我肯定考不过这些人的。父亲来信也一再嘱咐我不要荒废学业，哪怕不为应付高考，多看一些书人也更充实。无论他们怎么劝说，我还是没报名参加1984年的高考。暑假时，父亲带着家人回到后蒋村，他跟奶奶商量，还是要我去七二一矿补习。他跟我谈心，大意是说四个孩子中我最聪慧，希望我能考上大学。我不想离开奶奶，答应父亲在家复习，参加下一年的高考。奶奶觉得我在家不可能专心读书，没有老师辅导很难进步，她决定跟我一起去七二一矿，我不用牵挂她，可以安心读书。

7

到了七二一矿后，奶奶知道那些双职工的子女因为是城镇户口，初中毕业就可以考矿里的招工，高中毕业没考上学校照样能参加工作，她无比后悔。父母离婚时，在母亲那儿我是城镇户口。母亲希望我的户口继续留在那里，爷爷奶奶不同意，他们催着她把我的户口转出来，要求转到他们的户头下吃农业粮。多一个户口可以多分粮多分地，那时生产队的田是集体所有，种出稻谷按人口定量分配，地按人口分给各家各户，他们觉得多分点地划得来。奶奶说当年钱不值钱，父亲一个月的工资买不到几担萝卜，村里有些在外做事的人都回来种地了。母亲已下放到德兴县一所中学教书，她读过大学，目光自然更长远，不希望我转成农业户口，她想等父亲下次回老家时把我的户口转去七二一矿，他办了离婚手续后急匆匆赶去矿里上班了。爷爷奶奶认为母亲拖延时间，不想把我的户口迁出来。爷爷趁母亲暑假去煌固外婆家找了她几次，他听不进母亲的话，母亲没办法，只好按老人的意见把我的户口迁到农村。假如当年按母亲的意思，我的户口迁到七二一矿，就可以参加矿里面向职工子女的招工，哪怕没招上，也可以慢慢等待分配工作，还可以参加地方上的招干，工作渠道很多。奶奶说早知道吃商品粮有这么多好处，打死她也不会把我从商品粮转成农业粮。她好几次心怀愧疚说起这话，我反过来劝慰她，一定用功学习，争取高考成功，重新吃上商品粮。

有一天隔壁林阿姨跑过来告诉我们，矿职工子女可以"农转非"了，她丈夫上午在矿办看到了文件。她继而跟我说吃商品粮的话就可以考技校，考矿里的招工，找工作就容易多了。

"农转非"的事，一年前就有传闻，终于有人看到了正式文件，我心中像石头落地般轻松。然而当天下午，父亲就带回一个不好的消息，他去矿办详细看了文件，我高中毕业了算待业青年（补习也算），不符合"农转非"条件。学校的老乡给父亲出了一个主意，要我原来的学校出个证明，从高二转到这里读高三，

"农转非"没有名额限制，不存在占了别人的指标，应该不会有人举报调查的。父亲有个熟人在八都中学教书，写信向他求助，很快就收到他寄来的假证明。

1984年秋季开学，我没有进补习班，而是插班读高三。我以为"农转非"会很快办好，第一学期基本上放弃了英语、生物的学习。"农转非"后可以报考技校，只考语文、数学、政治、物理、化学五科。生物期中考试，我只在试卷上写下姓名，一题未做，考试时间用来写了一篇作文。点评生物试卷时，我终于不好意思了，老师叫了我两次，才低着头到讲台拿试卷，后悔当时逞张铁生交白卷之勇。老师上下打量我片刻，轻轻说了一句"你真让我长见识"，他用这么中性的语句指责我，我心里比挨了骂还难受。

我到七二一矿不久，在青少年宫办了一张借书卡，借了巴金、茅盾、丁玲等人的长篇小说。邻居订了《辽宁青年》《读者文摘》，我每期都会去借阅，班主任还为我们订了《读写月报》。我常常在英语和生物课堂上做其他学科的作业，把课余时间多出来看更多的课外书。每天享受阅读的盛宴，对写作帮助非常大。我的每篇作文，都受到班主任王毓民老师好评，他总是把我的作文当范文朗读讲解，无形中给了我写作的信心。

如果说小学语文老师蒋希荣给了我一颗文学的种子，王毓民老师则让这颗种子发芽了。在大多数学生眼里，他们都是普通平凡的老师，王老师更因脾气暴躁不太受学生欢迎，而我却要感恩他们，阅读写作让我终身受益。

一个学期很快结束了，春节也过了，"农转非"的事没任何进展。我从第二个学期开始，老老实实上英语课、生物课。一次摸底考试，我的生物分竟然全班最高，让老师惊讶。"你真是好样的，确实让我长见识。"评卷时，生物老师走近我桌旁，声音还是轻轻的，但语气很温暖，他看到我桌上崭新的生物书觉得不可思议。老师不知道我是重读生，曾把一本薄薄的生物书翻烂了。他更不知道我的母亲也是高中生物老师，她给我的复习资料和历年生物高考试卷，我都看过做过。

"一颗红心，两种准备"的主题班会，有几个同学发言，都是考上考不上的打算。我的两种准备还多了一层意思，"农转非"了就在矿里考技校，没有的话就回老家参加高考。父亲也希望我"农转非"后考技校，技校毕业可以分在矿里，工作了再通过高等教育自考或电大的学习提高学历。那时候，国企工资高、福利好。

1985年的高考预考开始报名了，"农转非"还在申报摸底。父亲又写信麻烦在八都中学教书的熟人给我报名。预考前几天，矿里有便车到上饶七一三矿拉货，我顺路搭大卡车回老家。驾驶室坐满了人，我只好坐车篷里，一路颠簸，却安然无恙。回到家时，大门前的柚子树开满了花，清香扑鼻，太好闻了，我突然明悟了家乡的味道。柚子树每年都开花结果，原来朝夕相处，却感觉不到它的美。

在预考结束等待分数的那一周时间里，我内心忐忑不安，每天都去溪滩闲逛。泥沙滩渐被村民抛弃，大半荒芜。好几块荒芜的地变成两米多深的坑，一旁的卵石堆成小山包。有一次我目睹了这种人工淘沙的造坑工程，倾斜固定一块长方形铁丝网，铲起地上的泥沙石，用力抛向铁丝网，沙子滤出去，石子留下来。这些年村里出了几个万元户，他们盖新房需要沙子。草皮滩已不复存在，随着生产队的解体，农机渐渐取代了耕牛，草皮滩失去了作用，村民看中它底下肥沃的泥土，挖掉草皮筋，围成自留地种菜或水稻。听婶婶说，几个村民开垦草皮滩把锄头挖坏了，他们都觉得奇怪，那些盘根错节的草为什么那么坚韧。草皮滩原址上

种满了庄稼，苋菜、莜麦菜、土豆、四季豆，参差不齐，没有了
四季常青的平整的草皮筋那种美感。我曾经想过，哪天溪滩没人
的时候，要放纵自己一回，到草皮滩打几个滚。草皮滩的消失，
让我只能把这个愿望埋葬。

来不及有太多的忧伤，我已接到预考上线的通知书，去县中
学复习，向高考冲刺。

8

上饶地区卫校护理专业的录取通知书，先是寄到后蒋村，堂
叔又把它用挂号信转寄到七二一矿。好在卫校新生报到时间是
10月中旬，按一般学校9月上旬开学的话，我收到通知书时已
经误期了。

我高考结束即返矿。考取上饶卫校在预料之中，在县中学复
习时听老师说，预考上线的女生，参加高考全部录取，至少可以
上地区卫校。女生预考分数线降了2分，就是为了完成地区卫校
在上饶县的招生计划。老师把这一内幕消息告诉我们，是想让女
生减轻思想压力，发挥更好的水平，考上更好的学校。

父亲拿到通知书后提早下班，去菜场买了鱼和肉，回家庆
贺。我们家在月中上旬经济比较窘迫，以吃素为主，最多一个荤
菜。父亲平常不买菜，只在每月中旬发了工资和奖金后，他把工
资如数交给继母，用奖金买两个荤菜和一些零食犒劳家里人，多
余的钱留给自己买烟和酒。不是月中旬，父亲破天荒买来鱼和
肉，有什么好事让他这么奢侈？我还以为自己考上好学校了。看
到是卫校的录取通知书，内心多少有些失落。不识字的奶奶看着
那张像奖状样的纸，连声说："考上就好，考上就好。以后不管
做什么，都比做家庭妇女强，每个月有工资，等于端着金饭碗
呀！"她是发自内心的喜悦。父亲高兴但无惊喜，我告诉过他至

少可以上卫校。我自己最想读的是师范，但师范中专只招初中毕业生，师范大专，我的分数又不够。不管怎样，考上卫校，走出农村，可以改变我的命运。

父亲为我赶做了一只樟木箱，家里有现成的樟木板，他用两个夜晚就加工好了，油了红漆，喜气洋洋。父亲的专业是汽修，他兴趣广泛，木匠、雕匠、石匠的活都会干，家里的床柜、桌、椅，都是他的手艺。这只特意为我读卫校做的樟木箱，一直陪伴着我在七二一矿和上饶两地转徙。我至今还记得父亲穿着工作服，在灯光下眯着眼睛弹墨线、弯着腰拉锯刨板的情景，还记得樟木屑和刨花特有的香气弥漫在初秋的夜晚。如今这只箱子已成为父亲留给我唯一的遗物。

奶奶硬要跟我一起走，她的理由是方便我以后周末回家。七二一矿离上饶太远，只有寒暑假才有机会回来，如果她不在老家，我平时想家的话没地方去。说的也是，因父母离异，我跟外婆家有点生疏，其他亲戚家，没什么事更不会贸然去的。父亲只好请了假，把奶奶和我一起送回老家。

上饶卫校和上饶医专两所学校连在一起，坐落在信江河畔，校园还没有上饶县中宽阔，出乎我意料。到卫校后才知道，我们这么晚报到，是因为学校教室紧张，要等上两届的校友去医院实习空出教室。开始一学期，85级（1）班五十多个同学住两间大寝室，二三十个女生住一起，拥挤、热闹、嘈杂，几乎没有宁静的夜晚，一边是闲聊窃笑声，一边是呼噜梦呓声。1983年，我预考上线后在沙溪中学复习，当年预考上线在县中学复习，住宿条件都比这儿好。班上同学大多来自农村，比较单纯质朴，容易满足，这么多人住一起，也没发生过不愉快。庆幸的是我们吃得好，开学不到一个月，好多同学明显胖了。我们除了没有精神压力，跟伙食好也有关系。周末，寝室里的同学常有上饶师专和上饶师范的老乡来打牙祭,他们称赞卫校食堂的菜品种多、味道美。我最念念不忘的是卫校的招牌菜——回锅肉,还有早餐的拌粉。这么多年过去,到大酒店小餐馆吃过多次回锅肉,自己也买过五花肉,按菜谱里的步骤做过,都没有卫校回锅肉那么诱人。肉片肥瘦相连,色泽晶亮,油而不腻,微辣浓香,配以红椒青蒜,称得上色香味俱佳。有时也配一些白薯或白萝卜片,配菜融入肉的油香,好吃得想把舌头一起吞进肚子里。每天都想吃回锅肉,但必须克制,不是担心发胖,那年头不以瘦为美,而是生活费有限,要计算着开支。回锅肉三角一份,是卫校最贵的菜之一,每周只能买一两次,平时基本上吃一角和一角五分的菜。相对回锅肉,早餐的拌粉可以经常吃,买拌粉只用饭票不需菜票,我们每月发30多斤饭票,再怎么吃也吃不完。拌粉做法很简单,先把米粉用开水烫一会儿,放上猪油、酱油、葱花、辣椒末,少许味精和盐,搅拌几下即可,美味有时竟然这么简单。美味也出自当年食材的地道,现在吃饲料长大的猪,猪油一股腥味。

第二学期,班上同学搬进新宿舍。我住503寝室,室友十人,分别来自五个县市。我与余江县的陈江红比较投缘,很快成为无话不谈的朋友,经常在晚饭后沿着信江河畔散步。她比我高,很自然地把手搭在我肩上,有时我们两手十指交叉互握,亲密的样子惹得室友嫉妒。寒暑假各自在家,我们互相写信聊天。现在回忆不起来我们聊了哪些话题,为什么有说不完的话?

在卫校,写过无数封信。那时与同学亲友沟通主要的方式就是通信。我与表妹肖霞(小姨的女儿)还有七二一矿同学宋文红、林芳,都保持着频繁的书信往来。我普通话不标准,说话常常词不达意,更善于用文字表达自己。通过书信往来,我们建立了深厚的友情,这是我读卫校最大的收获。

9

　　说起来惭愧，因多年没在临床工作，卫校学过的知识已忘得差不多，教过课的老师，也有一半以上忘了姓名，更记不起面孔。只记得班主任桂金女老师像慈母一样关爱着我们。班会课上她语重心长地跟我们说什么事能做、什么事不能做，我们却当作耳边风，嫌她啰唆呆板。有个学期我们想去三清山春游，她不让。那时三清山没被开发，山路崎岖。放射班的男生说那里风景奇特好玩刺激，我们好奇又喜欢探险，几个团支部委员商量一定要去，到汽运公司联系好周末去三清山的大巴车，交了订金，再跟桂老师请示，先斩后奏。桂老师无可奈何，一边责怪我们胆大，一边给我们找男老师带队。那天天气不好，中途下雨，山路打滑，大多数同学爬到半山腰就放弃了，只有十来人爬上神女峰，根本看不到什么风景，一片雾蒙蒙。以神女峰为背景的合影，个个都是狼狈相。晚上回校，桂老师熬了一大锅生姜汤等候我们，她说一整天人都心神不宁，看到大家平安回来才放心。我们走上社会，成家生子后，才懂得了桂老师这份牵挂和关爱。

　　感谢卫校的解剖课，磨炼了我的胆量，那是让人难忘的感觉。我一直是个胆小的人，在家不敢独自去里间卧室。村里老人去世，小伙伴敢去看去拜，我从来不敢。读书识字后，看到死人（生前我认识的）名字我都要惊恐避开。第一次走进解剖实验室，看到浸泡在福尔马林里完整的尸体，一截截身躯、手臂、腿脚，还有内脏、骨头，面对这些，我胆战心惊，身上直冒冷汗。尤其那个额骨前凸眼眶凹陷的骷髅头，简直就是传说中的妖魔鬼怪，我根本不敢正视。我不时看手表，巴望快点下课。终于等到老师宣布下课，我一溜烟挤到中间去，生怕落在最后被鬼拖住。一星期有两次解剖实验课，前面五六次，我都惶恐不安，课后恶心吃不下饭。去的次数多了，对尸体渐渐麻木，不再恐惧，后来也敢跟骷髅头那空洞的眼眶对视了。

寒假回到家里，奶奶看到我轻轻松松进出里间卧室，她先是惊讶，继而欣喜，笑眯眯道："卫校读得值，半年工夫就把你胆量练出来了。"里间卧室光线不好，天气再好也是阴暗的，我以前不敢独自进去，家里没人又必须到里间拿什么东西的话，我先在门口大声咳几下，给自己壮胆，再快进快出。

我们家过年要杀鸡杀鸭。奶奶信佛不杀生，以前都是请别人帮忙做这件事。那天，奶奶问了左邻右舍，敢杀生的人都去办年货了。我便自告奋勇想试试，虽然以前没杀过，但看过多次，知道怎么做。我面不改色地把鸡鸭宰杀后，奶奶这样夸我："真好呀！再不是之前那个胆小怕事的小孩了，以后你到哪儿我都放心了。"

在卫校还有两件事让我印象深刻。那时刚刚流行琼瑶的言情小说，只要有同学从外面借到或去书摊租到她的书，大家就轮流看，白天上课带到教室偷看，深更半夜在寝室打着手电筒看。大概有半个学期，我们痴迷琼瑶的小说，用"废寝忘食"来形容一点也不为过。后来卫校图书馆有了琼瑶的小说，我们对这类书已无热情。1987年春晚，高大英俊、蓝眼睛的台湾歌手费翔唱了两首歌，《故乡的云》婉转悠扬，柔情蜜意浸润在每个观众心田；《冬天里的一把火》载歌载舞，青春洋溢活力四射。他很快成了少男少女的偶像。开学后卫校校园里听到最多的声音是：你就像那一把火，熊熊火焰温暖了我，你就像那一把火，熊熊火光照亮了我。你的大眼睛，明亮又闪烁……在那春寒料峭的夜晚，班上同学激情澎湃学唱这首歌。不知其他同学唱歌时在想什么，我的脑海里一直晃着费翔那洒脱的形象。晚自习学唱歌，这在此前此后都是没有的事。

因为我也有过追星史，所以能理解自己的孩子读高中时迷恋郭敬明的小说和周杰伦的歌，没像有的家长那样粗暴地干涉或阻止孩子的喜好。

10

卫校的理论课只用两年已全部学完，1987 年下半年，班上只有我和徐炳仙到上饶县医院实习。我们是同乡，经常一起回家。实习没有卫校读书那么严，休息时间多，带教老师没上班可以休息，倒了夜班下来也可以休息。徐炳仙善于交际，跟八都中学那些年轻老师很熟，经常约我去中学玩。我在八都中学读书四年，只认得教过自己课的老师，近些年分到学校的新老师一个也不认识。有次跟几个老师下跳棋，回县医院没几天，收到一封信，没写寄信地址。从头看到尾，我也不知道这个写信人是谁，最后有句"希望永远与你一起下跳棋"，我估计写信人是中学老师。那次下棋有好几个老师，名字和人对不上号，一点印象也没有。尔后，他每周至少寄来一封信，把我的名字用一颗红心圈起来，把我的名字放在打油诗中，写他的思念、他的等待，那些溢美之词，用在哪个少女身上都适用。我觉得这是从琼瑶小说里学来的伎俩，不为所动。一次徐炳仙聊起八都中学老师的话题，我侧面打听给我写信的人，她说这个老师很迂腐、书呆子气浓，接着便讲了一个他的笑话。有天下午他在八都村庄散步，找不到回中学的路。他拦住一个背着书包的学生，问中学往哪儿走？八都中学附近就三四条路，竟然会迷路，我哪敢跟这样的人谈恋爱。于是，写了一封信拒绝他。他不甘心，趁我回老家看望奶奶之际，骑自行车到我家，给我买了一双手套，给奶奶买了一些麦乳精之类的营养品，希望跟我聊聊天。我谢绝了他的礼物，并以要复习功课参加毕业考试为由，请他尽快离开，茶都没泡给他喝。

没想到这个老师非常执着，当天下午，他又骑着自行车，拉来我初中的老师做说客。我只好明说，毕业后有可能分配去七二一矿，基本上联系好了。七二一矿与上饶相距这么远，即便我们谈得来，也不切实际。从此，他不再纠缠。

年轻的我太任性了，对别人的满腔热情不理不睬。如果收到第一封信就回绝，不使他的单相思越陷越深，也不至于让他过了近半年神魂颠倒的生活（老师信上的话）。我为此心里一直不安，直到多年后听说他已为人夫为人父，有了安乐的家，我才释然。

我想去七二一矿改行教书，缘于县医院实习时，内科大病房里住着十多个病人，大小夜班交班查房，门一开，那股怪味冒出来，闻着作呕，后来在妇产科实习，如影随形的血腥味实在让人受不了。我写信给父亲，能否想办法帮我改行教书。父亲收到信后，去矿职工子弟学校找书记咨询，书记是上饶老乡，答应只要矿干部处把我分到学校一定接收。父亲去干部处找处长，处长考虑到父亲是七二一矿老职工、多年的劳模，同意照顾他把子女分回矿，叫他写了报告。这种跨地区分配很麻烦。矿干部处要向省里的上级部门申请指标，有了指标才能分到矿里。我们不知怎么找人帮忙，完全由组织出面。所以在接到分配通知书前，都不能确定。

二

1

1988 年元宵节后，分配在上饶地区医院、市立医院的卫校同学陆续上班了。3 月中旬，徐炳仙收到分配通知书，她被分在上饶县的乡镇卫生院。我没一点消息，只好去卫校找班主任问情况。桂老师说这一届有三个指标给七二一矿，放射、妇幼、护理各一个，护理的指标给了我，可能中间环节多，通知会慢一些，叫我再耐心等几天。3月22日才接到分配通知，让我必须25日前报到。我匆匆整理衣物，奶奶说不要收拾她的东西，她暂时不去七二一矿，清明节快到了，要祭祖，叫我先去上班，安顿好了再接她，也只好这么定了。

我有了到七二一矿改行教书的想法后，曾问奶奶，若我到矿里工作，她是否愿意一起去，她说愿意我才写信给父亲提起这事的。如期到七二一矿报到，不但改不了行，反而分在职工医院最忙的外科。改行不是我们想象的那样容易，父亲动用了他所有的关系，最终也没办成。早知如此，我留在上饶县工作多好，还可以照顾奶奶。

当年矿医院比抚州地区医院更有名，特别是脑外科，开颅手术成功率高，周边乐安县、崇仁县脑外伤的病人都往矿医院送。在外科忙到什么程度，一个责任班上午要打三十多剂静脉针，每天安排两个责任班，中班也经常安排两个护士上，一个人的话换输液瓶都来不及，真正是上厕所都没空。七二一矿下属十来个分矿分厂，时有工伤发生。听到救护车响，十有八九是工伤或车祸伤员送来外科抢救。每遇抢救，我心慌手乱，很担心大小夜班没别的护士在场时如何应对。在外科上了三个月班，人简直要崩溃，以与继母关系不和为借口找护理部主任，希望她让我去基层医务所。正好山南分矿医务所有护士想调矿医院，主任同意我跟她对调。七二一矿总部所在地古城，交通便利，物资丰富；职工医院外科福利最好，因住院病人多，收的陪护费（陪护家属每人每晚交5角钱）比其他科室多，奖金按业务量比例提成，也是全院最高。很多人不理解我为什么去各方面条件更差的山南分矿。我吃不消在矿医院那种快节奏上了弦般的生活，如能轻松工作，宁愿忍受物资匮乏，也不在乎工资低。

我要求离开医院还有一个原因。医院员工住房非常紧张，两三人挤一小间。家在古城的职工，医院惯例不提供住房。我家原来的房子太过拥挤，父亲加盖了一间卧室和一间柴火间，才得以住下一大家子人。我读卫校期间搬了家，只有不足四十平方米的小房子。左右都是职工宿舍，不能拓展空间。我只好睡阁楼，有次下小夜班回家，早上醒得晚，一看，下楼的梯子不见了，家里没人，我干瞪眼等了一个多小时，急着想上厕所，急得我跳楼的心思都有了，直到继母买菜回来才解救了我。

自己安身的地方都没有，哪谈得上接奶奶来生活。只有准备结婚的人可以向矿总务处申请房子，还不知等多久才能分到。同事说医院有个护士，因没分到房，婚期一拖再拖，她一气之下申请调去基层医务所，立即解决了婚房。在基层，单身职工都有一间房，有的还是套房。听说了这件事我便下定决心去山南分矿医务所。

在外科唯一的收获是认识了曹萍。我们家同在古城北区，下班经常一起走，两人有许多共同话题。她自己也觉得奇怪，在外科两年了，与很多同事关系一般，却跟新来的我投缘。我调山南医务所后，我们的关系因有了距离而更加融洽。她休息的日子常光临我住处，一起去买菜，用电炉炒菜。我去古城图书室借书或回家有事，夜里不再睡阁楼了，住她家，我们常常聊到半夜还意犹未尽。

2

山南医务所有十二名职工，挂号收费、司药、检验各一名，护士四名，医生五名。前三个岗位上正常班周末休息，护士和医生要二十四小时值班，早中晚三班倒。晚班最空闲，可以看电视，可以小憩。每周换一班，早中晚班轮下来有三天休息。我去上班不久，一个护士请探亲假，接着另一个护士请婚假，这期间我天天上班，等休了婚假的护士回来，我已连续倒了三轮班，积累了九天假，便请假回老家看望奶奶，也希望接她到山南分矿生活。请假时，我跟余所长谈了家庭情况，想带奶奶来。他说，奶奶来了住医务所不合适，到时找总务科要一间房。医务所二楼只设了药库和化验室，还有好几间空置房。我刚来上班时，余所长说我一个女孩子，住单身宿舍不安全，同意我住医务所二楼。住单身宿舍的一些男矿工，经常跟待业青年一起酗酒胡闹打架。

　　我回老家前几天，收到一封比较特殊的信。一个刚毕业优生优分在南昌的同学 B 君，他真诚地向我表白，这些年一直默默地爱着我。他说我们各自工作了，顺利迈出了人生的第一步，希望能共同携手走人生的第二步、第三步……他说我是他进步的动力，促使他从进校时一个普通的农家子弟到毕业时成为知名度较高的优秀学生。他读中专后一直跟我保持通信，但我们聊学习、学校和同学的事情，对于情感，他知道我反对工作前恋爱，所以才等工作后迫不及待诉衷情。他还打听了单位医务所缺护士，希望我能调去南昌。我没有及时回信，不知道怎么回复他。

　　回到老家，将近半年没见面的奶奶身体状况比我想象的好，她还种了菜、养了鸡鸭。奶奶说辣椒、长豆角吃不完，把多余的拿去卖了换钱用，村供销社职工看中她的菜长得好，最喜欢买她的菜。奶奶说这话一脸兴奋，有种圣洁的光芒，让我想起小学同学做了好事向老师汇报时的神态。没事的时候，奶奶跟大奶奶坐在一起喝茶聊天，更多的是无言的静坐。她们没有在床上午睡的习惯，午后便坐在弄堂里打盹，闭目养神。两个头发斑白穿斜襟衫的老人，坐在岁月积淀出绛红色光泽的竹椅上，有一搭没一搭说着话，说着说着就没了声音。这个时候，堂弟堂妹若在家淘气吵闹的话，是要被叔叔婶婶轰出去的，因此家里异常宁静。奶奶养的两只白番鸭也卧在弄堂门槛边午睡了。奶奶、大奶奶妯娌相处五十多年，感情胜过姐妹，即使以前爷爷和大爷爷间偶有矛盾，她们也能和睦相处。爷爷、大爷爷相继去世后，她们似乎更亲密了。大奶奶有三个女儿、四个儿子，可谓子孙满堂，我在家时发现还是两个老人每天守在一起的时间最多。

我有时觉得奇怪，奶奶和大奶奶毫无血缘关系却像亲姐妹，都是瓜子脸、中等个子、体形偏瘦，脾气、个性也相似。而爷爷和大爷爷是亲兄弟却不像兄弟。爷爷身高体壮，"国"字脸，留着板寸头，憨厚默言，只知埋头苦干。大爷爷矮瘦精明，椭圆脸，梳着分头，头发总是打理得像抹了油样光滑。他是弹棉花的手艺人，走村串户的时间多，在家的话，他喜欢把手抄在背后，东边走走西边看看，像个巡视员、思想者，说出的话富有哲理，"一片树叶就会有一颗露珠"（他宽慰大奶奶不要怕孩子多，总会慢慢长大），"远处一块金不值近处一块铁"（他劝我爷爷奶奶别让独子到远处工作），诸如此类。

我告诉奶奶准备接她到我工作的地方去，她马上说不行，这个时候不能走。地里种了芋头、青豆、南瓜等，还没收获，一大群鸡鸭也不好处理。等过了年再去吧，最好全家人都回来过年。

这是我工作后第一次回家，奶奶建议买些东西走一走亲戚，特别是以前对我有恩的人。我买了糖果和饼干给几个堂弟堂妹，再买了麦乳精、蜂王浆、鱼肝油、水果罐头，到舅公舅婆、外婆、奶妈等亲戚家，每家送两件礼物，以表心意。

其他亲戚家我自己去，舅公舅婆家由奶奶陪我去。那天早晨，奶奶对着镜子盘头发，她说人老懒散了，平时头发随便一扎，走亲戚做客还是要梳光洁些。她拿着一束近尺长的黑发，这是母亲嫌坐月子留长发麻烦，生我之前剪下的，奶奶头发稀少，正好用来盘头发。她们多年没见面了，母亲的这束黑发却一直陪伴着奶奶。奶奶轻轻地把这束黑发与她花白的头发绕在一起，盘在脑后，用黑色棉丝网兜住，再插上银子发夹。奶奶在盘发过程中漫不经心地说："你妈妈生你不容易，你现在领工资了，要常去看望她。她是个孝顺人，从不跟大人争吵，哪怕有矛盾，也是轻言细语讲道理。她在上饶农科所上班，每个月要回来看我们，后来怀孕挺着大肚子也坚持着。有次我突发咯血，好在你妈妈在家，及时带我去公社卫生院，医生看到我血块喷涌出来都不敢接收，你妈妈立即带我去专区医院检查治疗，控制了咯血后住院观察了几天，你妈妈一直陪着。如果那次你妈妈不在家，我的命可能早没了。"

我惊诧于奶奶能把性命攸关的事轻描淡写地说出来，她以前很少跟我提到母亲，只听邻居说过她们婆媳关系很好，像母女一样互相疼爱。听了奶奶一席话，我决定给母亲写信认错。我读高中后曾跟母亲有书信往来，那时不懂人情世故，信中与母亲争执起来，关系搞僵了便不再联系。

离开奶奶前，我问假如以后有机会调去南昌工作，她是否愿意去南昌，奶奶缓了一下，明白我的意思后笑道："去大城市开眼界，好呀！"

于是，我有了一段甜蜜的初恋时光。那段日子过得飞快，与外科三个月对比，真是天地之别。身边有闺密，隔三岔五聚一聚聊聊天，远方有恋人，三天两头甜言蜜语写写信。生活愉快，工作轻松，上下班都可以看书，这期间到古城青少年宫图书室借阅了大量中外小说，是人生难得的精神富饶期。

3

我把奶奶希望全家人去老家过年的想法告诉父亲时，他没说话。我说奶奶过了年要跟我到山南分矿生活，他也未置可否，更没有喜悦。父亲正在抽烟，我以为他抽完烟会表态。他抽完用力一甩烟屁股，还是一言不发，弄得我讪讪的，好像自己做错了事、说错了话。

年末一次回家，父亲才跟我谈起这两件事：全家人去老家过年往返开销大，没必要；两个妹妹读高中，要补课，时间来不及。他正在向矿总务处申请换一套大一点的房子，换了房子再把奶奶接来，老人家来了应该跟他住一起，偶尔住到我那里，奶奶长期跟我生活的话，外人会说闲话。

最终还是我独自去老家陪奶奶过年，走之前的一个晚上，父亲搭一个同事的摩托车到医务所，让我带30元钱给奶奶。他是悄悄来的，继母不知道他带钱给奶奶。自从我领工资后，奶奶就由我赡养了，每两个月给她寄50元钱。奶奶的生活费要不了多少，在农村主要开支是人情来往，特别是春节前后，生日、结婚、乔迁的喜事尤其多。父亲可能考虑到此，才悄悄给奶奶点钱的。按说子女给父母钱用理所当然，我为父亲感到悲哀。

两次回老家时间只隔三个多月，这段日子奶奶发生的变化太大了。她一脸病容、咳嗽、哮喘。平时她叫人写信给我只报喜不报忧，从不提她生病，只说一切都好，要我安心工作，不必挂念。

我赶紧请医生给奶奶看病，输了两天液，有所好转。我整理东西收拾奶奶的衣物，准备过了年尽早去矿里。奶奶轻轻叹了一口气跟我摊牌："傻娜妮，人老了像门背后的伞，说倒就倒，奶奶七十岁了，不能倒在外地成野鬼，还是别出远门吧。"

"我分配工作前，您不是说好要跟我去矿里的？"

"当初这么说只是想让你安心，希望你能顺着自己的心意生活。你已具备保护自己的能力，到哪儿我都放心了。"

奶奶总是为我着想，我无言，看着她满头白发，内心无比愧疚。明知有"叶落归根"一说，我怎么能让古稀之年的奶奶远离故土呢？

如果当初我能懂奶奶的心思，就不会舍近求远到七二一矿。她后来说的去大城市开眼界的话，更是顺我心意之言了。

吃年夜饭时，大奶奶那边十几个人挤了满满一桌，我和奶奶却守着一大桌菜冷冷清清。大奶奶曾叫我们不必做年夜饭，跟他们一起吃。奶奶说："平时到你家随便吃无所谓，过年要祭祖，不做饭的话祖宗会怪罪。"怪不得奶奶想家人回来过年，她向往跟大奶奶家那样，团团圆圆、热热闹闹吃年夜饭，我们却不能满足奶奶这么平凡的愿望。

4

因要值班，我正月初四回单位。因奶奶执意不离开老家，我决定跟B君终止恋爱。我给B君写信，告诉他奶奶不想离开老家，我必须在上饶找男友，考虑以后结婚调往上饶，只能跟他分手说再见，感谢他给予我纯洁美好的初恋。平时写信写文章，心情舒畅下笔快，这封信却不知怎么写，花了不少时间，直到把信封好丢进邮箱，心情依然沉重压抑。

元宵节前一天，我值晚班，九点半左右，B君毫无征兆地出现在医务所。从南昌来山南分矿很麻烦，坐四个小时火车到终点站江边村，再坐大约一个小时的公交车到莲塘分矿，从莲塘走半个多小时才到山南分矿。B君去年来过一次知道路，不然这么晚天又冷，问路都找不到人。

我到二楼用电炉煮面条给B君吃，他说看了我的信后完全蒙了，不知是真是假，必须来当面问清楚，但愿是跟他开玩笑的。看他迷茫憔悴的样子，我心疼，差点反悔，然而理智告诉我要快刀斩乱麻。

　　"这种事哪能乱开玩笑，为了奶奶，我是真的必须在上饶找男友。"

　　B君说："我可以申请调去上饶嘛。"

　　我内心觉得他好不容易优生优分在南昌，调往上饶可惜了，说出的话却是："你调往上饶不现实，也不知何年何月能调成，奶奶等不了这么久。过年在家时，表姐介绍我认识了一位在上饶县城工作的男士，互相留了通信地址。你我之间关系只能到此为止，这是一场悲剧。"我不得不撒谎，不敢跟B君对视，面条做好后，我立即下楼做晚班的清洁工作，然后到值班室休息。

　　第二天早晨，我上楼，房门开着，B君悄悄走了。他把房间打扫得干干净净，被子叠得有棱有角。桌上信笺有留言：不告别了，赶上午的火车回南昌。他在另一张信笺上密密麻麻写满了如下文字：

　　是的，这是一场悲剧，我们俩分别充当了剧中角色，不知谁更具悲剧意义。仔细分析，你必须回到奶奶身边去是造成悲剧的直接原因，然而我对你没有强烈的吸引力则是悲剧的根本原因。悲剧根源在我身上，真诚地希望这个悲剧中没有配角，只是我一个人的独角戏。细细想来，这个悲剧中谁都没有错，爱是纯洁的，它本身没有错；我爱你是真诚的，也不应该算错；你为奶奶尽孝，天经地义，更没有错。

　　事已至此，本来我有些要说的话和准备做的努力，现在都觉得不必要了，我今后会默默地做我该做的一切。在这里，我只有一个希望，或许对你没有坏处，人生的道路是漫长的，但关键的或许只有那么几步。希望你在挑选朋友时千万慎重！切不可一时冲动，一味地追求形式上的尽孝。终身大事，不能儿戏，错误的婚姻就等于被判了无期徒刑。我们都还年轻，今后的路很长，珍重了！

1989年元宵

看了这些文字，我泪流满面，昏昏沉沉，直至上早班的护士叫我交班。洗了一把脸下去交了班，我回到房间还是昏昏沉沉的状态，躺在床上，将一盒理查德钢琴曲《命运》放进功放机，反反复复听。

至此，"紧握你的手"是B君留给我最温馨的文字；我们一起挤上公交车，他一只手扶栏杆，另一只手扶座椅，用挺拔的身躯将我同拥挤的人群隔开，是B君留给我最温馨的画面。

因答应了父亲回家过节，我十点多钟就要坐车去古城。似乎上天刻意安排，这个元宵节注定成为最灰暗的节日。我带了借书证先去图书室借书，却见青少年宫被拆得乱七八糟，里面的图书室已不复存在。如遭五雷轰击，我惊呆在那儿，不知过了多久，才拖着灌了铅似的脚无力地走回家。问起父亲这是怎么回事，他说矿里为了增收节支，关闭了青少年宫，场地租给了几个待业青年，正在改建养殖场。呜呼哀哉！以后每次路过青少年宫原址，都能听到围墙里面"呱啦呱啦"的牛娃叫声，我也总会想起那不堪回首的画面。

我吃了午饭去曹萍家，她喜滋滋地说，跟父母正月去了江苏老家走亲访友，她父亲的一个战友在老家政府部门任要职，答应帮她办调动。我在外科就听说她想调回老家的事，一直没进展。她那时还问我为何要分到矿里来，矿里已经不景气了，有技术特长或有门路的人都想调走。曹萍从老家带了两件礼物给我，一盒南京雨花石，一册袖珍本杨再春的《宋诗词书法》，还有一大包楚州特产茶馓。茶馓是油炸食品，曹萍介绍它曾是朝廷贡品，看起来其貌不扬，吃起来回味无穷。十几分钟后曹萍要去上班，我不想破坏她美妙的心情，没说出自己的忧伤，回医务所昏睡。不愿去食堂，晚饭也没吃，天黑了不愿开灯，对着窗外圆月发呆，饿了就着月光吃茶馓。

第二天一大早，曹萍来医务所，跟前天晚上 B 君一样来得毫无征兆。她说昨天晚上躺在床上越想越奇怪，每次我跟她在一起，都是笑眯眯的话特别多，昨天几乎没说话，不知发生了什么事，本想去科里打个电话问问我情况，又怕值班的同事笑话她。正好今天夜班，过来探个究竟。曹萍的善解人意，知心姐姐般的关爱，令我热泪盈眶，坐在桌前一股脑儿说出不开心的因素：与 B 君分手，她马上调离，图书室的消失。

曹萍斜靠在床上，不插话静静地听我说，额头沁出细细的汗珠（她坐车到莲塘急走来山南），我说完她笑了起来："傻丫头，有点矫情，是你自己为了寻找更合适的恋人离开 B 君，不应该为此不开心呀。我们俩都想调回老家，分别是迟早的事，若是真心朋友，千山万水也隔断不了情谊；若是普通朋友，即使还在一起，时间久了也会淡忘。关于图书室的事，你要看书不能依赖去图书室借，真正的经典好书要去新华书店买来收藏，反复阅读。借来消遣的书，不看也罢。你可以参加文学函授招生班，尝试写作。"曹萍说到这里一跃而起，发出感慨："天下没有不散的筵席，趁我们还在一起，就享受相聚的快乐吧。"她喝了一杯水，牵着我的手去医务所后面爬山。曹萍总是这样理性而又充满智慧，说话处事简明扼要。她曾教我一招如何跟继母改善关系，让我每月中上旬家里经济紧张时，买点好菜回家，花不了几个钱，却能让全家人欢喜。果真有效，继母后来见到我便将冷颜改成笑脸。

我们气喘吁吁爬上顶峰，登高望远，心旷神怡。下午，曹萍见我又有说有笑了，才放心回去。

曹萍调离七二一矿后，那本《宋诗词书法》陪伴我度过了许多孤独的时光。

5

无巧不成书，我向B君撒的谎言，清明节回老家时竟然成真了。爱宝表姐知道我有回老家找男友的意愿，就把表哥的同学苏介绍给我。苏毕业于师专中文系，在县直属机关工作。我在县医院实习时见过苏，他有个朋友跟徐炳仙熟悉，他们一起到县医院玩过几次。苏的朋友跟徐炳仙在寝室里谈笑风生，他不插话静坐一旁陪着，感觉苏朴实内向，不善言辞。表姐说苏跟我见面后对我有好感，不敢当面表白，知道了我们有亲戚关系，他托表姐传达情意。于是我和苏开始通信。那个年代大多数人恋爱都从通信开始，我们开始的通信却跟恋爱不沾边。我知道他师专毕业后教过中学语文，便称呼他苏老师，还把自己写的文稿寄给他，请他斧正提出修改意见。苏介绍他的藏书，最近买了什么书、读了什么书，以及读书心得。他每月发了工资都要去书店买一大摞书，已购四百多册书，有中国古典名著，鲁迅、巴金、茅盾、沈从文的小说，还有泰戈尔、莫泊桑、福楼拜、卡夫卡、屠格涅夫、托尔斯泰等外国作家的作品，更多的是一些艺术、哲学、美学方面的书籍，如《艺境》《艺术概论》《中国哲学史》《西方哲学史》《中国美学史大纲》《王国维文学美学论著》等，连《辞海》都买了。

经过将近半年师生般的书信交流，我对苏还是比较满意的。我们都喜欢看书，有共同语言。苏的藏书，更是我的向往。我梦想结婚后有一间自己的书房，房间里有个大书柜，书柜里装满书。我们终于确定了恋爱关系，并告知双方家长。

正好到了霜降节气，农村油茶子丰收，我和父亲回老家摘油茶子（我、继母和弟妹相继"农转非"后，农田转让出来，山林地不变，家里依然有几亩山油茶树）。苏来我家，邀请父亲去他家看看。我和父亲，还有父亲的同学——在中学教书的朱老师，亦是苏教书时的忘年交，一起到苏家吃了顿午饭。苏家在汪村，距后蒋村约五公里。他家是一栋旧的泥瓦房，里面整洁干净。苏的父亲在当地粮站工作，他说准备过两年把旧房子拆了盖新的，这些年供养四个小孩读书，把家读穷了，等老二出来工作，日子会好起来。苏的弟弟在读研，大妹刚师范毕业在上饶国企上班，小妹还在读高中。苏工作好几年了，还是第一次带女孩子进家门，他父母很高兴。他母亲特意炒了南瓜子、黄豆、花生，买了水果、饼干、芝麻糖给我们当零食，又准备了丰盛的菜肴。他的父亲喝了许多酒，说好久没这样开怀畅饮了。朱老师席间给我父亲说了很多苏的好话，有真才实学、为人正直、无不良嗜好。我父亲也很高兴，这顿午餐成了他人生最美味的回忆，恰到好处的味道让他终生难忘。菜是小妹做的（因粮站稻谷急需打包，苏的母亲备好菜后去粮站做工了，所以由小妹掌勺），他知道后更是赞不绝口。父亲后来常讲继母做了多年的饭，火候不及一个高中学生掌握得好。继母便回应他："侍候你一辈子太辛苦，不如别人做一顿饭给你吃有功劳，有本事你天天去别人家吃，不要再回家吃。"父亲憨憨地笑道："你把我所有的工资拿去，不吃你做的饭吃谁的？"这样的对话多发生在饭桌上。

6

1989 年是我的幸运年，荣获了核工业部江西矿冶局优秀护士。省局每两年评一次优秀护士，本年度七二一矿有五个护士获此荣誉，我是唯一的基层护士。山南医务所推荐我的理由主要两个：思想上进，主动要求到条件艰苦的基层工作；工作积极肯干，吃苦耐劳，在医务所护士紧缺的情况下，经常一天值两个班，毫无怨言。逃避忙碌劳累而选择基层被说成思想上进，我心里发笑。工作积极的表现是，有时其他护士突然有事值不了班，我来顶班，住在所里方便，上班又不累，特别是夜班，只是睡楼上与楼下的区别。第二个幸运是在《江西青年报》《抚州铀矿报》《贵冶报》上发表了几篇散文小小说，虽是小豆腐块的文章，我也很知足了，那个时候要把文字变成铅字相当不容易。这方面有苏的功劳，他对几篇文章的修改提了非常好的建议。第三个幸运是收获了爱情。

　　这一年对我父亲来说却是不幸的。去老家摘油茶子返矿当夜，我做了一个奇怪的梦：大热天在老家，奶奶擂了茶清（新鲜茶叶摘回来，洗净、晾干、去筋、撕碎，加盐、甘草、桂皮，放进内壁有粗糙斜纹的陶钵擂细，用冰凉的井水冲喝，老家的人常在夏天喝茶清降温解暑）。父亲去挑井水，刚提了一桶水上来，不小心绊着绳子摔下井，他大声喊救命没人听到，只好旋转身子将绳子往身上绕，慢慢接近井圈以自救，爬出来时他的身上缠满了绳子。情况太危险了，好在绳子的另一端系在水桶上还没解开，否则他非被淹死不可。我是经常做梦的人，老是梦到自己十来岁跟小伙伴在家里捉迷藏、跳格子，在村庄田野玩耍。这是第一次梦到父亲，对父亲有了隐隐的担忧，又不好告诉他这个不祥的梦，每次回家便提醒他注意健康，少喝酒少抽烟，注意安全，多走路少骑车。

　　12月中旬，父亲跟同事去南昌出差，回矿的路上在崇仁翻车，车上四人数父亲伤势重，当夜被矿医院救护车拉回来，在外科做了手术。次日一大早，继母在外科打电话告诉我，父亲出了车祸，锁骨、肋骨多处骨折，已做了手术。她语无伦次，几乎要哭了。我一听非常着急，骨折若伤到内脏则很危险，立即请假赶去医院，一路提心吊胆。我先到病房，看到父亲躺在那儿，人是清醒的，身上缠满了白色的绷带，我松了一口气，想起那个不祥的梦。因在崇仁等待矿医院救护车时间较久，天又冷，父亲感冒了，不时咳嗽，每咳一下他都皱着眉忍着痛。我去看他的病历，是左锁骨粉碎性骨折，多根右肋骨线形骨折，内脏未受损，我悬着的心终于放下了。

父亲住院将近一个月，因是工伤，白天单位派了人照顾，我每天下了班就往医院赶，下了中班（晚上 9 点）没夜车，第二天早晨一醒来就去等车，尽量多抽时间陪护父亲。妹妹和弟弟都在上学，没时间陪伴。继母白天料理家务，煲骨头汤煮稀饭，我来回传送，并喂给父亲喝下。继母每天晚上住在医院，我和继母连轴转。由于休息少，我上班时迷迷糊糊，有一次把一个病人肌肉注射维生素 B_{12} 看成 B_2，我用注射器抽药液时，病人自己发现，问昨天是打红的药今天怎么变成白的了，我一惊才知看错了，内心突然非常清醒，觉得做护士必须谨慎专注，稍一马虎，或许就会酿成大祸，这可能是我想改行的真正原因。做老师的话，即便说错了、教错了，发现后可以纠错，告知学生正确的答案；而护士用错了药、打错了针，那是难以补救的。

父亲出院后，我称体重轻了五斤多，继母也瘦了一圈。父亲不再上班了，过了年以工伤为由办了退休，工伤的退休金会高一些。

我后来发现自父亲工伤后，继母跟他的关系好了起来。父亲在家赋闲休养一年多，我没见他们争吵过。

以前他们经常当着几个孩子的面互相抱怨，为一点鸡毛蒜皮的事争吵。有个休息日，父亲窝了一肚子气，临近中午来到山南医务所。我匆忙去食堂炒了两个菜，买了一瓶白酒，父亲喝了酒吃了饭后给我吐苦水。本来父亲跟一个同事约好去钓鱼，一大早同事来叫他，继母不让，要他整理菜地种白菜。还讲那个同事是双职工，家里有钱不必种菜，星期天可以钓鱼消磨时间。同事被她说得好尴尬，独自钓鱼去了。父亲好没面子，他在菜地忙碌了一个上午，到我这儿来解闷。

不知为什么，父亲突然转了话题，反思起他婚姻的失败。我从中知道了他跟母亲离婚的多重因素：两人通信老谈不到一块，有些观点鲜明对立；两地分居，难免互相猜疑。父亲曾联系好了调上饶七一三矿（同属核工业部江西矿冶局），他打听到七一三矿每月少了几元劳动保健补贴工资，觉得划不来，就没办调动，坚守七二一矿，母亲便怀疑他在七二一矿有相好。还有父亲说话不考虑后果，有次彻底伤了母亲的自尊心。他开玩笑说母亲学历高有什么了不起，字写得像狗爬样，还不如他用脚写得好。母亲终于忍无可忍，决意离婚。离婚后，父亲认为知识分子太清高，领工资的女人有傲气，他决定在老家找个没工作、没文化的女人重组家庭，结了婚女人可以留在家里照顾爷爷、奶奶和幼小的我。于是父亲离婚不到一年又仓促结婚了。他原以为不识字的继母会温顺，对他言听计从，仰人鼻息，没想到不识字的继母强势霸道，蛮不讲理。父亲只好自认倒霉，他觉得已结过两次婚，再不应该离了，便与继母磕磕碰碰厮守着。

父亲主动谈起这方面的话题，可能考虑我到了谈恋爱的年龄，要从他身上吸取一些教训吧。我那天上中班，接班后，父亲拿起那瓶还有一半的白酒，回家去了。他的步子有点拖沓，望着他的背影，我内心有种说不出的悲凉。

我记得高中时跟母亲通信，问起她怎么忍心抛下幼小的我不管。母亲这样回复我：那时我与你爸是由于不了解而结合，当时只想到有饭吃（在校伙食费），不会由此失学。外公去世早，一直是大舅供养我，考上大学后，大舅和大舅母希望我早点定亲，找到人供养，减轻家中负担，于是就有媒婆把我跟你爸牵上线。之后发现我们志不同、道不合，他没有男人的责任心，还经常辱骂我，在这种情况下与他分离了。那时他家就你一个孙辈，他提出一定要你。当时我还想把你的户口留在我身边，你爷爷又怕我占去你的粮油，不得已把你的户口也迁过去了。

曾在杂志上看过谈论婚姻的文字，完美的婚姻，夫妻间要互相关爱、互相尊重、互相包容、互相欣赏。父亲的两次婚姻，一个互相都没有，怎么可能把婚姻经营好？假如他跟母亲有最起码的互相关爱，他会计较每月少了几元钱而不调在一起？他再娶继母，潜意识里是要找个保姆来照顾家庭。他的结婚动机都不对，哪有幸福可言？

7

1990 年夏天我回老家，把积攒了一个多月的假休掉。每到夏天我就想念家乡的饶北河。哪怕只有十来天假，也要回家，不畏旅途炎热艰辛，扑进饶北河的怀抱，所有的疲惫都会被清凉的河水冲走。

休假之前接到小姨的来信，她说二舅食管癌晚期，可能大去之日不远矣，希望晚辈们方便的话去看看他。我已多年没见过二舅，只记得他个子高挑，脸上轮廓分明，鼻梁饱满，两眼炯炯有神，是我见过的为数不多的美男子。二舅在东乡磷肥厂工作，乐安与东乡同属抚州地区，虽然相距不远，我却没去过东乡。以前只在小姨家、外婆家见过他几次。我先到贵溪小姨家，跟小姨和肖霞一起去东乡。在磷肥厂职工医院，看到二舅躺在病床上打点滴，他瘦得不成样子，整个脸皮包骨，眼睛凹陷，耳朵干枯状茸拉着。我们在医院一个多小时，他一直闭着眼睛，直到要离开时，他才费力睁了一下眼，眼神空洞得吓人。我突然明白，生命之美，要依托健康而存在。返回贵溪后，肖霞的男朋友请我们吃饭，他给每人点了一杯洋酒 XO。我没品出什么特别的味道，喝过后知道了价钱，一小杯 60 元，心疼好久，也感慨未来的妹夫出手大方。我在七二一矿跟同学朋友聚餐，13 元买一瓶 750g 的烟台葡萄酒，口感回味不比 XO 差，倒出来不止十小杯。也许有的东西不是贵在品质，而是贵在名气、贵在稀有。那时在七二一矿，还没听说过普通人消费洋酒，江西铜业公司、贵溪冶炼厂经济效益好，便有了高消费场所和人群。我从贵溪去老家，正好姨父去德兴铜矿接一位领导，要路过八都。姨父是江铜领导的司机，我搭那辆豪华小车去上饶，不时按下车窗呕吐，一个多小时的车程，我晕得一塌糊涂。姨父把我带到八都放下，他只好从后备厢拿出脸盆，到路边人家接水冲洗窗玻璃和车门。我非常不好意思，那时八都没有洗车店，估计沿途也没有洗车的地方。想当年我坐拉货的大篷车，从乐安颠簸到上饶，人却安然无恙，神清气爽。我又有了感悟：不论贵贱，适合于你的才是最好的。

这一趟回老家，简直就是明理悟道之行。

医务所业务上由矿职工医院管理，其他归属山南分矿总务科，分矿的食堂、粮站、电工班、洗衣房等都归总务科管。因我会写一些宣传报道，被推选为总务科团支部宣传委员，接触了一大帮年轻人，有几个还成了文友，跟他们交往单纯快乐。

文友们平常忙于工作，休息的日子常常相聚。大家或激情澎湃地朗诵自己创作的诗文，或对同一部作品发表不见的见解，甚至有激烈的争辩，哪怕争得面红耳赤，喝酒吃饭时也能举筷勾销，和好如初。有一次五人去郊游，一文友带了气枪去打鸟，却偷偷把村民的鸭子打死了一只。他把鸭子带回住处后，我和女伴一边谴责他的偷盗行为，又一边帮他打点鸭子，用生姜和盐腌了一会儿清蒸起来，五个人吃得精光。

这年秋天团支部搞活动。闲坐时，电工班的李师傅做裁判员，我和粮站的小辛玩起了互猜年龄，以身份证为准。小辛输了，李师傅罚他拿出 20 元请客，与团支部路支书约好，周末到他寝舍共聚晚餐，叫我五点半准时赴宴。我提早半个小时过去，看有什么事需要帮忙。离李师傅的宿舍五十来米，就闻到炖肉的香气，走进去香气更浓郁。记得小时候有一次家里杀过年猪，奶奶把猪脚放在锅里煮了一个晚上，家里弥漫着这种香气，我忍不住流口水。他们三人都在场，辛炒菜，李师傅和路下棋。我问辛需要帮忙吗？李师傅说不用做事，让我们等着吃饭就是。辛是输家，不仅要出钱，还要出力。我在桌前随手翻开李师傅的影集，非常惊讶，李师傅有好多留长发的照片。有一张站在天安门广场的照片，马尾辫、光膀子、穿拖鞋，典型不良青年形象，这个样子竟敢在雄伟庄严的天安门前照相。

我问李师傅："你还留过长发呀？"

李师傅笑笑："待业青年没人管，过了一把蓄发瘾。"

"在天安门前照相怎能穿那么随意呢？"

"我一普通老百姓去北京游玩，又不是天安门前的卫兵，不必太注重仪表。"

没想到李师傅在当待业青年时，这么讲究潮流，这么前卫。他两次到医务所做事，给我敬业稳重的印象。印象不好的话，我也不会听他安排跟辛打赌。一次例行电路安全检修，他楼上楼下每间房都检测，不像有的电工来检修，只挑医护办公室和药房等几个重要的地方看一看。还有一次医务所新进了消毒器，李师傅来装消毒器接口，接好后按下电源开关就跳闸。李师傅想了想估计是安全阀里的保险丝太细了，承受不了负荷。他的工具箱里没有更粗的保险丝，虽已到下班时间，但他没有拖到第二天再干，而是去电工班仓库找来粗的保险丝换了，看到消毒器可以正常使用，他才下班，此时天都黑了。

辛把菜摆在矮桌上叫我们吃饭。清瘦小个的辛，人不起眼，厨艺却不简单，那些菜搭配得真好看。红烧鱼块，每块鱼都煎成微黄，配上红椒白蒜；红椒切小斜片炒瘦肉；红椒碎粒点缀藕；绿葱花撒在黑木耳上；小白菜绿油油。那锅炖蹄髈放中间，其他五盘菜围着它，占满桌子大部分空间，像绽放的花瓣，五彩缤纷，空气中弥漫着炖肉的香味。

我对这顿晚餐的记忆特别深刻，此后再没吃过这么好味道的蹄髈。我和苏结婚后在家尝试过几次，都比不上那次美味。我们都是偏胖体形，再后来便不敢买肥厚的蹄髈吃了。

8

我于农历十二月底休假，到老家办婚事。已经积累了四十多天假，还有婚假，一起连休。我和苏不想在元旦、五一、十一节假日凑热闹，便计划1992年植树节结婚。苏的父母知道了植树节在3月，坚决反对，希望放在春节前后办喜事。这样苏的弟弟在家，在深圳打工的小妹也在家，亲戚们都在家，热闹。苏家很多年没办喜事了，他父亲是要面子的人，要把我们的婚礼办得体面。他眼中的体面，就是多摆酒席，饭菜丰盛。

20世纪80年代末90年代初，年轻人结婚普遍要置办冰箱、彩电、洗衣机三大件和一套组合家具，男方给女方准备"三金"（金戒指、金耳环、金项链）。我和苏都没有积蓄，我工作这些年要赡养奶奶，没存到钱，每年几次在七二一矿与上饶间往返，路上就花了不少钱。我每年回老家三四次，夏天、过年是一定要回的，清明节和秋收季节也可能回去。苏由于同学、同事、朋友往来多，每年会有一大笔开支用于吃酒席，他一直吃食堂，比自己做饭更花钱，他还喜欢买书。购置家具还是他父母出的钱，电器暂且不买，两地分居用不上。我不喜欢穿金戴银，也不要求买"三金"，只希望结婚后苏早日把我调回上饶。我们夫妻两地分居，以结了婚要照顾家庭为由写报告办调动比较容易。调动要找人，肯定要花钱。

按苏的父母的意愿，春节前婚礼在汪村举办。摆了二十多桌酒席，摆满前庭后院。农村婚礼习俗，吃喝大闹三天。现在回忆起来，就跟演戏一样。若依我和苏的意愿，登记后不办酒席，买些喜糖发给邻居亲戚朋友同事，又省事又省钱。苏的父亲说，结婚不摆酒席会被别人看不起。那时我们只能顺着两位老人，千万别惹他们生气，因为有件事需要他们经济上支持。上饶县机关干部集资建房，苏好不容易有个指标，需6600元，过了年必须交款。苏做梦都想在县城拥有自己的房子，工作这些年，饱受租房之苦。我们的存款合起来不足2000元，本着一切从简的原则，结婚照都没拍，翻洗了一张合影办结婚证。买了几套必需的衣服，一些床上用品、日常用品，三用机是唯一的电器。

年后，公公表态，县城买房更要紧，家里的老房子还可以住些年，等以后条件好了再重建。公公婆婆把家里所有的积蓄拿了出来，还到亲戚处借了点，才凑齐买房子的钱。

这次回老家假期长，错开了春运高峰，避免了挤火车。前两次回家过年，坐火车那不是一般的拥挤，是水泄不通地挤，人叠人地挤。从江边村到向塘西是有位置的，从向塘西到上饶，看到往杭州、上海方向的火车，就往上挤，挤不上去这趟就等下趟，有时一等就是几个小时。买了通票，两天内有效。再冷的天，车厢内跟火炉一样，上去就出一身汗，还很难找立足之地，厕所里也是挤满了人，乱七八糟的气味一起涌来。有一次人挤上去了箱子拿不上去，只好退下来，恨不得踢几脚那个可恶的箱子。有一次返矿，上饶火车站站前广场、售票大厅、候车室挤满了带着大包小包的男男女女，排队买票花了三个多小时。坐夜里一点多杭州至南昌的火车，乘务员帮忙才挤上去，难得遇上一个热心的乘务员，尽力帮老人、小孩、妇女挤上车，累得满头大汗。后来到贵溪车站，车厢里的人实在没法立身了，他便不让下面的人上车。下面的人气得砸窗玻璃，我就站在窗下，玻璃被砸中的地方正对着我的颈脖子，好险。那年头，农村男女青年一窝蜂地涌到广东、北京、浙江、上海等地打工，我不幸地成了挤火车的亲历者、见证人。

9

矿里结了婚的女人几乎都要戴金戒指，有钱的人戴钻戒。我结婚后去上班，没戴戒指、项链，化验室的章菊香医师以为我有但不愿意戴，便劝我戴上可以避邪。我实说结婚什么也没买。

"这么简单就把自己嫁了，你真的又亏又傻。"凭章医师近四十年的人生阅历和十多年的婚姻经验，她认为男人对没花什么钱费什么力娶来的老婆不会珍重，只珍惜他花了血本的女人。她的话不像开玩笑吓我，我听得一愣一愣，有点迷惑。因同姓，章医师对我多了一份关爱，她有时早上在家煮了茶叶蛋会带一个给我吃。楼上只她一人办公，她见我休息在房间闲着的话，会找我聊天，她跟我说话很直白。同事中我跟她最亲，我在内心非常认同她、敬重她，不只因为她对我的关爱，更是因为她对弱小生命的体贴和呵护。冬天的时候，她买了几只小鸡饲养，担心它们在家受冻，便用篮子装着带到医务所，篮子中间放一盐水瓶热水，瓶外套上棉布，让小鸡窝在两旁。瓶里热水变冷了，又重换热水，就像照顾孩子一样细心。

记得 1990 年秋天的时候，章医师劝我学织衣服，她认为女孩子工作再好，书读得再多，不会织衣服的话也成不了称职的妻子和母亲。虽然可以买机器织的衣服，但哪有量身定制的好，特别是婴儿的衣服，手工织的柔软穿着舒服。

我从小跟爷爷到野外田地做事，很少做家务，没摸过锅铲，也没拿过钢针。学做菜对付自己的胃还算简单，可织衣服很讲究，起头多少针，上衣多长分肩，裤子多长开衩，我一概不清楚，拿起钢针手就不灵活了。章医师从家里带了一些旧毛线教我先练平针，练熟了再练上下针。她看我上下针也很熟练了，拿来她儿子小时候穿过的毛衣给我当样本，教我织衣服。我买来几种颜色的开司米，织第一件衣服，楼下同事不知道，我都是利用休息时间，在自己房间里织，不清楚的地方及时请教章医师。慢慢地，我悟出其间诀窍，把样衣的图案改了两个地方，整件衣服织出来给章医师看，她啧啧称赞，知道余所长不当班（所长规定白班不准干私活闲聊），喜滋滋地把我织的衣服拿下楼展示给其他同事："看看呀，我们的小章心灵手巧吧！"我跟着下来，有同事马上问还没结婚就先准备孩子的衣服了？我有点不好意思，解释说给亲戚孩子织的。我和章医师返回二楼，她还拿着那件小毛衣看了又看，夸道："你真是织衣服的天才，我织了这么多年只知道参照样衣。"我也夸她："你是拥有慧眼发现天才的伯乐。"我们互夸之后哈哈大笑，笑过之后我想起奶奶说过的事，我的母亲是织衣服的高手，她熟练到不用眼睛看，连走路过桥都可以织衣服。或许这方面我遗传了母亲的天赋。

反正同事都知道了，织第二件衣服时，我值晚班也带到值班室去织，坐在火炉边，边看电视边织衣服，感觉时间一点不浪费。那年年底央视正热播电视剧《渴望》，苏知道我会织衣服了，夸我以后肯定会像剧中主人公刘慧芳那样温柔贤惠。他借机表达自己的观点：作为女人，首先应该是贤妻良母，然后才是事业强人，如果两者不可兼得，宁要前者，毋要后者。

过年回家，我把衣服送给三叔的女儿和表姐的儿子，两岁多的小堂妹试穿了新毛衣后喜欢得不肯脱下来。据三婶后来说，堂妹五岁多时这件毛衣穿不下了，她叫妈妈洗干净收藏起来，不能送给别人，要留着等她结婚生了女儿给女儿穿。这句天真无邪的话让在场听到的人笑翻了。三婶把这事当笑话告诉我，我听了却感慨万千，唯有孩子，才会对一件衣服产生永恒的爱。

我后来自己设计了一件黑白格子的外套，吸引了很多人的眼球。好几次不认识的路人看到外套便拉着我问是怎么织的，还有人特意到医务所找我取经。颜色搭配很简单，但算针数很麻烦，大格子居中，两边小格子一样多，算不准的话一边多一边少就不好看。确实费了一番心思，那时候矿里布店和裁缝店远多于服装店，女人穿的外衣大多是剪布做的或毛线织的，很难买到现成的衣服。

苏用了一年多的时间，给我办调动，可谓费心费力，厚着脸皮找县领导，一次次吃闭门羹，坐冷板凳，受尽委屈。最终由省政府工作的亲戚出面，才得以落实接收单位。调走之前我跟矿里其他人可以轻松说再见，与章医师告别时我还是流了泪，有些不舍。我请她放心，相信到了上饶苏会珍惜我的，他娶我没花什么钱，但办调动那是费了心血的。

在七二一矿山南分矿工作的五年，正是 20 世纪 80 年代末 90 年代初，人们不崇拜物质生活享受，更注重精神层面的追求。我刚走上社会，与形形色色的人交往，知道了人性的复杂。好在身边大多数人纯朴善良，留给我许多美好的回忆。那时的我二十岁出头，一个人生命中最好的年华，有过疯野嬉闹，开怀大笑；有过独自悲伤，泪流满面；收获了真诚的友谊、纯洁的初恋；也留下无言的疼惜和遗憾。印象深刻的事太多，不在此一一罗列。

三

1

我调到上饶县卫生局工作，在公费医疗办公室做出纳，兼职局工会出纳。

1993 年 8 月 14 日，我领了上饶县的第一份工资 185 元。出纳职业使然，我在当天日记上详细记录下工资细分项目：基本工资 70 元、工龄工资 6 元、奖金 41 元、误餐费 20 元、洗理费 8 元、书报费 8 元、自行车修理费 5 元、粮差补贴 11 元、肉类补贴 6 元、副食品补贴 6 元、煤电补贴 3 元、卫生津贴 1 元。

看来一个人的职业确实会影响其生活习惯，之前我从未想过收支记账。现在想想，这是一份多么珍贵的记录，可以让后来的人了解那个年代的工资结构。

跟苏一起居家过日子，我们实实在在经历着婚姻的磨合期。

苏不吸烟，他为我办理调动介绍信、调入单位工资审批表、工资介绍信时，还特意买了烟，每到一处办事，先把烟掏出来，恭恭敬敬地发给在场的人。对不善交际的苏来说，这事很委屈他。我领了工资后，想买件衣服犒劳苏，叫他陪我上街。苏说天太热不愿逛街。我问他喜欢什么款式、什么颜色的衣服，苏说无所谓，我看中就行。我在上饶市几个商场转了两个多小时，才选了一件感觉不错的上衣，没想到回家后苏不屑一顾。

"你以为我才十几岁呀，这种格子的衣服怎能穿出去？拿回去退掉。"

"买了还能退？要不你跟我一起去，带着购物收据换一件合适的。"

"我才不去换呢，也不会穿的。"

真让人扫兴，如果苏试穿一下，挑出缺陷，不合身、领子不合意或是下摆不喜欢，也会让我心里好受些。可苏这人就是不会绕弯子，不会讲好话，让人受不了。可笑的是，若干年后，他在街上看到同龄人穿，感觉不错，又想起了这件衣服，问我放哪儿了，我回答早送给弟弟了。

上班之初，苏告诉我卫生局院子里有个离休干部，是地区花卉盆景协会副会长，他的私家花园叫"怡苑"，有很多花卉和盆景。苏嘱我抽空去看看，买两盆回家。

隔壁办公室F的丈夫是苏师专的同学，在县直属单位任副局长。没事时我跟F会聊聊天，正好F也想买花，我们相约一起到"怡苑"。从一楼看到二楼，各种花卉琳琅满目，真是看花了眼，选来选去，不是不中意，就是价钱较贵，最后我们各买了一盆茉莉和一盆金边龙舌兰。

F上下班骑自行车，她当天就把花带回家了。苏下乡要等几天才回，我走路不好带，干脆先放办公室展览。茉莉花清香扑鼻，龙舌兰生机勃勃，这是同事一致的看法。F说她丈夫尤其喜欢金边龙舌兰，放在客厅很壮观。

苏下乡回家后，我叫他骑车去搬花。他说晚上骑自行车拉花，别人会以为你是偷的，白天他又说那么多人看到不好意思。黑夜怕被人怀疑，白天怕有人看见。这是什么逻辑？我生气地锁了他的自行车，说："不去把花拉回来，你以后别想骑车。"苏只好妥协，答应马上去搬花，拿了我办公室钥匙，十几分钟后，带回茉莉花。他说那盆金边龙舌兰太难看，又有刺，坚决不要，同时嘲笑我欣赏水平太差。

"是的，你看了那么多美学方面的书，鉴赏水平当然更高，我和同事还有你那当副局长的同学，哪能跟你比。"

　　于是，我们又不欢无言。几乎每隔十天半个月就要互相赌气拌嘴，真正争吵是在年底。一百多个离休干部门诊超支医药费，集中在两天内报销。为了方便老同志，领导要求全部现金付款。我一大早去办公室开好现金支票，赶到银行排队等待取款，大小面值的钞票都要备上。取好款回单位，离休干部早已排起长队等着我，真正忙得连上厕所的时间都没有。接着给全县各医疗单位汇下半年的公费医疗经费。三十多个单位，信汇或转账，字不能潦草，一笔一画写正楷，信汇四联单，不但要认真写还要用力写，否则第四联字迹模糊的话要被银行退回。开好单子每份盖上公章私章，再去银行办理。因为忙，中午下班晚了一会儿，回家择菜、洗菜，做好饭将近中午一点。

　　苏连着几天不能及时吃上饭，他抱怨道："一个女人天天工作那么积极干吗？有什么好忙的？"

　　"那你天天忙什么？不知道早点回家做饭。《婚姻法》规定了必须女人做饭？我又不是保姆。"

　　"我在县政府院子里，领导眼皮子底下，不得不坚守岗位。跟你同单位的F，中午过了十一点就能回家。"

　　"有什么可比的，F在卫生局多年，老资格，办公室有更年轻的人守着。你怎么不跟她丈夫比，同年师专毕业，别人早当官了。"

　　苏被我戳到痛处，愤愤地说："看不出来，你像条疯狗一样会咬人。"

　　"对，我今天就像条疯狗，恨不得把你吃掉。以前通信时，你告诉我构思了一部长篇小说，生活安定了要写作。调回来这么久，我没看到你读书写作，只知道天天混日子，看电视。你其实是在欺骗我。"这时，我的眼泪不争气地流了出来。

　　苏看我哭了，他语气平缓下来跟我说："写作是漫长的道路，要积累素材到一定时候才动笔。"

"三十多岁的人了，要等到什么时候才算一定时候？一转眼，人的一辈子就过去了。"

"没有积淀的文章，不写也罢。"

……

原以为我们结束两地分居，生活会恩爱幸福，没想到如此不堪，那时我离婚的心思都有。这又是不可能的事，好不容易调回来，我若提出离婚，典型的"过河拆桥"行为，超越了我的道德底线。

2

元旦放假，我们各回各家。我冷静下来想了想，这次争吵其实是互相缺少沟通引起的，我应该事先告诉苏年底单位事情多，不能准点回家，他想准时吃饭就自己动手做。苏那大男子主义的语气行为，我听了便不想跟他好好解释，他不问青红皂白就抱怨更是不对的。

我并没有向奶奶说起跟苏之间的不愉快，她却看出来了。奶奶说夫妻同在一个屋檐下，争吵是难免的，就像牙齿和舌头，因为挨得近，不小心就会咬到。苏为人耿直，说不来奉承话，这是他的缺点，也是优点，这样的人不会拈花惹草，让人放心、靠得住。奶奶还说不得不相信缘分，第一次见苏，奶奶觉得他比父亲和弟弟长得像爷爷。一个雨天苏骑车到我家，皮鞋淋湿了，奶奶找出爷爷生前舍不得穿的布鞋，苏的43码大脚换上正好合适。苏跟爷爷同样生肖属虎，更惊讶的是他们生日相同，都是农历六月十七，性格也相似，讷言、耿直。

午饭后，奶奶劝我离开后蒋村去汪村，主动跟苏和解，她说夫妻相处有一个原则："吵架不过夜，床头吵了床尾和。"她还说："我知道你受了委屈，不是为了奶奶，你也不会嫁给苏。"

因了奶奶的理解和劝慰，我必须把婚姻经营好，不能让老人担心。我离开后蒋村但没去汪村，直接回县城到新华书店，想买夫妻如何相处之类的书。找了半天，没有，买了一本"五角丛书"，蒋丽萍的《关于女人的话题》，里面有篇文章《落日尽头有个家》，告诫女人不要做督促员，天天在家发号施令，抱怨男人的失败。应该理解男人的苦衷，不论成功与失败，用一张微笑的脸、一个温暖的家迎接他，小家庭就安宁了。我从中学到一点夫妻相处之道。

我和苏终于有一个多月的时间相安无事。晚上电视不好看时，苏陪我坐在床上，同看一本书。

春节后上班不忙，请了两个匠人装修房子。苏带我去看了几户熟人家的装修，他觉得每家都有小瑕疵，不能让他满意。我想早点把房子装修好接奶奶来县城生活，劝苏做事不要太认真挑剔，大致满意就可以了，100%满意是不可能的。苏终于约了匠人来装修，要在家吃午饭。有客人吃饭，都是我去买菜，苏说他不会配菜。我天天起早去菜场买菜，择菜洗菜，中午赶着回家做饭，人有些累，再看到家里乱七八糟的场面，心里不舒服。地板什么颜色，厨房里水缸、碗柜怎么安排，都听从苏的意见。我只想在门口左边墙上打个鞋柜。苏开始是同意的，预制板都做好了，最后他舍不得把墙敲掉便不让打鞋柜。不在墙上打鞋柜，鞋子根本没地方放。一个晚上趁他不在家，我在计划做鞋柜的地方敲了几个洞。苏回家发火大骂："房子是我家里出钱买的，你没有份，怎么装修也无权干涉。"

我说只要没离婚，我就是这里的主人，有权干涉这里的东西。其后不久我们去汪村，我在公公婆婆面前告了苏一状，把"房子是我家里出钱买的，你没有份"的话，原封不动说给他们听。公公婆婆当即责怪苏，他们强调是因为我们要结婚才买房的，是为我及以后的孩子准备的。公公婆婆为我撑腰，让我住在家里有了底气，苏从此再也没拿房子说过事。

房子装修好了，汪村的家具也搬来了，我们去接奶奶，她却不到县城住。

奶奶说："你们的房子在五楼，进出不方便。你们平时上班，我一人在家，像坐牢一样。我现在生活能自理，也不愿离开后蒋村，只希望你们周末有空常来看看。"

奶奶的决定，在我预料中，她一贯不愿给别人添麻烦，哪怕她最亲近的人。

直到1994年初秋，我几乎每两周去看一次奶奶，常买一个猪心或猪舌头炖烂了给奶奶改善伙食，也买一些奶粉、阿胶之类的营养品给她吃，奶奶身体调理得不错，基本上没犯病。

3

奶奶知道我怀孕后，主动提出到县城住，省得我来回跑。

我们去上班，奶奶便独自在家，她不爱看电视，不会用煤气做饭（我们也不放心她用），择菜洗菜又不费时，她足不出户怎么打发时间？好在她来之前粘了十几双鞋垫，男的女的都有，红面白底，里层各色碎布。她戴起老花眼镜，一针针密密麻麻纳鞋垫。她说纳好了我们不要的话就带回去送人。每次下班，离我家楼房还有一段距离，我就望见奶奶站在阳台上等待，心里既温暖又酸楚，加快步伐往家赶。

有一次大姑来看望奶奶，那时家里没装电话，事先不知大姑要来。奶奶只开了里层木门，外层不锈钢管焊的门反锁了打不开，她们只好隔着门说话。真像奶奶说的，在我家就跟坐牢一样。

只有休息日，我可以带奶奶下楼放放风，逛逛街买东西。一般往菜场走，顺带买菜。从我家去菜场是县城最繁华的路段，马路两边一个摊位接着一个摊位，东西五花八门，应有尽有。我牵着奶奶的手慢腾腾地走、慢腾腾地看。奶奶不时流露出孩子般的好奇，问这问那。

小学路口有卖金鱼、小白兔的摊贩，奶奶看一会儿金鱼，轻声说："这鱼太小了，是养来喂猫的吧？"继而又说，"这么好看的鱼，吃掉太可惜了。"奶奶说的是家乡话，摊贩听不懂，不然会笑话她的。我告诉奶奶这是金鱼，养起来观赏的，小白兔也是孩子们养着好玩的。

有次我去菜场边的邮局寄信，奶奶在邮局大厅等候，大厅里一些集邮爱好者在自由交换买卖邮票。走出邮局奶奶不解地问我："火柴盒大小的一张邮票，怎么可以卖 50 元呢？邮票不也是纸印的吗，怎么比钱更值钱？"我跟她解释可能是很多年前的邮票，收藏用的，越稀少、越久远的邮票越值钱。我听说 1980 年发行的面值 8 分的生肖猴票，当年市场价过百元一张，奶奶知道的话更是想不通了。

"那么一点点东西，又不经看，收藏着有什么用？这是有钱人玩的把戏。"奶奶的话看似主观却也一针见血。

在厦门打工的父亲来上饶过年，这是奶奶和父亲唯一一次在我家过年。父亲带了相机来，拍下年夜饭的照片，还有奶奶靠着门喝茶、我坐在床沿织衣服的照片，他还为我的大肚子来了一张特写。收到父亲从厦门寄来的照片时，觉得这张特写我看起来太胖了，放在相册里羞丁见人，就撕毁了。想来父亲是要为我的特定时期立此存照，以兹纪念，我却辜负了父亲的用意，现在后悔也无用了。那时普通百姓家没有相机，有闲钱、有闲情的人才购置，父亲的消费观念也算超前的。父亲正月初二就去七二一矿了，初六返厦门，对他的来去匆匆，我倒没什么感触，还认为他心态很年轻，心情也很好，奶奶却心疼不已。她长长叹了一口气对我说："一大把年纪了还在劳碌奔波，打工受别人管制，修车钻车底，那是年轻人干的活呀。村里跟他一般年纪的人，早做爷爷做外公了，带带孩子打打麻将，种点谷种点菜，多自在呀！当年我和你爷爷省吃俭用供你爸读书走出农村，是希望他的生活更轻松些，没想到还是劳累。不过话又说回来，若你爸在农村种田，你们几个姐妹就不可能读这么多书，凡事有利必有弊。"

过了正月，奶奶想回后蒋村。她说在我家不但帮不了忙，反过来还要我照顾她，还买取暖器、电热毯给她，额外花了钱，她实在过意不去。因休养得好，奶奶往年冬天要犯的哮喘都没发作了。她照照镜子自言自语说："脸上长满了肉，比来时胖了，气色也好看。"她相信天气暖和起来身体会更好，让我不要操心。我的预产期还有两个月，奶奶吵着要回后蒋村，她必须准备一些东西，请弹棉花的师傅弹一床小被子，缝几块厚薄不等的尿片，买几只母鸡和几斤红糖等。我主要觉得奶奶在这里缺失自由，到了后蒋村，跟大奶奶聊聊天，到左邻右舍串串门，生活更丰富更充实，就送奶奶回老家了。

怀孕期间未与苏争执过，我曾告诉他孕妇情绪不好会影响胎儿发育。偶有分歧，都以我为是。苏希望生儿子，传承香火，我希望生女儿，觉得女孩子跟父母更亲近和贴心。学过医的我早明白，孩子的性别孕之始就决定了，但苏不知道，他以为是慢慢形成的。我便跟苏说："女人怀孕期间，若丈夫陪伴关爱多一些，生男孩的可能性就大一些，像我家几个孩子，我和两个妹妹都是父亲探亲时的收获，继母跟父亲一起在七二一矿便生了弟弟。"苏觉得有道理，在我孕期，他绝对称得上模范丈夫。记得有一次他帮我洗长袜，我脱下时袜口卷了几圈，他就那样卷着洗，卷着晒，不知道把它摊开，确实笨得可爱。后来苏叫我去医院做 B 超鉴别，我拒绝，不想谜底过早揭开，反正生儿子他高兴，生女儿我高兴。清明的时候我们在汪村，有经验的妇人看我肚子尖尖的，认为肯定生男孩，苏听了喜滋滋的。

4

我在上饶市立医院剖宫产生下女儿第二天，苏却跟同事下乡了，连着两天不露面。我能理解苏当时的心情，好比一个赌徒把全部家当压上，结果输了，哪受得了？还好小姑子在市庆丰粮库上班，下了班就到医院照顾我，婆婆自始至终也在医院。苏家父子重男轻女的思想，真是一脉相承。小姑子打电话回家，公公得知我生了女儿，一气之下把婆婆为孩子满月做酒席备养的几只鹅卖掉，他说生了娜妮满月酒不用那么体面。婆婆开始不敢把这件事告诉我，担心我在月子里生气。这又何必，我都能容忍丈夫在我手术后不露面，还会在乎公公卖掉几只鹅？女儿的降生，我自然而然进入母亲角色，自然而然具备了宽容的品质。除了女儿，其他人和事，均无所谓。每一天都会在女儿身上发现一点细微的变化，感受生命的奇妙！看着女儿油光乌黑的头发、白里透红的粉脸，我内心充盈着喜悦。

出院后在汪村坐月子，苏把奶奶接来陪伴我。奶水充足，女儿一天能睡二十个小时，按说很好带，只是小家伙常常日夜颠倒，白天吃了就睡，半夜醒几个小时，不抱着就哭闹，我和奶奶轮流抱她。奶奶还要给孩子抹身子、换尿布、洗尿布。空闲时，她帮婆婆干其他家务和农活。适逢栽红薯，婆婆到地里剪回红薯藤，奶奶在家把红薯藤分段，两个叶丫剪一段，婆婆再把剪成小段的红薯藤扩种到地里。有了奶奶做帮手，婆婆轻松了许多，她说往年栽红薯拖拖拉拉要四五天，这次两天就收工了。奶奶到哪儿都闲不住，因为老有所用，她整天眉开眼笑，在县城五个多月，她脸上从未有过这种神采。

奶奶说在月子里不能写字，也不能看书。这怎么受得了，我偷偷给母亲写了一封信，悄悄叫小姑子把信带出去寄了。我向母亲倾诉自己初为人母的感受，懂得了一个女人孕育孩子的不易，也理解了母亲在当时特殊年代孕育我所承受的苦难，真诚感恩母亲给予我生命，并祈祷所有的孩子得到母爱，所有的家庭和睦幸福。足不出户却心怀天下，我都被自己感动了。我还向母亲回忆了一个早年做的梦：我孤身一人，没有目标，一路跋涉，先到了几个同学、朋友那里，又到了小姨家和其他亲戚家，不停地走，疲惫不堪。正当我不知身在何处，该往何处去时，突然看到了您，露着慈祥的微笑，伸开了双臂拥抱我。我倒在您怀里，已是筋疲力尽，说了一句"我很累"便哭了……我早过了倒在母亲怀里寻找依靠的年纪，但对母亲的信赖和思念是永恒的。这封信自然流畅一气呵成，而我以前因不想再让母亲伤心，给她写信总是再三斟酌，毕竟我没有与母亲在一起的记忆，共同话题很少。奶奶说我还没满月，就送给奶妈带了，刚过周岁，父母就离婚了。然而女儿的出生，让我迫切想与母亲沟通，有很多话想跟母亲说，血缘就是这么奇妙。

女儿满月后，睡觉的时间纠正过来了，不再日夜颠倒，每天上午、下午都会醒三个多小时，醒着要人抱，抱着她在家里还不行，要抱出去走一走才不哭闹。难道这么小的孩子就知道外面更好玩？汪村房子后面是大片的山林，奶奶和婆婆都交代不能抱孩子去那儿。左邻右舍又不熟悉，不便串门。奶奶说不如去后蒋村，老家有宽阔的溪滩，更适合抱孩子去闲逛。离开一个多月，奶奶也想自己的家了。

我带着女儿跟奶奶到后蒋村，都是一起生活多年的左邻右舍，我会放松随便些。至少在汪村我要躲起来喂奶，也不好意思穿着宽松的睡衣出门，在老家则不必拘束。

女儿吃奶很有意思，我后来特意观察了其他孩子，没她这样的。我坐着怀抱女儿喂奶，她喜欢把外面那只脚伸出去悬空，有节奏地摆动。若不摆动，则那只脚的大拇指均匀地转动。奶奶有时故意把她悬空的脚拿上去放回我大腿上，一会儿她又伸出去了。她吸着吸着会停下来看看我，陶醉满足的样子实在可爱。

奶奶到杂物间找出摇推两用的眠床，这张我出生时请木匠做的眠床，我和妹妹弟弟小时候都使用过，仍然很结实，洗干净给女儿用。我到商店买了一个五彩气球挂在眠床一角。女儿躺在眠床里看着彩球咿呀唱曲，手舞足蹈，自得其乐。不像在汪村，醒了就要抱着。听到有人叫"沉沉"，女儿就会微笑，顺着发出声音的方向看。给她取乳名沉沉，是因为我产前一个多月心情比较沉重，几次检查医生均告知要做好剖宫产准备，胎儿头与我骨盆差不多宽，可能生不出来。我想试试顺产，万不得已再做手术。最终肚子痛了两天，宫口也开了三指，还是不行，只好手术。后来给女儿上户口，觉得"沉"字入名不太妥，最终改为同音的"晨"。

女儿独自玩乐的时间大约二十分钟，超过了便厌烦，再不抱她就要哭闹了。天已经很热，基本上不敢出去晒太阳。好在老家房子宽大，在天井边转几圈，或从前厅走到后厅，下午大门前的院子晒不到太阳，便在院子里玩，女儿喜欢听柚子树上的鸟叫。

有一次是阴天，我抱着女儿到溪滩玩，吃惊于溪滩的变化，它已面目全非，记忆中的溪滩无处寻踪。层次分明的卵石滩、泥沙滩、草皮滩全没了，看不到任何庄稼。到处坑坑洼洼，河床被掏光了沙子和小卵石，废弃的大卵石堆积在那儿，像一座座坟墓。曾经溪边成片的柳树林，只剩下稀稀拉拉十来棵，它们身上挂满了涨水留下的"遗物"——塑料袋、快餐盒、破布烂衫。捞沙机开进大溪，"哐当哐当"响着，不停地作业。两个大口子，一边流出沙子，一边流出小石子，那些不需要的大石头通过传送带吐出来遗弃在一旁。女儿对溪滩毫无兴趣，大概受不了那嘈杂的声音，又哭又闹，我抱着她赶快逃离。用"痛心疾首"来形容当时的我一点不为过。

参加工作后，我很少再去村庄上游的溪滩。每年夏天回老家都在大溪下游游泳，下游河更宽、水更深。恋爱时跟苏不多几次到溪滩，也在夜晚，我陶醉在二人世界里，没关注溪滩发生的变化。原来这些年，建房、修路爆发性增加，都是以溪滩的急剧毁灭为前提的。

女儿三个月时，要到县防疫站接种百白破疫苗和脊灰疫苗。苏叫了一辆吉普车来接我们。奶奶依依不舍，出门前她说差点儿忘了，急忙去厨房锅底抹黑了手指，在女儿额头上轻轻涂抹了几下。当初我们从汪村到后蒋村，婆婆也是如此。这大概是乡村习俗，有避邪之意，护佑出门的孩子。

正是暑天，吉普车没空调，就把窗玻璃全部摇下通风。可能吹了热风，女儿到家吐了好多泛黄的黏稠液体，人也无精打采，喂奶也不吃。我很担心她中暑，给她量体温，还好没发烧。接着女儿迷迷糊糊睡着了，我仍担心她会生病，不时看看她，观察她的呼吸鼻息是否均匀。直到女儿睡醒了，饱饱吃了一顿，什么事也没有，对新的环境也没陌生感，我才安下心来。或许奶奶出门前做的那件事真有神灵护佑作用。不知别人初为母亲是否像我一样，孩子稍有不适便担心紧张，因为实在是没经验，身边也没可靠的人咨询。

在县城的时间不长，只是孩子接种疫苗必须回来，顺带领工资。那时发工资不像现在直接打到银行卡里，而是单位出纳去银行提款发现金的。因苏经常下乡，我独自带孩子比较困难。家里没有冰箱，每天要买菜，带着孩子去菜场不方便。偶尔叫对面邻居买菜时顺便给我带两样，麻烦别人次数多了也不好。

休完产假还请了两个月哺乳假，年底单位事情多，领导叫我回去上班，也就趁机给女儿断了奶。不知是剖宫产对身体的损伤，还是坚持母乳喂养对身体的透支，我的皮肤在秋冬季异常干燥，第二年的秋冬季依然干燥，直到第三年才有所好转。没想到生孩子后肤质变化这么大，但我知道做母亲意味着奉献和付出。母乳喂养的孩子抵抗力强，女儿小时候很少生病，直到上幼儿园中班了，才因扁桃体发炎第一次打吊针，可能跟长达半年的母乳喂养有关。这么想来，付出还是值得的。

整个哺乳期，别说写文章，看书的时间都很少，会计学自考，报了名考试的时候没去参加。

5

说起会计学自考，是这样的。调到卫生局改行做出纳，想多学一点财会知识。县财政局一个星期的会计从业人员上岗培训远远不够，便决定参加会计学自考。1993年下半年报考《大学语文》和《高等数学》，两科都通过了。在贵冶厂做会计的表妹肖霞告诉我会计学最难的科目是《高等数学》，她的同事参加自考几次三番过不了关，她鼓励我一定要坚持考下去拿到文凭。表妹的话和当年公费医疗年报会的经历，让我对自己从事财会充满了信心。年底，我代表上饶县去地区卫生局参加全区公费医疗年报会，无师自通学会了做报表，一次性完成前后纵横表的数据平衡关系，符合逻辑要求。地区公医办的人得知我只做了半年出纳，以前从未做过财务，很惊讶，说我有做假账的天赋，不知是夸我还是损我。他说很多老会计做这样的报表都要返工几次，戏称自己是卫生系统的编辑。记得当时报到发了 100 元信江商场购物券，第二天我趁他们修正报表去商场购物，花 90 元买了一只棕色牛皮背包（这个背包至今还放在家里舍不得丢弃，它式样古典、皮质完好，只是背带磨损不能再用了，看到它我会回忆起当年自己意气风发的样子），余 10 元给奶奶买了一个暖壶。接着就坐车去乡下给奶奶送暖壶，奶奶见我不是周末就回家看她又意外又高兴。那时真年轻呀，做事率性有激情。第二年自考过了五科。女儿出生后，哺育孩子，整天忙忙碌碌，自考不得不停下来。

女儿上幼儿园后，我重新备战中断几年的自学考试，但看书的效果明显没原先好，每次只过一科，《财务会计学》连考两次都不及格。一天女儿抚弄我的头发，找出两根白发，她稚气地问，妈妈有白头发是不是老了？我嘴上安慰女儿，你都没长大妈妈怎能老呢？内心却着实一惊，此后便放弃了已通过十几科的会计学自考。

工作了这些年也知道，其实出纳不需懂太多的财会理论知识。有位熟悉的长辈是县财政局副局长，我从业之初，他谆谆教导我，做出纳一定要细心，会计审核后领导签了字的发票才能付款。按财政局领导说的去做，就不会出事。

从护士到出纳，虽然改了行，但一样都是严谨的职业。有一次年底为离休干部报销医药费，误将县政协宣老的 1090 元看成 1900 元，多付了 810 元。如果不是宣老好心回来退款，我无论如何记不起差错出在哪儿，一天付款百余人次，头晕乎乎的。当时我的月工资不足 400 元，要赔两个多月的工资，多冤呀。公医办每年账款进出两三百万元，出纳工作，一不小心就出差错。最怕下午四点之后，乡镇单位经办人来缴费，他们喜欢带着一扎扎五元、十元面值的现金来。不收下来于心不忍，那时交通不便，他们来县城办事住旅社，钱在身上不安全。收下来存银行已经来不及，又不敢放在办公室保险柜里。保险柜被撬过一次，偷去近千元现金一直挂账等破案处理。只好把一大包钱带回家，我家外门是简易不锈钢管焊的，总担心小偷会进来，常常半夜做梦梦到钱被偷而急醒。直到换了防盗门，这样的噩梦才少了。

后来公费医疗制度改革，改革的核心内容早已忘记，只记得办公室的牌子从"公医办"换成"医保办"。医改增加了大量的事务，要给每个参保人员建立个人门诊账户，每人一本医保手册，内含处方三联单。参保人员门诊看病的处方，要汇总到医保办，上电脑核销，为此医保办有了全局第一台电脑，当时办公室没一个人会用拼音以外的输入法打字，我们的拼音又经常出错，便安装了语音录入软件打字。电脑经常把"医保办"听成"伊捣蛋"或"一导弹"，让我们捧腹大笑。办公室人员由三人增至六人，新增一个懂电脑的核销处方，两个懂医药的审查处方。不能用医保手册开自费药品，否则扣除相关医疗单位的下拨经费，并追究开自费药品处方的医生责任。管理个人门诊账户花了大量的时间、精力。若干年后再想想，做这样的事毫无意义，个人账户的钱，用完为止，管他怎么用。果然医保办从卫生局独立出去成为劳动部门的二级单位后，参保人员门诊经费完全放开，去药店买药都可以。

那年红会办在县城市信用社新开了账户，分管工会和红会的为同一领导，他叫我兼做红会的出纳，因我家住在县城市信用社附近，去办理存取款和转账业务方便。他说红会账上一年收入不到一万元，比工会的出纳更轻松，我便答应了。就这样把自己混入红会的队伍，后又被任命为红会办主任。哪知2003年的"非典"和2008年的5·12汶川大地震，收到募捐款几十万、几百万元。学生捐出几十斤硬币，我在学校点钱，手指头都点破了。这种深入中、小学校的募捐，几年才有一次，辛苦一阵子就没事了。红会工作令我烦恼的，是经常面对求助者而自己无能为力，倾听他们苦难的申诉，我不知如何去安慰，也不可能把工资贡献出来救助他们，常常为此心情不好。心理咨询师告诉我，要当清洁工而不是垃圾筒，我终究欠缺这种心理素质。2011 年年底，红会理顺管理体制，独立出去成正科级单位，领导征求我去留意见，我赶紧说不去。

这些年来卫生局局长换了六任，同事或高升或调离或西去，我依然原地踏步，很像传达室那座老旧的上海 555 牌挂钟，固守在斑驳的墙上，见证时光流逝，起点就是终点。

我用这么简短的篇幅归纳自己在卫生局二十多年的工作，实在是自己工作岗位平凡，做事循规蹈矩，业绩乏善可陈。还是工作外的事情占据我生活的大部分，由我慢慢道来。

6

1998 年春天，继母回老家来了。弟弟高考落榜自费读了两年中专，学计算机应用技术，毕业了在矿里无所事事，父亲回矿过年后带他去厦门做事，叫继母回老家。主要是小妹快生孩子了，她要侍候小妹月子。父亲希望继母侍候小妹月子后留在老家照顾奶奶。以前继母跟奶奶和邻居搞不好关系，这次在老家她完全变了，尽心尽力照顾奶奶，跟邻居和睦相处，还信佛，初一、十五焚香吃斋。我惊诧于继母的变化。小妹说，继母自从几年前胆结石手术后就信佛了，她叫父亲把厨房三七分砌了一堵墙，那三分地盘便成了佛堂，供了菩萨。除了焚香，她每天做好的菜要先端给菩萨享用，虔诚至极。

我调离七二一矿就难得回去了。矿里越来越不景气，铀矿的 γ 射线，影响身体健康，两个妹妹从学校出来都不愿回矿。大妹在抚州师专毕业去乐安县一所乡村中学教书，小妹在安徽合肥机电学院毕业，愿意到老家工作，苏想办法给她在老家找到了接收单位。

有了继母照顾奶奶，我去后蒋村的次数减少了。此前女儿放在汪村亲戚家带，我基本上两个星期回去一次，汪村和后蒋村两头奔波。这次先坐车到汪村看女儿，骑自行车去后蒋村看奶奶，下次便先坐车到后蒋村，再骑自行车去汪村。县城没有直达车，要到上饶市带湖路车站转车，那个时候路况很差，常常路上耽搁很多时间，每趟至少要两个半小时。为了不让孩子和老人的等待落空，我探望她们之路风雨无阻。很多次，亲戚算好我去汪村的时间，带着女儿在汪村街道等我，女儿看到我下车便雀跃欢叫。每次离开女儿都要悄悄地，她看到我走要哭。曾先后请过四个保姆在县城带她，家住五楼，要带孩子下楼玩，没一个保姆吃得消，她们勉强带满一个月领到工资就不干了，不得已才把女儿寄养在亲戚家。奶奶这几年是真的老了，她已经没有体力种菜，只养了两只母鸡打发时光，也为了她吃剩的饭菜不被浪费。我每次去帮她换洗一下衣服，做点她喜欢吃的菜，陪她吃顿饭说说话，仅此而已。我已经不能像生孩子之前那样，住在后蒋村一心一意陪她了，虽有愧疚，每次还是把更多的时间用来陪女儿。不论我是回县城还是去汪村，走之前，奶奶一定会把两周来母鸡生的蛋，一个个用纸裹起来，再用袋子包好，让我带走，叮嘱我注意身体别太累了。每次奶奶都要把我送到马路边，目送我远去。奶奶白发苍苍，单薄的身影在风中晃动，我不忍回首。有一次我先去后蒋村，想到奶奶走路不稳的样子，在上饶市转车前，决定给她买一根拐杖。走遍市区大街小巷，问了无数家大商场和小商店，均没有。我印象深刻的是每家大商场都设了儿童用品专柜，小孩子的衣服、食品、玩具应有尽有，却没一家有中老年用品专柜。溢州商厦四楼，还有儿童游乐园，一些家长带孩子买了东西还要游乐玩耍。我明白了所谓"尊老爱幼"，其实"尊老"远不及"爱幼"的程度。这已不是我个人问题，而是社会普遍现象。

1998年下半年，女儿来县城上幼儿园，我只在国庆和元旦两个节假日去了后蒋村。不是我不想念奶奶，而是实在走不开。周一至周五，上班单位里事情多，还要洗衣烧饭，还要接送女儿，还要陪女儿玩，能搁下的家务都等周末来处理。别指望苏帮忙，他不会做菜，荤菜如鱼、猪肉的洗切也不会，他也没想过要学着做。在他眼里，单位的事远比家里的事要紧，经常下乡，早出晚归。他希望通过努力工作获得领导和同事认可，谋取一官半职。作为男人，有这样的想法无可厚非。

7

春节放假，我把女儿丢在汪村给婆婆带，在后蒋村陪奶奶住了两个晚上。一段时间来，我老出现一个幻觉，奶奶像田野中摇摇摆摆的稻草人，一阵大风把她吹走了。奶奶在世的日子恐怕不多了，我要好好陪陪她，给奶奶洗了头，抹了澡，泡了脚。奶奶说穿棉衣笨拙，手够不上，一个冬天都没洗头了，她还奇怪，这么久头也不会痒，从前隔几天不洗便难受。脚是经常泡的，但弯不下腰洗，我帮她刮下好多脚皮。不能指望继母像我这般对奶奶，能给她做饭洗衣已不错了。那两个晚上，奶奶睡得很好，一觉到天亮，也许是身上干净睡得舒服，也许是我在身边她又安心又温暖。她说经常睡不着，在床上等好久天才亮。奶奶说话的语气像个无助的孩子，我听了内心隐隐地痛。

正月中旬的一天，继母给我打电话说奶奶摔跤了（村口桥头小卖店有了公用电话，打和接都要收费的）。我带了一些膏药和田七回去，并请煌固卫生院的医生给她检查。奶奶的右脚青肿，伤了经络，万幸没有骨折。奶奶的身体状况越来越差，我有空便去看她，她希望父亲早点回来。父亲和弟弟在厦门过年，准备清明节回家。于是我打电话告诉父亲奶奶摔跤了，只能在床上度日。正月底，父亲和弟弟一起回了老家。

农历二月初六的夜晚，梦见奶奶带我到煌固去看望外婆。我跟在她屁股后面走进外婆的房间，外婆坐在床上，家中没有其他人，奶奶同外婆聊了几分钟后对我说："你先回家吧，我留下陪你外婆多坐一会儿，她一个人太孤单了。"于是我就回家了，好久奶奶都没回来。梦醒后我有种不祥的预感，外婆是已故之人，奶奶留下陪她，是预示着奶奶要跟着外婆而去吗？初七上午我打电话问父亲奶奶情况怎样，他说吃东西比前几天好，每餐可吃半碗到一碗稀饭，就是爱乱讲话，使人听得毛骨悚然。奶奶每餐吃得下饭，我就放心多了。不承想初八清晨五点钟，家里电话不合时宜地响起，我跳下床去接，父亲说奶奶不行了，昨晚只喝了三调羹稀汤，后半夜就不能说话了，舌根硬了，腰也硬了。我赶紧请假，带着女儿冒雨赶到老家，奶奶这次真的要离我而去了，我抓着她冰冷的手恸哭……

父亲已经通知了所有的亲戚，请了测字先生，认为初八日子不吉利，加之大妹一家人还未到，农村人讲究子孙送终，不能让奶奶咽气，请了医生输液，以维持生命。舅婆带我去剪布给奶奶做寿衣，机械地做着一切，当晚安排了人守夜。农历二月初九（3月26日）上午11时30分，奶奶咽下她最后一口气，走完她八十年风风雨雨、艰苦磨难的一生。

奶奶咽气后，我仿佛麻木了，哭不出来。入殓时有个仪式，作为长孙女，我给奶奶梳最后一次头，这时，大奶奶颤巍巍地走过来，扁着嘴哽咽道："七菊，你比我还小两岁，干吗要走在我前面？你不在就没人跟我做伴了……"大奶奶老泪纵横，我也悄悄地流泪了。出殡时，继母、婶婶、堂姑都扶着棺木在哭，我哪怕再伤心，在大庭广众下也哭不出来。

很意外小姨来参加奶奶的葬礼，我们并没有通知她。她因外婆三周年忌辰从贵溪回煌固，得知了奶奶故去的消息。她说二月初九也是外婆的忌日，我惊愕不已，难道初六夜晚是奶奶的灵魂托梦给我？或者说是亲人间的一种心灵感应？

在农村办一场丧事比较花钱，我们三姐妹想分摊一些费用，父亲考虑到我们都有了孩子开销大，不要我们出钱。他近几年在厦门做事收入高、经济宽松，按村里最高规格，给地仙、将军、哀乐响器班人员工钱，还发烟、鞋子、毛巾等物。家族亲戚每户都来了人，一共待了两天。这是父亲在老家做的唯一"惊天动地"的大事。爷爷去世时，我们都在求学，父亲举债安葬了他，一切节俭为先。因长年在外，父亲不打算在老家盖房子。因忙于打工挣钱，他缺席我和小妹在老家举办的婚礼，更别说给我们置办嫁妆了。父亲的愿景是等弟弟结婚在老家好好操办，请亲朋好友热热闹闹吃几天。然而在他有生之年，弟弟别说结婚成家，连一份固定工作都没有。

8

弟弟因学了计算机，在厦门沉迷于网络游戏。父亲不想让他再继续沉迷了，叫他在老家拜师学修理摩托车、自行车。父亲准备等他学成后，辞掉厦门的工作，父子俩在老家开修车铺。那时乡镇所在地还没有网吧，但有电子游戏厅，弟弟像吸毒上瘾一样沉迷电子游戏。我和小妹还有堂叔、堂婶都劝过他，他听着也不反驳，也答应会改正，过后依然我行我素。继母为此伤透脑筋，打又打不过他，骂又骂不醒他，她去问仙姑、找算命先生算命，都说弟弟要二十八岁以后才懂事。继母只有耐心等待了，时常抱怨父亲，不该让弟弟学计算机，按她的心愿，弟弟高中毕业后要是出去学汽修，说不定都挣大钱了。当年父亲不让弟弟学汽修而学计算机，他认为新兴产业更有前景，在室内从事的职业更轻松、更干净，不像汽修又累又脏。

2000年春节前，父亲辞掉厦门的工作回老家，毕竟六十多岁了，干汽修有点力不从心。过了春节，在八都马路边租下一间店铺，信心满满开起修车店。他以为弟弟学了半年多就能出师了，会修摩托车、自行车，他再指导弟弟修汽车，这样大小车都能修，想象中应该生意兴隆，谁知道弟弟连摩托车坏了毛病在哪儿都找不到。弟弟天天被父亲盯着受不了，要跟亲戚去温州打工。父子开了三个月的店，交了房租根本没挣到钱，父亲也不想开了，退了店铺，和继母去七二一矿了。

弟弟在温州，开始两年还主动跟父母打电话，过年要回家，家人要找他也能联系上。后来他手机经常换号码，从不主动跟家人打电话，我们要通过亲戚才能找到他。据亲戚说，弟弟那些年去过很多厂做事，每个厂都做不长久，他领了几个月工资便请假或辞职，到网吧玩一段时间，身上没钱了，再找事做，领了工资又去网吧玩。知道他做不长久，有的厂不接收他，他找工作做越来越难。有一年夏天我去杭州，多请了两天假去温州，亲戚带我找到弟弟。他像个流浪汉，穿得脏兮兮，头发乱糟糟。我劝他在温州混不下去不如回家，跟父母生活在一起，互相有照应。此时父母已在南昌市郊买了七二一矿退休职工安置房，装修好住了进去。父亲听我说了弟弟的情况，打电话让他回家不回，只得亲自去温州把他接回家。

弟弟已三十出头，早过了仙姑、算命瞎子说的懂事年龄，依然不懂事，不成家立业，沉迷虚拟的网络世界，这不正常。我希望父亲陪弟弟去南昌市大医院做检查，看看生理、心理上是否有问题。父亲说弟弟拒绝去医院，他觉得弟弟生理上没事，问题在心理上。我问做心理咨询师的朋友，如何解决弟弟的问题。朋友说，当事人要承认自己心理有问题，主动接受心理咨询和疏导，才有可能解决问题，然而弟弟又拒绝。

在南昌，弟弟到离家不远的工业园区务工，他跟在温州一样，领了工资就去网吧挥霍掉，浑浑噩噩地过日子。他经常不在家，手机也关机。偶尔碰上他开机打通了电话，我说着说着问他没回应，他或许根本没在听。父亲七十岁那年，我们三姐妹约好一起去南昌过年，我终于找到机会在弟弟房间里跟他面对面单独交谈。我劝他不要自暴自弃，从现在开始改正完全来得及，娃哈哈的宗庆后、华为的任正非，四十岁之前都一无所有。我希望他有个人生规划，长远的不谈，三年五载内做哪些事，目标要明确。弟弟坐在我对面低着头等我说完，抬起头眯着眼看着我说："功成名就的人就一定幸福快乐吗？每个人可不可以选择自己的生存方式？"他沉默了一会儿，透露出等父母过世后要出家的念头。我猝不及防，无话可说，站起来环视他的房间，没看见宗教书籍，只有一些小说和医术、武术方面的书。

难怪那两年在老家，媒人和亲戚给弟弟介绍女朋友，他一般不去见面，偶尔见过一两个也没下文。那时候，弟弟自身和家庭条件都还可以，他读了高中、中专，有文化，人也长得不错。三个姐姐都有正式工作，经济上能帮助他，父亲有退休金还另外修车挣钱。在农村这样的条件算很好了，有很多人给弟弟说媒。我当时以为是弟弟年轻想尽兴多玩几年，才不考虑婚姻之事。

父亲说，弟弟有时候失联，几天不归家，去网吧也找不到他，回家后问他也闭口不言去哪里了。现在想来他那时是否悄悄到哪个寺庙，探寻自己的归隐之地？我想起在七二一矿那些年，父亲两个要好的同事，总是呼弟弟"小黑皮"或"小和尚"，前者是因弟弟皮肤黑，后者是因父亲名字"华尚"。我又想起弟弟小时候手脚一节节跟藕一样肥嘟嘟的长相，简直就是弥勒佛的幼年版。

我后来便不再跟弟弟谈成家立业的话题，平时也不太有电话联系，见面就更少了。一个看破红尘、对亲情没有眷恋的人，就让他自得清静，少一些世俗纷扰吧。细算起来我跟弟弟生活在一起的时间不多，对他的了解不如几个堂弟，就像我了解父亲不如几个堂叔一样。我小时候一直对父亲印象模糊，关系疏远，记不清他的长相。前不久曾梦到自己小时候的事情：父亲从矿里回家休假，假期结束要返矿，我跟在奶奶后面送他。父亲出门前想抱一下我，我赶紧甩开奶奶的手往后跑，不要他抱。父亲退而求其次说，那就让我亲一下。我怯怯地走近蹲在地上的他，让他亲了一下脸就急匆匆逃离……梦境唤醒我沉睡多年的记忆，仔细想想这件事应该是真的。

我不知道弟弟不想走进婚姻，是不是看到父母和我们姐妹婚姻的不美满，但我知道弟弟想出家不是对宗教有兴趣，而是想逃避一个男人对家庭的责任和担当。作为家里唯一的男丁，从小到大父母一直溺爱他，最终也害了他。父亲在厦门修车期间，大妹曾劝父亲要管严弟弟，要让他去做事吃苦，要改掉他游手好闲的毛病。父亲竟这么回复大妹："哪怕弟弟一辈子不工作，我也能养得起他。"后来父亲不在厦门修车了，继母常在我们三姐妹面前说老家一个老乡多有能耐，把三亲六眷都带到广东挣钱，而我们三姐妹却没能力给弟弟找个工作。在这样的父母教育和影响下，可想而知弟弟有怎样的价值观和人生观。

莫言说，要对两种人负责：生我的人和我生的人。弟弟要等父母不在世后出家，大概出于"要对生我的人负责"。父亲自2012年夏天确诊胃癌到下一年清明节去世，弟弟一直耐心照顾陪护，的确尽了一个儿子的责任。

9

奶奶离世后的许多日子，我萎靡不振，情绪低落。每天吃了午饭，我就泡一杯茶在阳台上喝，不知不觉间传承下奶奶喝茶的习惯，站成当年奶奶在阳台上等我回家的姿势，然而我却不知在阳台上等什么，只是茫然地看看马路上的人来车往。夜里常常失眠，悄悄流泪，面对身边安详熟睡的女儿，我强迫自己要尽快从悲痛中走出来，不能让负面情绪影响幼小清纯的孩子。

我想出去旅游，换一下环境或许能调整心态。6月下旬，我跟丈夫去了北京，玩了十来天。苏陪我去长城、故宫、颐和园、王府井、天安门、清华、北大……首都的旅游景点，该去的都去了。在北戴河，我们到海边捡贝壳，看潮起潮落，参观海底世界和秦皇宫古战场。旅游期间，我的心境和睡眠都很好。旅游回来，人又像掉了魂似的无精打采，做什么事都没劲。老是茫然四顾，又不知要寻找什么，夜里依旧失眠。奶奶离世带来的创伤，或许只能慢慢用时间来愈合。

这年10月，县里启动医疗保险制度改革，办公室里人来人往，一百多个行政事业单位的医保分管领导和经办人，来核对参保人员资料、办理参保手续。我每天收款、填写参保人员手册，上班时间不得空闲。一个下午，忙碌间隙我抬头四顾，与一双宁静却极具穿透力的眼睛对视，如一束亮光照进内心，我突然意识到自己在上饶这么多年竟然没有朋友。我记住这个穿立领浅蓝碎花上衣、清秀的脸上洋溢着自信的女子。就这样，珂珂走进我内心，改变了我长达半年多的黯淡生活。

为什么匆匆一瞥，却在心里生根发芽？或许就是林徽因说的：那些无法诠释的感觉，都是没来由的缘分。那个时候的我，身边没有朋友，婚姻缺失激情（正经历所谓的七年之痒），与最爱我的人阴阳两隔。我像一只迷途的羔羊，不知何去何从。珂珂给我的生活带来了曙光，我的心境渐渐明朗起来，从第一次与她见面到走进我生活，大概有两年之久。这期间，我会经常想起她，像想起多年的朋友一样温馨，其实，除了姓名和工作单位，我对她根本不了解。

2001年秋末，珂珂从乡镇调到县城上班，我们终于有了交往，一起喝茶、聊天、散步，相知相惜。缘分竟然这么巧合，她丈夫是我母亲的学生，是我弟弟（同母异父）童年的伙伴。此后我每次去德兴，都跟珂珂相约，我去看母亲，她去看公婆。有两年的夏秋两季，我们几乎每天去龙潭湖公园散步，那是一段多么美好的时光呀。直至珂珂搬家住到市区，这样的美好才终止，但我们仍然经常见面聊天，还不时用电子邮件沟通。

不可否认，当年为了感恩奶奶，我选择回归故乡，选择了有附属条件的婚姻，从而有了不平等的夫妻关系。这么多年为了不让奶奶担心，为了女儿有个完整的家和正常的生活秩序，我一直委曲求全。珂珂看出我内心的不快乐，她在一封电子邮件里告诉我：

没有自我、没有尊严的婚姻当然让人不快乐，陷入情感纠缠的女人终归痛苦。快乐的动力在于爱自己，培养自己的兴趣爱好，拥有追求和梦想，拥有宇宙天地的大情怀。女人真正的快乐和真正无悔的人生，只有自己给自己，没有任何男人和任何事情可以代替。要相信自己有能力让自己、让家庭幸福。

珂珂三言两语的点拨，让我豁然开朗。我从此不再与苏斤斤计较，不再为他说了什么不得体的话而生气，我们也就相安无事厮守了这么多年。

　　珂珂，不仅是我生活中的朋友，更是精神上的导师，我在好几篇文章里写了她，此处不再赘言，否则有炫耀友情之嫌。

10

　　工作家务之余，我安心看书写作，并结识了一帮上饶的文友。女儿在我的影响下，也喜欢安静地看书，语文成绩一直不错。因有了共同的喜好，我们像朋友一样相处，经常分享阅读的快乐。

　　2007年，我的散文集《心语如歌》在香港今日出版社出版。我把这本书呈现在苏面前时，他不屑一顾："我才懒得看。"苏眼睛老花已有两年，自从需要戴眼镜看书后，他嫌麻烦，基本上不再阅读了，没事喜欢打开电视，听听新闻、时政评论。我从苏那不屑一顾的眼神中读出更多的是无奈和苍凉。早年，我的文章在师专中文系毕业的苏眼里，当属小儿科。经过多年的阅读和写作积累，终于结集出版了。而他曾经胸怀大志，要写一部长篇小说，至今未动笔，估计再也不可能动笔了。如此角色错位，苏在内心肯定难以接受。

　　同样让苏难以接受的，还有眼睛的老花。苏一直因视力好而引以为傲，多次嘲笑我近视眼。我总以老家一句古话告诫他："不到八十八，不要笑话瘸和瞎。"当苏四十四岁眼睛老花时，他怎么也不相信，吃枸杞茶、明目地黄丸，依然没用。我记得老家还有一句古话"四十四，眼生刺"，建议苏到眼镜店试戴一下老花镜。苏很不甘心去了，最终买了一副眼镜回家。苏从此不再嘲笑我的近视，慢慢地，他适应了眼睛的老花，心态也改变了，趋向中庸，对人和事的喜恶不再偏执，还懂得关心体贴他人。我患有腰椎间盘突出后，苏主动承担起买菜、打扫卫生等大部分家务，让我安心休养，我才真正感受到苏的好。只有在生病后才明白：所有浪漫的言语，抵不上实实在在的照顾与陪伴。

此后多年，家里一直其乐融融。直到 2013 年上半年，女儿高考前夕，我和苏瞒着女儿有过一场风波。苏想把新房的房产证拿去银行抵押贷款，用贷来的款高息借给一房地产开发商，赚取利息差，我不肯。之前，他想用公务员信誉担保贷款，需夫妻双方单位证明，因我不去单位开证明而没办成。我觉得用贷款来放借，风险很大，万一放出的钱有去无回怎么办？如果手头有多余的闲钱，认为存银行利息低，可以拿一半来风险投资。苏听不进我的规劝，他说和那个房地产开发商是熟人，家有几辆豪车、几处豪宅，已经开发了几处房产，好多人给他融资，怕什么？我问苏："你知道他的负债吗？他向银行借了多少钱，向别人借了多少钱会告诉你吗？"苏无言，找新的理由劝说我，他说女儿下半年读大学要花钱，他考取驾照准备买车要花钱，买了车养车还要花钱。我估算了一下，自己的存款足以支付女儿普通大学四年的费用，便承诺女儿读大学不需要他出钱，如果他的工资买不了车，养不起车，那就别买了。多年来，我们工资各自管理，小开支自行解决，大支出 AA 制。我对苏说："如果房子抵押出去，我会每天睡不踏实，从而影响健康，健康比赚钱更重要。你拿老房子去抵押办贷款我没意见，新房子绝对不行。"老房子面积小，年份久了折旧高，贷不了多少钱。苏最终没抵押贷款，内心暗暗怪我堵了他赚钱之路。一年多后，上饶一些民间借贷屡屡出事，苏几个亲戚的几十万、上百万元钱打了水漂，他才如梦方醒。

苏以前是个稳当实在的人，敬重别人的学识修养，对投机取巧赚钱者嗤之以鼻。几经岁月磨砺，他也浮躁起来，想赚快钱。在这个日新月异、令人眼花缭乱的时代，又有多少人被时代巨轮飞快的惯性裹挟着前行。如今，我们衡量一个人的"成功"，基本不论道德品质，在学校论分数，在社会论财富多少、官多大。麦家在一篇文章里写道：这个时代崇尚速度和更快的速度，每个人的愿望就像春天的花朵一样，争分夺秒、争先恐后地绽放。我们丢失了一些非常可贵的品质——安心、安静、耐心、坚守……它们不是随风而去，而是随速度、欲望而去。

速度，欲望，似乎成了罪魁祸首。

记得我调回上饶之初，县城最高的楼房只有六七层，到处荒山野地。现在，所有的荒山野地变成了高楼，二三十层的楼房比比皆是。与县城高楼雨后春笋般冒出来形成对照的，是老家溪滩如风扫秋叶一样的渐渐凋零。溪滩上沙子和小石子被掏光后，人类造房的欲望仍在膨胀，于是捞沙机换成碎石机，把原先废弃的大石头一一碾碎，运走。溪滩空了，枯水季裸露出黑黄色凹凸不平的石壁，雨季洪水泛滥，一片汪洋。不知道还有多少地方的河流沙滩遭受同样的厄运？大溪、柳树、卵石滩、泥沙滩、草皮滩，都不复存在了，只留下我和爷爷在此劳作的美好回忆。溪滩于爷爷那辈人是没变化的。爷爷小时候，跟着他的爷爷在泥沙滩种庄稼，爷爷老的时候，带着他的孙女在泥沙滩种庄稼；爷爷小时候，喝大溪的水，爷爷老了仍然喝大溪的水，爷爷故去时，我们按照村里传统仪式去大溪请水，给爷爷最后一次沐浴。假如爷爷地下有知，那些为家里做过巨大贡献的自留地已荡然无存，他会多么心痛！他一直视为村人命根子的马路两边肥沃的水田，如今不种果腹的稻子，却种观赏的莲藕，爷爷除了心疼，是否还会怒吼一声"败家子"？

二十年来，我也目睹并经历了通信的快速巨变。当初，家有电话是一种荣耀，电话初装费就要几千元，我一年工资不够装部电话，打电话的费用也很高，寻常百姓家装不起、用不起。才两三年工夫，周边的人陆续有了 BP 机、手机。手机的普及，让人与人之间的联络发生了翻天覆地的变化。有什么事，手机一拨或发短信留言就能说得清楚明白。邮差投递手写书信，不得不退出历史舞台。又过了两三年，进入网络时代，有了电子邮箱、QQ，后来又有了微信，人们联络更方便快捷了。手机微信视频聊天，不论多远都看得见听得着，还不花钱，天涯咫尺。那种对亲人、知己刻骨铭心的思念，此后不再有了。

然而，我还是怀念从前的样子。我喜欢用半天或一个晚上的时间跟远方的朋友写信，边写边回忆曾经在一起的时光，眼前浮过一幅幅温暖的画面；我喜欢跟身边的朋友坐在一起喝喝茶聊聊天，或是默默陪伴，近距离感知对方的形神气息。在这个天天新、日日变的时代，我却想做一个旧的、不变的人，享受慢生活，实在是不合时宜。

11

网络时代，大多数人的读写通过电脑和手机完成，而我却喜欢纸质载体，感觉电脑和手机是坚硬、冰冷的东西，潜意识里排斥它们。面对电脑，我写作灵感戛然而止，而拿起笔写在纸上，便如行云流水，一篇文章在纸上写好了才用电脑打印出来。在网上阅读，我多半心不在焉，不识文章真味。拿起书本的感觉就不一样，有柔性，有温度，还有厚度，很容易沉醉其间，享受阅读快感。所以，2008 年一个夏夜，文友毛素珍打来电话说准备成立上饶市三清女子文学研究会，办纸媒会刊《三清媚》，邀我加盟，我毫不犹豫答应了。上饶爱好文学的女人有了自己的组织，我们深入上饶各地采风，互相交流探讨学习。

我有幸在上饶市三清女子文学研究会第一次代表大会上当选为副会长。在那间租来的破旧不堪的平房里，我们咬文嚼字，组稿、审稿，办起杂志《三清媚》。毛素珍会长在创刊号卷首语《透过文字我们握手》里写道："有些时候，透过文字，陌生的人可以互相触摸到心灵；隔山隔水的人，会发出会心一笑，相互怨恨的人会握手冰释，彼此相爱的人会更加惜福。"在创刊号上，我特意选登了自己回忆文学启蒙老师蒋希荣的散文《余晖》，以此表达对蒋老师的感恩和怀念。审稿时，有篇文章出现了"唯一"和"惟一"，为了弄清两者区别，我和毛会长翻出《辞海》和《现代汉语词典》查证。工具书里也没点明两者的区别，我们便制定规则，同一篇文稿中，不要时而"唯一"时而"惟一"，两者只用其一。我们利用业余时间，在文学会加班，饿了煮素面充饥。为了筹措办杂志经费，从没做过生意的我，和会员一起走上街头卖茶叶，不善言辞的我竟然去游说企业家赞助。为了共同的爱好，我们累并快乐着。在文学会这个大家庭里，我认识了汪茶英、王柳、陈剑、叶红梅、铱人、关欣等大批爱好文学的女人，我们一见如故，情同姐妹，经常一起分享读书、创作心得，互相鼓励，互相学习，取长补短。陈世旭、蒋建伟、梁晓声、何建明等知名作家先后来文学会授课，聆听他们的创作经验和答疑解难，拓宽了自己的创作思路和文学视野，我的写作水平有了明显提高。我的作品《大叔》获中国散文学会举办的征文比赛二等奖，《栖居的日子》获上饶市委宣传部举办的征文比赛散文类一等奖。2012 年我加入了江西省作家协会。

年至半百，工作不忙，家务不多，很多女人如是，不知道双休日干什么好，便以麻将消磨时间。这个时候，我很庆幸自己爱上了阅读写作，很乐意做一只书虫，慢慢啃苏年轻时省吃俭用买来的那些书籍，慢慢享用他积攒的财富，有了灵感也写点文章，一个人安静地度过闲暇时光。也可以与同好之人一起喝喝茶，探讨各自作品，分享读过的好书，煮茶论文章，不亦快哉！到这个年龄对文学已无功利性需求，能让我岁月静好，不会无所事事地老去，此便足矣。

生命中难得有几件不离不弃的事，阅读和写作便在其中，这些年一直不曾停下来。阅读，是与他人交流，倾听他人的思想；写作，是与自己对话，表达自己的心声。年轻时曾想通过阅读提升自己的学识和品位，通过写作赋予生命质感和价值。年至半百慢慢明白，阅读和写作，最大的功用其实是陪伴，是心灵与心灵的倾诉与倾听，是我持久爱好的生活方式。

害怕孤独是人类的天性，每个人都会找到至少一种持久而适合自己的生活方式，在其中倾注时间、倾注期待，消解孤独获取快乐。我找到了阅读和写作来消解孤独，在这条看似重复而又不相同的路途上，我找到亲人师友带来的温暖和光亮，发现孩子的童趣和哲人的智慧，学会爱与宽容，内心踏实而安宁，知足并感恩。

母亲生我时赐名"文峰"，是否预示我此生将与文字结缘，要穷尽一生的脚步，跋涉文字的川流，攀登文字的山峰？

2016年9月一稿

2017年4月二稿